法華経の旅

サンロータスの旅人II

竹岡誠治

サンロータス研究所

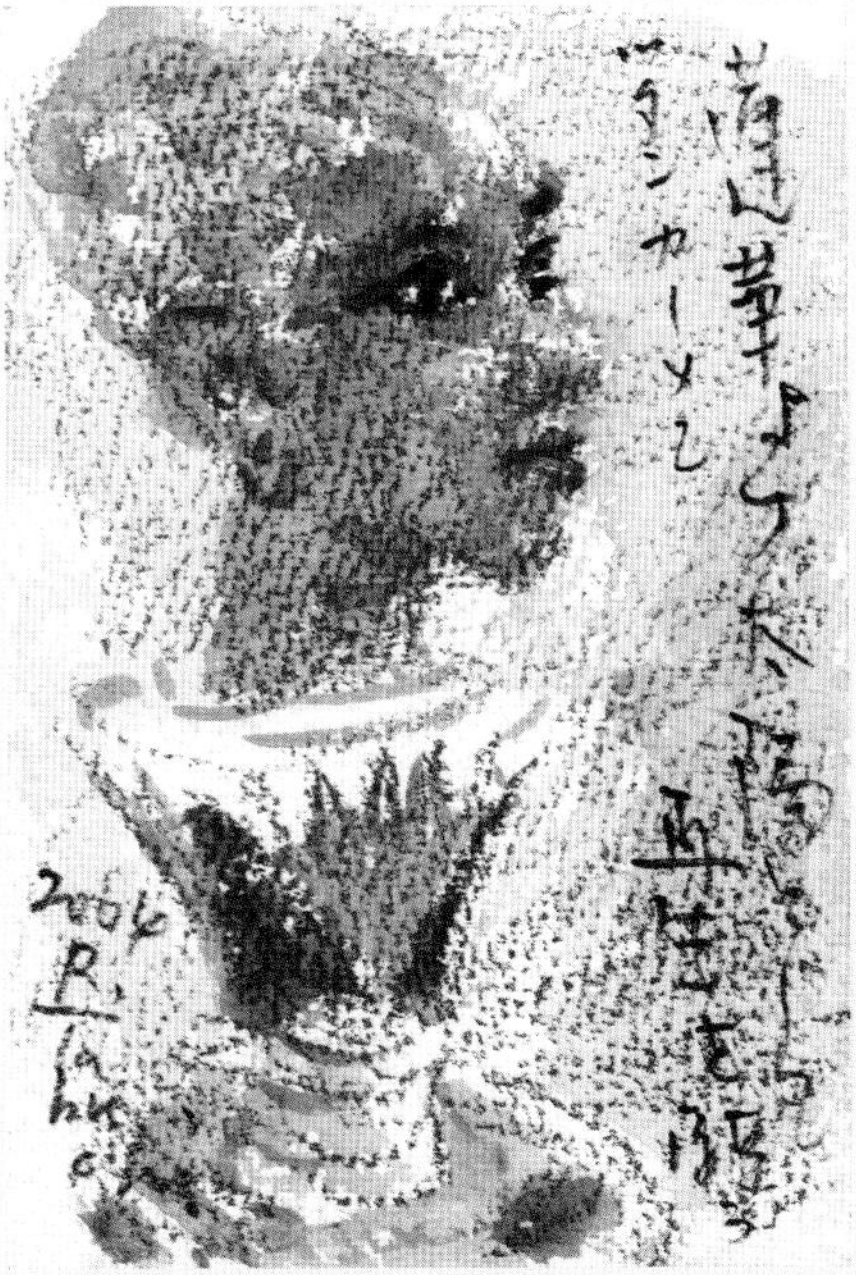

『ロータスから再生するツタンカーメン王』
水彩　2004 年　彫像は紀元前 14 世紀

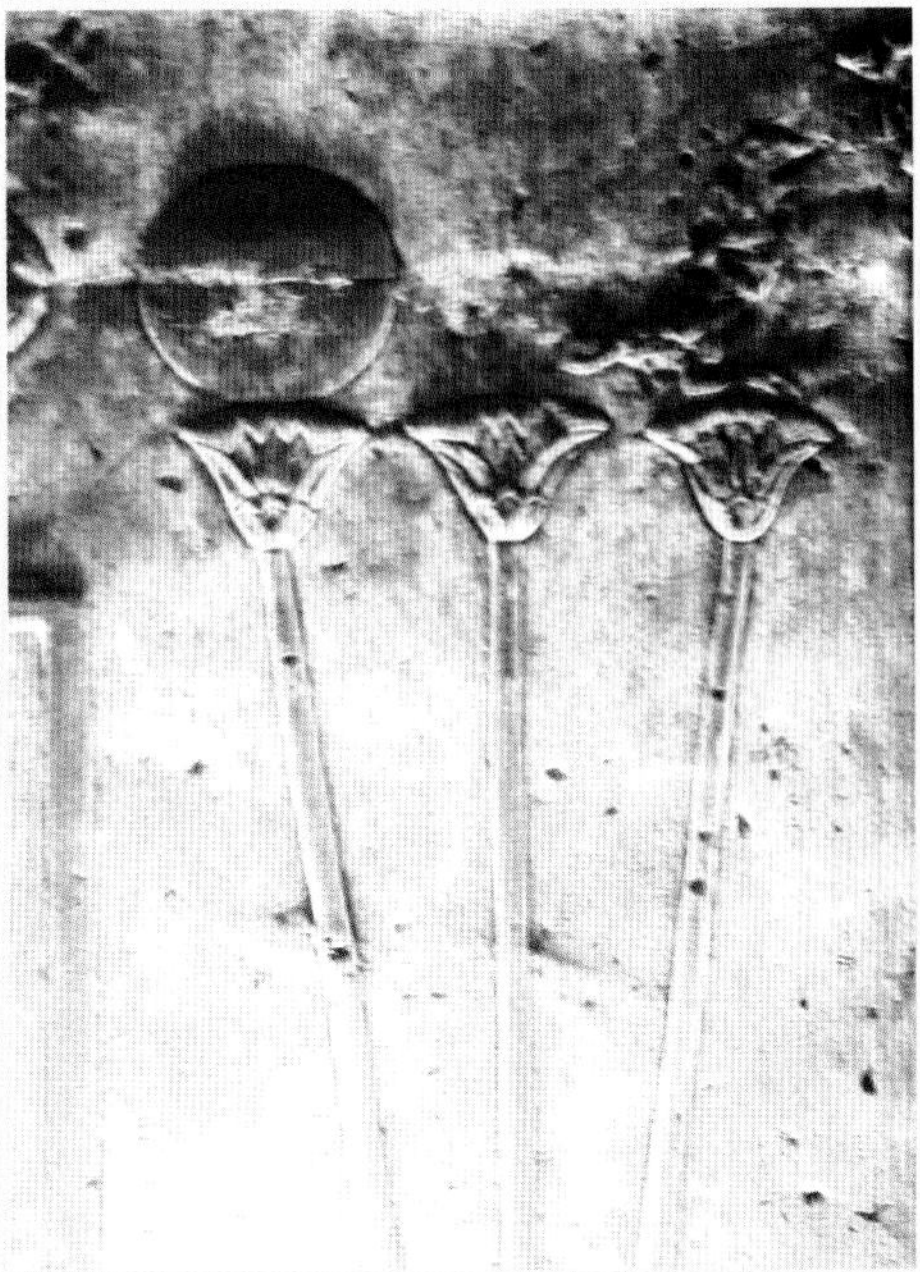

太陽を生み出すロータス　デンデラのハトホル
神殿遺構のレリーフ　紀元後１～２世紀頃

サンロータス

巨大なロータスが
ヌン（原初の水）から浮き上がって
つぼみが甘美な香りを放った
そしてロータスの花が開くと
花の中心から太陽が生まれ出た
古代エジプトの創世神話より＊

太陽神の化身ファラオ（王）も
ロータスから再生する

世界に光をもたらす
太陽さえ生み出すロータスは
宇宙根源のパワーの存在を示唆する

この思想は古代エジプトから
釈尊の法華経に受け継がれ
日本にまで伝えられた

＊クリスティーン・エルマディ「レーの創生神話」（アリス・ミルズ監修『世界神話大図鑑』荒木正純訳監修　東洋書林　所収）

ロータスの系譜

【インド】

サンチー大塔（インド中央部）塔門のロータス
シュンガ朝もしくはサータヴァーハナ朝前２世紀

【中国】

龍門石窟（洛陽郊外）蓮華洞の天蓋　北魏 6 世紀

【韓国】

仏国寺（慶州）の法華経宝塔品に由来する釈迦塔（左）と多宝塔　統一新羅　8 世紀

【エジプト】

『ネフェルト』（「ラヘテプとネフェルト座像」）のヘアバンドにロータス　エジプト第４王朝
紀元前 2500 年代　カイロ考古学博物館

【インド】

ガンダーラ（パキスタン北西部）『菩薩像』にロータスの髪飾り　紀元後２世紀　京都国立博物館

【日本】

『山中湖富士』油彩　F15　2024年２月
富士は、その秀麗さや頂上に８つの峰があることなどから蓮華に例えられ「八葉」、「芙蓉峰」等の別称がある（芙蓉は蓮華の別称で美人の例え）

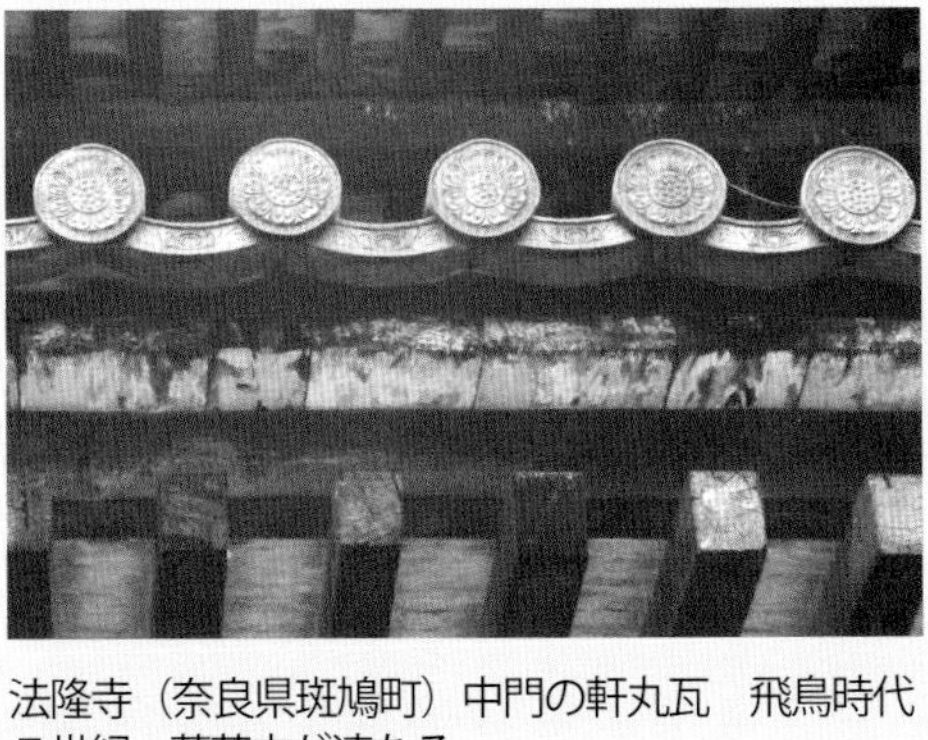

法隆寺（奈良県斑鳩町）中門の軒丸瓦　飛鳥時代　７世紀　蓮華文が連なる

日本最古の本格的仏教寺院　飛鳥寺出土の『素弁蓮華文軒丸瓦』　飛鳥時代　６世紀末から７世紀初め　京都国立博物館

法華経の故地を巡って　中国・インド

【中国の旅】

2016年（平成28年）5月半ば、法華経の思想が広く文化に浸透した時代の中国の古都、洛陽と西安（長安）を巡る旅を実施した。実質、中2日であったが、洛陽は中国初の仏教寺院白馬寺と、興隆期から最盛期にいたる仏教彫刻が見られる龍門石窟、西安は鳩摩羅什による法華経漢訳の舞台 草堂寺と、中国美術の推移が体系的に見られる中国屈指の博物館、陝西省博物館を訪問した。

羅什舎利塔　草堂寺　住職のはからいで舎利堂が開かれた　5月17日

『草堂寺』水彩　5月17日
西安から南西40km、静寂のなか1600年前の往時を偲んだ

白馬寺山門　洛陽5月16日

肖像スケッチを持つ草堂寺の釋諦性方丈（住職）5月17日

龍門石窟 奉先寺 主尊と脇侍　唐 7世紀　洛陽郊外 5月16日

全線ガイドの張さんと　鄭州空港
5月15日

【インドの旅】

『法華経』パイロット版の完成をもって２０１８年（平成30年）の暮、法華経を説いた釈尊と仏教流布に歴史的貢献をしたアショーカ大王の足跡を辿るインドの旅を実施。12月18日から26日までの9日間、バット（ディリ・ラム・バット）氏という博識のガイドを得て、コルカタ、パトナ、ナーランダー、ラージギル、ブッダガヤ、ヴァラナシ、サールナート、そしてデリーを巡った。

『惑星の女神』水彩　12月20日

『惑星の女神』（払子を持つヤクシー）マウリア朝紀元前3世紀　アショーカ王と同時代の古代インド美術の白眉　パトナ　ビハール州博物館　12月20日

法華経が説かれた霊鷲山（ラージギル）にて　サンロータス研究所の『妙法蓮華経』（パイロット版）を供え読経、唱題　12月21日

ガイドのバット氏と　ニューデリーのホテルで　12月25日

『四頭の獅子柱頭』マウリア朝　紀元前3世紀　像は現代インドの国章になっている。奥に獅子像が載せていた法輪が復元されていた。獅子像はアショーカ王を、法輪は釈尊を表し、合わせて、師の釈尊を戴いてアショーカ王が弟子として四方に法を弘めるとの決意の宣言となる。サールナート博物館　12月23日

点描　法華経の旅

ホテル・エベレスト・ビューからのエベレスト（左）とローチェ 2023年10月16日＊

メラピーク遠征　三浦雄一郎氏・豪太氏父子と　2011年5月

宮原巍氏の記念碑で読経　エベレスト・ビュー 2023年10月16日＊

ヴァラナシの夜、野宿する巡礼の人々　信仰に生きるインドの人々の現実に衝撃を受けた　2018年12月22日

満月と大雁塔　西安 2016年5月16日

『邪鬼を踏みつけるヤクシー3柱』と『釈迦立像』クシャーン朝　2世紀　仏像誕生の頃の作で法華経成文化の時期とも重なり、像は人間的である　コルカタ・インド博物館　2018年12月19日

旅ではしばしばお茶を点てて振る舞った　西安　2016年5月17日

写真＊は井辺良祐氏提供

平和と友好のために
サンロータス研究所と竹岡誠治の活動

展覧会開催告知チラシ

日中韓の文化交流イベント
東アジア文化都市 2019 豊島に参加
「シルクロード 3000 年の旅と桜」展を開催

『鳴沙山』油彩　F8　2006 年

「シルクロード 3000 年の旅と桜」展（併催：豊島区、大正大学）オープニング　2019 年（令和元年）8 月 10 日（展覧会は 13 日まで）　豊島区役所 1 階 としまセンタースクエア
左から長橋桂一都議会議員、王先恩 華中科技大学同済医学院教授、磯一昭 区議会議長、高野之夫区長、大塚伸夫 大正大学学長、齊木勝好 区観光協会名誉会長、田渕隆三画伯、竹岡 (司会 中島義春 区議会議員)　肩書は当時。

『平和の青年像』建立を支援

展覧会後、出品作で田渕画伯制作『円盤を投げる平和の青年像』の豊島区内への設置を支援した。像は区制施行 90 周年シンボル事業および「非核都市宣言」40 周年平和祈念事業の一環として東池袋のイケ・サンパークに設置され、2022 年（令和 4 年）7 月 22 日、高野区長ほか行政や議会関係者、民間の有力者、設置の関係者、そして隣接する小学校 (区立朋有小学校) の生徒代表等、多数の来賓の列席のもと、盛大に除幕式が行われた。

鳩摩羅什訳『妙法蓮華経』を再現したサンロータス版

サンロータス版『法華経　妙法蓮華経　開結』2022 年　長行は 17 字で、偈文は４句で、１行とするなど、鳩摩羅什の漢訳当初を再現している　画像は如来寿量品第十六の自我偈部分

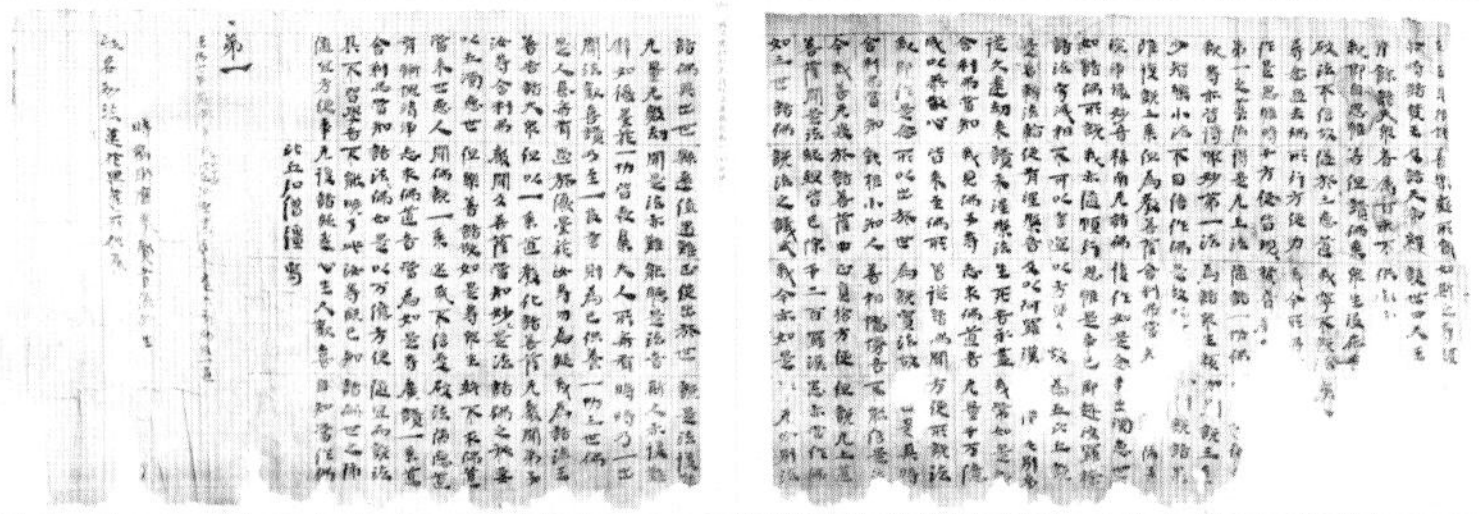

【参考】

比丘弘僧彊書写『妙法蓮華経巻一』庫車（クチャ）出土　西涼建初７年（412 年）
　記された書写年が正しいなら、鳩摩羅什の生没年は 344 年~413 年（一説に 350 年~409 年）であるから、羅什存命中もしくは没後まもなくの書写であり、最古のものの１点である
　画像は方便品第二の末尾 36 行分で、偈文は４句で１行とするといった形式が当初から確立されていたことがうかがえる　大谷探検隊将来の古写経　国立情報学研究所ディジタル・シルクロード・プロジェクト『東洋文庫所蔵』貴重書デジタルアーカイブより

サンロータス研究所のメンバー　編纂作業のための東伊豆合宿にて　2017 年４月 30 日

わが師匠 池田大作先生に捧げる

竹岡誠治

本書は、昨年（２０２３年）11月の池田大作先生ご逝去に際し、人生の師匠への報恩・感謝の意を込め上梓する、竹岡誠治の法華経にまつわる講演と活動の記録集です。

サンロータス研究所版『法華経　妙法蓮華経　開結』の刊行を記念して行なった講演「法華経とお釈迦様の人生」をはじめ、丸の内朝飯会での関連する過去の講演、さらには関連する諸活動など、それぞれ当時の記録をベースに加筆訂正、もしくは抜粋して掲載しました。一部内容が重複するところがありますが、文の流れを壊さないために、そのままとしております。また、各人物の年齢、肩書き、あるいは現地情報等は当時のものです。

なお、掲載の法華経の経文はサンロータス研究所版を用い、それぞれ文章番号を添えました。また、掲載の絵画作品については、特に明記のない限り、すべて田渕隆三画伯の作品です。

＊丸の内朝飯会＝１９６３年（昭和38年）に「新宿朝飯会」として発足。以来、異業種間の早朝勉強会として毎週木曜開催で60年の歴史を刻む。「丸の内」の名称は、一時、丸の内の東京ステーションホテルのレストランで開催されていたことに由来する（現在は千代田区二番町二丁目の東京グリーンパレスのレストラン「シャルダン」を会場としている）。

法華経の旅　サンロータスの旅人Ⅱ　目次

第二章　法華経の故地を巡って　中国・インドの旅

第三章　追　記

法華経の旅

サンロータスの旅人II

序にかえて
法華経の旅　竹岡誠治75年の人生を語る

第282回　丸の内朝飯会（リアルおよびオンライン）
2024年（令和6年）3月21日午前7時30分～8時40分
リアル会場＝東京グリーンパレス　レストラン「シャルダン」（千代田区二番町二丁目）

本日は、丸の内朝飯会でお話しする貴重な機会をいただき、ありがとうございます。

丸の内朝飯会には、吉田勝昭《まさあき》さんのご紹介で参加させていただき、十数年が経ちますが、その間、折あるごとにこの席でお話をさせていただき、その記録を基に加筆訂正をして、その都度、『健康長寿の秘訣』、『抹茶碗遍歴とエベレストお茶会』等々、書籍にしてまいりました。

振り返れば、この席でお話しさせていただくことが、私の人生の節目となっております。

演題と竹岡

今回は「法華経の旅」ということで、私の75年の人生を振り

『抹茶碗遍歴とエベレストお茶会』と『健康長寿の秘訣』

返ってお話をさせていただきます。

ご承知の通り、昨年の11月15日、我が人生の師匠池田大作先生が、95年の天寿をまっとうされ霊山へ旅立たれました。池田先生は、節目節目に、相応しい法華経の経文の一節を揮毫して、私どもを指導し激励してくださいました。

そこで私としては、池田先生に捧げる本として『法華経の旅』を上梓したいと考えております。

今回の本は、これまでの丸の内朝飯会での法華経にまつわる講演記録に、私が設立したサンロータス研究所のメンバーと行いました法華経の漢訳者である鳩摩羅什《くまらじゅう》の足跡をたどる中国の旅、さらには仏教、なかんずく法華経をインドで説いた釈尊のゆかりの地を巡ったインド、ネパールの旅等の記録を集大成して、現代版の法華経とは何か、現代において法華経を生きるとはどういうことかといった事柄を考察した内容とする予定です。

そこで本日は、その一端をお話させていただき、新しい本に掲載させていただこうと考えております。

出版記念の会を、来たる7月17日に開くことを決めておりまして、会場も、丸の内朝飯会の尾﨑雄さんにご紹介いただいて、内幸町の日本プレスセンター10階のレストランを確保しております。

法華経の精神とは

法華経については、以前から何度かお話ししてきましたように、日本では聖徳太子がこの経を中心に講義をされたことをはじめ、平安時代には源氏物語や平家納経などで盛んに書写されるなど、宗派を問わず最重要の経典として位置づけられて、人々の生き方に影響を与え続けてまいりました。私自身を見ても、我が一家は広島の原爆によって悲惨な一家であったのを、法華経によって救われたとの思いがあります。

そこで、この法華経の根本精神とは何か、これをまず、お話ししたいと思います。

法華経では「無量無辺・百千万億・那由佗劫《なゆたこう》」といった、極大すぎて数えられない遠い過去から「無量無辺不可思議劫」といった遙かな未来が説かれ、上の天上界から下は「大地の下・五百由旬《ゆじゅん》」、さらにその下「一千五百由旬」まで、時空を超えた壮大な規模での物語が展開されます。由旬とは古代インドの距離の単位で、帝王の軍隊が1日に進む距離を1由旬としました。

何のために、お釈迦様は、そんな壮大な絵巻を繰り広げられたかのといえば、一人ひとりの命は宇宙大であると説くためでした。

法華経のお釈迦様の第一声は、28章あるうちの2番目、方便品第二にあって、これは朝夕の勤行で私どもは読誦しているのですが、漢訳経文と訓読文（書き下し文）では以下のようになります。

「爾時世尊、従三昧、安詳而起、告舎利弗、諸佛智慧、甚深無量、其智慧門、難解難入、一切声聞、

会場風景

辟支佛、所不能知。」（1・1）

「爾の時、世尊、三昧《さんまい》より安詳として起ちて、舎利弗《しゃりほつ》に告げたもう、『諸佛の智慧は甚深無量なり、其の智慧の門は難解難入なり、一切の声聞《しょうもん》、辟支佛《ひゃくしぶつ》の知る能わざる所なり。』（1・1）と。

お釈迦様は、当時のインドではお釈迦様より智慧者として知られていた舎利弗に対して、「お前たち声聞や辟支佛、つまり、知識人にはわからない」と、弾呵《だんか》されます。

命の壮大さがわかる者は、頭のいい者ではなく、さらには地位や名誉がある者でもなく、信をもってしか悟れないと、この後、説かれるのです。

また、法華経の最後は普賢菩薩勧発品第二十八ですが、その末尾には、「当起遠迎　当如敬仏」（3・7）の8文字で締めくくられています。訓読では「(若し是の経典を受持せん者を見ては、）当《まさ》に起ちて遠く迎うべきこと、当に佛を敬うが如くすべし。」です。

これは、法華経を持った人が来たら、立ち上がって遠いところから迎えて、仏の如く敬いなさいということです。

高僧や地位ある人ではなく、法華経を受持する名も無き庶民こそが仏であると述べられたもので、徹頭徹尾、それが法華経の真髄であると説かれるのです。

今日は、池田先生亡き今、師との出会いと師と過ごした私自身の人生を語らせていただく中で、私の実感した現代の法華経を皆様にお伝えしたいというのが、本日の主題です。

法華経との出合い　昭和35年5月3日

以前から何度か語らせていただきましたが、私は広島の出身で、祖母と母は原爆に遭い、祖母は当時、陸軍病院の婦長（看護師長）でしたが、片目を失う瀕死の重傷を負い、母も17歳でしたが自身の母を捜して1週間焼け野原を歩き回り、原爆の放射能を受けております。母は戦後、結婚して、私の前に男の子を産むのですが、生後数日で原爆症で亡くしています。そのことを知らずに家の長男だとばかり思って育った私は、私に兄がいたことを教えられた時は、本当に驚きました。

いわば、私の一家は悲惨な原爆一家でした。

それが、昭和29年（1954年）のことですが、祖母が創価学会に入会して、宿命転換と言いますが、次第に祖母と家族は元気になっていきました。

その後、私と法華経との出合いは、11歳の時、昭和35年（1960年）5月3日のことでした。

祖母は『聖教新聞』を手に持って、片方しかない目から涙を流しながら、ワーワーと声を上げ泣

昭和 35 年 5 月 3 日　池田先生、第 3 代会長就任の報道写真

いておりました。

何事かと思い「どうしたのか」と、訊ねたら「池田大作先生が、学会の会長になってくださった。これで創価学会はもう大丈夫じゃ」と、歓びの涙を流していたのでした。第２代会長が２年前の昭和33年（１９５８年）に亡くなって、会長不在の創価学会の行く末が心配されていたところの会長就任で、私が創価学会と池田先生を認識したのがこの時でした。

私は、歓びの涙を流す祖母に向かって尋ねました。「おばあちゃん、池田先生というのは、そんなにすごい人なのか」

祖母は「そうじゃ、すごい人なんじゃ。以前、池田先生に一度、会ったことがある」と、教えてくれました。

それは、ある会合の時のこと、池田先生が参謀室長という役職の時代でした。

祖母はタバコを吸う人で、ある場所でタバコを吸っていたところ、そこにいた人から「ここは、あんたのような人が入れるところじゃない。ここでタバコを吸うな」と怒られたそうです。

そこに一人の青年が現れて、「いや、いいんですよ」と、椅子を用意させて「これに座って、ゆっくりタバコを吸ってください」と、親切にしてくれました。

会合が始まって、壇上を見ると、「ありゃ、あの人だ」と、その青年が池田先生だったと気がついたのだそうです。

祖母は「そんな人が会長になってくださった」と、喜んだということでした。

以来、祖母は「池田先生にもう一度、一目、お会いしたいものじゃ」と、口癖のように話すようになりました。

その時から私は、法華経の方便品第二と如来寿量品第十六を読む朝夕の勤行をするようになりました。

私の法華経の旅の始まりは、この昭和35年の5月3日ということになります。

それから間もなく65年になるわけですが、いかなる場でも法華経を読誦し、お題目を唱えております。

今日は、私の紹介で須釜義之さんが初めて参加されておりますが、以前、お話しした市川覺峯《かくほう》先生のところで白装束になって山を巡る修行をご一緒しております。

そんな私のことを知って「白装束で山岳修行をするとは、けしからん」と、学会本部に訴えた人がいました。本部には問題処理の窓口があって、応対した人がたまたま私の後輩で、後でお話ししますが、創価班というグループの私の次の委員長だった人で、私のことをよくわかっていて、「問題ありません。竹岡さんは、エベレストにも行く人で、驚くようなことではありません」と、納得していただいたということがありました。

ともかく私は、そういった山岳修行の場でも、普通は般若心経とか真言を唱えるところを、リーダーに許可を得て、法華経を唱えます。須釜さんとご一緒した先日も、荒船不動（長野県佐久市）の前で、法華経を読みました。

話がそれてしまいました。元に戻します。

私の家は、裕福ではありませんでしたが、私は広島では名門の修道中学、高校に通いながら、創価学会の男子青年部の活動をしてまいりました。

その中で、たしか昭和41年（１９６６年）でしたが、高校3年の後半の時に、東京からの1通の手紙が修道高校に届きまして、「お前に手紙が来ておるぞ」と、担任の畠眞實先生が私に渡してくれました。

その手紙には「竹岡君、上京せよ。一緒に広宣流布の活動をしよう」と、東京の創価学会の学生部の方からの呼びかけの言葉がありました。広宣流布というのは、布教活動であり、広くいえば平和の活動をするということです。

私としては、父親は中国電力の社員で、家の経済状況もあって、地元で弁護士になることを考えながら、広島大学の法学部に入る準備をしておりましたから、上京など考えておりませんでした。

なぜ、見知らぬ人から私の高校に手紙が送られたかについては、その前に創価学会の高等部の『鳳雛よ未来に羽ばたけ』という文集に私の文が載って、そこには住所等は無く、高校の名前のみがあったので、それを頼りに送ったということだったようです。

その手紙は、後で知ったことでしたが、私だけではなく、その文集に載った全国の高校生に送られたようで、福岡の修猷館、鹿児島のラ・サールといった、結構な人材が集っていました。そのせいで、創価学会学生部の私の同期は、優秀な人がたくさんおりました。

私は、その手紙を見るまでは上京の気持ちはありませんでしたが、当時は国立大の前に私大の入試がありましたから、国立の広大受験の前に、試験に慣れておくために東京の私大を受けておくのもいいかと思い、中央大学の法学部を受けることに決めました。

「上京の際は知らせるように」という手紙の送り主に、その旨を書いて上京の日時を知らせたところ、東京駅にその人が迎えてくれました。

その足で、高田馬場にあった学生部の拠点に連れて行かれたのですが、そこには宮本孝史さんという人がいて、「君が竹岡君か。東京に出て来なさい」と言われました。

そのつもりはないと言う私に宮本さんは、「何を言うか、広島にいるよりも、もっとすごいことがあるよ。東京に出て来たら月に1回、必ず池田先生に会わせてやる」と、言われました。

祖母がいつも「池田先生に一目会いたい」と言っていましたから、その言葉は、心に刺さりました。その言葉が、強い決意となって中央大の受験に臨みました。今から思えば奇跡に近いことですが、全問正解したと思えるほどの出来で、必ず受かったとの確信が持てました。

広島に戻って、父親に中央大学に行きたいと言うと、言下に「バカタレ、お前は何を言い出すんじゃや」と否定されました。「俺の給料では東京に出せない」というわけです。

困ったなと思って、父親が反対していることを祖母に話をしました。昭和42年（1967年）2

広島の家で飾っていた池田先生の写真

月のことでした。

祖母は「東京へ行け」と、賛成してくれました。そして、「おやじが反対している」と言う私に、私の遺言じゃから行け」と言って、本当に亡くなりました。

父と母は「おばあちゃんの遺言だから」と、上京を許してくれました。

こうして私は、東京に出てくることができました。1通の手紙が、我が人生の道を決めたのでした。

母は、広島を出るその日、「誠治は池田先生のところに兵隊にやると思っている。帰って来なくていい」と言って私を送り出しました。長男1人の私と妹しかいない我が家にあって、母はこうまで言い切ったのです。新渡戸稲造の『武士道』に「母親の一言がいかに重いか」が書かれていますが、母のこの一言は、私の人生の根底を決める一言になりました。

上京の時に、私は広島の家にあった池田先生の写真を父親の許しを得て持っていきました。

上京後　学生部での活動

上京して中央大学に入って、どう過ごしたか。私は、しっかり勉強して弁護士になろうと思っていたのですが、東京の大学は学生運動の最盛期で、大学での講義は一切なくなりました。

それで、連日連夜、創価学会の活動をするようになりました。

その中で、創価学会学生部も、暴力を否定する立場から、他の学生運動とは一線を画する新学生同盟、新学同を作って（昭和43年〔１９６８年〕10月19日、代々木公園で結成大会）、その拠点が中央大学のそばに置かれました。

その活動の一環で、学生部の中に機関紙局というのができて、私はその機関紙局の次長に任命になりました。ちなみにこの時、機関紙局の局長は理論的リーダーの廣野輝夫さんで、廣野さんとは以来、長くお付き合いが続いており、現在もサンロータス研究所で私と共に活動していただいております。

廣野さんは、当時、池田先生から『御義口伝』の講義を直接受けていたメンバーの１人でした。『御義口伝』というのは、鎌倉時代の日蓮大聖人が身延（山梨県）で、ご自身の立場から捉えた法華経の講義をされて、それを弟子の中心者であった日興上人が書き留められた口伝の講義録です。

廣野さんは、体が弱い方でしたが、薬を飲みながら自宅で、池田先生から受けた『御義口伝』講義を一所懸命伝えてくださったり、『三重秘伝抄』という江戸時代の日寛上人の書の講義されるのですが、それを聞くとゾクゾクしたものです。

昭和43年のある時、池田先生が、新学同の機関紙局事務所に来られました。

私が「竹岡です」と言うと、「そうか」と言われた後、「逃げる道はあるか。逃げる道を確保しておけ」と皆に言われました。私は、「機動隊がやって来たら、うまく逃げるんだぞ」という意味だととったのですが、そこは4階建てビルの4階で、1本しかない階段をのぼり切った所にありましたから、実は、万一の火災などを心配されてのことだったようです。

ともかく「窓を開けて、屋根に飛んで逃げます」と私が言うと、「そうだな」と言われて、笑って帰っていかれました。

そんな、池田先生との出会いがありました。身近に先生と直接会話したのは、これが最初でした。

余談ですが「月に1回、必ず池田先生に会わせてやる」という言葉についてですが、当時、創価学会の本部幹部会が月に1回、両国にあった日大講堂や台東区の体育館などで開催されており、私は、その会合の整理役員として任務に着きました。遠くからではありましたが、その都度、壇上におられる池田先生にお目にかかることができました。約束は、こういう形で実現されたことになります。

ところでこの整理役員ですが、これも後でお話ししますが、当時は宗門といって静岡県富士宮市にある大石寺が本山で、登山会という名称で創価学会員は団体で本山への参詣行事があって、その運営整理の任務もやっておりました。この整理役員は当時は輸送班と言っていましたが、後に池田先生によって創価班と命名され、私は、後にその全国委員長に就任することとなりました。

ともかく、遠くからでも池田先生に月に1回、お目にかかれたことは、当時の私の大きな励みになりました。

そのうちに、言論問題というのが起きました。

公明党は、庶民のための政党、平和のために戦う政党が必要との考えから池田先生が創られて、当時は創価学会と公明党は一体として活動していました。

公明党の勢いは目を見張るものがあって、昭和42年（１９６７年）に衆議院初進出でいきなり25議席獲得、昭和44年（１９６９年）には47議席を獲得しています。権力側としては、このまま伸びるとえらいことになると思ったのでしょう、公明党をよく思わない立場から藤原弘達《ひろたつ》という人物が何の取材もなしに『創価学会を斬る』という誹謗中傷の本を出そうとしていることがわかりました。

それで、当時、公明党の議員で創価学会の幹部が「よく取材して書いてくれ」と、著者に申し出をしたところ、「言論出版妨害だ」ということにされて、大騒ぎになりました。

昭和45年（１９７０年）１月11日のこと、当時、公明党の渡部《わたなべ》一郎氏が、学生部幹部会で、現状を説明するなかで、「自民党は、いかに金を儲けるかを考えている議員ばかりだ」「社会党は、労働貴族といって、労働者から金を吸い上げていい思いをしているだけだ」「共産党は暴力政党であって、いざとなったら暴力で日本をひっくり返そうとする」「民社党はどっちつかずで、訳がわからない」などと各党を切りまくったことによって更に事態は深刻になっていきました。

それは、演説は元学生部長として先輩の立場からのものでしたが、渡部氏は、同時に公明党の衆議院議員であり国対委員長という身分であったからでした。

その内容が、会合に紛れ込んでいた共産党員によって持ち出され、全文が『赤旗』に掲載されるにいたり、鎮まりかけていたものが再び火を噴いて、混乱を大きくさせてしまったのです。

この対策を話し合う中に、当時、学生部の幹部で創価学会の顧問弁護士であった山崎正友がいました。山崎が顧問弁護士になったのは、学生部出身で弁護士になった第1号であったからです。

この山崎正友は、共産党に対して、目には目をだと、あろうことか、当時の共産党委員長、宮本顕治氏の自宅の盗聴を指示しました。

「誰かやる者はいないか」となって、誰も手を挙げる者がいない。母から「兵隊に出したのだから、帰って来なくていい」と言われていた私は、必要とあらば命を捧げてもいいと思っていたので、誰もいないのならと、手を挙げました。

いざ実行となると、私は機械オンチで、今でもファクスやコンピュータの扱いはダメですから、機械の方は技術に詳しい廣野さんにお願いして、取り付けを私が行うことにしました。

私が、その実行に手を挙げたのには、担当した新学同の機関紙では「日本の学生運動史」というテーマの連載記事を執筆していたのですが、当時の学生運動の中心には共産党系の民青（日本民主青年同盟）があって、共産党の研究は避けて通れず、共産党対策を考えることは必須であると思われたからでもありました。

しかしながら、こうして苦心してようやく声が聞こえるようになった矢先に、池田先生が昭和45年（1970年）5月3日の総会で、言論出版問題で世間を騒がせた事に対して謝罪され、以後、学会と党は政教分離すると宣言されました。学会の役職と党の役職は分離して、公明党は独自の活動をするとなりました。

私は、共産党との大闘争だといわれていたので、拍子抜けの思いがしましたが、それで、宮本邸の盗聴の機材を取り外しに行って、世間に発覚することなく、これは終了となりました。

関西での1日　昭和55年5月3日

話はそれから10年、飛びます。10年後の昭和55年（１９８０年）に、宮本邸の盗聴を指示した山崎正友本人が、金のために、盗聴の事を『赤旗』に暴露します。

私は、昭和53年（１９７８年）7月より創価学会男子青年部の人材育成機関である創価班の全国委員長に任命され、この昭和55年は、池田先生の近くで、先生に仕える立場におりました。

ここからが今回の本題となりますが、この昭和55年の5月3日のことを、現代の法華経という観点からお話させていただこうと思います。この日は、私の人生の原点の1日となりました。

創価学会は、当時、昭和51年（１９７６年）頃から宗門（日蓮正宗総本山大石寺）との間に、様々な問題を抱えていました。在家の信徒団体と聖職者の間に生じた問題ということになりますが、池田先生をはじめ創価学会の会員は、あらゆる手を尽くして宗門の隆盛に尽くしていたのですが、金銭的に恵まれた僧侶たちの堕落が目に余る状況がありました。

宗門の意向を受けて、創価学会員の子弟で、小学校5年の男の子から募集して、優秀な百人ほどを得度させたこともありましたが、あろうことか、宗門ではその少年たちを教育して、学会と池田先生批判に向かわせるのでした。

真心を尽くす信徒を僧侶の権威の下に見て、こうして創価学会から会員を切り離し寺院の檀徒にしようとする宗門からの分断活動が広がっていきました。

何度となく創価学会としては宗門との正常化が試みられたのですが、良くなるどころか悪化の一途となりました。

昭和54年4月24日の池田先生勇退を報じる聖教紙面

後でわかったことですが、そこに山崎正友の離間工作がありました。

池田先生は、宗門との混乱を収拾するために前年の昭和54年（1979年）4月24日に会長を勇退され、『聖教新聞』にも、海外訪問と功労者の激励以外、先生の動向が一切報道されないという異常事態となっていました。

池田先生は、会合に出席して会員に話をすることもできないとされました。

私は、先生そのものを無き者にしようとするその動きに対して、先生と会員が会えないことは絶対に許されないとの思いから、先生に会合に出ていただいたことがありました。

先生は、海外の関係者との面会は許されていましたから、海外要人との会見が予定されていた麻布文化会館に来られることがありました。9月20日のこと、池田先生は会館の2階で中国からの要人と会われていて、1階広間では9月度の本部幹部会（第240回）が開催されていました。

会合に参加された方々は、池田先生が来ておられることが、わかっていました。そして、会合に出てはならないとされていることもわかっていました。

私は、ここで先生が会合に出ないで帰られたら会員が悲しむと思い、独断で会合が行われている1階に降りる階段の踊り場で仁王立ちして待っていて、先生が降りて来られるやいなや、土下座して、「先生、会合に出てください。先生が居られるのを皆、知っています。このままお帰りになるのなら会員が泣きます。先生、どうか出てください」と、懇願しました。

先生は「出ていいのか」と聞かれたので、即座に「どうぞ」と申し上げました。

実は、あらかじめ会場整理の任務に着く創価班に指示して、先生が入られたらすぐに使えるようにマイクを用意させていました。「絶対に先生が来られるから、マイクを持って待機しておくように。来られたらすぐに出せよ」と。

扉をパッと開けると、先生はそのマイクを取って「皆さん、元気でね。私も元気だから、皆さんも元気でね」と、声を発せられた。

それは、一言だけだったわけですが、参加の会員の皆さんは大感激でした。多くの反対がある中、実現して本当によかったと思いました。

そして、この後、私に、先生から「特賞」が贈られました。

これがきっかけとなって、しばしば私は先生に呼ばれ、意見を求められるようになりました。

ある日、池田先生に呼ばれて、信濃町のご自宅で勤行をご一緒したことがあって、その際に「竹岡君、何かないか」と尋ねられたことがありました。

特賞のノシとメダル

　このまま先生と会員との接点が無いままでは創価学会のパワーが落ちると思っていた私は、年明けの昭和55年（1980年）1月5日に創価班総会があることを申し上げて、その際には、創価班を卒業する功労者への記念品として贈るので、「創価班」と揮毫《きごう》していただけませんかとお願いしました。先生は「そうだな」と言われて、私の申し出を受け入れてくださいました。

　その揮毫は、創価班総会の前の昭和54年（1979年）12月2日、創価学会本部の3階にあった会長室で書いてくださいました。私は、呼ばれて会長室に行くと、まだ墨も乾いていない状態で、「いま、書いたところだよ」と、渡してくださいました。それで、この創価班の文字は、袱紗《ふくさ》に染め抜いて、功労者に贈ることが実現しました。

しかも総会当日には全国の創価班方面委員長を学会本部1階の管理人室に集めてくださり種々の懇談・激励をしていただきました。

その揮毫をいただいた後のことですが、3階から階段を降りたところに、学会本部常住のご本尊が安置されていた師弟会館という広間がありました。2人で階段を降りながら先生は、広間の仏壇の方を指して、「竹岡君ここに『全世界の平和と全民衆の幸せのために建立する　池田大作』と刻っておけばよかったな」とおっしゃいました。私は「はい、必ずやります」と、その時、お約束をいたしました。そのことは、今も鮮明に覚えています。

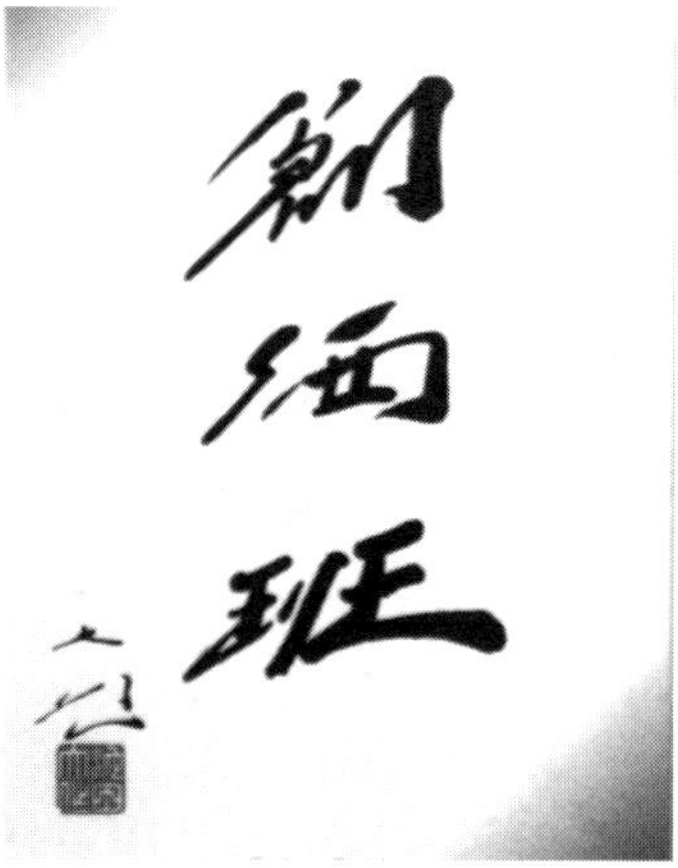

昭和54年12月2日　池田先生による揮毫

ともかく、混乱の元凶は山崎正友であって、学会と宗門、両者の間に立ってマッチポンプの裏工作を仕掛けて問題を大きくしているのは山崎だと、私は確信していました。

というのは、昭和49年（1974年）でしたが、私と山崎は、ある他宗との問題の対策のために中野にあった家に2人で住んでいたことがあったからです。

その頃は、私は車の運転を担当して、私が料理ができないものだから、山崎が食事を作って食べさせてくれたりしていました。そんな仲でしたから、山崎のことはよくわかっていたのです。しかし、その時はまだ証拠がありませんでした。

それが、昭和55年（１９８０年）の２月になって「今後の作戦」という山崎直筆の宗門への指示書が見つかり、それを契機に山崎の正体が明らかになります。廣野さんがこれを突き止めて、その文書を私のところに持ってきてくださったのです。

この廣野さんの勇気と行動が、流れを一変させます。

私は、その文書を、ただちに横浜の神奈川文化会館におられた池田先生に持参して事の次第を報告しました。

そして、すぐに河辺《かわべ》慈篤《じとく》という僧侶を介して、文書を当時の日顕法主に届けました。

これを契機に反転攻勢が開始されることとなりました。

４月２日には聖教新聞紙上に先生の所感「恩師の二十三回忌に思う」が発表され、４月６日には当時の宗門の日顕法主と会見して手を握り、日顕法主は「創価学会と池田先生は、世界広宣流布の

所感
恩師の二十三回忌に思う
創価学会名誉会長　池田大作
慈折広布の灯、今や世界に
永遠に御法主を仏法の師と仰ぐ

昭和 55 年４月２日「恩師の二十三回忌に思う」聖教紙面

ために大変必要な団体であり、人物である」と発言するとともに、「山崎正友は詐欺師である」との認識を共有して、山崎正友との関係を絶つこととしました。

その後、池田先生は、４月21日から29日にかけて訪中された後、長崎に帰国され、５月３日の記念行事を関西で迎えら

れました。

中国には大阪から向かわれたのですが、大阪を発つときに先生は私に向かって「次の男子部長は君がやれ。長崎に戻るから、長崎で待っていなさい。来たい人は、みんな来ていいから、みんな呼びなさい」と、指示されました。

迎えた5月3日というのは、創価学会の大事な記念日で、その記念行事は大阪の関西文化会館で行われたのですが、先生は「私に会いたい人、全員に会う」と、おっしゃったことから、多くの会員がやって来られ、入場券の無い3千人ほどには別館3階の常勝会館に入ってもらっていました。

所定の行事が終わって、「先生、3千人が常勝会館に集まっています」と言うと「行くぞ」と、なりました。

ところが、常勝会館は、階段まで人で一杯となって、会場に通じる道がありませんでした。先生は「非常階段があるだろう」と、外付けのらせん階段を上って行かれようとしました。ところが、非常階段から会館に入る扉の鍵は閉まっていました。

当時の関西の創価班委員長は竹本さんという人でしたが、その人はメインの会場にいましたから、急いで、鍵を開けるために、今は亡くなられた創価班の輸送部長の各務《かがみ》邦彦さんが走りました。

中は中で、創価班が人をかき分けて、その扉を開けに行きました。

各務さんには、螺旋階段を上がるとき、先生と奥様が一緒だから、パイプ椅子を二脚階段の下に用意しておくようにお願いしておきました。

先生は、汗だくになりながら、非常階段から常勝会館に入られるのだけれど、その扉を私が開けると、ものすごい熱風が「先生！」と言う３千の声と笑顔とともに飛び込んできました。

このとき、先生が言われたのは「皆さん、よく来てくれた。券がないということで、嫌な思いをしたでしょう。あちこち止められて、よくここまでたどり着いてくれた。皆様方が創価学会の宝であり仏様だ。私が『よくぞここまで来てくださった』と言っていたと、皆様を送り出されたご家族と地区の皆様に、くれぐれもお伝えください」というお話でした。

昭和 55 年 5 月 3 日　関西での池田先生

それから「ふんぞりかえって、俺が会合に出て当たり前だというような幹部の顔は、私は見たくない。これからは、皆さんと一緒に新しい創価学会を作っていきましょう」ともおっしゃいました。

また「創価班の委員長、万歳をやりなさい」といわれて、それで私は万感を込めて「創価学会万歳、池田先生万歳」とやりました。

その後、非常階段を降りられて、用意していたパイプ椅子に、ご夫妻で座られ、先生は、空を見上げられた後、そばにいた私に向かって「竹岡君！　勝ったな！」と言われました。

その時の空は雲一つない空で、見事な五月晴れでした。「はい、勝ちました」と、私は申し上げました。その日、私は、「勝ったな！と　空を見上げた　師の笑顔」と、心情を一句に留めました。この日の光景に、「これが仏法だ。これしかない。現代の法華経の会座がここにある」との強い思いが心に湧き上がったのです。

この夜、先生出席のもと、全国から幹部が集って記念会食会があったのですが、まるで、お通夜のような空気でした。

そこで、宝塚歌劇団所属の但馬久美さん、松あきらさん、それと、歌手の沢たまきさんの3人が、宝塚歌劇団の『すみれの花咲く頃』を歌ってくださいました。すると、その澄んだ歌声と笑顔で、会場はパッと花が咲いたように明るくなりました。これで救われました。

先生は破顔一笑、「ありがとう。君たちの歌は一生涯忘れないよ、ありがとう」と、御礼を述べ彼女たちを称えられました。このとき歌った3人は、後に参議院議員になりました。

当時の創価学会の会長は、北条浩さんでした。

北条会長は、まだ、山崎の文書の存在を知りません。先生の動きが急に変わって、すごい勢いで会員に会われるようになったから、北条さんは戸惑っているに違いありませんでした。

それで、北条さんに話しておかなければ誤解を招くと思ったので、前日の2日に抜け出して、東京に戻って北条会長に会って、事の真相を話しました。北条さんは真相を知ると、顔が真っ青になって「うわー、騙されていたのか」と、絶句しておりました。

5月3日の夜、すべて終わって、先生が奥に入られるときに、私は「昨夜、北条さんに会って、話をしてきました。例の文書の件を話しておかないと、執行部が判断を間違えると思ったので」と、報告しました。当時、私は、池田先生の寝室にまでフリーパスで入れるようになっていました。

私の話に、先生は即座に「何いー！　君は師匠に無断で私のもとを離れて東京に行っていたのか、しかも北条に会いに……」「お前は、まだわからないのか。私を辞めさせたのは宗門だと思っているのだろう。私を辞めさせたのは学会の執行部じゃないか。その執行部にのこのこ会いに行くとは何事だ。まだわからないのか」と怒られました。

私は、その場で気絶する思いでありました。それで、寝ないで題目を唱えました。

翌4日の朝、今の理事長ですが、長谷川重夫《しげお》さんから「先生がお呼びです」とあって、行ってみると「さあ戦さだ。一緒に闘おう」と言われました。「いや、本当に救われた」という思いでした。

池田先生は、「会員を守るため」に勇退をされたのであって、一部の幹部は、これを事件処理、問題処理として勇退させた。後は規則・会則を整備して乗り切ろうという発想で物事を考えていたのでした。そこを、先生は厳しく指摘されたということです。

法華経を弘めている一般の会員こそが仏様である、その法華経本来の精神を、教えられたのです。

ここでは詳しくは述べませんが、のちに私は自民党の野中広務氏らとともに自公政権を実現することになるのですが、その原点がこの昭和55年5月3日にありました。

その後、正体が暴かれて金が入らなくなった反逆の山崎正友が、10年前の盗聴事件を暴露します。「竹岡は盗聴犯」と週刊誌に出て、『赤旗』の宣伝カーが自宅前に来るようになって、組織をどうこうしている場合ではなくなり、7月に私は辞表を書いて、組織の役職は全部なくなりました。その後のすべてを引き受けてくれた中上政信氏（学生部からの盟友）には心から感謝しております。

私が役職を辞した後の7月25日、池田先生は箱根の研修道場に呼んでくださって、一緒にお風呂に入りました。

先生は、「竹岡君、法難だよ。『十年一剣を磨く』の精神で闘うんだよ。功徳は大きいよ」と、言われました。「何があっても文句を言うな。愚痴を言うな。10年間、一言も文句を言ってはいけないよ」「廣野君にも言っておきなさい」と諭されました。

当時は、次の男子部長と言われていましたから、それが無役となって、その落差のショックは大きいものがありましたが、先生のこの励ましの言葉で、乗り切ることができました。

昭和55年7月　池田先生からいただいた写真

今になってみれば、先生から言われたことは、私にとって最高の誇りであると言うことができます。今でも、そのときのことを思い出すと、涙が出ます。

この先生の指導というのは、法華経の大事な教えでもありますが、「眼に見えるところに原因はない。すべての原因は自分にある」ということです。

「何で自分はこんな目に合わなければならないのだ」、「あいつのせいだ」、そう思っても、「絶対に口に出すな。出そうになったら、砂だと思いなさい。砂でも栄養があるのだから、口の中で砂だと思って言葉を噛んで飲み込め。その自分との戦いの連続の中に自分の内奥の境涯が開かれるのだ！」という意味だったのです。

人生は何が起こるかわかりません。「すべての原因と使命とこれからの境涯を開く要因は、自分の中にある」「すべてに意味がある」ということを、先生は気付かせてくださったのです。

創価大学にて 昭和56年5月3日 右から北林母、竹岡、池田先生、父・清、母・智佐子、北林家親戚

1つは、法華経の真髄は、権威権力の中にはなく、無名の民衆の中にあって、その人たちこそが仏であるということ。2つ目は、頭が良くて、俺が一番だと思っているような者には仏法はわからない。〝信〟という命の奥底の一念にしか仏の悟りは無いということ。3つ目は、宝塚の3人の女性のように、皆を楽しませること、明るい希望を持たせることが、仏の大事な役割であるということ。この3つを、私はこの5月3日に学びました。それに、7月の箱根でのことを加えて、法華経の真髄が現代のここにあったと、池田先生に教えていただいたと思っております。

この7月には、私にというと誤解が生じるので、私の妻にということで、先生のお写真をサイン入りでいただきました。

またさらに1年後の昭和56年（1981年）5月3日には、私の両親と今は亡き盟友北林芳典の母親を創価大学に呼んで、記念撮影をしてくださいました。

法華経は実に深遠な時間と空間が示されている。それがわかるには強い痛みと苦悩を突き抜けなくてはならないということを、私は幸いにも身を以て知ることができました。

調柔《じょうにゅう》で勝利へ

池田先生が会長を勇退された昭和54年（1979年）の4月、私は先生から1冊の本をいただいておりました。それは、毎日新聞社から発刊された先生のご著書『忘れ得ぬ出会い』で、世界の各界の指導者から無名の庶民まで、忘れ得ぬ人々との出会いを綴られた30編のエッセイ集でした。発行日は、その年の5月3日となっていました。

当時、創価班の全国委員長として学会本部の中枢にいた私は、宗門問題の渦中にあって、特に全国から報告が届く脱会者の数を集計するのに多忙を極める日々でありました。

そこに揮毫があることは気付いておりましたが、申し訳なくも、その多忙さのゆえに当時の私は深く考えることなく、そのご著書を放置してしまっていました。

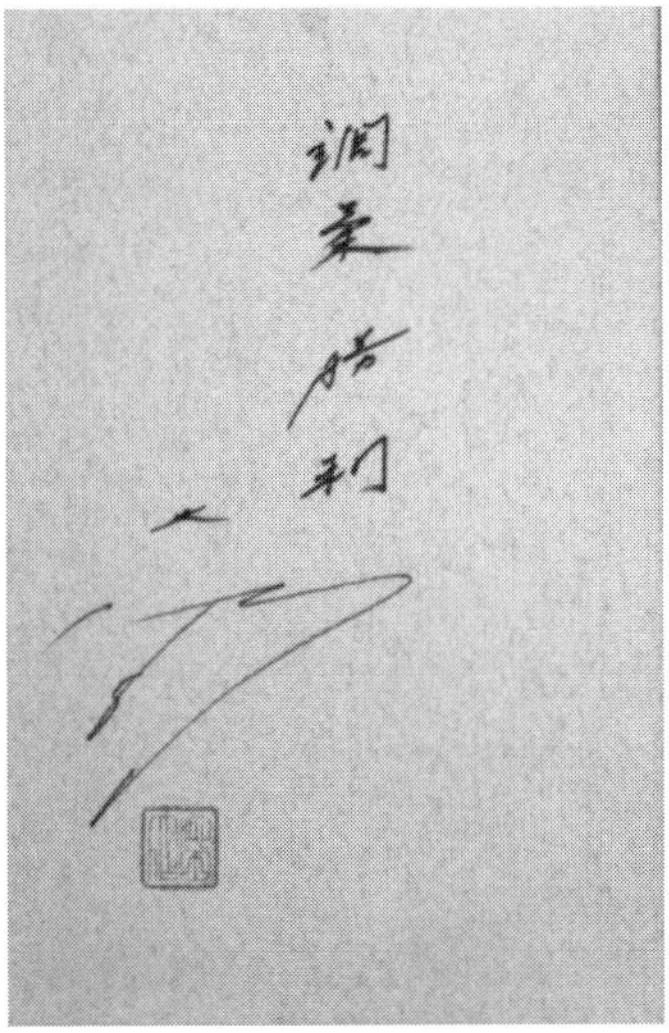

昭和54年4月　「調柔勝利」の揮毫

今から8年前、本をいただいてから37年が経過して、平成28年（２０１６年）1月、自宅で蔵書を整理していた際に、この存在に気付き、手にとって開いてみたところ、先生のご揮毫がそこあることに気がつきました。そこには「調柔勝利」とありました。

「勝利」、この言葉の意味は明確にわかります。その前の「調柔」とは、どういう意味だろうか。

その言葉は経文から取られたもののようなので、念のために、サンロータス研究所の『法華経』の編纂で中心者をしていただいた友人の五味時作さんにこの意味を訊ねてみました。

すると、これは法華経の分別功徳品第十七にあるとのこと。

分別功徳品は「爾の時、大会、佛の、寿命の劫数《こっしゅ》の長遠《じょうおん》なること是《かく》の如くを説くを聞いて、無量無辺阿僧祇の衆生、大饒益《にょうやく》を得たり。」（1・1）で始まっていて、前の寿量品第十六の説法を聞いて久遠元初の妙法を覚知した衆生の、得られた功徳を分別して説かれている品で、「調柔」は、そのなかの2番目の偈（2・3）のなかにありました。

そこには、

「若復行忍辱　住於調柔地　設衆悪来加　其心不傾動。
諸有得法者　懐於増上慢　為此所軽悩　如是亦能忍。」

(若し復忍辱《またにんにく》を行じて　調柔《じょうにゅう》の地に住し　設《たと》い衆《もろもろ》の悪来り加うとも　其の心傾動《きょうどう》せざらん。
諸の得法の者有りて　増上慢を懐《いだ》ける　此《これ》が為に軽《かろ》しめ悩まされん　是《かく》の如きも亦能く忍ばん。)

とありました。

これを、私なりに解釈すれば「広宣流布の途上には、増上慢の出家者などが種々の迫害を加えて、その人を悩ますといったことが起こってくる。それらに動ずることなく耐え忍び、仏の教えに従って温和に進め」といった意味に読めます。

あたかも、宗門との問題に悩まされた当時の先生と学会員の姿が、ダブってきます。

宗門に従い勇退を決意された当時の決断の、その胸中には、仏法に裏打ちされた先生の深い境地と確信が込められていたことを「調柔」は、示すものであったのです。

さらに、分別功徳品を読み進めていくと、

「又復如来滅後、若聞是経、而不毀呰、起随喜心、当知已為、深信解相。」(3・1)(又復《また》、如来の滅後に、若し是の経を聞いて、而も毀呰《きし》せずして随喜の心を起さん、当に知るべし、已に深信《じん》解の相と為す。)

「若我滅後、聞是経典、有能受持、若自書、若教人書、」(3・4)(若し我が滅後に、是の経典を聞いて能く受持し、若しは自ら書き、若しは人をして書かしめんこと有らんは、)等々と、滅後において、法華経を説き弘めることを強調されています。

池田先生の講義録『法華経の智慧』の分別功徳品の章に、次のようにあります。

「寿量品の山頂から見た光景は何であったか。

それは、久遠元初以来、常住の本仏が、休むことなく不断に一切衆生を救う活動をなされている。自分自身も、かつてその化導を受けた。『大宇宙と一体の仏』と自分とは、本来は師弟一体であった。その『我が生命の真実』を思い出したのです。

自分がどこから来て、どこへ行くのか、自分が何者なのか。それを思い出した。

この本有常住の仏とともに、永遠に一体で衆生を救っていくために働き続ける——その『わが使命』を思い出したのです。

『仏（妙覚）』とは決して、安住の『ゴール』ではなかった。『名字《みょうじ》の凡夫《ぼんぷ》』即『妙覚』こそが真実であった。成仏の本因に住して『戦い続ける』その境涯こそが『仏』であった。その真実がわかったのです。あえて要約して言えば、そういうことになるでしょう」と。

「調柔」に込められた真意は、単に「柔らかく人に接しなさい」といったことではなく、「成仏の本因に住して『戦い続ける』その境涯」を示されることにあったのです。

さらに、続く経文には、

「不須復起塔寺、及造僧坊、供養衆僧。」（3・5）（復《また》塔寺を起て、及び僧坊を造り、衆僧を供養することを須《もち》いず。）とありました。

五味さんによれば、この「不須」の二字をどう読むかが問題だという。

「須《もち》いず」とするのでは、これは「選択肢としてはあるが、あえてそれは選択しない」という意味になりますが、これを「すべからず」と読めば、「してはならない」との強い禁止の意味となります。

これは、五味さんとも話し合いましたが、この経文の前後に「所以は何《いか》ん。是の善男子、善女人、是の経典を受持し読誦せん者は、為れ已に塔を起て、僧坊を造立し、衆僧を供養せり。則ち為れ佛舎利を以て、七宝の塔を起て、」（３・３）等々とあることを見れば、この場合は、後者を取って「僧侶のために塔寺を起ててはならない」「民衆のなかに、人々の生命のなかにこそ起てるべき」との意味であると、踏み込んで読むべきではないでしょうか。

このように検討してくると、池田先生が「調柔」を記されたのには、宗門の僧侶中心の呪縛から離れて、学会の師弟を中心とした民衆宗教、世界宗教への脱皮を指向した甚深の指導であったと、わかってきます。

いただいてより45年が経過して、「調柔」のご指導は、今の私の戦いが、若き当時と連動していることを改めて確認させていただくものとなりました。当時の事の本質には、創価学会を世界に大きく扉を開くための、先生の大きな境涯がそこにあったのだということを、先生亡き後に、改めて明確に示すものとなりました。

人生の師匠であった池田大作先生からは、これまでお話しした他にも、数々のご指導としての揮毫をいただきました。

結びに、それらをご紹介して、この池田先生の指導と行動の中に現代の法華経ありと申し上げ、締めくくりといたします。

池田先生からいただいたその他の色紙と揮毫

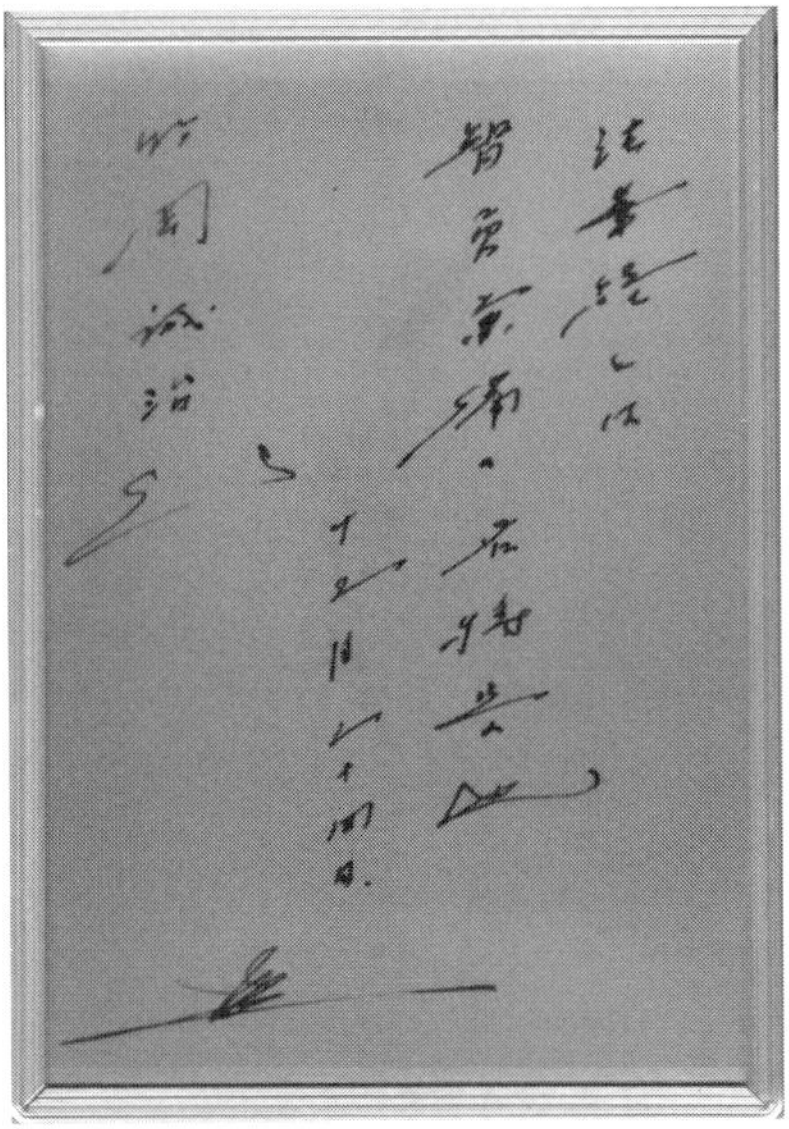

法華経とは
知勇兼備の名将学也
十二月二十四日（昭和49年）
竹岡誠治兄　池田先生の花押

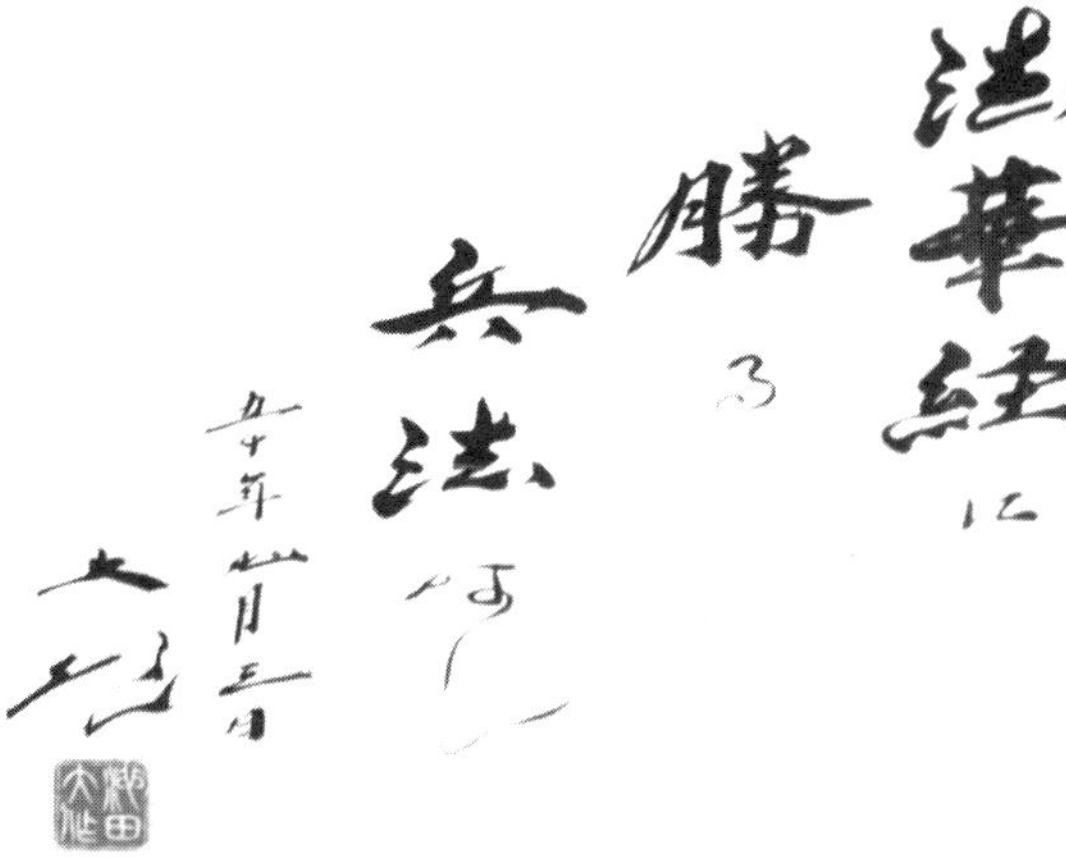

法華経に
勝る
兵法なし
五十年七月三日
大作

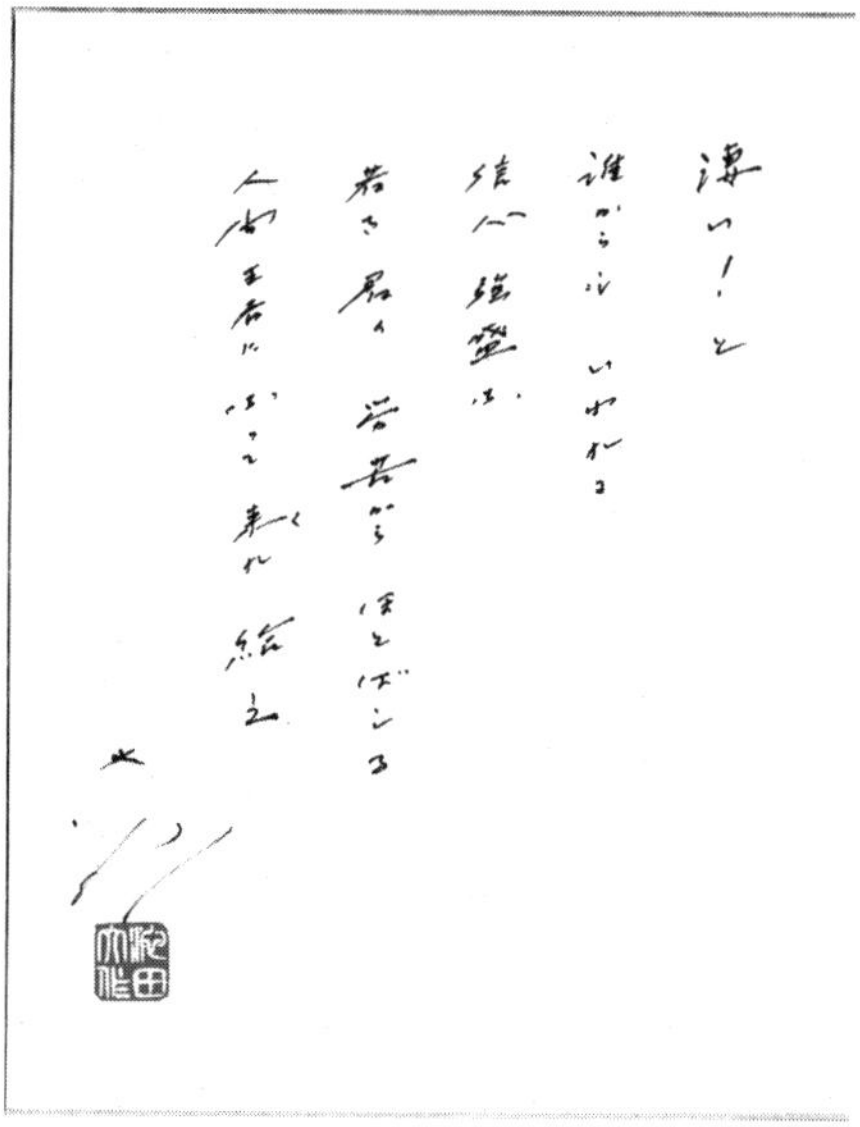

凄い！と
誰からもいわれる
信心強盛な
若き君の　労苦から　ほとばしる
人間王者になってくれ給え
大作
（昭和51年）

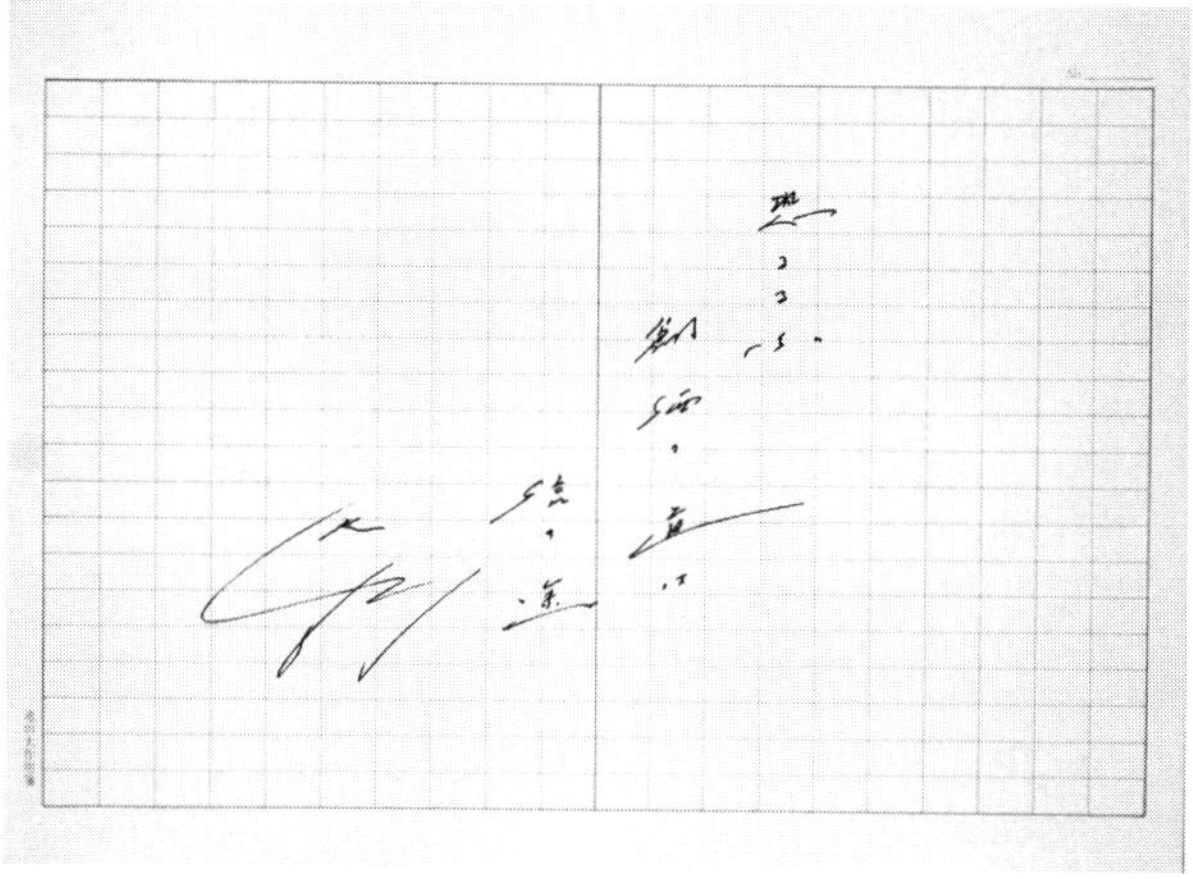

恐るるな
創価の道は
信の途
大作
（昭和53年6月30日、
竹岡、創価班委員長
就任の時にいただく）

常欲安世間
（常に世間を安んぜんと欲す　授記品第六・２・３）
竹岡誠治 学兄
三月二十二日　大作
（昭和56年）

今後の夢

最後に、今後の私の人生の夢と目標を語らせていただきます。

１つ目は、徳島県では後藤田正純さんが、衆議院議員を経て昨年（令和５年）、知事になられましたが、かつて自公政権を組んだ頃のこと、一緒に実現に動いた自民党の野中広務先生と、徳島県出身で内閣官房長官を務められた後藤田正晴先生に呼ばれて、「後藤田正純君が、このたびの選挙に出る。応援していただけないか。そして、ぜひ大成させていただきたい」と言われたことがあり

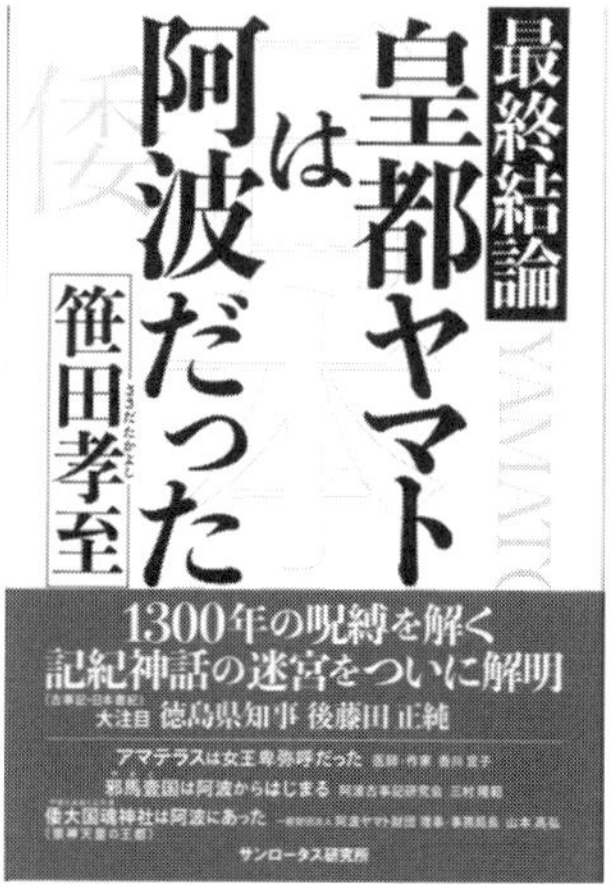
最終結論
皇都ヤマトは阿波だった
笹田孝至
1300年の呪縛を解く
記紀神話の迷宮をついに解明
大注目 徳島県知事 後藤田正純
アマテラスは女王卑弥呼だった
邪馬臺国は阿波からはじまる
倭大国魂神社は阿波にあった
サンロータス研究所
皇都ヤマトは阿波だった

ました。

以来、後藤田正純さんとは長くお付き合いをしているのですが、今、徳島では古代史研究家の笹田孝至《たかよし》先生のご著書、『皇都ヤマトは阿波だった』をサンロータス研究所から出版することになっております。

徳島は、阿波の国といいますが、古代日本の始まりはこの阿波にあったことを明らかにして、徳島を賑やかにし、日本と世界を元気にする活動を、知事とともに繰り広げてまいろうとしているところです。

これを推進する阿波ヤマト財団の発足と出版を記念するパーティーを4月14日に徳島で行うことにしておりますが、これは、「和をもって尊しとなす」に代表される日本の清らかな本来の心を取り戻すことに通じる活動であり、今後の私の人生の重点としたいと考えております。

２つ目は、野中先生の後を継いで自民党の幹事長を務められた古賀誠先生とも自公政権を推進したのですが、古賀先生は『憲法九条は世界遺産』（かもがわ出版）というご著書を出されていて、「政治とは、平和の国を作ること」とおっしゃられている先生です。

7月17日の私の『法華経の旅』の出版パーティーには、ご出席いただいて、自公を組んだのは「平和のためであった」ことなどを、お話しいただければと願っているところです。

それに関連して思っていることは、本当に平和のために尽くす日本国の総理大臣を生み出した

憲法九条は世界遺産

い、そして、その後には、一番、戦争に苦しんだ沖縄から総理大臣を出したいということです。

私は、以前も申し上げましたが、そう決めて、毎月、沖縄に通っております。

いずれにしても、これからの人生、師への報恩の誠を尽くすと決め、過ごしてまいります。

今日は、初めての方もおられましたが、技術の発展のおかげで全国の友人にリモートで私の話を聞いていただけました。また、今日のお話を含めて本にして、さらに多くの人に届けて世に問うことができます。この機会をくださった丸の内朝飯会の皆様に、心からの感謝を申し上げます。

本日は、ありがとうございました。

発刊に寄せて

政治とは平和の国を作る事

自由民主党　元幹事長

古賀　誠

本書は、昨年（２０２３年〔令和５年〕）の11月、竹岡誠治さんが師と仰ぐ創価学会の池田大作先生が天寿をまっとうされ霊山に旅立たれたことを受けて、その師匠に捧げる一書であるとお聞きし、一文を寄せることとしました。

私が竹岡さんを知ったのは、私の尊敬する先輩政治家であった野中広務先生のお話*からでした。

（＊巻末資料６１２〜６１７頁参照）

野中先生がおっしゃるには、「竹岡さんという創価学会の関係者がいて、『日本の平和と安定のためには、自民党と、平和を旨とする創価学会を支持母体に持つ公明党が組むべきだ』と、提案を受けた。それで、その竹岡さんの仲立ちで、公明党（公明党・国民会議）の草川昭三議員と面談した」

とのことでした。

草川議員は、元、石川島播磨重工業の労組の支部委員長であって、社会党系の歴戦の闘士であったところを「労働界からも人材を得たい」との公明党の誘いを受けて、１９７６年（昭和51年）に公明党推薦の無所属候補として総選挙に立候補・当選して、公明党・国民会議所属で衆議院議員になった方でした。

野中先生は、「草川議員とは東京・港区の区役所の裏にあった小料理店で食事をしながら、じっくり話をしたのだが、なかなか腹も決まっていて好感の持てる人物だと思った」と、草川議員の人物像を私に教えてくれました。

その席で、竹岡さんと草川議員が野中先生に語ったことは、「戦後、今日まで日本が海外から攻められず、内乱にもならずに済んだのは、自由民主党という保守政権がうまく機能したおかげです。しかし、今の日本の政治の状況を考えたときに、これからの政局の安定と平和のために手を組んで、難しい局面があるだろうが、自公政権を目指すべき」との進言でした。

当時の政局は、非常に流動的で不安定な状況でした。公明党も、それを受けて、１９９４年（平成6年）から１９９８年（平成10年）にかけて、参議院を残して、衆議院は新進党結成と解党を経て新党平和、そして公明党再結成と目まぐるしく推移していました。

今になって思えば、野中先生も私も、日本国の戦争の悲惨な体験を経ている上に、私は父を戦争で亡くしていることから、「平和のために」との言葉が鍵となって、野中先生と呼吸を合わせて自公政権の実現へ舵を切ることに賛同したということです。

私が日本遺族会の会長になって、野中先生と一緒に父が戦死したフィリピンのレイテを訪れたことがありました。２００３年（平成15年）２月９日のことです。雲一つない晴天のもと、簡単な祭壇を作って亡くなった母親の遺影を飾ったとたんにスコールに見舞われました。

その時のことは、５年前に上梓した『憲法九条は世界遺産』（かもがわ出版）に書きましたが、野中先生が「ほら、来てよかったろうが。息子がやっと迎えに来てくれた。親父がこんなに喜んでくれたじゃないか。涙雨だ。さぁ親父の魂を持って帰ろう」と、私を慰めてくれました。

私は、父親をはじめ、ここで亡くなった方々に思いをめぐらしました。

おそらく多くの方々が思ったことは「自分がここで人生を終えるのは残念だけれど、故郷に残して来た妻や子どもに一日も早く安寧な生活が訪れるならば喜んでこの命はここに捧げよう」ということではなかったかと考えました。

その４年後の２００７年（平成19年）11月27日、東京・千代田区の九段会館ホールで日本遺族会創立60周年記念式典が、天皇皇后両陛下のご臨席のもと、挙行された際、私は遺族会会長として、日本の今の豊かな生活が、「祖国の繁栄と安泰を念じつつ散華された英霊の尊い犠牲のうえに成り立っていることを、決して忘れることなく、今後も志を一層固くし、戦争の無い平和な社会を確立するために、一層の精進、努力をして参る覚悟であります」と、決意を込めて式辞を述べました。

ともかく常々私は、「私の政治の原点は、日本を二度と戦争のない平和な国にする事。そのためにも憲法九条は死守しなければならない。そして、国を愛し、国を誇りに思うような精神を大事にする政治を行っていくことです」と公言してまいりました。野中先生と私で自公政権をつくったのは、ひとえに平和のためだったのです。

竹岡さんは、お会いした当時、創価学会や公明党の主たる役職に就いているわけではなかったけれども、池田大作先生の薫陶宜しきを得た人物で、実に単刀直入に物を言う人であって、行動力も抜群の人でありました。

私は、野中先生の後を継いで、自由民主党の幹事長を引き受けたわけですが、公明党との間に難しい局面が生じたときには、いつも竹岡さんが陰の立場で調整してくださったことを、昨日のことのように覚えています。

いざ、自公政権の実現と運営に動いてみると、確かにたくさんの難関が立ちはだかりました。自由民主党の支持母体には、神社本庁や伝統仏教に、立正佼成会、天理教などの諸宗教の様々な団体、そして日本遺族会などもあって、それらの皆様の納得を得るには非常な困難がありました。

それに対して、公明党と支持母体の創価学会の側も努力してくださり、各地域の町内会、さらには神社の祭への参加等にも、それまでの壁を取り払って地域友好に積極的に尽力してくださって、各地域にとってなくてはならない方々となりました。その甲斐あって、難関を乗り越えることができて、自公政権の確立が成った次第です。

先述の本に私は、以下のように記しました。

「野中広務先生の政治家としての力量、能力には遠く及びませんが、私も、たった一度の人生に政治という厳しい道を選んだ一人として、『先生のような政治家としての生きざまを貫きたい』――常々、そう願って野中先生の後を歩いて32年、政治活動を続けさせていただくことができました。そしてそのことを、本当に誇りに思います。

本当なら今、野中先生に元気でいていただいて、次の世代にどういう国を残すべきなのか、語ってもらいたいし、つないでもらいたい。その先頭に立っていただきたい。そういう思いがするのは決して私だけではないと思っております。

しかし残念ながら、昨年（２０１８年）１月26日、野中先生は92歳の天寿を持って天界へと旅立たれました。無念や悲しみを乗り越えて、野中先生との交わりに悔いを残さないために何をするべきなのか。もう一度、考えてみたいという思いを持っている日々であります」と。

野中先生が旅立たれて既に６年が経ち、現今の政治状況は、政治の安定と国の平和を願って野中先生とともに自公政権を築きあげた頃に込めた理念と魂が、少し忘れられてきているように思います。

公明党の創立者の池田大作先生は、小説『人間革命』を、もっとも戦争の悲惨を経験した沖縄の地で執筆を開始され、冒頭を「戦争ほど、残酷なものはない。戦争ほど、悲惨なものはない」との一節で書き起こされたと聞いております。

一方、野中先生は、毎年、沖縄戦の激戦地であった嘉数《かかず》の丘（宜野湾市）で、平和の祈りを捧げておられました。

私は、今の状況は、池田大作先生に対しても大変申し訳ない思いでもあり、一緒に政権を運営した野中先生にも申し訳ない気持ちで一杯です。その思いも込めて、警鐘の意味からこの一文を寄せました。願わくば、この一文が、野中先生を偲び、池田先生の平和の理念を確認して、次の時代を開く一助となれば幸いです。

これからの日本を支える若い方々に、「平和の国を作り上げていく事が政治だ」と訴えて、一文と致します。

令和六年三月三十日

古賀誠

サンロータス研究所版 法華経刊行に寄せて

発願より10年余、パイロット版刊行（２０１８年〔平成30年〕）から４年の歳月をかけて、２０２２年（令和４年）５月３日、サンロータス研究所版の法華経（『法華経 妙法蓮華経 開結』）の刊行がなり、広く世に問うこととなりました。

世に法華経の刊本が数多あるなか、いま敢えて本書を世に問う所以を挙げるならば、以下の２つの特徴になります。

その第1は、本書は真訓両読の体裁をとっておりますが、真読には底本として「春日本《かすがぼん》」を用いたことです。

「春日本」とは、平安末期、奈良興福寺から出版された経典類をいいますが、文文句句はもとより、1行の文字数などに至るまで、鳩摩羅什《くまらじゅう》の漢訳を忠実に再現していると伝えられている経典です。

漢駅「妙法蓮華経」一部七巻二十八品（後に八巻）が成立した姚秦《ようしん》の弘始《こうし》8年（４０６年）頃には、漢訳経典のスタイルは確立していたといわれます。一説には、『管子』巻14に「天の道は九制を以てし、地の理は八制を以てし、人の道は六制を以てす」とあるように儒教の数思想をもとに、天地を合して17文字で長行の1行とし、偈文は七字偈2句で1行、四字偈・五字偈は4句で1行とすることなどが定められたといいます。

具体的には、日蓮大聖人の真蹟として今に伝わる『注法華経』（重要文化財　三島市玉澤妙法華寺蔵）が、「春日本」の巻軸の行間・紙背に天台・妙楽等の著作要文を書き込まれた文書であることから、真蹟の写真版を底本として用いました。

徹底してこれを再現することに努めた結果、「勧持品二十行の偈」が実際に20行に収まり、また『法華文句』等に頻出する「〇〇より下の二行一句は〇〇を表す」といった箇所も正確に該当する部分を指摘できることになりました。研究者にとっての利便性は顕著です。

本書のもう一つの特徴は、訓読に設けられた様々な工夫にあります。

先ずは文章の区切りを明確にするため、長行・偈文を問わず、句読点を付しました。そして『聖書』に倣ったやり方ですが、科段に従って本文に文章番号を付しました。またこれらは、真読と科段にも反映させせました。

改めて法華経を精読してみると、「仏とは民衆のことである」との法理が全編に通底して説かれていることが、鮮明となってまいります。

法華経（妙法蓮華経）における釈尊の第一声は、「諸佛の智慧は甚深無量なり、其の智慧の門は難解難入なり、一切の声聞、辟支佛《ひゃくしぶつ》の知る能《あた》わざる所なり。」（方便品第二、1・1）と智慧第一といわれた舎利弗に告げて、声聞・辟支佛といった出家等の知識階級を厳しく弾呵（弾劾・呵責）され、さらに「止《や》みなん、舎利弗。復《また》説くべからず。所以《ゆえん》は何《いか》ん。佛の成就せし所は、第一希有難解の法なり。唯《ただ》佛と佛のみ、乃《いま》し能《よ》く諸法の実相を究尽《くじん》せり。」（同、1・3）と諭されています。

そして、釈尊の最後の説法には、「若し是の経典を受持せん者を見ては、当に起ちて遠く迎うべきこと、当に佛を敬うが如くすべし。」（普賢菩薩勧発品第二十八、3・7）とあります。この「当起遠迎《とうきおんごう》、当如敬佛《とうにょきょうぶつ》。」の8文字こそ、法華経における釈尊の結語なのであります。「法華経の精神を弘めようとする人を、仏のように敬い迎えよ」との釈尊の遺言で締めくくられるのです。

こうしてみると、法華経は、一部の者の占有物ではなく、この経を弘めんとするすべての人に開かれた、民衆のための経典であって、それこそが、法華経の本質であるといえるでありましょう。

その真実に達したとき、本文に文章番号を付した私どもの試みは、広く民衆に届けるという経典の精神にかなうものとして、受け入れられるに違いないと考えるものです。この文章番号が、今後刊行される国内外の法華経に共通して付されるならば、法華経研鑽は、例えば、言語の異なる世界の民衆と、より強く共有されるものとなり、得難いツールとなると思われるからであります。

法華経（妙法蓮華経）には「心に大歓喜《だいかんぎ》を生じて」（方便品第二、5・16）、「踊躍歓喜《ゆやくかんぎ》して」（譬喩品第三、1・1）、「皆大いに歓喜《かんぎ》して未曽有《みぞうう》なることを得たり。」（如来神力品第二十一、1・5）等々、随所に「歓喜」が散りばめられ、末尾の「皆大いに歓喜《かんぎ》し、佛語を受持して、礼《らい》を作《な》して去れり。」（普賢菩薩勧発品第二十八、3・8）にいたるまで、「歓喜」は合計91箇所にも及びます。まさに法華経は「歓喜の経典」といえます。

この歓喜を呼びさます要因こそ、「自《みずか》ら当に作佛すべしと知れ。」（方便品第二、5・16）とある如く、法華経を求め弘める人、一人ひとりがもれなく仏であるとの自覚であります。

ともかく、サンロータス研究所版法華経は、これまでにないものとの自負を抱くものではありますが、さりながら、私ども浅学菲才は思いもかけぬ過ちや陥穽にはまっているやもしれず、珠玉の経典に瑕つくることなきやと畏れるものです。読者、諸賢の温かな御批正を賜りたく存じます。

文章番号を発案し、昼夜を分かたず情熱的かつ献身的にプロジェクトを主導された五味時作氏を筆頭に、廣野輝夫氏、陣内由晴氏、吉崎幸雄氏、吉永聖児氏、山田和夫氏、亀田潔氏、川北茂氏、山中講一郎氏、小倉伸一郎氏、原環氏、和栗弘直氏、寺嶋忠雄氏、そして、発刊に際して別紙に一文を寄せていただいた田渕隆三画伯、さらに、編纂にあたりご尽力いただいたすべての方々に、感謝申し上げます。

2022年（令和4年）2月16日

サンロータス研究所 代表理事　竹岡 誠治

第一章　竹岡誠治講演集

法華経とお釈迦様の人生

第2749回　丸の内朝飯会（リアルおよびオンライン）
2022年（令和4年）9月15日午前7時30分～8時30分
リアル会場＝東京グリーンパレス　レストラン「シャルダン」（千代田区二番町二丁目）

講演標題と竹岡誠治

鳩摩羅什訳の法華経を再現

お早うございます。
お釈迦様というのは、諸説ありますが、概ね紀元前5世紀頃の人といわれています。[*1]
当時のインドでは、尊い姿は像にすることはできないとの考えから仏像の制作は行われず、教えは口承でこそ真意が伝えられるという考え方から、一切、文字として残されず、ずっと弟子から弟子へそれぞ

リアル会場風景

れの頭脳の中に留められて伝えられていきました。それが文字化されるのは、紀元前1世紀頃になってからと推定されており、その後、今日に伝わる様々な経典が誕生します。

その経典類の代表が法華経（妙法蓮華経）で、古代インド語のサンスクリット（梵語）では「サッダルマ・プンダリーカ・スートラ」といいますが、その成文化は紀元後1世紀頃といわれています。

その後、法華経は漢訳されて、中国、韓半島諸国、そして日本へと、広く東アジアに弘まっていきます。

現存するもっとも古い漢訳の法華経は3世紀、286年、竺法護による『正法華経』ですが、一番内容が整っていることから広く普及していったのは5世紀初頭、406年の鳩摩羅什訳の『妙法蓮華経』です。

当初、鳩摩羅什訳の法華経は、1行を17文字とするなど、一定の形式で整えられていたのですが、普及が進むに連れて、コンパクトにする必要などから1行あたりの文字数は少なくされたり、独自の解釈から文字の付け加えや改変までされるようになっていきます。

それで、現在、同じ鳩摩羅什訳の法華経のはずが、異同のある版がいくつも存在するようになっています。

11年前（２０１１年〔平成23年〕）の1月のこと、私は、冒険家の三浦雄一郎さんを隊長とする南極の旅に参加しました。

それはまず南米アルゼンチンに飛び、世界最南端の都市ウシュアイアからクルーズ船に乗船して向かったのですが、南極に行くには、世界一波が荒いといわれるドレーク海峡を越えなくてはなりませんでした。

話の通り、凄まじい波で、船室のベッドに寝ていると、体が1メートルも宙に浮いて天井にぶつかるのではと思うほどになります。それがまる2日、海峡を抜けるまで何度も続くのでした。

その間、食事もできず、ただ耐えるしかありません。私は、体が宙に浮く度に思わず「南無妙法蓮華経」と唱えたのですが、すると「お前は法華経の題目を唱えるのなら、きちんとした法華経を作りなさい」との声が、脳裏に響きました。それは天の啓示ともいうべきものでした。

それで、南極の旅から帰国してすぐに、各分野のこの人はと思う10人ほどに声をかけ、サンロータス研究所を立ち上げて、鳩摩羅什訳の法華経の再現の作業を開始しました。

２０１１年からは東日本大震災やコロナ禍など様々な事があったわけですが、10年余りを経て、今年の春、ようやくサンロータス研究所版の『法華経』（『法華経　妙法蓮華経　開結』）を出すことができました。

鳩摩羅什訳の法華経に、開経の無量義経（曇摩伽陀耶舎《どんまかだやしゃ》訳）と結経の観普賢経（曇無蜜多《どんむみった》訳）を加えて、それぞれ長行（散文）は1行17文字で、偈文（詩文）は4句で1行（7字偈は2句で1行）として版を組んで、漢訳当初の「形式」を再現しています。長行1行の17字は、古代中国では特別な数字として扱われた数字で、一説には、儒教の思想に「天の道は九制を以てし、地の理は八制を以てし」（『管子』巻14）とあるのを根拠に、天地を合して17文字とされたといわれています。

制作にあたっては、日蓮大聖人所持の『注法華経』を底本に、手に入る法華経はすべて図版や画像等で確認しました。現存最古といわれる法隆寺伝来の『細字法華経』（1部7巻、李元恵書写、唐時代・694年〔長寿3年〕東京国立博物館）、12世紀の『平家納経』（1164年〔長寛2年〕厳島神社）、13世紀の『春日版定本法華経』（唐招提寺）、『大正新脩大藏經』に、中国・明代に編纂されたものなどが参照文献に入っています。*2

サンロータス研究所版『法華経　妙法蓮華経　開結』表紙

それらの一覧を専門家に見ていただくと、

「この一覧を見るだけで、感心するし、あなた方の仕事は信頼できる」と、いわれております。

＊注1　釈尊生没年について詳細は、別項「仏教経典を俯瞰して　特に法華経の第一声とは」をご覧ください。

＊注2　サンロータス研究所版「法華経」の制作参考文献は巻末の一覧を参照ください。

視覚に訴える工夫

当初の形式を復元して見ると、それまで気づかなかった訳者、鳩摩羅什の工夫が見えてまいりました。

例えば法華経28品の25番目、観世音菩薩普門品を本来の形式にする（5字偈を4句で1行とする）と、3句目に「念彼観音力《ねんぴかんのんりき》（彼の観音力を念ぜば）」が12行連続して並びます。この様子は壮観で、誰の目にも観音菩薩の力が迫ってきます。

「仮使害意《たといがいい》を興し　大火坑《だいかきょう》に推落《おしおと》されんに　彼の観音力を念ぜば　火坑変じて池と成らん。（害する意図がある者に火の燃える大きな穴に落とされたとしても、彼の観音力を念ぜば、火の穴は池に変わる）」

「或《あるい》は巨海《こかい》に漂流《ひょうる》　龍魚諸鬼《りゅうごしょき》の難あらんに　彼の観音力を念ぜば　波浪にも没《もっ》する能《あた》わじ。（巨きな海に漂流しても、彼の観音力を念ぜば、波浪にも没することはない）」

3・3
仮使興害意《けしこうがいい》　推落大火坑《すいらくだいかきょう》　念彼観音力《ねんぴかんのんりき》　火坑変成池《かきょうへんじょうち》。
或漂流巨海《わくひょうるこかい》　龍魚諸鬼難《りゅうごしょきなん》　念彼観音力《ねんぴかんのんりき》　波浪不能没《はろうふのうもつ》。
或在須弥峰《わくざいしゅみぶ》　為人所推堕《いにんしょすいだ》　念彼観音力《ねんぴかんのんりき》　如日虚空住《にょにちこくうじゅう》。
或被悪人逐《わくひあくにんちく》　堕落金剛山《だらくこんごうせん》　念彼観音力《ねんぴかんのんりき》　不能損一毛《ふのうそんいちもう》。
或値怨賊遶《わくちおんぞくにょう》　各執刀加害《かくしゅうとうかがい》　念彼観音力《ねんぴかんのんりき》　咸即起慈心《げんそっきじしん》。
或遭王難苦《わくぞうおうなんく》　臨刑欲寿終《りんぎょうよくじゅじゅう》　念彼観音力《ねんぴかんのんりき》　刀尋段段壊《とうじんだんだんね》。
3・4
或囚禁枷鎖《わくしゅうきんかさ》　手足被杻械《しゅそくひちゅうかい》　念彼観音力《ねんぴかんのんりき》　釈然得解脱《しゃくねんとくげだつ》。
呪詛諸毒薬《しゅそしょどくやく》　所欲害身者《しょよくがいしんじゃ》　念彼観音力《ねんぴかんのんりき》　還著於本人《げんじゃくおほんにん》。
或遇悪羅刹《わくぐあくらせつ》　毒龍諸鬼等《どくりゅうしょきとう》　念彼観音力《ねんぴかんのんりき》　時悉不敢害《じしつぷかんがい》。
若悪獣囲遶《にゃくあくじゅういにょう》　利牙爪可怖《りげそうかふ》　念彼観音力《ねんぴかんのんりき》　疾走無辺方《しっそうむへんぼう》。
蚖蛇及蝮蝎《がんじゃぎゅうふっかつ》　気毒烟火燃《けどくえんかねん》　念彼観音力《ねんぴかんのんりき》　尋声自迴去《じんしょうじえこ》。
雲雷鼓掣電《うんらいくせいでん》　降雹澍大雨《ごうばくじゅだいう》　念彼観音力《ねんぴかんのんりき》　応時得消散《おうじとくしょうさん》。
3・5
衆生被困厄《しゅじょうひこんやく》　無量苦逼身《むりょうくひっしん》　観音妙智力《かんのんみょうちりき》　能救世間苦《のうくせけんく》。
具足神通力《ぐそくじんづうりき》　広修智方便《こうしゅちほうべん》　十方諸国土《じっぽうしょこくど》　無刹不現身《むせつふげんしん》。

観世音菩薩普門品　12 行並ぶ「念彼観音力」

「或は須弥《しゅみ》の峰に在り　人に推堕《おしおと》されんに　彼の観音力を念ぜば　日の如く虚空に住せん。（世界最高峰（須弥山《しゅみせん》）から堕とされても、彼の観音力を念ぜば、落ちることなく太陽のように虚空に浮かぶ）」

「或は悪人に逐《おわ》れ　金剛山《こんごうせん》より堕落せんに　彼の観音力を念ぜば　一毛をも損ずる能わじ。（悪人によって金剛山から堕とされても、彼の観音力を念ぜば、一毛も損ずることなく無傷でいられる）」

「或は怨賊遶《おんぞくかこ》み　各《おのおの》刀《つるぎ》を執《と》り加害に値《あ》うに　彼の観音力を念ぜば　咸《ことごと》く即ち慈心を起さん。（盗賊に囲まれて刀でやられようとしても、彼の観音力を念ぜば、その盗賊に慈悲心を起こさせる）」

「或は王難苦に遭《あ》い　刑に臨み寿終欲《じゅじゅうせ》んに　彼の観音力を念ぜば　刀尋《つるぎつ》いで段段に壊《おれ》なん。（権力者に苦しめられ処刑されようとしても、彼の観音力を念ぜば、その刀は粉々に折れてしまう）」（以上3・3）

「或は枷鎖《くさり》に囚禁《じゅきん》　手足《しゅそく》に杻械《かせ》を被《こうむ》らんも　彼の観音

力を念ぜば　釈然《しゃくねん》と解脱《まぬか》るるを得ん。（鎖につながれ手足の自由を奪われても、彼の観音力を念ぜば、容疑は晴れて釈放を勝ち取ることができる）」（３・４）等々と、観音のすごい功力が説かれているのですが、元の形式に整列させたことによって、それらが一目瞭然に感じられるようになります。

なるほどこれを見れば、観音様を頼む信仰が生じてくるのも当然だなと思えてきます。実は、この品を読み進めていくと、この観音の偉大な力は、釈迦如来・多宝如来という根本の仏によるものであり、パワーの源は法華経であると説かれているのですが、その部分はすっ飛ばして、独立して観音信仰が起こって弘まっていきました。ヤクザ映画で背中に観音様の刺青をしているのが出てきますが、これも観音様の力にあやかる意味からでした。

この他にも、随所に訳者の工夫を確かめることができるのですが、それらの工夫に気がつくたびに「この法華経を何としても弘めたい」との鳩摩羅什の魂が、より感じられるようになりました。

サンロータス研究所版の『法華経』では、本文に「文章番号」を付して今後の世界の研究者の便宜をはかるなど、他に類例をみない工夫も施しています。

今後、世界の様々な言語に法華経は訳されるでしょうが、その際に、この「文章番号」を「共通番号」として採用されれば、言語の違いを超えてのコミュニケーションが容易になるとの観点から施したものです。

日本文化への影響

法華経は、特に日本では、仏教伝来当初、飛鳥時代の聖徳太子の時代から、どの宗派においても最重要の大乗経典と位置付けられて、その影響は宗教・哲学のみならず、芸術、政治など文化全般に広く及んでいます。

狩野永徳『唐獅子図』文化庁 文化遺産オンラインより

長谷川等伯『松林図』東京国立博物館 名品ギャラリーより

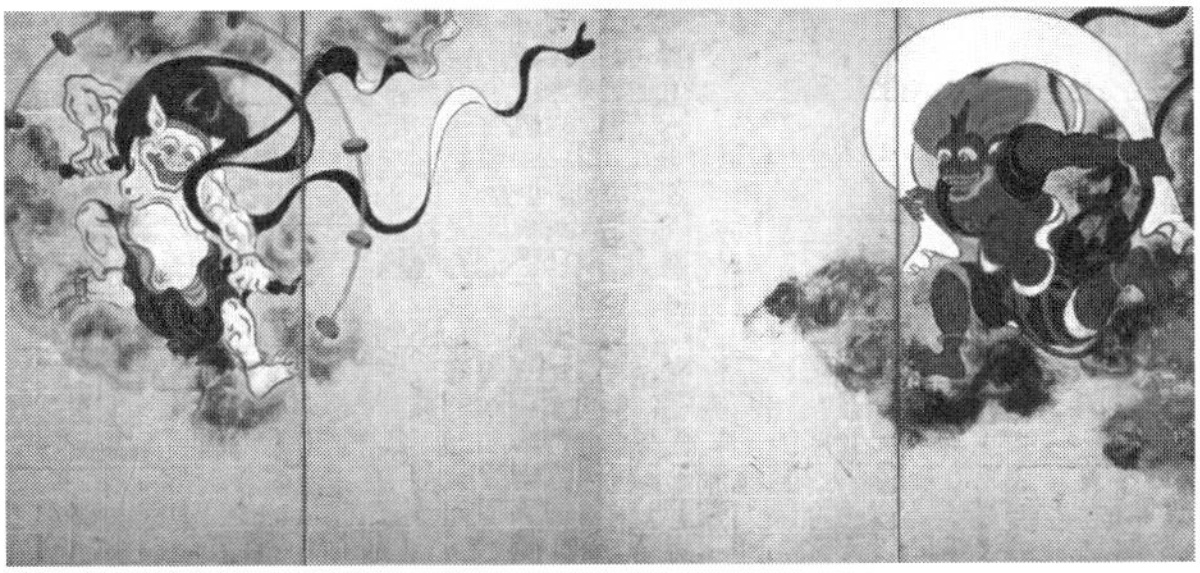
俵屋宗達『風神雷神図』Wikimedia Commons より

たとえば、文化面で挙げれば、桃山時代から江戸時代にかけての永徳、探幽らの狩野派、等伯、久蔵の長谷川派、宗達、光悦、光琳らの琳派、焼物の樂家、さらには浮世絵の写楽、北斎など、日本美術を代表する多くの巨匠たちの精神的基盤をなしてきたことは、広く知

尾形光琳『燕子花図』文化庁 文化遺産オンラインより

本阿弥光悦『舟橋蒔絵硯箱』文化庁 文化遺産オンラインより

東洲斎写楽『市川鰕蔵の竹村定之進』文化庁 文化遺産オンラインより

葛飾北斎『神奈川沖浪裏』文化庁 文化遺産オンラインより

られております。

それらの作品は多彩で、一概には特徴を言えませんが、どれも明るくカラフルで活力に満ちています。まるで昼間の太陽に照らされたような感覚になります。

二乗作仏

これほど広く知られた法華経ですが、その教えの本質は、端的にいえば「二乗作仏と久遠実成」といわれます。

「二乗作仏」の「二乗」とは、生命の境界を10に分類する十界論の下から7番目と8番目、声聞界、縁覚界を指しますが、現代的にいえば知識人ということです。

これもまた、以前お話ししましたが、法華経28品の第2番目、方便品第二で、お釈迦様が弟子の舎利弗に向かって「諸佛《しょぶつ》の智慧は甚深《じんじん》無量なり、其の智慧の門は難解難入なり、一切の声聞、辟支佛《ひゃくしぶつ》（縁覚）の知る能わざる所なり。」（1・1）「佛《ほとけ》の成就せし所は、第一希有《けう》難解の法なり。唯《ただ》佛と佛のみ、乃《いま》し能く諸法の実相を究尽《くじん》せり。」（1・3）と、「お前たち二乗には、仏の覚りはわからない」「本当のことは頭でなく命と命の感応によってわかるものだ」と厳しく弾呵したわけですが、この舎利弗が二乗の代表になります。舎利弗は、当時のインドにおいて、お釈迦様より有名な知識人で、「あの舎利弗が弟子になったとは」と人々は驚いて、お釈迦様が注目されるようになったというぐらいの人物でした。

ところでこの方便品は、般若心経と内容的にほぼ同じです。般若心経も漢訳が複数あって、よく知られているのは7世紀、唐の玄奘三蔵が簡潔に要約して３００字以内（経題を含めて２７６字）に漢訳した『摩訶般若波羅蜜多心経』で、舎利弗も登場しますが、この場合は、舎利弗は舎利子となっています。

話を戻しますと、法華経以外では、炒られた豆からは芽が出ないように、二乗は絶対に成仏できないとされてきました。次の譬喩品第三にありますが、舎利弗も二乗ですから「我等は斯の事に予《こじあずか》らず」（1・1）「終日竟夜《きょうや》、毎《つね》に自ら剋責《こくしゃく》せり。」（1・2）、つまり「自分は成仏はできない」と、自責の念にかられていました。

ところが、舎利弗は、お釈迦様の弾呵を経て教えの本質をつかみます。

「我是《こ》の法音を聞いて　未曽有なる所を得て　心に大歓喜《だいかんぎ》を懐《いだ》き　疑網《ぎもう》皆已《すで》に除《のぞ》こりぬ。」（1・4）と。そして、その様子を見たお釈迦様が「舎利弗よ、汝未来世に於て、（中略）当に作佛することを得《う》べし。号《な》を華光如来（中略）と曰《い》わん。」（2・1）と、成仏の約束をします。

この二乗の代表である舎利弗の成仏の記別によって、これまで不可能とされてきた「二乗作仏」が次々と叶うことになり、これによってあらゆる衆生の成仏、万人成仏の道が開かれることとなるわけです。

女人成仏

付随していえば、万人成仏の一例として、法華経の第12番目、提婆達多品《だいばだった》第十二では「女人成仏」が説かれます。それが「龍女の成仏」で、龍王の8歳の王女の成仏が語られます。「娑竭羅《しゃかつら》龍王の女《むすめ》、年始めて八歳なり、智慧利根にして、善く衆生の諸根の行業《ぎょうごう》を知り、陀羅尼《だらに》を得、諸佛の所説の甚深の秘蔵、悉く能く受持せん。深く禅定に入りて、諸法を了達し、刹那《せつな》の頃《あいだ》に於て、菩提心を発《おこ》して不退転を得たり、」（2・3）と。

女性は「五障」といって、成仏できないとされてきたのが、法華経で、そのままで成仏できるとなったのですが、これは当時のインド、中国、そして日本においては驚天動地ともいうべきことでした。それぞれ大きな反発を招き、中国ではわざわざ「龍女の成仏」のある提婆達多品は法華経から外されたといいます。

『源氏物語絵巻　御法』五島美術館HPより

日本では逆に、特に平安時代、「女人成仏」の経典として女性たちの間で特に大切にされ、そこに救いが求められました。紫式部の『源氏物語』や清少納言の『枕草子』など平安女性の文学作品には、法華経8巻を1巻ずつ8座で読誦・講義をする「法華八講」といった法華経の法会の開催がしばしば出てきます。

例えば『源氏物語』の第40帖「御法《みのり》」には、以前より私財をはたいて法華経の書写をさせて千部を供養する発願をしていた紫の上（光源氏の妻）が、43歳のとき、自身の死期を感じて花盛りの3月10日に「法華八講」を開く場面が描かれています。そして、紫の上はその秋、亡くなります。

すべての生命に備わる仏性

ともかく、法華経で「二乗作仏」や「女人成仏」等が説かれたことをもって「万人成仏」の道が開かれたわけですが、何故、すべての衆生が成仏できるのか、このことを深く掘り下げると、それは、突き詰めれば、すべての衆生にもともと仏性が備わっているからであるということになります。

日蓮大聖人は、これを踏まえて「衆生と云うも仏と云うも、亦此くの如し、迷う時は衆生と名け、悟る時をば仏と名けたり」(「一生成仏抄」)等と、言われております。

創価学会の初代会長牧口常三郎先生は、第二次大戦中、軍部政府の推進した天照太神の神札の掲示に反対したことによって、後に第2代会長となる戸田城聖先生とともに逮捕され巣鴨の東京拘置所に拘留されます。

牧口先生は、「誤って、天照太神を利用するのはいけない。誤って使った場合は、神は天上へ引き上げてしまって、護られなくなる。このままでは国が滅ぶ」と、天照太神を利用して戦争を進めた軍部政府に反対しました。正しく敬わず、都合よく利用するのでは神の護りはないということです。

話のついでに申し上げますが、この東京拘置所のあった場所には、現在、池袋のサンシャインシティのビル群が建っているのですが、それに隣接する東側の土地が新しくイケ・サンパークという防災公園に整備されました。

その公園に、私も尽力したのですが、尊敬する田渕隆三先生作の彫像『円盤を投げる平和の青年像』が、豊島区に作者から寄贈という形で、この7月に設置されました。

ブロンズ製の等身大を超える大迫力の、まさに生命を感じさせる像で、豊島区の4箇所目の平和のモニュメントとして位置づけられたものです。

牧口常先生は、1944年(昭和19年)11月18日、東京拘置所の病監で殉教されたのですが、この『平和の青年像』は、まさにその場所を見つめて立っています。

一方、戸田先生は、その獄中で法華経を読み進めるなか「仏とは生命なり」と悟りを得られます。この悟りが、現代に法華経を蘇らせる契機となって、第3代、池田大作先生の時代の創価学会の大発展に繋がっていきました。

田渕隆三作『円盤を投げる平和の青年像』豊島区イケ・サンパーク

ともかく「すべての生命に仏性が備わっている」との法華経の思想は、生命の尊厳を保障する究極の根拠として、現代の世相を見るにつけ、ますますその重要性が増していると思っております。

やさしい譬喩で語りかける

お釈迦様という人は、どういう人であったかと、想像を巡らすと、悩んでいる人、苦しんでいる人を楽にしたい、何としても生きる希望を持たせてあげたいと、ずっとそういう人たちのために人生を送った人ではないかと思います。

そこで、真理を何とかわからせようと、さまざまに譬喩、たとえ話をされています。

法華経にも7つの譬喩が説かれています。それは、三車火宅の譬え（譬喩品第三）、長者窮子《ぐうじ》の譬え（信解品第四）、三草二木の譬え（薬草喩品第五）、化城宝処の譬え（化城喩品第七）、衣裏珠《えりじゅ》の譬え（五百弟子授記品第八）、髻中《けいちゅう》明珠の譬え（安楽行品第十四）、良医病子の譬え（寿量品第十六）の7つです。

例えば、衣裏珠の譬えですが、これは、ある時、友達どうし2人が酒を飲んで、一人が酒に酔って眠ってしまう。酔っていない方は大金持ちで、友が困らないようにと持っていた「無上の宝珠」を眠っている友人の衣の裏に縫い付けて去っていきます。

何年か後、2人は再会しました。眠っていた方の友人は困窮に喘いでいる。宝珠が縫い付けてあったとは、気づかなかったからでした。

といった物語ですが、これは、仏のいのちを無上の宝珠に喩えて、気づかないだけで、もともと誰もが仏性を有していることを教えようとしたものです。

三車火宅の譬えと現代

また、三車火宅の譬えというのは、燃えさかる家にいることに愚かにも気づかない子どもたちを救おうと、親である長者が、子どもたちが興味を引きそうな羊車、鹿車、牛車の3種類の車を与えることを約束する。それにつられて出て来た子どもたちに、長者は想像もつかない豪華な「大白牛車《だいびゃくごしゃ》」を与えるのであった、というものです。

火事になった長者の家は広大で、老朽化のために得体の知れない虫や魔物が棲みついているという絶望的な状態です。

経文を引くと譬喩品第三は、火宅の状態を非常に詳細に表現しています。「諸の悪虫の輩　交横《きょうおう》馳走す。屎尿の臭き処　不浄流れ溢《み》ち」（5・2）「魑魅魍魎《ちみもうりょう》夜叉悪鬼有りて　人肉を食《は》み噉《くら》う。」（5・3）等と、害虫や糞尿に囲まれて、人肉さえも食らう輩がいると。

長者の家は、その上、「忽然《こつねん》として火起る　四面一時に　其焔《ほのお》倶に熾《さか》んなり。棟梁椽柱《とうりょうでんちゅう》　爆声《ばくしょう》震裂し」（5・6）と、大火に見舞われます。

この世の人々は、まったくひどい、苦悩に満ちた世界にいることを教えているわけです。

現代は、家が火事どころか、平和の問題、核兵器の問題、気候変動の問題、水不足に食糧問題と、世界中が災禍の中にあります。ところが、多くの人は、それに気づかず目先の楽しみを追って生きている。その愚かさを知らなければなりません。今すぐにでも改めなくてはいけないところに来ていることを法華経は教えてくれていると、私は思います。

長者が子どもたちに約束した、３種類の車は、十界論の７番目と８番目、そして９番目である声聞・縁覚の二乗と、菩薩界の３つを指しており、それにつられて出てきた子どもたちに与えた大白牛車は、最上の境界である仏界を指すのですが、火宅を免れる、世界を覆う災禍から人々が救われるには、仏界を個々の生命に開くことであると教えているわけです。

ともかくお釈迦様は、苦悩の人々を何とか救おうと、こうした譬喩を交えて対話を重ねていき、その中から法華経の誕生があったと、私は考えています。

鳩摩羅什、漢訳の地を訪問

先ほど申し上げたように、５世紀初頭、４０６年に、鳩摩羅什が漢訳した法華経を使用しています。

鳩摩羅什は、現在の中国の新疆ウイグル自治区のクチャ、中国西域、亀茲国の王族出身で、３０００人ともいわれる弟子とともに西安（長安）の草堂寺においてサンスクリットの原典から漢訳したと伝られています。

草堂寺には、私も６年前、２０１６年（平成28年）の5月17日、サンロータス研究所のメンバーと先ほどお話しした彫像『円盤を投げる平和の青年像』の制作者である田渕先生とで訪れています。

6年前のことで、上海、鄭州、洛陽、そして西安を訪れたのですが、どこも空港は大きく新しく、新幹線と高速道路網が整備され、中国の発展はすさまじいものがありました。

その反面で、どの都市も新しい高層ビルが林立しているのが目立ちましたが、その多くが建設途中で工事が止まっていました。「これは大問題になるぞ」と感じましたが、昨今、報道されているように、予感は的中しました。

中国、林立する高層ビル群（洛陽郊外）2016 年

中国の脅威がいわれますが、彼の国は彼の国で、国内に難しい不安定要素を抱えております。
草堂寺に、話を戻します。
草堂寺は、中国の南北朝時代の始まりの五胡十六国時代、後秦（姚秦）の４０１年に、鳩摩羅什を迎えて創建されたもので、羅什が訳経をした建物が、粗末な草葺き屋根だったことから、その名が付けられたとされています。
西安の中心部から南西に40キロ弱の位置にあって、終南山という山が迫る林のなかに鳥のさえずりが聞こえ、清浄な空気に包まれて、なかなか雰囲気の良いところで

『草堂寺風景』

した。

羅什の時代からは600年以上が経っているわけですが、唐末から宋代の建立とされる羅什の舎利塔が収められているお堂があり、日本の日蓮系の宗派の支援もあって、今でも羅什が大事にされていることがわかりました。

訪れた時は、偶然にも寺の住職、釋諦性師にお会いしました。

私が「私たちは創価学会の池田先生の弟子です」と申し上げると、「池田先生は、中日友好の大恩人であり、法華経を世界に弘める活動を進められている素晴らしい人です」と喜んでくださって、寺内を自ら案内され、普段は鍵がかけられているお堂の扉を開いてくださって、間近に舎利塔を巡ることができました。

羅什の舎利塔は、高さ2メートル余りの大理石製の八角塔で、西域各所から集められた8色の石がはめ込まれていることから「八色玉石」といわれていて、裏側に「姚秦三蔵法師鳩摩羅什舎利塔」と、文字が刻まれているのが確認できました。

　私たちは、そのお堂の前で法華経を読経しお題目を唱えて、鳩摩羅什への感謝の気持ちを捧げてきました。

草堂寺 釋諦性住職

草堂寺　舎利塔堂

羅什の舎利塔

ナーランダー　僧房跡

ナーランダー仏教大学跡

失われたサンスクリットの法華経

鳩摩羅什は、法華経を漢訳するにあたって、サンスクリットの法華経を元にしたわけですが、残念ながら、当時、存在したはずのサンスクリットの法華経は現存していません。それどころか、『西遊記』のもとになった7世紀、唐の玄奘の時代にいたるまで、いずれの仏典であれサンスクリットの原典は現存していないのです。

例えば、玄奘の場合、私たちも2018年（平成30年）12月にその跡を訪れましたが、インドの仏教大学ナーランダーから600点を越す経典や200点近くの経論などを持ち帰って、長安（西安）に唐の皇帝の命で建てられた大雁塔にそれらを収めたわけですが、ことごとく原典は失われています。

失われた理由としては、その後の戦乱や廃仏によるほか、中国では漢字を重んじる一方で、他言語の文献を重要視しないという文化があったようで、そのことが大きな要因であったとも考えられています。漢訳後の原典は、用済みとみなされて、いつしか散逸したというわけです。

なお、法華経に関していえば、東洋哲学研究所によれば、サンスクリットのものは中国の周辺部で見つかっていて、出土した地域や書写の場所により「ネパール系写本」「ギルギット系写本」「中央アジア系写本」の3つに分類できるようです。

そのうち完本といえるのは「ネパール系写本」なのですが、古いものでも11～12世紀までしか遡れません。

完全なものでなければ「ギルギット系写本」が6～8世紀頃、「中央アジア系写本」が6～10世紀頃のものがあり、さらに、最古のものとして西域のホータン出土と推定される5～6世紀の書体でのものが見つかっています。

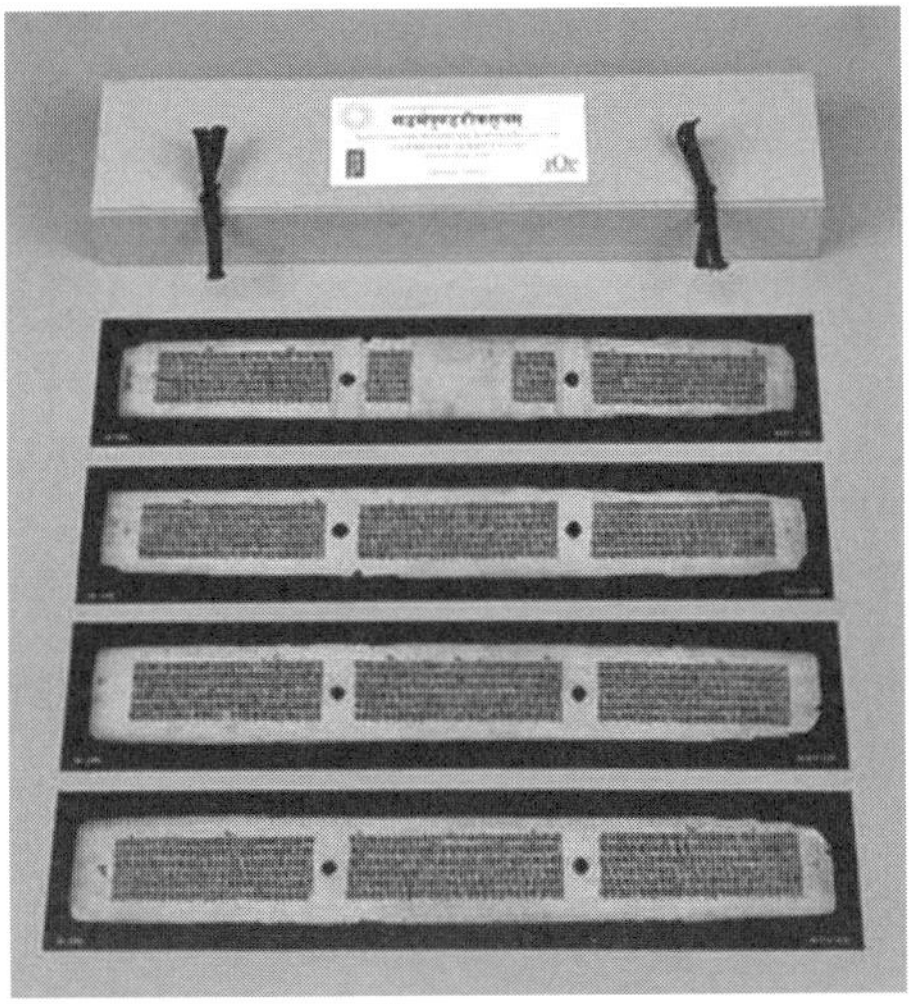
ネパール系梵文法華経写本　11から13世紀
大英図書館所蔵　東洋哲学研究所HPより

これら現存するサンスクリット文献が鳩摩羅什の漢訳以後のものばかりとは、どういうわけか。

これは、サンロータス研究所の法華経制作にあたって、本文に「文章番号」を付ける提案をするなど中心者として携わった五味時作さんの説ですが、これは逆方向、つまり「羅什訳からのサンスクリット訳」ではないかと考えられます。羅什訳の見事さに感動して、羅什訳を元にサンスクリットに訳されたということです。

それほど鳩摩羅什の漢訳法華経は見事であったということです。

法華経説法の地、霊鷲山を訪問

玄奘が、インドを訪れて研鑽の日々を送ったナーランダーは、実は、お釈迦様が法華経を説かれたとされる霊鷲山（ラージギル）から車で30分もかからないところにあります。

霊鷲山にも、サンロータス研究所のメンバーと２０１８年12月21日の朝に登りました。

霊鷲山 舎利弗が修行したとされる洞窟

鷲の頭に見える岩

標高２００メートルから３００メートルほどで、なだらかな山道を徒歩で登ったのですが、頂上近くには、舎利弗が修行したとされる岩窟や霊鷲山という山の名前の元になったという鷲の頭の形をした岩などがありました。

頂上には、そこで礼拝をする区域があって、そこで私たちは、パイロット版の『法華経』を供えて方便品と寿量品の自我偈を読経して題目を唱え、お釈迦様への感謝と『法華経』の完成を祈念しました。

サンロータスの『妙法蓮華経』を供えて祈る

その祈りの場からは、広々と林立する樹々が見えました。それが私には、法華経の従地涌出品第十五で語られる、おびただしい数の「地涌の菩薩」が並び立つ姿に思えました。

従地涌出品第十五というのは、法華経を前半の迹門と後半の本門に分ける品で、この品から本門になります。

本門は、インドのブッダガヤの菩提樹の下で初めて覚りを開いたと説いてきた「始成正覚」の立場を改めて、実は遥かな昔から、さらには、もとから仏だったと、お釈迦様が「久遠実成」という本地を明かされる部分です。

その冒頭で、お釈迦様が、法華経を弘めるために数えきれないほどの菩薩を遥かな昔から育成してきたと説くと、ガンジスの砂粒よりも何倍も

霊鷲山からの眺め

多い無数の立派な菩薩がいっせいに地から涌き出てきます。

霊鷲山からの樹々の光景は、その「地涌の菩薩」の林立する姿に見えて、本当に感動しました。

生誕と成長の地をめぐって

お釈迦様という人は、どういう人であったかに戻ります。

まず誕生の地と出家前を過ごした場所についてです。生誕地は、ネパールのルンビニであることが、はっきりしています。

出家前を過ごした場所は、シャカ国のカピラバストゥ城と伝えられますが、この城はどこにあったかについては、ルンビニから西北西20キロ余りにあってネパール領のティラウラコットと、そのティラウラコットの南20キロにあってインド領のピプラワの2箇所で論争があります。

ルンビニ、マヤ夫人のレリーフ

ルンビニ、アショーカ王柱

アショーカ王柱の碑文

２００９年（平成21年）11月、私も、総勢12名でネパールのエベレスト街道のトレッキングをして、その旅の締めくくりに、このルンビニとネパール側のカピラバストゥ城跡の候補地、ティラウラコットを訪れました。

ルンビニには、アショーカ王によって立てられた石柱と、そこが生誕地であることを示す釈尊の足形をした石と、お釈迦様の母親マヤ・デヴィ夫人の姿を刻んだ浮彫りなどが見られますが、王柱の頭にあったはずの聖獣の像やマヤ夫人の浮彫りの顔は失われていました。

アショーカ王というのは、紀元前3世紀、インドのほぼ全土を支配したマウリア朝の第3代の王で、仏教に帰依し、お釈迦様ゆかりの各地に碑文を刻んだ石柱や仏塔などを残した人です。

１８９０年代半ばのこと、ルンビニは狩

猟地となっていて、たまたまそこで狩猟をしていたイギリス人が何かにつまずいて転びました。それがアショーカ王柱でした。

発掘された石柱には古代言語の一つ、パーリ語で碑文が刻まれており、現在、そばに英訳パネルが立てられています。

それで「アショーカ王は即位20年の年にこの地を訪れ、生誕の目印となる石を置き、記念柱を立て、ルンビニ村の租税を8分の1に減免した」と刻まれていることがわかりました。（「天愛喜見王は、灌頂二十年に、自らここに来て崇敬した。ここで仏陀釈迦牟尼が生誕されたからである。……ルンビニー村は租税を免ぜられ、また〔生産の〕八分の一のみを支払うものとせられる」塚本啓祥『アショーカ王碑文』第三文明社レグルス文庫）

アショーカ王は、ルンビニの村人たちにこの場所を護って欲しいから、税を軽くしたということです。

カピラバストゥ城の候補地

カピラバストゥ城といえば、お釈迦様が子ども時代を過ごした地であることに加えて「四門出遊」の物語で伝えられる出家決意の地、つまり仏教誕生の動機となった原点の地です。

その候補の一つであるティラウラコットには、当時のものは見つかっておらず、見られる遺跡は

12世紀のものでしたが、元の城の上に積み上げられて作られていて、門や建物など、元のそれぞれの位置は変わっていないと考えられているとのことでした。

ティラウラコット　東門跡

われわれは、遺跡の西門から入り、大木が茂る中に井戸の跡などレンガ造りの構造物が点在する中心部を通って、東の門へ向かいました。「四門出遊」の故事では、西門は死者を見た場所で、東門は出家を決意したとされる門です。

ガイドによると、ここがカピラバストゥ城跡だとする根拠として、玄奘の『大唐西域記』(646年)に「川がそばに流れていた」との記述があって、実際に、西門の近くに川(バーナガンガ)が流れているとのこと。それから、テラコッタの仏像、コインなどが見つかっているということでした。

また、この場所こそがお釈迦様の城であったとネパールの人々が譲れないのは、主要民族であるネワール族の先祖がシャカ族だと信じられているからだと聞きました。シャカ族は、カトマンズに入ってネワール族になったのだと。

ともかくわれわれは、東の門のあったとされる場所にしばらく留まりました。

レンガ造りの門の跡があって、門を通る道幅は6メートル弱でした。

お釈迦様が生まれた時、この人は立派な王になるか、出家して偉大な知識の人になると、占い師に告げられたそうです。

父の浄飯王としては、王位を継いで欲しかったから、出家をさせないように、何不自由ないようにしましたが、結局、この門から出て行った。仏教の始まりを告げる原点の地がここかと思うと、ひとしおのものがありました。

『東門前を通る牛車』2009 年

佇んでいると、東門の外に、白牛が引く農民の家族を乗せた牛車が通りました。往時と変わらぬ光景を見たと思いました。

カピラバストゥ城跡のもう一つの候補であるインド側のピプラワには、私はまだ行っておりませんから何とも言えませんが、もうティラウラコットでいいのではないかと思いました。

インド側のピプラワを支持する側の根拠としては、仏舎利がそこから発掘されたことによります。それは１８９８年のこと、イギリス駐在官ウイリアム・Ｃ・ペッペが彼の地のストゥーパの中から古い壺を発見し、その壺の蓋の表面に古代文字のブラーフミー文字で「これは釈迦族の仏・世尊の舎利容器であり、名誉ある兄弟並びに姉妹・妻子どもの奉祀せるものである」といった趣旨の文が刻まれていました。この発見は、お釈迦様の実在性を証明するものとして重要であったことは間違いありません。

ピプラワの仏舎利の展示
ニューデリー国立博物館

しかし、その場所がカピラバストゥ城であった等の記述はありませんでしたから、論争に決着がついていません。

なお、このピプラワの仏舎利は、現在、インドの首都ニューデリーの国立博物館に飾られています。

仏舎利は、展示ケースのなかに黄金の尖塔が設えられ、その中央部に据えられた透明容器に入れられていました。一部仏教徒にとっては信仰の対象であり、それに配慮して、博物館としても別格の扱いがされていました。

イギリスが解明に貢献

以上のように、ルンビニをはじめ、お釈迦様の事跡の多くは、インドを統治したイギリスによって発見・発掘されています。

こういった発見・発掘がなされる前は、インドにおける仏教は、12世紀までに事実上、滅んでおり、その上、文字に残されなかったために、法華経や種々の経典、さらにはお釈迦様の実在にいたるまで疑いを持たれる状況でした。

お釈迦様は、神話上の架空の人物と思われていました。

それをイギリスが、真偽を解明することになりました。

イギリスは、インドの歴史に関心を持って、１８６１年には彼の国出身の考古学者アレキサンダー・カニンガムがインド考古調査局を創設、玄奘の『大唐西域記』などを手掛かりにアフガニスタン、ミャンマー、スリランカを含むインド文化圏を精力的に発掘してまわりました。

その結果、数々の仏教遺跡の発見に至るのですが、その過程で、先ほどからお話ししているように、紀元前3世紀のアショーカ王が残したものが各地から出土します。

それらによって、お釈迦様の実在が明らかになるのでした。

そのイギリスのエリザベス二世女王陛下が、先日（9月8日）逝去されました。イギリスは、植民地を世界に広げ、それぞれの国の富を搾取した負の歴史もありましたが、インドのみならず、統治した各地で発掘を進め歴史を明らかにした等の文化的貢献には敬意を払うべきだと思っています。

女王のご冥福をお祈りするとともに、日本とイギリス両国のますますの繁栄と関係のさらなる発展をここに念願するものです。

覚りを開いたブッダガヤ

ルンビニから南東約３５０キロのところ、ガンジス川の支流ネーランジャラー川（尼連禅河）の近くに、一般に30歳のときといわれますが、お釈迦様が覚りを開いたブッダガヤがあります。

私は、２００７年3月と、２０１８年12月の霊鷲山を訪ねる旅の一環で、ブッダガヤも訪れています。

ブッダガヤには、大菩提寺（マハーボーディ）があって中心に高さ52メートルの大塔が立ち、そばにお釈迦様が覚りを開いた菩提樹があります。

『苦行する釈尊像』クシャーン朝 2～3 世紀 シクリ出土 ラホール博物館

お釈迦様は、出家の後、ブッダガヤから見てネーランジャラー川の対岸にある山（前正覚山）で、誰も及ばないほどのあらゆる苦行をします。

その果てに、体を苛めるような苦行では覚りは得られないと覚って、山を降ります。そこは、ガヤという地名の村でした。

ネーランジャラー川で沐浴していると、スジャータという村娘が乳粥を持って現れました。

前正覚山

その乳粥で、お釈迦様は気力・体力を充実させ、川を渡って、そこにあった菩提樹の下で結跏趺坐して覚りを開き、そこがブッダガヤと呼ばれるようになったというわけです。

お釈迦様は、快楽でも苦行でもない、中庸というべき穏やかな状態の中で覚りを開いたのです。

その覚りの内容は「縁起の法」であったといわれています。

一切は単独では存在しない。他との関係によって成立する、つまり「縁」によって起こるという原理で、これは現代科学の量子論などに通じる考え方です。

ブッダガヤの菩提樹

ダライ・ラマ法王一行で混雑する大菩提寺

２０１８年にわれわれがブッダガヤを訪れたとき、チベットのダライ・ラマ法王がちょうど来られていて、その関係で大変な混雑でした。万を超えると見えましたが、大塔の周りは法王を慕う僧侶で埋め尽くされ、大変な熱気に包まれていました。

そんななか、私たちは菩提樹の下で法華経の方便品と寿量品の自我偈を読誦し、お題目をあげました。

ところで、この菩提樹は、お釈迦様当時のものではなく３代目です。元の菩提樹は11世紀から12世紀に侵入してきたイスラム勢によって大塔とともに伐り倒されて、イギリス統治時代に大塔の復元がなされる際に、スリランカに移植されていた2代目から分けて植え直されたものです。

スリランカの菩提樹は、アショーカ大王によって王女サンガミッターが仏教を弘めるために派遣され、王女が覚りの菩提樹から持参した株分けが移植されたものでした。スリランカには、朝飯会に参加されている建築家の棡沢《くるみさわ》成明《なりあき》先生の先導で私も２０１９年（令和元年）の10月に訪れましたが、その菩提樹は、アヌラーダプラという町で今日まで枯れずに育っています。スリランカをご案内くださった棚沢先生には、この席を借りて御礼を申し上げます。

『ブッダガヤの日輪』2007 年

太陽とロータス

それにつけてもブッダガヤで見た日の出は、2度とも格別でした。

太陽は、初めは暗く赤い丸だったのが、次第に輝きを増してきます。その光が、地上の水たまりに反射して美しく、空の色は、下から紫、赤、橙、黄と、虹色でした。鳥がときおり、その空を横切っていきました。

太陽といえば、私どもの法華経の研究所の名前は「サンロータス」で、それは太陽とロータス（蓮華）ですが、以前にお話ししたように、これは２００４年（平成16年）のエジプトでの体験が元になっています。

ナイル中流域のデンデラという女神ハトホルの聖地に大きな神殿遺構がありまして、それは紀元後1～2世紀頃の古代ローマ時代のもののようでしたが、古代エジプトの様式を受け継いで、古代エジプト神殿がどうであったかをよく伝えている遺構です。

そこの壁面の一つに、ロータスの華の上に太陽が描かれたレリーフがあって、色彩もちゃんと残っていました。

私は、大変印象に残ったのですが、後でこれは約5000年前の古代エジプトの創世神話に基づくものだと知りました。

それは「ロータスから太陽が生まれる」というものです。

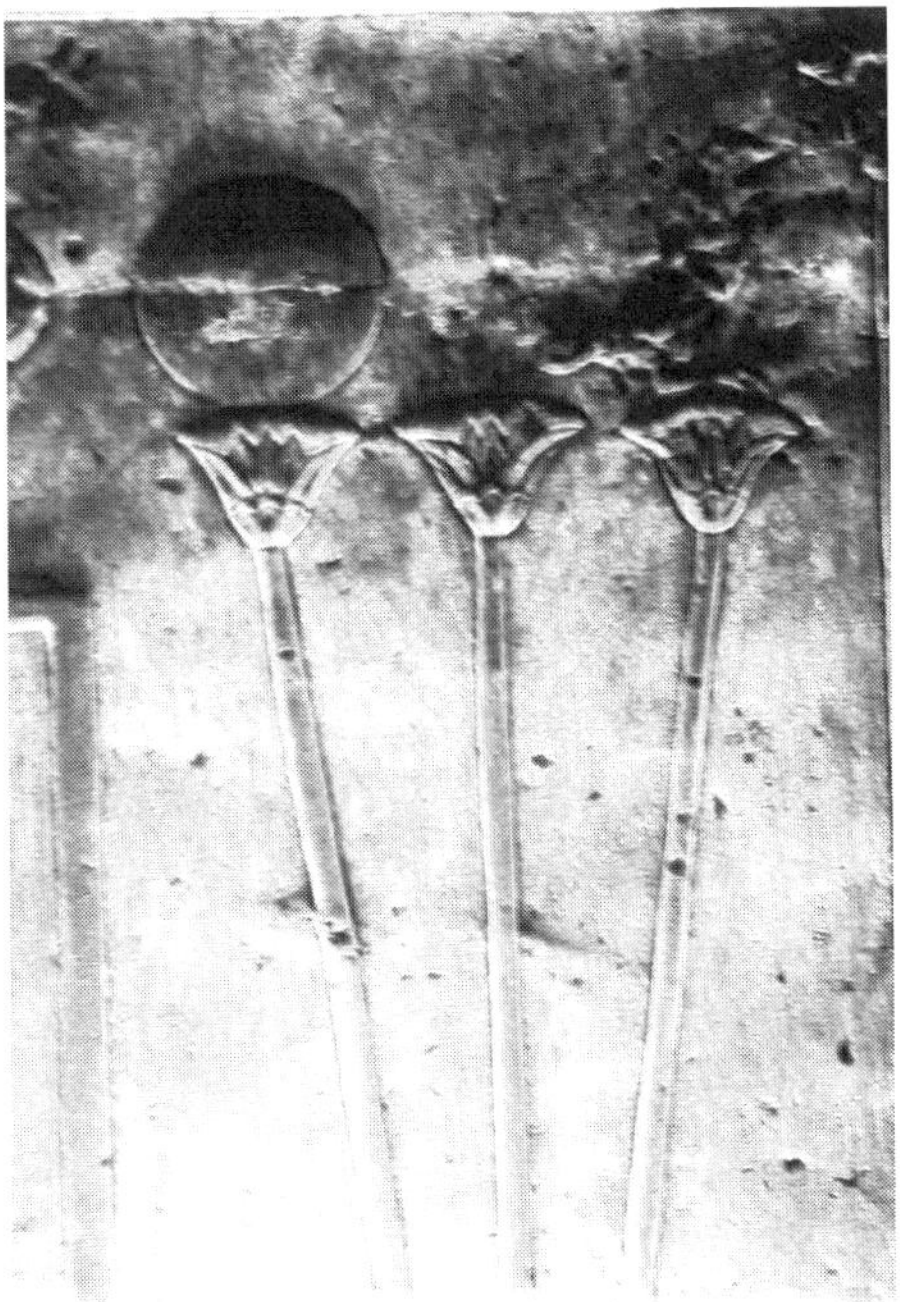

ロータスから生まれる太陽　エジプト・デンデラ神殿レリーフ

厳密には、古代エジプトのロータスとは、睡蓮を指すのですが、巨大なロータスが原初の水（ヌン）から浮き上がって、そのつぼみが甘美な香りを放った。そして、ロータスの花が開き始めると、花の中心から太陽が生まれ出たというものです。（クリスティーン・エルマディ「レーの創生神話」〔アリス・ミルズ監修『世界神話大図鑑』荒木正純訳監修　東洋書林　所収〕参照）

他にも、首都カイロの博物館で、死せるツタンカーメンが太陽神としてロータスから再生するという願いを込めて作られた彫像が展示されているのも見ました。

古代エジプトでは、ロータスの姿を借りて、太陽をも生み出す根源のパワーがこの宇宙にあることを知らしめてきたのです。

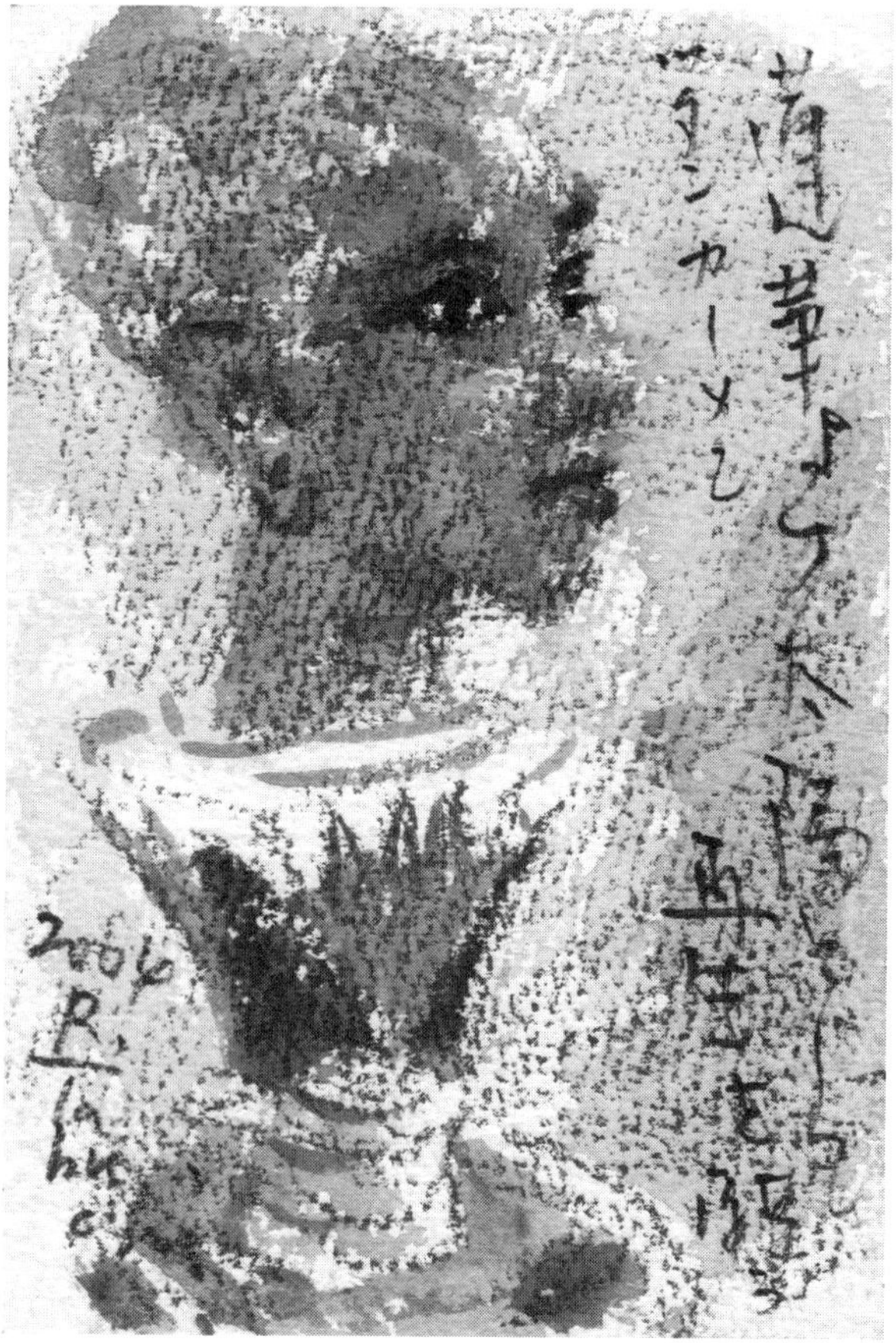

『ロータスから再生するツタンカーメン』2004 年

そして古代エジプトを源流とする太陽とロータス、サンロータスの文明は、インド、中国、韓半島、そして日本に広がっていきました。

お釈迦様は、この根源のパワーを法華経として説き、それを受けて日蓮仏法では南無妙法蓮華経であると明かされました。

ともかくブッダガヤの日の出の光景には、お釈迦様がこの地で覚りを開いたのもなるほどなと頷ける、荘厳なるものが、そこにありました。

久遠実成

太陽といえば、いったんは沈んでも翌朝には再び現れることから、古代エジプトでは「再生」と「永遠」の思想が生まれました。

先ほど少し申し上げましたが、法華経にも「久遠実成」という思想があります。

法華経の後半、本門の第16番目、如来寿量品第十六で「始成正覚」の前提が翻され、実は遥かな昔から、さらには、もとから仏だったと明かされ、つまりは、生命は永遠であることが説かれるのです。

「一切世間の天、人、及び阿修羅は皆、『今の釈迦牟尼佛、釈氏の宮を出で、伽耶城を去ること遠からずして、道場に坐し、阿耨多羅三藐三菩提《あのくたらさんみゃくさんぼだい》を得たまえり』と謂《おも》えり。」（1・3）、「然るに善男子、我実に成佛してより已来《このかた》、無量無辺百千万億那由他《なゆた》劫なり。」（1・4）と。

そして「我常に此の娑婆世界に在りて、説法教化す、亦余処《よしょ》の百千万億那由他阿僧祇《あそうぎ》の国に於ても、衆生を導利す。」（1・7）と、仏教、なかんずく法華経は、この釈尊だけが説いたわけではない、実は何度も出現して、もっといえば、ずっと居続けて、いろいろな世界で法華経を説いてきたのだと説かれます。

宇宙が始まって以来ずっと存在する根源の法があって、それが法華経であるということです。

それを踏まえて日蓮大聖人は、この根源の法を「久遠下種の南無妙法蓮華経」（『産湯相承事』）と、表現されたというわけです。

古代エジプトの生命観が、法華経と近しいことが一例ですが、法華経はインドのお釈迦様だけでなく、ずっと初めからあって、しかるべき時に何度も説かれているとの考えは、納得できるものがあると思います。

そして、この仏の永遠性と、さきほどの「仏も一般の民衆も違わない」との哲学を加味すれば「生命は永遠である」との結論に達します。

このことは、人類が避けて通れない死の問題を克服する契機になります。死の問題の解決は、一人ひとりのより良い人生へと繋がるものと思います。

サールナート遺跡

初転法輪の地、サールナートの獅子像

ブッダガヤの覚りの後、お釈迦様は西北方向に約２００キロを歩き、サールナート（鹿野園）で初めての説法をされます。

そこはガンジスの聖地ヴァラナシの近郊にあって、そこも２００７年３月10日と２０１８年12月23日に、私たちは訪れています。

この地でも、アショーカ王の石柱が発掘されていて、柱頭に載っていた４頭の獅子像が四方を向く『獅子柱頭』が現地の博

サールナートのアショーカ王柱

獅子柱頭

物館に飾られています。

石柱は、今は3つに折れていますが、当初は高さが15メートル以上あったといいます。

『獅子柱頭』の方は、ドイツ生まれのイギリス人エンジニア、オエルテル（フレデリック・オスカー・エマニュエル・オエルテル）が1905年3月に発掘したもので、現代インドの国章にもなっている国宝中の国宝で、厳重に警備されています。

4頭の獅子の像は、蓮弁を象った台の上に法輪と牛・馬・象・獅子の4聖獣が彫られた円盤の上に載せられています。

4聖獣のうち、牛はお釈迦様が牛の聖者であることを表します。お釈迦様のことを後世の人は「ゴータマ・シッダールタ」とも呼びましたが、この「ゴータマ」は「最も優れた牛」という意味です。

また、牛は、お釈迦様の涅槃を表しているともいわれます。

他の聖獣も、お釈迦様の生涯にちなんでおり、象は母親であるマヤ夫人の夢に白い象が出てきたことから誕生を表し、馬は出家、獅子はその声である獅子吼とのことです。

上に載る四方に向かう獅子像は、精神の余裕すら感じさせ、すべてを見下ろす高みにいて、なおかつ慈悲深さが感じられました。

『獅子立つ』水彩　2007年

この獅子の上には、今は失われていますが、大きな法輪が載っていたようですが、それを加えてみると、この王柱の意味がわかったように思いました。

すなわち、四方を睨む獅子はアショーカ王自身、上に載る法輪はお釈迦様です。

お釈迦様を頭に戴いた王が「私がその教えを守り、四方に弘めるぞ」と宣言している、そういうことではないかと思いました。師を思う弟子のアショーカ王の凄まじい一念が、そこに留められているということです。

そのように感じた私は、同行の田渕先生に、ここからが一番素晴らしいと見えた角度から獅子の像を、特別に描きとどめていただきました。

サンロータス研究所沖縄分室を設置

私はこのたび、沖縄本島の恩納村に、サンロータス研究所の分室を設置いたしました。

恩納村は、リゾートホテルが立ち並び、万座毛など海の美しい観光地として知られていますが、ここには冷戦時代に中国の主要都市を射程にした米軍の中距離核ミサイル、メースBの基地があったところです。

そこには、頑丈なコンクリートで要塞化されたなか、8基の核ミサイルが配備されていました。米中の関係が改善して、沖縄の他の基地ともども撤去されますが、核攻撃に耐えられるほどに堅固に造られていたことから、基地の建物は壊すに壊せずそのまま放置されていました。

その土地を、創価学会が研修施設とするために購入するのですが、基地の姿はどうしようもなく、そのままであったところに、１９８３年（昭和58年）、創価学会名誉会長の池田大作先生が現地を訪問されます。

池田先生はその様子を視察されると、「人類の愚かな戦争の歴史を留め、平和の発信基地にしよう」と、これを「世界平和の碑」としてそのまま残すことを提案されました。

メースB核ミサイル基地跡

同時に、その意義を記念して彫像を数体設置することも提案され、当時、池田先生が創立された創価学園に美術教師として奉職していた田渕先生がその任に当たって、翌年の4月には、かつてのミサイル発射口の上とその前の広場に計10体の彫像が配置されて「世界平和の碑」が完成して今日に至っています。

その彫像は、平和に向かう若い青年の生命を留めて、東シナ海を望む美しい高台にあります。それは見事なものです。

恩納村の恩納とは「恩を納める」と書きますが、その美しい名前の土地に、戦争の基地から世界の平和を祈り発信する基地となった施設があるということです。

それと、私は、自民党の幹事長として活躍された故・野

『平和永遠の像』

『平和乱舞の像』

『平和躍動の像』

『平和凱歌の像』

『平和英知の像』

『平和決意の像』

『平和大歓喜の像』

『平和大歓喜の像』の設置
1984年3月29日

世界平和の碑　沖縄県恩納村

「世界平和の碑」の平和像　沖縄県恩納村

中広務先生と自公政権の立ち上げ等で懇意にしていただきました。その野中先生の私どもへの遺言ともいうべき一つが、沖縄の振興、特に基地問題の解決で、「基地問題を政争の具にしてはならない」というものでした。

このご遺言は、野中先生のご逝去（２０１８年〔平成30年〕1月26日　享年92）の1年ほど前に、現在も自民党の本部事務総長で自公政権の立ち上げでご一緒した元宿仁《ひとし》氏と私を京都にお呼びになって遺されたものです。

ご遺言は、実は2項目あって、もう一つは、「自民と公明を組んだのは日本の平和のためにしたことであり、決して一党一派の存続のためではない。その本質がわからなくなる時が来るから、その時は二人で対処するように」というものでした。

『公明党の母体である創価学会には、池田先生が手塩にかけて育てた青年部がいる、さらには平和を誰よりも望む婦人部がいる。この強力な平和勢力がバックにいる公明党と自民党が組んで日本を良くしましょう』と、竹岡君、君は私に言っただろう。平和のため、多くの庶民の幸福のために組んだという原点を忘れるな。真実を伝え、守っていけ」と。

一方の沖縄についてのご遺言については、野中先生は京都の出身ですが、沖縄戦でたくさんの京都出身の将兵が犠牲になったことを悼んで、それはちょうど普天間基地を望む場所にあるのですが、その激戦地であった嘉数《かかず》の丘に「京都の塔」という石碑を建立され碑文も自ら書かれるなどして、戦争を二度と起こさないことを訴えるとともに、沖縄の将来を大変気にかかけておられたのです。

野中先生は、危険な普

京都の塔　沖縄・嘉数の丘

普天間基地　嘉数の丘から

天間基地の移転が、辺野古基地建設反対によって実現できず、沖縄の人々の分断の種になっていることを特に悩まれて、「私の生きているうちに解決は難しいが、残った君たちで、分断から協調へ、虹を橋を架けるんだ。私が死んだら、遺骨を京都の塔に撒け」と、私たちに遺されました。

その野中先生の心を引き継ぐ思いで、沖縄の人々との対話と協調の広場として、もっとも相応しい恩納村に、わがサンロータス研究所の分室を設置させていただいた次第です。

本日は、その恩納村から、琉球会席「月桃庵」元女将で恩納村の希望が丘に「キッチン虹」を開かれた玉城《たまき》良子《よしこ》さんがリモートで参加されております。

私は、玉城さんとは、那覇の「月桃庵」で知り合いましたが、野中先生ともこの「月桃庵」でお会いして沖縄のことを様々にお聞きしました。

今、私は、この玉城さんが恩納村に新しく開いた「キッチン虹」で、琉球王朝の子孫の八幡さん、琉球朝日放送の元社長、上間《うえま》信久《のぶひさ》さんといった沖縄の方々と「レインボークラブ」と名付けて対話の広場を開いております。

政権与党と対立関係にあるオール沖縄（辺野古新基地を造らせないオール沖縄会議）の共同代表である糸数《いとかず》慶子さんとも先日お会いし、沖縄のために力を合わせること等を話し合い、さらには「世界平和の碑」を見ていただいたり、東京に来られた際には、先ほどお話ししましたが、戦時中に軍部政府に反対された創価学会の牧口先生殉教の地に隣接する公園に建てられた『円盤を投げる平和の青年像』を見ていただくなどして、理解の輪を広げております。

私の考えるところは、普天間をできる限り早く撤去するためにも、辺野古は前向きに考えて完成させ、米軍と自衛隊とともに民間が利用できるようにして、離島振興のために大いに利用するというものですが、いずれにしても、沖縄の県知事がどなたになろうと、基地問題を政争の具にすることなく、オール沖縄と政権与党、県民と県の行政、県と国、それぞれに対話の虹の橋を架けることが必要だと思っております。

そのために、私のライフワークの一つとしてサンロータス研究所の分室を設けて「レインボークラブ」の活動を推進しております。

沖縄までお越しくださったなら、ご案内申し上げますので、皆様どうぞお越しください。

煩悩即菩提の考え方

最後に一つの文章を紹介いたします。

それは、重症の精神疾患の人ばかりを診てきた精神科医の和田秀樹氏の著書『老いの品格』（PHP新書）の「不安を取り除くのではなく共存することを考える」という小節にあります。

「ある程度高齢で体の中に悪いところがないという人はいません。高血圧や糖尿病、アルツハイマー、がんなど、何かしらの病気を抱えているのが普通です。どんなに病気にならないように気をつけても人間は病気になります。それを全部なくそうとする発想ではなくて、それがあるという前

和田秀樹『老いの品格』

提で生きる必要があります。精神科医の森田正馬《まさたけ》さんが開発した『森田療法』という心の治療法があります。『森田療法』の最大の特徴は、不安を持つ人から不安を取り除こうとするのでなく、不安を抱えたままどう生きるかを考えようとすることで、病状不問という方法で、病状を治すことよりも大切なことに目を向けさせる療法です。

例えば顔が赤いことが悩みで、それを直したいと思っている人がいるとします。『森田療法』ではそこで、なぜ直したいかを尋ねます。『顔が赤いと人に嫌われてしまうから』という答えだとしたら、その人が本質的に求めているのは赤い顔を治すことではなく、人から好かれることに本質があります。

そこで提案します。顔が赤い人でも好かれる人はいます。顔が赤くないのに人に嫌われる人ももっとたくさんいます。顔の赤いのを治したところで、人に好かれる努力をしない限り、好かれるようにはなりません。私はあなたの顔が赤いのを治すことはできないけれども、あなたがどうやって人に好かれるようになるかを一緒に考えることはできます」と、この場合は、顔の赤くなることとともに生きることを目指すようにします。

こうして、例えば人に会った時に『尊敬する人に会うと、いつも顔が赤くなるんです。すみません』と、まず言ってから人に会ったらどうですか」と勧めるといったふうに、「病気になる不安を完全に取り除くことはできませんが、病気を抱えながら幸せに生きることはできます」と。

以上は、ちょうど昨日読んだ文章でしたが、これがまさに法華経の考え方に通じるものだと思い、ご紹介しました。

法華経の結経である観普賢経（佛説観普賢菩薩行法経）では「煩悩を断ぜず、五欲を離れずして」（1・3）とあって、法華経の考え方は、病気だから、貧乏だから、人間関係に悩まされるから不幸だというのではなく、それらを煩悩といいますが、そういった、のたうち回るような苦しみや悩みは焚き木であって、その焚き木があるからこそ、煩悩があるからこそ火が点いて、煩悩の火を燃やして、智慧の火を大きく自分の中に灯すことができると説かれています。

これを「煩悩即菩提」（天台智顗『摩訶止観』）といいますが、この煩悩を活かして智慧を開かせるということが、お釈迦様の考え方だったのだろうと思います。

法華経の第一声、方便品第二では、お釈迦様は、「本当のことは頭でなく命と命の感応によってわかるものだ」と舎利弗を厳しく弾呵して「以信得入」、理屈を超えて法華経を信じることを教え、最後の普賢菩薩勧発品第二十八では「若し是の経典を受持せん者を見ては、当に起ちて遠く迎うべきこと、当に佛を敬うが如くすべし。」（3・7）と「法華経を受持して弘めようとする人を見たならば、すぐさま立って、仏様を迎えるようにしなさい」と、法華経を弘めることを勧めて結ばれております。

その中で、お釈迦様は、人の悩み苦しみをいかに解決するかに心を尽くされた実に優しい方でしたが、現実の一つひとつの問題の解決策は教えられていません。

今でいえば、会社の上司が良くない、給料が足りない、家に帰れば女房がうるさい、子どもが非行に走ってしまった、医者が悪くて病気が良くならない等々、不幸の要因として目に見える事象を問題にしているけれども、そうではなく、目に見えない部分、人の生命にこそ原因はあって、各々の生命に備わる宝の蔵をどう開いてあげるかにすべてを費やされたのが、お釈迦様の人生ではなかったかと申し上げて、結びといたします。ありがとうございました。

仏教経典を俯瞰して　特に法華経の第一声とは

第2406回　丸の内朝飯会

２０１５年（平成27年）６月４日午前7時30分〜8時45分

会場＝東京グリーンパレス　レストラン「シャルダン」（千代田区二番町二丁目）

被爆者の家に生まれる

私が特に法華経にこだわる理由は、私の生い立ちと関係があります。私の家は、広島の原爆で大変な思いをした家庭でした。

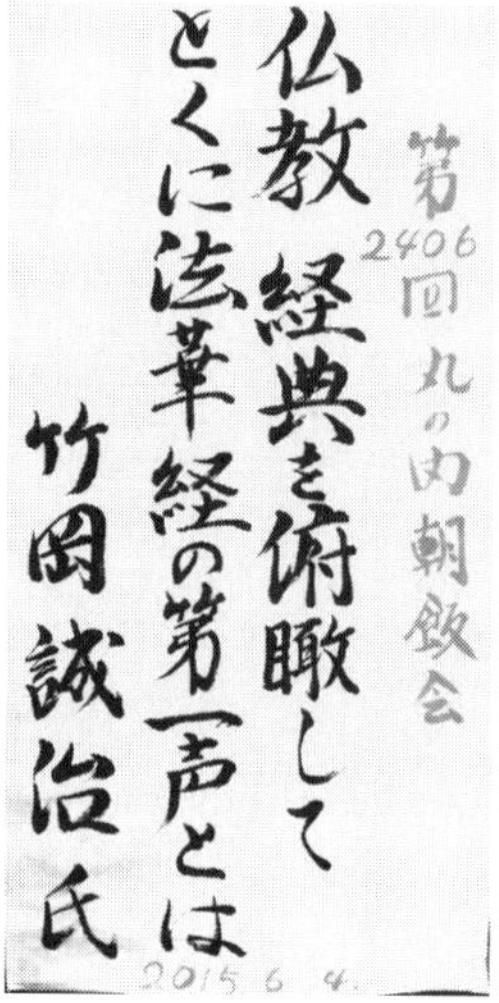

講演タイトル

私の祖母、國貞リョウは、戦時中、爆心地近くの陸軍病院で看護婦長をしておりまして、原爆のときは、隔離患者に付き添って爆心地の南西1キロあまりの地点で被爆、ガラスの破片などによって瀕死の重傷を負って1週間後に見つかりました。母、智佐子は、市の西部、爆心

会場風景

から3キロほどの家にいて直接の被害は免れましたが、放射能を帯びた黒い雨を浴び、祖母を捜して爆心地をさまよい歩きましたから、間接被爆をいたしました。

私は、その後の生まれですが、小学校に上がるまで1本の髪の毛も生えてきませんでした。私は当時「せいぼー（誠坊）」と呼ばれていたのですが、何で頭がツルツルなんだろうと思っていたら、祖母が言いました。「せいぼー君、あんたの頭がツルツルなのはピカドンのせいじゃ」と。それで初めて私は、原爆のことを知りました。10歳ころのことです。それと「あんたにはお兄さんがおったけど、生まれて18日、3週間になる前に、真っ白だったのが真っ黒になって、死んでしもうた」と知らされて、それもまたピカドンの毒のせいだと教えられました。

当時を思い返せば、家の中は本当に悲惨でした。戦争から帰ってきて母と結婚した親父は、原爆の後遺症に苦しむ義母がいて、やっと子宝に恵まれたと思ったら、その子が生後すぐに亡くなると、酒に溺れるようになりました。原爆のおかげで、こんな家庭があるかと思うほどにひどい家庭の状況でした。

法華経との出合い

そんなあるとき、祖母が突然、南無妙法蓮華経を唱え始めます。創価学会に入会したのでした。当初は「変な新興宗教に取り憑かれたか、困ったものだ」と思っておりましたが、これを境に、私の家は明るくなって、希望が開けて大きな転換が始まりました。

家は、創価学会の座談会の会場になりました。来る人は、貧乏ではあるけれど、皆、本当にいい人たちでした。

あるとき、バタンと玄関の方から大きな音がするものですから行ってみると、男の人が倒れていました。聞くと「バス代がのうて、ここまで歩いて来たけど、腹が減って、もうだめじゃ」と。

それを聞いた祖母が「ちーちゃん、おにぎりを握れ」と言って、「ちーちゃん」とは母の智佐子のことですが、そこで母が、握り飯をこしらえるといったことがありました。その男性も座談会の参加者でした。その頃はまだ父は入会しておらず、酒に酔っては「どこの馬の骨かわからん者に食べさせるんじゃやない。追い出せ！」と叫んでばかりでしたが、ともかくそんな騒々しいというか、活気に満ちた家に、いつしか変わっていきました。

私も幼心に家庭の変化を感じて、祖母を助けたいと思って「おばあちゃん、わしが信心したら喜ぶか」と聞くと「そりゃ、せいぼー君が信心するなら嬉しいよ」と言われたものですから、ちょうど10歳でしたが、創価学会に私も入会いたしました。以来、55年が経ちます。

それで、創価学会では、勤行といって、朝晩、法華経の28品（章）のうち、最重要の方便品第二と寿量品第十六を読誦しておりますが、私もこの55年間、これを実践してまいりましたから、私にとって法華経は身近なものとなり、強く興味を持つようになったわけであります。そして、法華経を通して仏教全般への興味もまた、強く持つにいたりました。

最近、ネパールに行っているのも、仏教の創始者釈尊の生まれた国を見てみたいとの思いからであります。

実はこのネパールにも、田渕画伯と数回行っておるのですが、世界最高峰であるヒマラヤの山々を見て、その山が乗り移ってあの釈尊という大人格者が育ち、最高の教えである仏教を覚り、その山々の麓から世界に広まっていったということで、最高峰という目に見える確かなものの存在とそれへの感応が鍵ではないかと、田渕画伯とも常々話しながらヒマラヤの麓を巡りました。

『ヒロシマの宿命を使命にかえて』表紙

それで、私の母は２０１０年（平成22年）に、自身と祖母の被爆体験と仏教徒となってからの信仰体験の手記『ヒロシマの宿命を使命にかえて』を出しております。海外に向けて英文でも出して欲しいとの要望を受けて、被爆70周年の節目を迎えることもあって、昨年（２０１４年〔平成26年〕）英訳版も出しました（２０２３年〔令和５年〕には広島でのＧ７サミットに合わせて日英合本版を出版）。

何故、私が仏教徒になったかも、これを読んでいただければ、わかります。母は87歳ですが、いまだに軽自動車を自分で運転して、語り部として修学旅行生などに自らの被爆体験を語っています。

（母、智佐子は、その後も２０２０年（令和２年）12月31日に他界する数日前まで入院先においても平和の大切さを語り続け、使命の生涯を終えました。享年92）

竹岡流の釈尊観

それでは、本題に入ります。

私は、55年間の法華経の読誦のほか、比叡山や高野山に登り、戸隠などの山伏の修行の山にも行きました。それは、今、仏教がどうなっていて、どう息づいているのか、それを知りたいという興味からでしたが、今回は、これまでの勉強を踏まえて、竹岡流の釈尊観といいますか、釈尊50年間の説法とは一体何だったのか、短い時間ではありますが、仏教の経典を俯瞰するなかで探ってみようというテーマを掲げてみました。

これは、大それたテーマでありますから、とても1回では無理です。できれば今日を第1回目として、シリーズ化して、今後、２本立てでやらせていただきたいとも思っております。

なお、今回の私の話は、６世紀、隋代の中国僧、天台大師（智顗）の説で、釈尊一代の説法を、その内容によって五時に分類したものがありまして、非常によく整理されているものですから、それを用いました。

加えて、東大インド哲学科出身の宗教評論家、ひろさちや氏の『感動するお経』（ユーキャン）というのがあって、各経典の特徴をわかりやすく解説されていますので、これを参照いたしました。

また、言葉の正確さを期すために、創価学会が編纂して聖教新聞社が出した『仏教哲学大辞典』を参照しております。

釈尊の生没年

まず最初に確認しますと、釈尊の残した経典は「八万法蔵」といわれるほど膨大ではありますが、一般的に、日本に伝わって私たちが目にするのは、そのうち30経典ぐらいであって、それらを知っておけばほぼ問題ないということになります。

それで、お釈迦様の生没年についてですが、諸説あって定まっていません。古代インドの人々の関心事は、永遠なるものへの探求など、別のところにあって、歴史を記録する習慣がなかったため、明確な史料が残っていないのです。それで、当時、インドと交流のあったギリシャ世界に残された記録や、インドでも後世の史料、さらには法顕や玄奘など、中国からの求法僧の記録を頼りに推定しているのですが、やはり、統一見解はないというほかありません。

そのなかで、あえて申し上げるなら、紀元前５６６年に生まれて紀元前４８６年に亡くなった、もしくは、紀元前４６３年に生まれて紀元前３８３年に亡くなったとする２説が有力です。

また、中国や日本の仏教界では、ある時期まで、紀元前１０７０年生まれ紀元前９４９年入滅説が取られてきました。これは、６〜7世紀の唐僧法琳が『周書異記』等の書物に、周の昭王24年（紀元前１０７０年）４月８日誕生、穆王《ぼくおう》52年（紀元前９４９年）２月15日入滅とあると主張したことによって広まったもので、特に平安時代から鎌倉時代にかけては、この説が主流となっています。

なお、付け加えて申し上げますと、この法琳説の根拠とした『周書異記』ですが、老子など中国古典研究で知られる楠山春樹博士によると、法琳自身もしくは側近者による偽書とされています。

ただ、いずれにしても、お釈迦様は、80年間の生涯であったということでは、共通しています。

ルンビニとアショーカ王

また、お釈迦様は、どこで生まれたか、これも近年まで謎でありまして、皆さん、この点は、ご存知でしょうか。

(インドとの声が上がる)

そのとおり、インドだと長く思われていたのですが、実は、ネパールです。

ネパールのルンビニというところでお生まれになりました。

ところで、これがどうして特定されたか。これは、アショーカ（阿育）大王という、紀元前３世紀にインドをほぼ統一した人物がおりまして、その大王の残した石柱が決め手となりました。アショーカ大王は、最初は武力によって周囲を従わせる残虐極まりない王でしたが、戦場のあまりの酷たらしさに改心して、仏教に帰依し、その非暴力の精神をもって、法による支配を宣言してインドに平和をもたらしました。

そして、その精神を留めるために、石柱法勅、あるいは摩崖法勅や洞院法勅といった碑文を各地に残したのですが、ルンビニからもその石柱が発見され、そこには「王は、即位後20年を経て、自らここに来て祭りを行なった。ここで釈迦牟尼仏が生まれたからである。ルンビニ村は税金を免除せられ、８分の１のみを払うものとされる」という趣旨の文言が刻まれておりました。

ここに、ルンビニがその地であると確定されることとなったのであります。

石柱は、１８９６年、ドイツの考古学者フューラーによって土に埋もれた状態で発見されたものです。

さらに申し上げますと、アショーカ大王が各地に碑文を残し、残された碑文が発見されたからこそ、生誕地はもちろんのこと、釈尊それ自体の実在が証明されることとなりました。アショーカ王の実在についても、しかりでありますが、それらが伝説上のものではなく、実在したのだと証明されてから、ほんの１００年ほどしか経っていないということなのです。

釈尊生没年とアショーカ王

なお、先ほどお話しした釈尊の生没年についても、１説は、アショーカ大王にまつわる伝説より導き出されたものです。ご紹介した２説のうちの紀元前４６３年から紀元前３８３年説がそれですが、大王の出現は釈尊入滅１００年後との伝承が北伝の諸資料にあって、それに、仏滅後より大王の即位までに５人の王がいたとのスリランカの伝承を加味して仏教学者の宇井伯寿《はくじゅ》博士が導き出し、それを、インド仏教哲学の権威中村元《はじめ》博士が、大王の即位年は紀元前２６８年頃とするその後の研究成果をもって修正したものです。

ちなみにもう一方の紀元前５６６年から紀元前４８６年説は、それ以前に出された説で、『大正新脩大蔵経』の監修等で知られる広島県出身の仏教学者、高楠順次郎《たかくすじゅんじろう》博士が、中国の古書『衆聖点記』を根拠に、となえた説です。

『衆聖点記』には、インドでは仏教教団の人々は雨季に入ると托鉢に出ず、寺院等に集まって修行する習慣となっていて、釈尊入滅後、その雨季の修行期間（雨安居《うあんご》）明けに中心の長老が、代々伝えられてきた律典（戒律を収めたもの）に１点ずつ記して残してきたとの記述があります。

そうすると、その打たれた点を数えれば、釈尊の入滅年がわかることになりまして、具体的には、４８９年に南斉の僧伽跋陀羅《そうがばつだら》が、翻訳書『善見律毘婆沙《ぜんけんりつびばしゃ》』に９７５個目の点を加えたことを根拠に計算されたものです。

四門出遊から覚りへ

それで、お釈迦様は、釈迦族の王子として育ちます。そして、1説には19歳のとき、四門出遊といいますが、カピラヴァストゥ（迦毘羅衛）の城の東西南北の4つの門があって、東門では老人を、南門では病人、西門では葬儀の列に遭遇して、最後に北門で托鉢の修行者を見て決意をし、東の門から出家します。人々の生老病死の四苦を見て、その救済法を求めての出家であったということです。

ブッダガヤの菩提樹

その後、各地であらゆる難行苦行の末、30歳のとき、ブッダガヤの菩提樹の下で覚りを開いたとされています。それは、どんな苦行でも覚りは得られないと身をもって知って、快楽でも苦行でもない、中庸というべきか、穏やかな状態の中での覚りでした。

なお、出家を29歳、覚りを開くのは35歳とする説も有力です。

華厳・阿含

覚りを開いた釈尊が最初に説いたのは、天台の五時では、華厳経だとしています。それは、覚りの内容を試みにそのまま説いたもので、ブッダガヤの菩提樹の下、21日間にわたりましたが、聞く者には難解で、彼らの理解力を大きく超えた内容でありました。

それで、釈尊は、聞く相手に応じて説くべきと考え、まずは、かつての修行仲間5人のいる場所、ガンジスの聖地ベナレス（ヴァラナシ）の近く、鹿野苑、今のサールナートに行って、彼らを相手に法を説きます。これを初転法輪といいます。

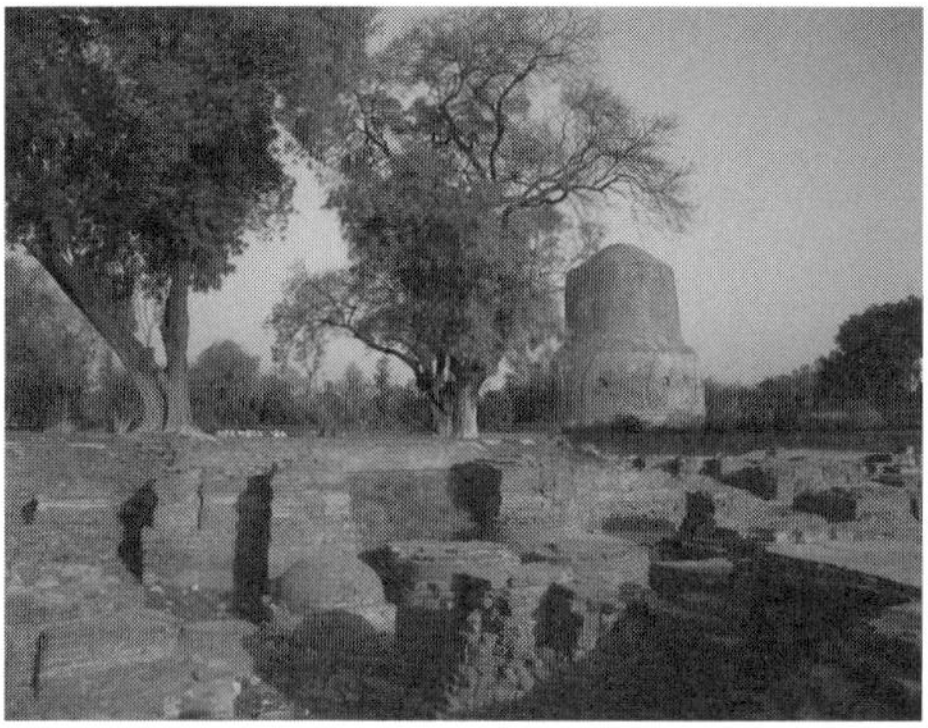

サールナート

五時では、これを含むその後の12年間を、衆生の誘引を主眼として説法された時期として、これを阿含《あごん》時、もしくは鹿野苑で始められたことから鹿苑時とも呼んでいます。

この阿含時の説法は阿含経と総称され、後の大乗教の立場から小乗教と位置付けられて批判の対象となりましたが、出家者のための厳しい戒律が説かれる一方で、衆生の機根に応じて対話する釈尊の人間主義が垣間見えるものもあり、一概に小乗教とはいえないものも含まれています。

そもそも阿含（アーガマ）とは、釈尊滅後、弟子たちが決めたその教えの呼称で、聖教という意味です。つまり。伝承された釈尊の教え全般を指すものでした。

方等・般若を経て法華・涅槃

続いて16年間の方等時、14年間の般若時となります。方等とは、方正、平等の意で、般若と合わせて大乗教を説いた時期を指します。経典では、方等時は浄土三部経、維摩経など、般若時は、摩訶般若などが説かれました。

そして72歳のときに「今まで説いてきたことは、すべて方便であった。これから真実を説く」といって、以後、8年間、法華経を説きます。そして、最後に涅槃経を説いて生涯を閉じるとなります。この最後の8年間は、五時の最後、法華・涅槃時です。また、この時に説かれた経典を、本物の大乗教であるということで、実大乗教と呼び、それまでを権大乗教として区別しています。

以上は、最初に申し上げたように、あくまでも天台が、教判といいますが、天台なりの高低浅深の判断を基に、釈尊の教えを五時に分類したものであって、必ずしも説かれた順番どおりではありませんし、立場によって様々な見方があることをお断りしておきます。

第1回仏典結集

釈尊の教えは、80歳で入滅して後、その年のうちに、十大弟子の最長老であった摩訶迦葉（マハーカーシャパ）を中心に、阿難（アーナンダ）、優波離（ウパーリ）など500人の弟子が集まって、マガダ国の王舎城近くの七葉窟において行われた、いわゆる第1回仏典結集で集成されました。釈尊自身の説法は、口述のみでされており、書簡や著作といった文字として残されたものは一つもなく、弟子たちもまた、その都度暗誦によって自分のものとしていましたので、こういった結集作業が必要だったのです。そして、第1回結集を含め、滅後2～300年間の伝承作業もまた、口承によるものでした。それが文字化されるのは、紀元前1世紀頃になってからと推定されています。

七葉窟付近

そこには、口承でこそ真意が伝えられるという考え方があったからであり、それも一理あるのですが、たとえば伝言ゲームなど、伝えるうちに中身が抜け落ちたり、変化したり、あるいは当初はなかったことが加わったりすることがあります。ですから、この口承ということが、後世にさまざまな経典を生じさせた一因となったと考えられます。

それで、第1回結集に話を戻しますと、漢訳された仏典には、どれも冒頭に「如是我聞《にょぜがもん》（是の如く我聞けり。）」とありますが、「私はこう聞いた」と、それぞれの記憶を基に互いに確認しあって、経典が編纂されていきました。なかでも「多聞第一」と称された阿難の記憶力は抜群で「如是我聞」の「我」は、ほとんどの場合、阿難のことを指しているといわれるほどに、その編纂においては中心となりました。

ちなみに、釈尊の高弟で後継者と目された舎利弗（シャーリプトラ）や目連（マウドガルヤーヤナ）は、釈尊に先立って没しており、これには参加していません。

ともかく、そこで集成された経典が、先程来お話ししている天台の五時の分類でいうところの『阿含経』であり、大乗教の立場から、小乗仏教と呼ばれます。

小乗というのは「まず自身の欲望を棄てよ」といった、出家者自身を厳しく律する内容が多く、自身の解脱のみを目標として、大衆を救おうとしない小さな乗り物にすぎないとの意味です。

いずれにしても、初期経典が戒律的なものが中心となったのは、舎利弗や目連の不在など、それなりの当時の教団の事情があったものと考えられています。

4回の仏典結集を経て大乗教の興隆へ

仏典結集は、以後、互いの記憶を摺り合わせるために、ほぼ100年ごとに行われました。王舎城と祇園精舎のあった舎衛城を結ぶ交易路の中間に位置していたヴァイシャーリーにおいて第2回目、アショーカ大王治世下の首都、華氏城（パータリプトラ＝現パトナ）において第3回目、クシャーン朝のカニシカ王治世下、インド北西部の山岳地帯カシミールにおいて第4回目があったとされています。

このなかで、最後の仏典結集の時期は、カニシカ王の実際の在位は紀元後2世紀頃とされていますから、伝承と合わないことになりますが、ともかく4回の仏典結集をはさんで、仏滅後500年頃、マハーヤーナ、広く大衆を救済できる大きく絶対的な乗り物、大乗教が興隆します。これは、西暦でいえば、紀元後まもなくの頃となります。仏教教団は、第2回目の仏典結集以後、戒律に厳格な上座部と各地の風俗・習慣に柔軟な大衆部に分かれ、大乗教は、後者の大衆部より興っています。苦悩の民衆を教化していくことこそ釈尊の本意であるとして、世俗を離れて山林に閉じこもって自らの解脱のみを求める主に上座部より派生した部派仏教の僧侶たちを、ヒーラヤーナ、小乗派として批判するなかで興起した運動でした。

般若経

大乗経典では、それまでが阿羅漢（聖者）になることを目指させたのに対し、菩薩の修行によって釈尊と同様の仏になれると説いており、その代表は法華経ですが、その前に般若経があります。

般若経とは、一切皆空の理を説いた初期の大乗経典群の総称ですが、ここでは、7世紀、唐の玄奘三蔵が簡潔に要約して300字以内（経題を含めて276字）に漢訳した摩訶般若波羅蜜多心経を見てみたいと思います。

経題にある摩訶般若波羅蜜多まではインドのサンスクリット（梵語）、マハー・プラジュニャー・パーラミターの音を漢字に当てはめており、摩訶とは大きい、般若は仏の智慧のこと、波羅蜜多は完成されたという意味。末尾の心経は、原語のフリダヤ・スートラの意味をとった漢語で、合わせて「大きな仏の智慧をもって、完成された境地に至る心の教え」といった意味の経典となります。

読んでみますと、まず、観自在菩薩。これはいわゆる観音様のことです。玄奘は、これを観自在菩薩と訳し、後で触れますが、法華経の名訳で有名な鳩摩羅什（クマーラジーヴァ）は、観世音菩薩としています。

その後、「行深《ぎょうじん》般若波羅蜜多時《はんにゃはらみったじ》　照見《しょうけん》五蘊《ごうん》皆空《かいくう》　度《ど》一切苦厄《いっさいくやく》」と続いています。

「照見」とは「はっきりと見極める」、「五蘊」とは「五陰」とも書きますが、色受想行識（色は物質面、その他は精神面の諸作用）という生命を構成する5つの構成要素のこと、「度」は「超克する」という意味で、ここまでの経文は「観音様が深く般若波羅蜜多を行じられた時、五蘊皆空なりと見極められて、この世の一切の苦しみを超克された」となります。

次の、「舎利子《しゃりし》　色《しき》不異《ふい》空《くう》　空《くう》不異《ふい》色《しき》　色《しき》即《そく》是《ぜ》空《くう》　空《くう》即《そく》是《ぜ》色《しき》　受《じゅ》想《そう》行《ぎょう》識《しき》　亦復如是《やくぶにょぜ》」ですが、「舎利子」は、釈尊の高弟で智慧第一といわれた舎利弗のことで「舎利弗よ、色は空に異ならず、空は色に異ならず。色は即ちこれ空、空はこれ即ち色なり。受想行識もまたまたかくの如し」と、先ほどの五蘊を開いて説いていています。

続けて、「舎利子　是《ぜ》諸法《しょほう》空相《くうそう》　不生不滅《ふしょうふめつ》　不垢不浄《ふくふじょう》　不増不減《ふぞうふげん》」と「舎利弗よ、すべての存在は空なるものであって、したがって根源的には生ずることもなければ滅ずることもない、けがれたものもなく浄らかなものもない、増加も減もない」と、覚りの内容が語られます。

小乗教を批判・叱責

その後は、「是故空中無色《ぜこくうちゅうむしき》 無受想行識《むじゅそうぎょうしき》 無眼耳鼻舌身意《むげんにびぜつしんい》 無色声香味触法《むしきしょうこうみそくほう》 無眼界《むげんかい》 乃至無意識界《ないしむいしきかい》 無無明《むむみょう》 亦無無明尽《やくむむみょうじん》 乃至無老死《ないしむろうし》 亦無老死尽《やくむろうしじん》 無苦集滅道《むくしゅうめつどう》 無智亦無得《むちやくむとく》 以無所得故《いむしょとくこ》」ですが、これらは小乗教を批判・叱責する文言となっています。

この前半部分は「この故に、空の中には、色、そして受想行識といった五蘊もなく、眼耳鼻舌身意という六根もなく、したがって六根が感じる色も声も香も味も触も法もない。眼界もなく、乃至、意識界もない」ということで、六根清浄とよくいわれますが、小乗教では、それを目指すように教えましたが、大きな真理から見れば、そんなことは意味を持たないと説くのです。

後半でも「無明もなく、また、無明の尽くることもない。乃至、老も死もなく、また、老と死の尽くることもない」ということで、これは十二因縁という、無明（真理に無知なこと）にはじまり老死までの苦の原因12系統を立てたものがあって、小乗教では諸苦を失わせることを説いたのに対して、また、その後の「苦も集も滅も道もなく、智もなく、また、得もなし。得る所なきを以ての故に」も「苦集滅道」の四諦として、この世の苦しみは欲望が集めるのであって、その欲望を滅するには正しい修行がそれに至る道であると小乗教で説いていたのに対し、同様に、本来意味のないこととするのです。

大乗を宣揚

そして、続く部分、「菩提薩埵《ぼだいさった》　依般若波羅蜜多故《えはんにゃはらみったこ》　心無罣礙《しんむけいげ》　無罣礙故《むけいげこ》　無有恐怖《むうくふ》　遠離一切顛倒夢想《おんりいっさいてんどうむそう》　究竟涅槃《くきょうねはん》　三世諸仏《さんぜしょぶつ》　依般若波羅蜜多故《えはんにゃはらみったこ》　得阿耨多羅三藐三菩提《とくあのくたらさんみゃくさんぼだい》」で、大乗の立場を説いていきます。

まず菩提薩埵は、大乗経典が強調する菩薩のことで、化他を実践するところに特徴があります。すなわち「菩薩行の実践者である菩提薩埵は、般若波羅蜜多に依るが故に心に罣礙、わだかまりや妨げはない。罣礙なきが故に、恐怖あることなく、一切の顛倒夢想を遠離し究極の涅槃の境地となった。三世の諸仏も般若波羅蜜多に依るが故に、阿耨多羅三藐三菩提、つまりは最上の正しい覚りを得たまえり」と、大乗を宣揚します。

そして最後に、「故知般若波羅蜜多《こちはんにゃはらみった》　是大神呪《ぜだいじんしゅ》　是大明呪《ぜだいみょうしゅ》　是無上呪《ぜむじょうしゅ》　是無等等呪《ぜむとうどうしゅ》　能除一切苦《のうじょいっさいく》　真実不虚《しんじつふこ》　故説般若波羅蜜多呪《こせつはんにゃはらみったしゅ》　即説呪曰《そくせつしゅわつ》　羯諦《ぎゃてい》。羯諦《ぎゃてい》。波羅羯諦《はらぎゃてい》　波羅僧羯諦《はらそうぎゃてい》　菩提薩婆訶《ぼじそわか》　般若心経《はんにゃしんきょう》」です。

「呪」とは「咒」とも書いて、特別な力を持つ祈りの言葉を指しており「羯諦」以下は秘語として訳さずに「故に知るべし、般若波羅蜜多はこれ大神呪なり。これ大明呪であり、無上の呪であり、比類ない呪である。よく一切の苦を除き、真実にして虚ならず。故に般若波羅蜜多の呪を説くのである。すなわち呪を説いて曰わく、羯諦 羯諦 波羅羯諦 波羅僧羯諦 菩提娑婆訶 般若心経」と、般若波羅蜜多を讃えて、呪文を唱えて結んでいます。この呪のところは、あえて訳せば「行こう、行こう、彼岸に行こう。一人で行かずに、この船に乗ってみんなで行こう。そしてみんなで幸せになろう」といった意味とのことです。

それで、小乗教を批判していると申し上げましたが、小乗教が目指した解脱とは、極めると「灰身滅智《けしんめっち》」といって、生死の苦しみの原因である欲望や煩悩の一切を断ち切るために、自らの心身を滅することを理想とすることになりました。そして、そのために苦しい修行を強いて、そのなかでだんだんとそれに近づいていくというもので、その境界を声聞・縁覚といいますが、あくまでも自身一人のための解脱でした。それに対して、一切が空であるとして、そのような修行を否定して、一人が覚るというのでなく、多くの人と一緒に仏の大きな世界へと呼びかけたわけです。

「空」の概念

ここで、これまで何度も登場してきた「空」の概念について説明します。これがわからないと、般若心経も本当には理解できないからです。それは、けっして空っぽという意味ではありません。

それで「空」についてですが、紀元2世紀、南インドに現れた龍樹（ナーガールジュナ）という論師が、大乗経典を体系化するなかで明らかにしているのですが、端的にいえば「一切の現象や事象は、それが生じるまでは無に見える。だが、それは無ではない。それは『空』である」ということです。そして、これは「縁起」というのですが、一切は他との依存性によって、つまり「縁」によって起こるという原理を前提としています。

ともかく「空」を認めれば、完全な無も、完全な終わりも有りえないということになって「不生不滅」となりますから、小乗の「灰身滅智」など、そもそも不可能であり無意味となるのです。そして、そこから、生命は永遠であるという法華経の考え方へと発展していきます。

維摩経

続いて、代表的大乗経典であります維摩経（維摩詰所説経）を、お話しいたします。

これもまたユニークな経典です。これを漢訳したのは鳩摩羅什で、生没年は紀元後３４４年から４１３年、３５０年から４０９年など諸説ありますが、西域の亀茲国（クチャ）に生まれてインド北西部で修行をして数奇な運命を経て、４０１年、中国（後秦）長安に入り、亡くなるまで、法華経など、膨大な経典を訳しました。先ほどの玄奘訳がどちらかといえば原本に忠実な直訳に対して、鳩摩羅什訳は各経典の本質を理解しての意訳という特徴があります。

それで、維摩経ですが、在家信者の維摩詰（ヴィマラキールティ）を主人公とする経典で、結論的には、お釈迦様は出家者のみを相手にしたのではなく、どんな人にも救いがあることを説かれたのだと教える経典で、われわれのような世俗の人間には、納得しやすく共感の持てる内容です。

維摩詰の活躍の舞台は、第2回仏典結集でも知られる自由商業都市ヴァイシャーリーで、大乗教興隆にふさわしい土地柄でした。

維摩詰は、商売で得た利益を独り占めせず、大衆に還元する高潔な人物として描かれています。彼の名、維摩詰は、その高潔さから付けられた名前で「汚れなき名声」という意味で、その意味から「浄名」とも呼ばれます。

それで、ヴァイシャーリーには、ある貴婦人によって寄進されたマンゴーの繁る樹園が郊外にあって、お釈迦様と大勢の弟子たちは、そこを拠点にしておりました。

叱責される舎利弗

あるとき、維摩詰が病気になったと聞いたお釈迦様は、弟子たちに見舞いに行くように言います。ところが、誰も行きたがりません。

十大弟子であろうが誰であろうが、会えば、維摩詰には論破され、叱責されてきた。だから嫌ですと。なかでも舎利弗などは、この経典のなかでは、終始けなされっぱなしです。舎利弗といえば、前にも申し上げましたが、智慧第一といわれ、当初は、優れた人物として釈尊よりも有名で、その舎利弗が弟子になったということで「お釈迦様というのは、そんなにすごいのか」と、人々は釈尊に一目置くようになったとの逸話があるくらい優秀でしたが、その舎利弗も形無しです。

結局、文殊菩薩（マンジュシュリー）が病気見舞いを引き受けることになりました。すると「3人寄れば文殊の知恵」といわれますが、これは見ものだと、舎利弗を含め、多くの弟子が同行します。舎利弗は、ここでも槍玉に挙げられます。

「維摩詰の家に行ったのはいいけれど、みんなはどこに座ればいいだろう」、ふとそんなことを思った舎利弗に対して「あなたは法のために来たのか、それともイスを求めに来たのか」と維摩詰は叱ります。

衆生の苦しみをわが苦しみとして

何故、舎利弗は何度も叱責されるのか。答えは、経文にある維摩詰と文殊との問答にあります。文殊は、病気見舞いの口上の後「何故、あなたは病気になったのか」とたずねます。そこには「日頃、われわれを責めてばかりいるが、そんなあなたの行いが悪いから病気になるんだ」とでも言いたい気持ちがあったのかもしれません。

経文には「白衣（俗人）たりといえども、沙門（出家者）の清浄の律行を奉持し、居家（在家）

に処するといえども、三界（欲望の世界）に著（執著）せず、妻子あることを示せども、常に梵行（清浄無欲の行）を修め、眷属（家族や使用人）あることを現わせども、常に遠離を楽《ねが》い、宝飾を服すといえども、相好（仏のような容貌）を以って身を厳《かざ》り、また飲食すといえども、禅悦（禅定の悦び）を以って味わいと為し、もしくは博奕の戯処（賭博場）に至りても、すなわち以って人を度し（中略）諸の婬舎（娼家）に入りては、欲（欲情）の過ちを示し、諸の酒肆《しゅし》（酒場）に入りては、よくその志を立つ」等々と、維摩詰の人物像が語られています。

維摩詰と文殊の問答　法隆寺五重塔 塔本塑像
（株）飛鳥園解説・制作『世界文化遺産　法隆寺』法隆寺 より

何をしようが動ぜず、それは、自身の欲望を満足するためではなく、不幸な大衆を救うためであったといっても、維摩詰は、世俗の商売人で家庭をもち、花街や賭博場にも出かけたりする。それは、当時の出家者にとっては桁外れで、肯定し難いと思えたのでしょう。

その非難まじりの問いに対して、維摩詰は答えます。「一切衆生の病むを以て是の故に我れ病む。若し一切衆生の病、滅せば、則ち我が病も滅す。（中略）『是の疾は何の所因より起れる』と言うは、菩薩の病なるものは、大悲を以て起るなり」と。

維摩詰が、舎利弗ら出家の弟子たちを叱責していたのは、自分の完成のみを追求する小乗の生き方を批判していたのであって、衆生の苦しみをわが苦しみとして慈悲をもって利他を実践する、大乗の菩薩の生き方に目覚めさせようとしていたからでありました。

この維摩詰と文殊との問答の場面は劇的で、さまざまな仏教美術の主題になっています。日本では、奈良の法隆寺、五重塔の1階に、8世紀、天平時代の作ですが、その場面が彫刻で生き生きと再現されています。

法華経　生命は永遠

いよいよ大乗経典の王者といわれる法華経です。漢訳はいくつかあり、一般的には、その本意を最もよく伝えていることから、鳩摩羅什訳の法華経（妙法蓮華経）を使っています。

その骨子は、生命は永遠であるということであります。

また、人は、何故、この世に生まれてきたのか。何故、死ぬのか。人生の目的、使命とは何か。それは、人類にとって最大のテーマであり、多くの宗教家や思想家が取り組んで、答えに窮してきたテーマでありますが、それに解答を与えているのが、この法華経であるということができます。

それは、28品あるうちの第16番目、如来寿量品第十六にあります。

そこには「一切世間の天、人、及び阿修羅は皆、『今の釈迦牟尼佛、釈氏の宮を出で、伽耶城を去ること遠からずして、道場に坐し、阿耨多羅《あのくたら》三藐三菩提《さんみゃくさんぼだい》を得たまえり』と謂《おも》えり。」（1・3）とあって、お釈迦様は王宮を出て、ブッダガヤの菩提樹下で、今世において仏になったといわれていることを、まず再確認します。

ところが、その直後「然るに善男子、我実に成佛してより已来《このかた》、無量無辺百千万億那由佗《なゆた》劫なり。」(1・4)とあって、実は「無量無辺百千万億那由佗劫」という大昔から仏だったと、耳を疑うようなことが打ち明けられます。

この「無量無辺百千万億那由佗劫」というのはどれくらいかというと、五百千万億那由佗阿僧祇(なゆた・あそうぎ＝極大すぎて数え難い数)の三千大千世界(大宇宙)をすりつぶして微塵とすることができたとして、それを何かの乗り物に載せて東方へ向かい、五百千万億那由他阿僧祇の国を過ぎたときに1粒落とす。以下同様に1粒ずつ落としてゆき、それらが尽きてしまうと、今度は、その粒を落とした国もそうでない国も全部合わせて、また微塵にして、その1粒を1劫と数える、そんな長遠な時間を超える長さであるとされています。

この計り知れない時間を「五百塵点劫《ごひゃくじんてんごう》」と呼ぶのですが、要するに、思念の及ばないほどの遠い昔から仏となって、それ以来ずっと出現と入滅を現じてきたし、今後もずっとそうであると説かれるのです。

自分と同じ仏に

ここにおいて、仏の生命は永遠であると明かされるのですが、では、その仏は何のためにいるのか。何をしてきて、何をしようとしているのか。

それは、この寿量品の末尾に「毎自作是念《まいじさぜねん》　以何令衆生《いがりょうしゅじょう》　得入無上道《とくにゅうむじょうどう》　速成就佛身《そくじょうじゅぶっしん》。」、「毎《つね》に自ら是の念を作《な》さく　何を以てか衆生をして　無上道に入《い》り　速《すみや》かに佛身を成就することを得しめんと。」（4・10）とあるように、衆生を自分と同じ仏にするためであり、これまでも、これからもずっと同じであると答えられています。

そもそも人は、仏になれるのか。それが可能でなければ、こんなことを言われるはずがありません。これ以前の方便品第二には「諸佛世尊は衆生をして、佛知見を開かしめ」（3・6）等々とありますが、ここに「開かしめ」とあるということは、もともとそこになければ、開きようがないわけで、ここにおいて、人にはもともと仏性があることが前提となっており、すべての人が大事な存在であると結論できるのです。

仏と人は同じになり、ここにおいて、仏は私たちの代表として、人類最大のテーマに答えられているのだとわかってきます。すなわち、人はこの世に生まれたのは、仏となって人を仏にする、つまり、自他共に幸せになるためであり、それを使命とする人生こそ最高の人生であると。

それで、この法華経の精神をわが精神とすべく、すでに申し上げているとおり、私は、この法華経の最重要の方便品と寿量品の肝の部分を読誦し、法華経の題目である、南無妙法蓮華経を、毎朝、毎晩、唱えているというわけです。

南無妙法蓮華経とは

「南無妙法蓮華経」とは何か、さまざまな次元や側面から論じられますが、まず、どういう意味かと申しますと、冒頭の「南無」とは、サンスクリット（梵語）の「ナマス」の音の漢字表記で、「帰命」という意味です。帰命とは、心から信じ従いますということです。

続く「妙法蓮華経」は漢語で、サンスクリットでは「サッダルマ・プンダリーカ・スートラ」で、「妙法」は「サッダルマ」で正しい法という意味です。

「蓮華」のサンスクリット、「プンダリーカ」は、特に「白蓮華」のことを指しています。蓮華にも紅蓮、青蓮華など何百種とあって、それらはパドマと総称されるのに対して、プンダリーカのみは、その総称に含まれず、独立して特別扱いされています。したがって、唯一無二という意味合いが込められています。

以上をまとめますと、南無妙法蓮華経とは、「この世で最高にして唯一無二の教えに心から帰依します」ということになります。

観音経

あと、多くの方がよく聞かれるお経に、観音経がありますが、このお経は、実は法華経にあるということを、つけ加えておきたいと思います。

それは、第25番目、観世音菩薩普門品第二十五のことであって、これを観音経として独立させて呼んでいるということです。

そこには「南無観世音菩薩」と観世音菩薩の名を一心に唱えたり、あるいはこの経文を唱えるならば、すべての苦悩を消滅させられると説かれています。

たとえば、火事、海難、山での遭難などに遭っても、それを免れ、悪人や盗賊などに刀で切りつけられても、その刀は折れてしまい、牢に繋がれても解放され、呪われ毒薬を盛られても、かえって盛った本人に還る、さらに、雷や大雨にもやられない（3・3~3・4）等々、記されています。

また、男の子が欲しければ福徳と智慧の、女の子なら美人で愛される子供が授けられる（1・9）とも記されております。

那智滝

ともかく、それで、危ない橋を渡る博徒や渡世人が、背中の刺青に、この観音様を彫ったりするわけですし、上下を問わず、観音信仰は広まりました。チベットのダライ・ラマ法王も観音菩薩の化身と考えられているといわれますし、日本では、和歌山の那智の滝が、本地は千手観音とされて信仰の対象とされてきたなど、数々の例があげられます。

観音の力とは

ところで、これは、観音経のあまり読まれていないところにあるのですが、お経を聞いていた無尽意という菩薩が、高価な宝石で作られた首飾りを観音様に供養しようとする場面があります。そのとき、観音様は、これを受け取りません。

再度、申し出があって、そこでお釈迦様が、諸々の衆生のために受けるようにと勧められたため、ようやく受け取ります。

ですが結局、受け取った首飾りを、観音様は自身のものとせず、二分して、一方はお釈迦様に、もう一方を多宝仏に渡します(2・8〜2・9)。多宝仏というのは、証明役として法華経に登場する仏です。

つまり、この観音様の力も、実は法華経の力によるものであることを、ここで示しているのです。そこのところを知っておかなければ、この経の真意はわからないのだということです。

また、観音様といっても、法の力の作用であって、あらゆる人、あらゆる事物、あらゆる現象が、その人を助けるようになる、場合によっては、すべてが観音様の働きをする。だから、すべてに感謝の思いを持って生きていくべきであると、そう教えているのです。

華厳経　縁起の法

続いて華厳経ですが、先ほど、釈尊の生涯を概観した際に申し上げましたが、釈尊が覚りを開いた直後に、その覚りをそのまま表したものとされており、また訳の問題もあって、難解な経典となっております。漢訳には、新旧訳がありますが、5世紀、東晋の、北インドからの渡来僧、仏陀跋陀羅《ぶっだばったら》による旧訳（大方広佛華厳経）が、天台の五時の対象です。

この経名、大方広佛華厳経の「方広」は「方等」と同じで「方正・平等」ということで、「正しく平等で偉大な仏の、華で荘厳された教え」という意味の経典となります。

では、何が表されているかということですが、それは縁起の法です。

縁起については「空」の説明で、これが前提となって「空」の概念が成立するということを、般若経についてお話しする際に申し上げましたが、一切は、互いに縁となり、作用しあって、関係性によって現れるということです。

「一即多、多即一」とあるのがそれで、一つの現象・事象は多くの因縁によって成り立ち、多くの現象・事象も一つの中に含まれているとするものです。

また、これを裏付けとして、「心如工畫師《しんにょくえし》」とあって、「心」は、すぐれた画家のように、世の中のあらゆる現象を造りだしていく、さらには、「心佛及衆生是三無差別《しんぶつぎゅうしゅじょうぜさんむさべつ》」と、仏と衆生といっても別のものではなく、やはり、心の造り出せるものと説いています。

証明される縁起の法

これで、どうなるかというと、心で思ったこと、すなわち、祈りや願いが作用して、世界を変えていけるということがいえるようになります。こう申し上げると、非常に楽天的かつ非科学的といわれるかもしれませんが、スーパーコンピュータを使った最近の検証で「北京での今日の蝶1匹の羽ばたきが、来月にはニューヨークに嵐を起こさせる」といったことが、わかってきました。

これは、バタフライ効果と呼ばれるもので、1960年代にアメリカの気象学者エドワード・ローレンツが発見したもので、この効果の核心にはカオス理論というのがあって、ごく小さな変化が複雑に作用して、大きな変化をもたらしてしまうというものです。これはもう、縁起とほぼ同じ考え方といえるのではないでしょうか。

それに、アインシュタインの相対性理論以来の物理学も、同様の考え方に接近しているようです。

それは、宇宙空間に質量の大きいものがあれば、その重力によって空間が曲がり、そばを通過する光が曲がる。その結果、観測結果が変わってしまうというものですが、これも、すべて関係性によって成り立っていて、一つが変われば多くが変わるという縁起の考え方に通じるものと思います。

その他、極小の原子レベルも、人間自身も、大宇宙と相似の関係にあるといったこともいわれますが、華厳経の「一即多、多即一」を彷彿させるものがあります。

一人は宇宙大の存在

一人ひとりの心に全宇宙が入り、その故に、一人ひとりが仏のごとく宇宙大の完全な存在であるとの華厳経の教えは、法華経にも通じ、人間の尊厳、生命の尊厳の根拠となる経典の一つであるといえるでしょう。

日本には華厳経は、8世紀、奈良・天平の聖武天皇のときにもたらされました。

あの奈良の大仏、つまり東大寺の大仏は、華厳経の教主である盧遮那仏《るしゃなぶつ》として造営されたもので、一人は宇宙大の存在であるとの華厳経の教えが一目瞭然となるように、あの高さ15メートルほどの大仏となったのだと知っておくべきだと思います。

東大寺大仏『信貴山縁起絵巻 尼公の巻』より
Wikimedia Commons より

この毘盧舎那仏の名は「広く照らす」という意味のサンスクリット、ヴァイローチャナの漢字表記で、太陽の光を指しており、光明遍照とも呼ばれ、真言宗の大日経では大日如来となっています。

浄土三部経

それから、世に行われている経典ということで、浄十三部経にも言及したいと思います。これは、南無阿弥陀仏と唱える、いわゆる称名念仏の根拠となる経典です。これは、無量寿経、観無量寿経、阿弥陀経の三部からなりますが、極楽世界への道として法然が、12世紀末、鎌倉時代のはじめに選択集（選択本願念仏集）を著して定めたものです。

西方十万億土を過ぎたところに極楽浄土がある。そこには阿弥陀仏がおいでになる。阿弥陀仏というのは、サンスクリットではアミターユスで、無量寿と訳され、計り知れないほど長い寿命をもつ仏様ということです。それで、その浄土には、地獄、餓鬼、畜生の三悪道の名前すらない。この世は苦しみの、人々がのたうちまわる三悪道の世界であって、そこは、けがれている国土という意味で穢土と呼び、死後、そこを離れて極楽浄土に行こうではないか。阿弥陀様は、それを願って念仏を唱える人を極楽浄土に生まれさせると誓っておられる。だから、専修念仏、阿弥陀仏の名を一心に唱えることであると説いていきました。

阿弥陀仏の誓い

その阿弥陀仏の誓いとは、無量寿経に阿弥陀仏が成仏する前に誓った四十八願というのがあって、その第18番目、「設我《せつが》得佛《とくぶつ》　十方衆生《じっぽうしゅじょう》　至心信楽《ししんしんぎょう》　欲生《よくしょう》我国《がこく》　乃至十念《ないしじゅうねん》　若不生者《にゃくふしょうじゃ》　不《ふ》取正覚《しゅしょうがく》　唯除五逆《ゆいじょごぎゃく》　誹謗正法《ひぼうしょうほう》」を指します。これは「私が仏になるとして、心から信じて私の国に生れたいと願い、もしくは、わずか10遍でも念仏した衆生が、もし万一、往生できないようなら、私は決して覚りを開くわけにはいかない。ただし、五逆罪を犯した者と正法を謗る者だけは除くが」といった内容です。

ところで、この第十八願の末尾にある文言で、五逆罪とは殺父、殺母、殺阿羅漢、出仏身血（仏身を傷つけること）、破和合僧（教団を乱すこと）のことですが、議論が分かれるのは「正法を謗る者だけは除く」の「正法」とは何かです。

実は、法華経にも阿弥陀仏は登場していて、化城喩品第七（３・５）で、三千塵点劫という遠い昔に出現し法華経を説いた大通智勝仏の、16人の王子の９番目で、西方の国土の仏とされています。

ちなみにこのとき、釈尊は、16人兄弟の末っ子です。

また、薬王品第二十三（５・２）には、法華経を聞き説のごとく修行した女性は、死後は阿弥陀仏のいる安楽世界に往き、蓮華の中の宝座の上に生まれて、すべての悩みから解放されるとなっています。したがって、法華経の側からいえば、無量寿経の「正法を謗る者だけは除く」とある「正法」とは、法華経のことになります。

ともかく、この、死んで成仏するとして、死を厭わない思想は、当時の末法思想を背景に、強い勢力となっていきます。

末法思想というのは、釈尊滅後一定の期間が経過すると、その教えは効力をなくすというもので、滅後２０００年がその時であり、先に申し上げたように当時は紀元前９４９年入滅説でありましたから、末法の始まりは、西暦１０５２年（永承７年）であるとされます。人々は、世相の乱れもあって、これを信じ、この世での救いを諦めて死後の往生を願ったというわけです。

極楽世界を願って

三部経のそれぞれの経典ですが、無量寿経は3世紀、中国の三国時代、魏の康僧鎧《こうそうがい》の訳、観無量寿経は観経とも称されますが、5世紀、南北朝、南朝の宋（劉宋）において西域出身の僧、畺良耶舎《きょうりょうやしゃ》の訳、阿弥陀経は5世紀初め、鳩摩羅什訳が、それぞれ使われています。

宇治平等院鳳凰堂

私は、このあたりは詳しく勉強していませんが、浄土三部経を立て別けると、無量寿経は極楽世界の設計図、観無量寿経は極楽世界へ行くためのガイドブック、阿弥陀経は極楽世界の完成図という位置付けになるとのことです。

10円玉の図柄で知られる宇治の平等院鳳凰堂は、くしくも末法の始まりとされた翌年にあたる１０５３年（天喜元年）の落慶ですが、この極楽浄土をこの世でせめて見たいという願いから造営されたものです。前の奈良時代までの寺院建築は、奥行きがしっかりとあって現実に捉まえられる彫刻的な造りであったのに対して、これは間口に対して奥行きは浅く、いわばスクリーンに映る映画を眺めるようなものです。また、彼岸という言葉がありますが、建物の前には池が造られて、当時は池の手前からしか見られないようになっており、向こう岸の建物のある極楽浄土は彼岸として、この世と隔てられていることを示しています。

小乗と大乗の涅槃経

続いて涅槃経です。これは、入滅前、1日1夜のうちに説かれた釈尊最後の教えとされる経典です。涅槃という言葉は、般若経にも出てきましたが、サンスクリットでニルバーナ、燃えている火を吹き消すという意味で、苦しみが滅した安らぎの境地をいいます。

それで、涅槃経ですが、小乗部と大乗部より構成されていて、小乗部のみを訳したものに、5世紀、東晋の法顕による大般《だいはつ》涅槃経（別名：大般泥洹経《だいはつないおん》）があって、これは小乗の涅槃経ともいわれますが、釈尊の入滅前後の状況が事実に近い形で記述されているとされる経典です。

大乗部も含めての訳は、同じく5世紀、五胡十六国のうちの北涼において、中インド出身の曇無讖《どんむしん》（ダルマラクシャ）が訳した北本と呼ばれるものと、南北朝時代の南朝の宋（劉宋）において慧観《えかん》、慧厳《えごん》、謝霊運《しゃれいうん》らの共訳による南本が有名ですが、天台の系列では南本を用いて注釈しています。

大乗部には、「一切衆生　悉有仏性《しつうぶっしょう》　如来常住　無有変易《むうへんやく》」と、仏性がすべての衆生に備わっていることや仏身の常住などを説いて、何故、仏は生まれ、入滅するのかという問いに答えています。

これらは、すでにお話しした通り、法華経にも、共通して説かれていることです。

たとえば「一切衆生　悉有仏性」についていえば、法華経の常不軽菩薩品第二十には「私はあなた方を深く敬い、けっして馬鹿にしたりしません。なぜかといえば、菩薩道を行ずれば、皆、作仏することを得るのだから」（２・１）と、見知らぬ誰にでも礼拝してまわる、その名も常不軽という菩薩のいたことが記されています。

言われた方は、仏になれるなんて思ってもみなかったために、むしろ気持ち悪いわけで、その菩薩に向かって「嘘を言うな、あっちへ行け」等と悪口を言って、あるいは木の杖で叩き、石を投げつけます。けれども、不軽菩薩は逃げながらも「私はあえてあなたたちを軽んじません。皆んな、仏になるのだから」と、なお声高らかに繰り返した（２・２）と、そんなことが語られています。

雪山偈

また、これもよく知られていると思いますが、涅槃経には「諸行無常　是生滅法《ぜしょうめっぽう》　生滅滅已《しょうめつめっち》　寂滅為楽《じゃくめついらく》」という言葉があって、これは日本で、その意味を映して、いろは歌となっています。

「いろ（色）は　にほ（匂）へど　ち（散）りぬるを　わ（我）がよ（世）たれ（誰）ぞ　つね（常）

ならむ　うゐ（有為）の　おくやま（奥山）けふ（今日）こ（越）えて　あさ（浅）き　ゆめ（夢）み（見）じ　ゑひ（酔）もせず」と。

この諸行無常の句は、涅槃経中の雪山偈《せっせんげ》といわれるものです。

釈尊が過去世に雪山童子といわれていたとき、人生の実相とは何かを知りたくて、山奥で修行しておりました。そのときに「諸行無常　是生滅法」という声が聞こえてきた。

声のする方に行ってみると、そこには羅刹《らせつ》、人を食う凶暴な鬼がいました。

「あなたが、言ったのか」とたずねると「そうだ」というので、「続きをどうか教えて欲しい」と、童子は懇願します。

「私は人を食わないと生きていけない。私に喰われることを約束するなら教えてやろう」というので、「残りを知ることができたら、喰われても本望だ」と、童子はその条件を承諾します。

こうして残りの「生滅滅已　寂滅為楽」を聞いた童子は、この4句を周囲の樹々や石に刻んだ後、1本の木に登り、約束どおり、羅刹に食べられるために飛び降ります。

その瞬間、羅刹は帝釈天に変わり、童子の体を受け止め、その求道心を称えたというものです。

小我から大我へ

それで、雪山童子が求めた4句の解釈ですが、前半の「諸行は無常なり、是れ生滅の法なり」までは、小乗教以来の無常観を表したもので、後半の「生滅を滅し已《おわ》って、寂滅を楽と為す」で、生滅に固執する煩悩を滅した涅槃の境地に、真の安楽があるとの教えであると解釈されます。

これは、自らの肉体を惜しまず法を求めた雪山童子自身の行為そのものであり、これをもって教えを受けるに相応しい資格者となったからこそ、後半の句が与えられたという物語なのです。

また、最終的には童子は、喰われて肉体を滅することはありませんでした。このことは、小乗教では灰身滅智《けしんめっち》という肉体を滅することを目指したのに対して、煩悩即菩提といいますが、煩悩や肉体はそのままに、滅するべきは煩悩に支配される利己的な小我であって、そこに大我が現れることを説くものと解釈されています。

ところで、この雪山童子の物語『施身聞偈《せしんもんげ》』は、奈良、法隆寺にある7世紀、飛鳥時代の仏教美術の代表作、玉虫厨子の側面に描かれています。絵は、厳粛で丁寧な画風で、当時の人々が、いかにこの物語に感銘を受けたかが窺い知れるとともに、技法面でも漆絵と密陀絵(油絵の一種)の混合で、1300年経てもなお堅固な画面を維持している点においても、世界レベルの作品として注目されます。

施身聞偈　玉虫厨子
Wikimedia Commons より

大日経

世に広まっている経典ということで、最後に大日経です。

これは密教の経典で、弘法大師の真言宗が依拠する経典です。金剛頂経、蘇悉地経とあわせて大日三部経、もしくは真言三部経といわれます。

大日経は、正式名、大毘盧遮那成仏神変加持経で、釈尊ではなく、すべての仏を生み出す根本の仏である大日如来が説いたとされ、8世紀、唐の玄宗の時代、インド王族出身の僧、善無畏（シュバカラシンハ）の訳が使われています。

この経典を密教と呼ぶのは、それまでの教えは経文に、言語にはっきりと表されていることから顕教として、それに対して、この教えは経文の言語外に隠されているということで、密教と呼んで区別するということなのです。それで、既に申し上げましたが、顕教である華厳経では盧舎那仏、密教においては大日如来です。

大日経では、如実知自心《にょじっちじしん》「実の如く自心を知るなり」と、本来の自分の心を自力で知ることに、その眼目があります。自分の心を知ろうとするなかで、菩提心を求めることになり、仏の一切智を獲得することになると。その自分の心を知るためには、ただ考えるだけでなく、真言を誦し、指先で印を結び、護摩を焚いて火をガンガン燃やしたり、鉦をガンガン叩いて大きな音を響かせたり、あるいは香を焚いたり、さらには、体を使って難行苦行をしたり、山を歩きまわったり、ありとあらゆる修法を用います。

真言とは宇宙語

そのなかで、真言というのは、いわば、宇宙語です。宇宙語だから、ほとんど理解できません。顕教では釈尊の説法を聴聞する相手（対告衆）は、四衆（比丘、比丘尼、優婆塞、優婆夷＝出家の僧尼、在家の男女信徒）でしたが、大日如来の説法の相手は、南無大師遍照金剛と唱えるのを四国八十八ヶ所のお遍路さんなどから聞きますが、その金剛薩埵（ヴァジュラサットヴァ）といった、その宇宙語を理解できる一部の菩薩とされています。そして、その理解不能の大日如来の発する信号である真言を受けとめられるようにするために、さまざまな修法が必要だったというわけです。

なお、あらゆる手段を動員するということで、その超越性をわからせるために、曼荼羅という大日如来の世界を図像化したものや、あえて頭部を盛り上げ、体軀を太くした如来像などが造られました。そして、それらの色彩は、闇のごとく暗い色をベースに鮮やかな赤をつけるなど、神秘的に見せる工夫がされています。

法華経の釈尊第一声

以上、大雑把に主要な仏教経典を概観いたしましたが、最後に、私が毎朝、毎晩、読誦しておりま す。法華経の最初の重要部分、方便品を読んで終わりにしたいと思います。

「妙法蓮華経方便品第二 爾時世尊《にじせそん》、従三昧《じゅうさんまい》、安詳而起《あんじょうにき》、告《ごう》舎利弗」（1・1）……。

「爾の時、世尊、三昧より安詳として起ちて、舎利弗に告げたもう、」と、始まります。

法華経は全部で28品で、この方便品の前には序品第一がありますが、それは状況説明です。どこから誰が来ていて、どこに座っているのかといった、説法が始まる前の状況が描かれているのです。

それで、お釈迦様は、法華経を説くにあたって第一声に、何とおっしゃたか。

それは「諸佛の智慧は甚深無量なり、其の智慧の門は難解難入なり、一切の声聞、辟支佛《ひゃくしぶつ》の知る能《あた》わざる所なり。」（1・1）と、なっております。

この中で、声聞・辟支仏とあるところの辟支仏は縁覚ともいいますが、声聞・辟支仏あわせて二乗といって、両者とも知識階級で求道者ですが、自己の覚りにのみ関心を持つ者のことをいいます。

それで「お前たちは頭がいいと思っているかもしれないが、お前たちには仏法の本質は、わからない」と、いわば、彼らの脳天をぶち割ったのが、お釈迦様の第一声ということです。

舎利弗を筆頭に、当時、釈尊のもとに集っておった優秀な弟子たちに対し「お前たちには、仏法はわからない」とは、どういうことでしょうか。

衆生を悦ばせるために

続いて「所以《ゆえん》は何《いか》ん。佛曽《かつ》て、百千万億の無数《むしゅ》の諸佛に親近し、尽く諸佛の無量の道法を行じ、勇猛精進《ゆうみょうしょうじん》して、名称普《みょうしょうあまね》く聞こえり。甚深未曽有の法を成就し、宜《よろしき》に随いて説く所、意趣解し難し。」（1・1）「舎利弗よ、吾 成佛してより已来《このかた》、種種の因縁、種種の譬喩もて、広く言教を演べ、無数《むしゅ》の方便もて衆生を引導し、諸の著《じゃく》を離れしむ。」（1・2）とあって、どうしても衆生を救いたいとの切なる思いから、釈尊は、これまで述べてきたような、華厳経、阿含経、般若経、浄土三部経等々、様々な方便の経を説いて衆生を導いて、諸々の執着を離れさせてきたことを説明されます。

そして「所以《ゆえん》は何《いか》ん。如来は方便、知見波羅蜜、皆已に具足せり。舎利弗よ、如来の知見は広大深遠なり、無量、無礙《むげ》、力《りき》、無所畏《むしょい》、禅定、解脱、三昧ありて、深く無際《むさい》に入《い》り、一切未曽有の法を成就せり。」（1・2）と、ここにきて、仏というものは、量り知れず、何ものにも妨げられず、10種の力を備え、何の畏れもなく、定まって自在にして動じない境地に深く入って、これまでにない法を完成させてきたことを解かれます。

その後「舎利弗よ、如来は能く種種に分別し、巧《たくみ》に諸法を説き、言辞柔軟《ごんじにゅうなん》にして、衆の心を悦可《えっか》せしむ。舎利弗よ、要を取りて之を言わば、無量無辺未曽有の法を、佛悉《ことごと》く成就せり。」（1・3）と、ありますが、ここで要約して再度、仏というものは人々の理解力や境界に応じて巧みに法を説いて、皆の心を悦ばせてこられたこと、そして、量り知れず限界もない、かつてない法を完成させてこられたことを、告げられます。

以信得入

ここまできて、釈尊は、いきなり「止みなん、舎利弗。復説くべからず。」（1・3）と、「お前にいくら言ってもわからない。これ以上、もう説くまい」と、言い出されます。

そして「所以は何ん。佛の成就せし所は、第一希有《けう》難解の法なり。唯《ただ》佛と佛のみ、乃《いま》し能く諸法の実相を究尽《くじん》せり。」（1・3）と、この法は、仏と仏だけが感応できる内容であって、頭でいくら考えてもわからないものだ。智慧第一といわれる舎利弗でも、永遠にわかるものじゃない。舎利弗よ、お前にはもう説かんぞと、話を結ばれます。

以上が、法華経における釈尊の第一声です。

それで、諸法の実相とは何か「所謂《いわゆる》諸法の、如是相、如是性、如是体、如是力、如是作、如是因、如是縁、如是果、如是報、如是本末究竟等《ほんまつくきょうとう》なり。」（1・3）と、ここで十如実相といわれる法門が説かれます。

諸法と実相の関係ですが、諸法というのは、目に見えるというか、世界の観察される事象・現象で、実相というのは、それらをそうさせている深層の目に見えない真理・法則を指します。例えば、りんごが落下する、これは諸法です。その現象からニュートンが思いついた万有引力が、実相ということです。

これくらいなら、頭のいい人なら理解できるでしょうが、この諸法の実相というものは、衆生といっても実は仏であるということで、これは、いくら頭で考えてもわからないと、釈尊は第一声で言われたのであります。

あらゆる人が仏になると聞いて舎利弗は、あまりに信じ難かったようで、続く譬喩品第三で、こう述懐しています。「初め佛の所説を聞いて 心中大いに驚疑す 将に魔の佛と作りて 我が心を悩乱するに非ずや。」（1・11）と。

結局、お釈迦様の言われていることは、以信得入《いしんとくにゅう》、「信を以て入ることを得たり」（7・4）、信ずるということをもってしか到達できない領域なのだとわかります。そして、自分もまた仏に成れるとわかったその瞬間、舎利弗は、踊躍歓喜《ゆやくかんぎ》（1・1）、踊り上がって大喜びします。その舎利弗を見て、釈尊は成仏の記別を与えると、こういう展開になっています。

日蓮は、このことを講義して「始めて我心本来の仏なりと知るを即ち大歓喜と名く 所謂《いわゆる》南無妙法蓮華経は歓喜の中の大歓喜なり」（『御義口伝』「廿八品に一文充《ずつ》の大事」五百品）と述べられました。

お釈迦様が50年かけて説いた教えは何だったのか。それは歓喜の法ということです。のたうちまわるような苦しみの現実に、いかに負けずに自分の心の中に歓喜を湧き出たせるか、それを説いたのが仏教ではないか、これが、私の結論であります。

《Q&A》

【質問1】

先ほども言われていましたが、南無大師遍照金剛とか南無妙法蓮華経といって、宗派によって唱えるものがまるで違います。そこで、お墓を造るというので気になって、お寺の管長さんに聞いたんです。「宗派とその人が異なるとなれば、そこでお墓を造るのはいけませんよね」と。そうしたら管長さんは、富士山に登るのに、いろいろな道がありますが、最後は頂上は一緒だから、かまわないと言われたんです。そのように、仏教なら、宗派が違っても最終的には同じですか。どう思われますか。

竹岡　仏教はインドに生まれて、その後、中国に渡って、それも、北方からとか南方からとかと、いろいろあって、それから韓半島の諸国を経て日本にもたらされます。その、多様な経路をとったこと、時間をかけて伝来したことなどが、宗派の違いを生んだ要因だといえます。

それに加えて、なかでも中国で、その時々に力を持ったそれぞれの皇帝が、どういう僧侶を用いたかが違いの大きな要因となっています。各時代の皇帝が用いた僧侶の考えで、違った宗派があるいは栄え、廃れるということになりました。それで、日本から仏法を求めて行ったときに、たまたま流行っていたものを「あ、これが正しいのか」と思って、それを学んで持ち帰る。こうして、その都度、違ったものが持ち帰られた結果が、今日の日本の状況だということになります。

それで問題は、釈尊の仏教全体を俯瞰して持ち帰った人はいないということです。かろうじて、比叡山など、全経典が蓄積されていきましたから、法然とか日蓮とかは、そこで研鑽して、俯瞰の立場から説いていきますが、結局、唱え方はいろいろあるということになりました。

南無妙法蓮華経は、先にお話ししましたが、太陽さえ生み出すような究極の法があって、その法に帰命するということです。南無阿弥陀仏は、阿弥陀仏という仏様に帰命する。「阿弥陀様、どうか助けてください」と。また、南無大師遍照金剛は、お大師様、つまり弘法大師に「あなたの力を借りて私を救ってください」ということです。

ですから、根元の法に対してか、絶対的な仏様、あるいは神様に対してか、いかなるものを根元なるものとするかによって、唱え方が変わり、あるいは禅宗では、不立文字《ふりゅうもんじ》といって、覚りは言葉で表せないと、何も唱えずに座禅で自分の境界を開くと、まさに様々です。

しかし、どうであれ、目指すところは、お釈迦様の原点である、多くの人の苦悩を救うことであって、それぞれの人生を安穏で楽しく過ごせるようにしようというところにあるのだと思います。

かつて、戸田城聖創価学会第二代会長は「日蓮をはじめ、釈尊、キリスト、マホメット（ムハンマド）といった宗教の創始者たちが一堂に会して『会議』を開けば、話は早いのだ」と言われていたと、聞いたことがあります。各宗派の創始者たちは皆、人々の幸福を願い、生命の尊厳を教え、世界の平和を目指していた。同じテーブルについて胸襟を開けば、必ずや手を携えたにちがいないと。

それで、日蓮といえば、四箇格言といって、念仏無間、禅天魔、真言亡国、律国賊と、他宗を激烈に攻撃した人と認識されていますが、これは、鎌倉時代当時、気候が悪く、地震など天変地異が続く世相のなかで、民は塗炭の苦しみを味わって食べるものもなく、野たれ死にしている。そのなかで、聖職者は貴族化して民の苦しみをわかろうとせず、威張って私腹を肥やしている。その有様を見て「お前たち、何やってるのか」と、主眼は僧侶の堕落を攻撃するという意図からであったということです。

ですから私としては、サンロータス研究所が、多くの人に認められてきた法華経をベースに、多くの人と手を携えて、世の中から悲惨をなくすのに寄与できればと思っているわけであります。

ともかく、実際の登山でも、頂上は同じでも、違うルートがあって、ルートによってリスクの差があり、途中に見える景色が違います。昔は登れたが、今は荒れ果てて登れないということもあります。

私も富士山に登ったことがありますが、頂上に着くまでは長く、辛抱が必要です。どうせなら、安心感を持って、皆んなで楽しく登りたいものです。

要は、どのルートを取るかは、よく検討して、ご自分で選び取ることだと思います。そのためのガイドブックとして、今日の私の話を役立てていただけたら、願ってもない幸せです。

【質問2】

誰にとっても最大の関心事だと思いますが、死んだらどうなるのか、魂は残るのか、どこへ行ってしまうのか。そういったことは、仏教なり法華経では、どう説明されているのでしょうか。

竹岡　私が捉えたところでは、生命は永遠であると説かれているということです。

今だけを、現象を表面的に見ていては、物事は解決しません。縁起といって、横の関係性と縦の永続性という両方を見ないと、あなたの悩みは解決しませんし、あなたの人生は開きませんよ、というのが、お釈迦様の教えだったと思います。

よく「銀の匙をくわえて生まれてきた」などといわれますが、裕福な家に生まれる人もいれば、逆に貧しい家庭に生まれてくる人もいる。五体満足に生まれてくる人もいれば、そうでない人もいる。そういった差というものは、どこから来たものか。

そういった疑問から、生命は永遠という真理を釈尊は発見し、そこから始めなければ、人々を救えないということに至ったのではないかと思います。

過去世は蟻だったかもしれないし、ゴキブリだったこともあったかもしれない。どういう経過か、人間に生まれてきたということは、大変なことであるし、大事にしませんかと。

現在の果は、過去の因による。未来の果は、現在の因による。今、こうしてあるのは、過去世に原因があり、今を原因にして来世のあなたが決まる。今は、過去も未来もずっと全てに通じている。これが、私の理解するところでは、仏教の柱ですから、死んでも永遠に存在するというのが、ご質問の答えということになります。

身に覚えがないのに、なんで自分だけこんな目にあうのかと、苦しんでいるかもしれないが、例えば、１千万円いきなり返せといわれたとして、実はあなたは過去に１００億円の借金をしていたのだ。１千万円で済むのなら、ありがたいと思いませんかと、こんなふうに仏教では、過去世の因というものに気づかせることで、心が救われると説くのです。

仏教経典を俯瞰して　法華経の智慧　特に如来寿量品第十六

第2447回　丸の内朝飯会

２０１６年（平成28年）４月７日午前7時30分〜8時45分

会場＝東京グリーンパレス　レストラン「シャルダン」（千代田区二番町二丁目）

朝飯会会場にて

はじめに

今回は、「仏教経典を俯瞰して」の第２弾として、数ある仏典の中でも最も永く人口に膾炙され、私を含め多くの人々に親しまれてきた法華経に注目して、どうしてこれほどまでに法華経は人々を惹きつけるのか、法華経に残された智慧とは何か、なかでも、法華経の肝心かなめとされる如来寿量品第十六に焦点を当てて、私なりに探ってまいりたいと思います。

法華経編纂の背景

前回も申し上げましたが、法華経は、お釈迦様の80年の生涯のうち、72歳からの最後の8年間に説かれたといわれています。そして、成文化されたのは、滅後500年頃と考えられています。なぜ、滅後500年頃に編纂されたのか。これについては、盛んに議論が行われておりますが、そこには商工業の隆盛という、当時のインドの社会背景との関係があったと推測されています。

おさらいになりますが、初期には出家者に対して、お釈迦様はどう説かれたのかを中心に、まずまとめられて、修行のあり方などを、かなり厳格に規定されました。

その代表的な教えに「灰身滅智《けしんめっち》」があって、自身の煩悩のなかに苦しみがあって、その煩悩をどう滅却していくかが課題とされ、突き詰めた結果、煩悩にとらわれる自らの心身を滅することを目指すようになりました。

それに対して、これは、どうも違うぞと、自らの立場を大乗と呼び、それまでのものを小乗と呼んで批判する勢力が出てきます。その流れは、出家ではなく、台頭してきた商人など、在家の人々の支持によって増していきました。

お釈迦様の教えとは、苦悩する多くの民衆のためのものであって、もっとおおらかで、自然で、厳格ではないはずだ。煩悩を滅却するのではなく、煩悩はそのままに、それを制御し、どう活かしていくかに根本があると。

またさらに、小乗教は自分自身の覚りのみを目指すのに対して、自分を含めて、自分以外の多くの人々をも幸せにしていくためにはどうしたらいいのかを探求していくのが大乗教であり、そこにこそ、お釈迦様が出世された意図があるとしました。他人のために自分の力、自らの生命を使っていくなかに、仏になる道があるとする考え方です。

その生き方をするのが、生命の境界を仏界を頂点に10に分類した十界論でいうところのナンバーナイン（9番目）、仏の一段前の境界、菩薩界であるとされますが、この菩薩界の求める人のあり方を展開されたのが、法華経であったということができます。

日本における法華経の受容

法華経は、その後、5世紀の初めに鳩摩羅什によって漢訳（『妙法蓮華経』）。法華経といえばこの羅什訳が定着して、漢字圏に広まっていき、日本においては6世紀半ばの仏教伝来に伴って、ほどなく認知されていきました。

仏教が伝来した飛鳥時代において、それを受け入れたい蘇我氏と、排除したい物部氏の争いが起こって、蘇我氏側の勝利によって仏教が日本に定着していくわけですが、仏教受け入れ側の中心となった聖徳太子（厩戸皇子）が帰依したのが法華経でした。太子は、法華経を含む3つの経典の注釈書、三経義疏を著すなどしています。

以来、法華経は、日本に広まっていき、多大な影響を日本文化に及ぼすこととなっていきます。

一例として、古事記への影響が挙げられます。

これは、国文学者で古事記研究者の神田秀夫氏の説として知られているのですが、自分のことを指す語に「吾」よりも「我」が多用されているところに法華経と古事記の共通点があること、あるいは、歓喜、趺坐《ふざ》など、法華経で独自に使われている用語が古事記にも使われているといったことが、指摘されています。

ただし、一つ付け加えますと、この説は、かなりの影響を古事記が法華経から受けているということを示すものですが、これが世に問われたのは50年以上前のことで、その後、このような観点からの研究は進展がありません。今後の研究が待たれます。

末法思想と法華経

時代がくだって、平安時代の源氏物語や枕草子などの文学作品には、頻繁に法華経への言及があります。

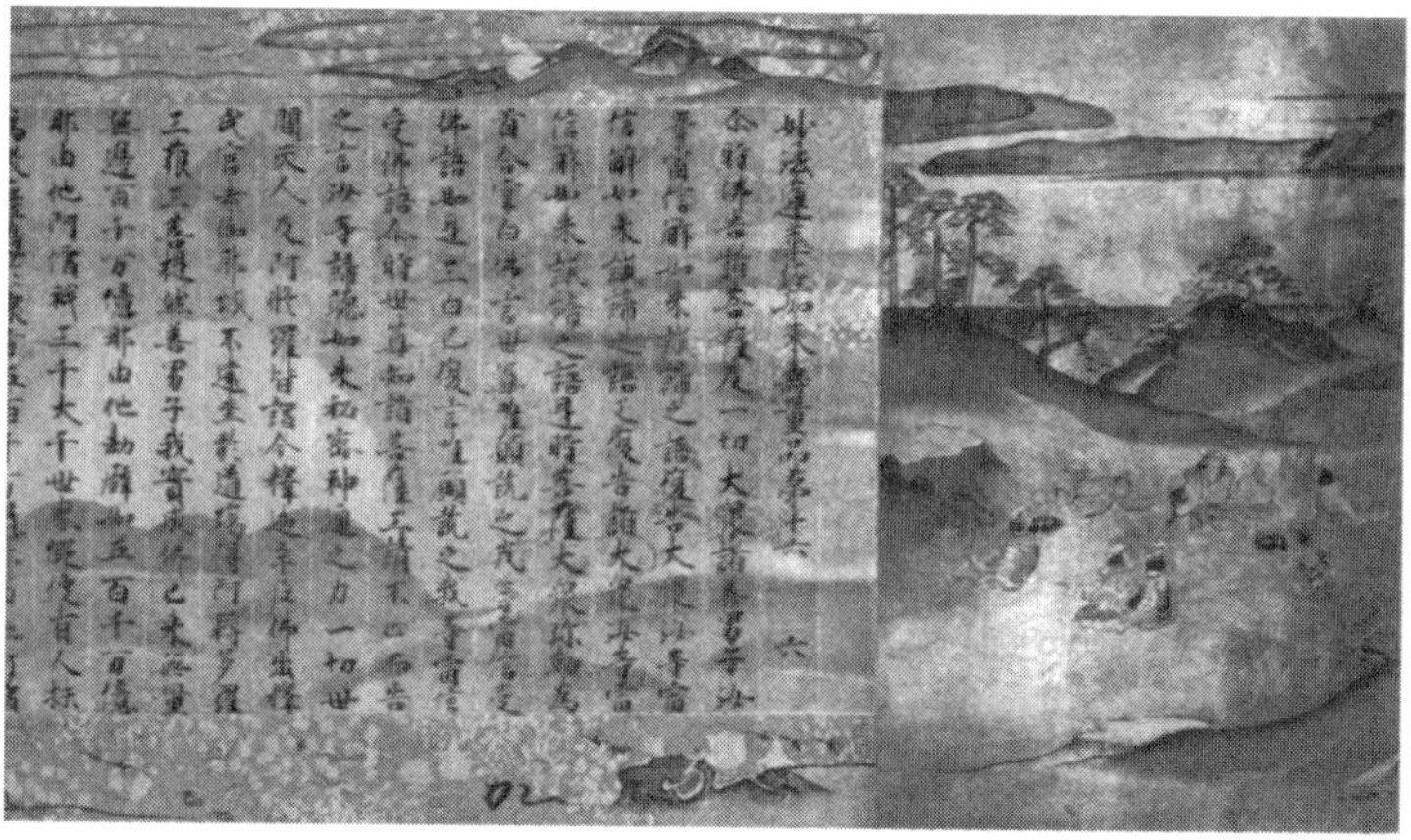

『平家納経　寿量品』（見返し）　小松茂美『図説 平家納経』戎光祥出版より

源氏物語の賢木《さかき》、澪標《みおつくし》、御法《みのり》、蜻蛉《あきず》の各巻に、法華経を読誦し講義を受ける「法華八講」といった法会が描かれていて、このころ、平安貴族の宮廷に広く法華経が浸透していたことがうかがえます。

事実、結縁経といって、仏縁を結ぶために一族で分担して、贅を尽くして華美に装飾した料紙に法華経を書写して寺社に奉納することが流行しました。

平安末期、平清盛が、広島の厳島神社に一族で書写した経典を奉納した、平家納経（国宝　１１６４年〔長寛２年〕奉納）が知られていますが、これも全体の９割が法華経です。

どうして、当時、法華経が重要視されたか。これについては、一つには、当時信じられていた末法思想が挙げられます。

末法思想というのは、お釈迦様がお亡くなりになって、一定の期間が経過すると、その教えは効力をなくすというものです。

正法時代という正しくその教えが行われる千年間、続いて像法時代の千年間があります。像とは「かたち」を意味しますが、固定化による形骸化が始まる時代です。こうして滅後２千年を経ると、お釈迦様の教えの力がなくなる末法時代となります。

この末法の始まりを、当時の人々は、平安時代半ばの西暦１０５２年（永承７年）であると信じました。

この末法の到来を受けて、前回、お話ししましたが、一方では、この世での救いを諦めて死後の極楽往生を願って、阿弥陀経などの浄土三部経を頼りにする念仏が人々の間で流行するわけですが、その一方で、法華経が盛んになりました。

法華経には、釈尊滅後、悪世末法の時に、地涌の菩薩という無数の菩薩が出現して、正しい仏法を広めることが説かれているからです。

ともかく、日本において、このように法華経は、宗派を問わず重要な経典として位置付けられてきました。

迹門と本門

そこで、鳩摩羅什の法華経、妙法蓮華経ですが、八巻二十八品といいまして、8巻の巻物になって、全部で28章（品）で構成されています。

そして、この28品は、ちょうど14品ずつに分けることができ、序品第一から安楽行品第十四までを迹門、従地涌出品第十五から普賢菩薩勧発品第二十八までが本門とされています。迹門の迹とは、影という意味です。

そして、迹門中のかなめは、前回お話しした方便品第二で、本門の一番のかなめは如来寿量品第十六となります。

迹門と本門との違いは、お釈迦様と同時代に一緒に行動していた在世の人々に対して説かれたのが迹門で、それらの説法を受けた菩薩たちを迹化の菩薩、それに対して、本門では、実は皆がこれまで思っていた、今世のブッダガヤの菩提樹下ではなく、はるか遠い昔に覚りを開いていたのだとお釈迦様は本地を明かして、滅後にこの法を弘めることが重要と説きます。

地涌の菩薩と末法

それを聞いた迹化の菩薩たちは、私にそれをやらせてくださいと申し出るのですが、ちょっと待て、末法には末法の仏法を広める菩薩がいるのだと、お釈迦様は、大地の底から見たこともないほど立派な菩薩を次から次へと涌き出させて、虚空に留めるということをしていきました。その末法流布の使命を託された菩薩を、本化の菩薩と呼び、その本化地涌の菩薩が出現して説かれたのが、今日の本題であります如来寿量品第十六です。

ともかく、お釈迦様の仏法の効力が消えた後、末法に法を広める使命を持って出現するという地涌の菩薩に期待して、平安時代において、法華経が重んじられ、平家納経に代表される贅を尽くした結縁経が競って作られていったというわけです。

また、この時代、経塚といって、書写した法華経を銅製や陶器製の筒に入れて地中に埋めることが行われていました。

これは、通常、釈迦滅後56億7千万年に出現すると信じられた弥勒菩薩のためのものといわれますが、私どもは、末法に出現する地涌の菩薩を念頭にしたものと考えた方が相応しいと思っています。

南無妙法蓮華経の題目に込められたこと

ところで、私は、法華経のお題目、「南無妙法蓮華経」を日々、唱えております。

このお題目は、ネパールにおいても、岩肌にびっしり刻まれているのを見ましたが、日本のみならず、今や世界中で知られています。

そのお題目の中には「蓮華」が入っています。これは、サンスクリットでは、プンダリーカで、特に白蓮華のことであると、以前、お話ししました。

それで、法華経では当然、蓮華がたくさん登場すると思われるかもしれませんが、意外にも、経文自体には、蓮華がほとんど出てきません。

一つ挙げれば、先ほどお話した地涌の菩薩が登場する従地涌出品第十五に「如蓮華在水」とあって「世間の法に染まざる　蓮華の水に在るが如く　地より涌出せり。」（6・1）と、地涌の菩薩が人々の救済のために、あえて現実の汚辱の中に生まれながら、高潔さを保つ姿が表現されているところがあります。

その他、蓮華については数えるほどしか登場せず、白蓮華にいたっては、法師功徳品第十九に、この経を受持・読誦等する者は、清浄の鼻根を得られることによって種々の香りを聞くことができるとあって、その例として挙げられた香りのなかに「赤蓮華香、青蓮華香、白蓮華香、」（3・1）等とある、そこのところぐらいです。

ところが、28ある各品の全部に妙法蓮華経と経題が付けられている。これは何故か。

突き詰めると「蓮華」というのは、すべての根源のエネルギーを指しているのではないだろうかという考えにいたります。

太陽をも生み出す、宇宙のもともと備わっている根源の法があって、その法を説いているのが法華経であり、その法に基づいて生きるのだと指し示すことが、法華経の名前に込められた意図ではなかったかと思っています。

経文に残る編纂の経緯

釈尊は、世界一のヒマラヤ山脈を見て育ち、それで、その山の崇高さが乗り移ったような人格を備えるようになったと、以前、お話ししました。また、釈尊は、実際に、ヒマラヤの山中でも修行を重ねただろうと考えられています。

ヒマラヤは、それを見た誰もが感動する世界一の美しさを持つ場所ということができます。しかし、それと同時に、山高く、谷深い、険しい地形の最も過酷な場所でもあります。

法華経は、そんな険しい山岳地帯のなかで編まれたと、推測されています。

というのは、経文の中で、仏の治める理想の地を表現するのに、平らな土地であることが謳われているからです。

例えば、譬喩品第三では、舎利弗に成仏の記別を与えるところで、華光如来という名前になって舎利弗が出現する国を「其の土平正《どびょうじょう》、清浄厳飾《しょうじょうごんじき》、安穏豊楽《ぶらく》にして、天人熾盛《しじょう》ならん。瑠璃を地と為し、八つの交道《きょうどう》有り、黄金を縄と為し、以て其の側《ほとり》を界《さか》う。其の傍《かたわら》に各《おのおの》、七宝《しっぽう》の行樹《ぎょうじゅ》有りて、常に華菓《けか》有らん。」（２・２）と、国土が平らで、道路が四通八達して、花や果物に恵まれていると表現されています。

その他、授記品第六でも、摩訶迦葉、須菩提、大迦旃延、大目犍連といったお弟子さんたちについても、同じく成仏して出現する国土に「平正」との表現があり、五百弟子受記品第八では、弟子の富楼那についての表現に「地の平《じたいら》かなること掌《たなごころ》の如くにして、」（１・６）とあります。

ともかく、このようなことから、法華経の編まれた地は、インドの中央部ではなく、今のパキスタン北部の山岳地帯であっただろうと考えられています。山岳部での難儀から、平野部への憧れが経文に表れているということです。

これは、第4回の仏典結集が、インド北西部のカシミールで行われたこととも符合しているかもしれませんし、法華経的思想を守っていた仏教徒が何らかの理由でインド中央部から追いやられ、危機的状況であったことが推測されます。

お釈迦様の正しい教えを守り、後世に何としても伝えようとの当時の人々の強い意志が、法華経の成文化へと繫がったということです。

根源の白蓮華のごとく一番の妙なる経典

話を戻して、数ある仏教経典の中で、なぜ、法華経が重要なのか、さらに深めて参りたいと思います。

その鍵である、如来寿量品第十六の全文を、この機会に読んでいきたいと思いますが、結論を先に申し上げれば、生命は永遠ということです。

生まれ変わるといったことではなく、生命は続くのであって、過去から現在、そして未来へと続いているのだということが、寿量品の肝心です。

もう一度、妙法蓮華経を、現代語で言うならば「非常に不思議な、妙なる宇宙の法則があって、白蓮華のように浄く正しく尊い教え」ということになります。

蓮華というのは、インドでは何百種類もあるようです。そのなかで、赤いハスは、たくさんの呼び方があるのに対して、白いハス、白蓮華というものは、プンダリーカの一つの呼び名しかないそうです。そういうことから、白蓮華は、この世のなかで唯一最上のものを形容しているということができます。

妙なる法、妙法、宇宙の根源の一番の妙なる経典の第十六章が妙法蓮華経如来寿量品第十六ということです。

書き下し文（訓読）を読んでいきます。

その時とは

【寿量品　訓読1】

爾《そ》の時、佛、諸の菩薩、及び一切の大衆《だいしゅ》に告げたもう、（1・1）

↓この始まりの「爾の時」というのは、この前の従地涌出品第十五において、それまで見たこともない菩薩が陸続と大地から涌き出てきたものですから「お釈迦様、これは一体どうしたことですか」「この菩薩方とお釈迦様とは、どういうご関係でしょうか」「今は仏様が生きておられるから、皆、信じますが、おっしゃるように、仏様の滅後においてこの菩薩方が法華経を弘めるといわれても、こんな不思議なことが起こったことについての原因、そのわけをお話ししてくださらなければ、後世の人々は疑問を抱くでしょう。どうかお教えください」「どのようにして短い期間に無量の菩薩を教化なされたのですか」等と、弥勒菩薩らは3度にわたってお釈迦様に教えてもらうようにお願いをします。その時ということです。そして、お釈迦様は、諸々の菩薩など一切の大衆に向かって話し始められます。

三誠四請

【寿量品　訓読2】

「諸の善男子、汝等当《なんだちまさ》に、如来の誠諦《じょうたい》の語《ことば》を信解すべし。」

復《また》大衆に告げたもう、「汝等当に、如来の誠諦の語を信解すべし。」

又復、諸の大衆に告げたもう、「汝等当に、如来の誠諦の語を信解すべし。」（1・1）

是の時、菩薩大衆、弥勒を首《はじめ》と為して、合掌して佛に白《もう》して言わく、「世尊、唯願わくは之を説きたまえ、我等当に佛の語《みこと》を信受したてまつるべし。」

是の如く三たび白し已《おわ》りて、復言わく、「唯願わくは之を説きたまえ、我等当に佛の語を信受したてまつるべし。」（1・2）

爾の時、世尊、諸の菩薩の、三たび請《しょう》じて止《や》まざるを知《しろ》しめし、之に告げて言《のたま》わく、「汝等諦《あきら》か

に聴け、如来の秘密神通《じんづう》の力を。」（1・3）

↓ 話を始めるにあたって、お釈迦様は「あなたたちは、私の言うことを心から信じなさい」と3度、繰り返して念を押されます。

これを受けて、お訊ねした側からも3度「私たちは仏様のおっしゃることを本当に信受しますので、どうかそれをお説きください」と、お願いを繰り返した上に、もう一度「どうかそれをお説きください。私たちは仏様のおっしゃることを本当に信受します」と、重ねて念を押して誓います。

ここまでの仏様の誡めと弟子たちの請願のやり取りを、三誡四請といいます。

そして、この三誡四請を受けて「明らかに聴きなさい。如来の秘密、神通の力を」と、いよいよ秘密が説かれてまいります。

発迹顕本

【寿量品　訓読3】
「一切世間の天、人、及び阿修羅は皆、『今の釈迦牟尼佛、釈氏の宮を出で《い》、伽耶城《がやじょう》を去ること遠からずして、道場に坐し、阿耨多羅三藐三菩提《あのくたらさんみゃくさんぼだい》を得たまえり』と謂《おも》えり。（1・3）
「然るに善男子、我実に成佛してより已来《このかた》、無量無辺百千万億《のく》那由他劫なり。」（1・4）

↓　お釈迦様は、釈迦族の王子でしたから「皆は私のことを、王宮から出て、修行して、ブッダガヤの菩提樹の下で覚りを得たと思っていただろうが、実は仏の境界を得てから無量無辺百千万億那由他劫という途方もない時が経つのだ」と、これまでの立場を否定して本地を顕されます。

これを、迹をはらって本地を顕すということで、発迹顕本《ほっしゃくけんぽん》といいます。また、この本地を顕されたことから、本門と呼び、それまでの立場を、始成正覚といいます。

なお、経文にある阿耨多羅三藐三菩提とは「無上の完全な覚り」といった意味のインドのサンスクリット語、アヌッタラサンヤクサンボーディの音写です。

無量無辺百千万億那由他劫とは

【寿量品　訓読４】

「譬えば、五百千万億《のく》那由他阿僧祇《あそうぎ》の三千大千世界を、仮使《たとい》人有りて、抹《まっ》して微塵《みじん》と為して、東方《とうぼう》五百千万億那由他阿僧祇の国を過ぎて、乃《すなわ》ち一塵を下《くだ》し、是《かく》の如く東に行きて、是《こ》の微塵を尽さんが如し。」（１・４）

↓　続いて、無量無辺百千万億那由他劫という途方もない時間とは、どれほどの時間かが説明されます。

無量無辺百千万億那由他劫というのは、譬えば五×百×千×万×億×那由他×阿僧祇の全世界を、仮に人がいて粉砕機にかけて粉にして、それを船か何かの乗物に積んで東に向かって行き、五×百×千×万×億×那由他×阿僧祇の国を過ぎたところで粉の1粒を下す。このようにしてずっと東に行って、すべての粉粒を下し終わるとする。そのような長大な時間であると、示されます。

ここに出てくる那由他阿僧祇とは、インドにおける数の単位で、一説には那由他は0が11個(1千億)、阿僧祇は0が51個、それぞれ付く単位ともいわれますが、ともに極大すぎて数え難い数です。三千大千世界とは、当時の世界観でいう全世界です。高杉晋作の都々逸に「三千世界の鴉《カラス》を殺し　主《ぬし》と朝寝がしてみたい」とありますが、これは「うるさく鳴いて眠りの邪魔をするカラスを、この世界から全部殺して、朝、お前といつまでも眠っていたい」ということですね。なお、このカラスとは、徳川幕府のことを指しており、倒幕の意志を表したものともいわれます。

想像できない時間の長さ

【寿量品　訓読5】
「諸《もろもろ》の善男子《ぜんなんし》、意《こころ》に於て云何《いかん》。是の諸の世界は、思惟《しゆい》し校計《きょうけ》して、其の数を知ることを得《う》べしや不《いな》や。」(1・4)

弥勒菩薩等《とう》、倶《とも》に佛に白《もう》して言《い》わく、「世尊、是の諸の世界は、無量無辺にして、算数《さんじゅ》の知る所に非《あら》ず、亦心力《またしんりき》の及ぶ所に非ず。一切の声聞、辟支佛、無漏智《むろち》を以ても、思惟し其の限数《げんしゅ》を知ることを能《あた》わじ。我等、阿惟越致地《あゆいおっちじ》に住《じゅう》すれども、是の事《じ》の中に於て、亦《また》達せざる所なり。世尊、是《かく》の如き諸の世界無量無辺なり。」（1・5）

↓無量無辺百千万億那由他劫とはどれくらいの長さの時間か、お釈迦様は説かれた後、聴衆に、わかったかどうか、お尋ねになられます。

これに対して、聴いていた弥勒菩薩等の皆は答えます。

その答えに、無漏智と阿惟越致という言葉が出てきますが、無漏智の漏は煩悩のことです。煩悩を離れることによって得た清浄な智慧のことです。また、阿惟越致とは阿毘跋致《あびばっち》ともいい、どんな誘惑や迫害が加えられても不退転でいられる位に立っているということです。

つまりは「お釈迦様の成仏されてからの時間の長さは無量無辺で、煩悩や誘惑に惑わされない境界にあるといっても、声聞・縁覚といった二乗界では想像できるものではありません」と、弥勒菩薩らが答えるのです。

久遠実成

【寿量品　訓読6】

爾の時、佛、大菩薩衆《だいぼさつしゅ》に告げたもう、「諸の善男子、今当《まさ》に分明《ふんみょう》に、汝等《なんだち》に宣語《せんご》すべし。是の諸の世界の、若《も》しは微塵を著《お》き、及び著かざる者を尽《ことごと》く以て塵と為し、一塵を一劫とせん、我成佛してより已来《このかた》、復此《またこれ》に過ぎたること、百千万億那由他阿僧祇劫なり。」（1・6）

↓先ほどと同様に、五百千万億那由他阿僧祇の国を過ぎたときに1粒ずつ落としてゆき、それらが尽きてしまうと、今度は、その粒を落とした国もそうでない国も全部合わせて、また微塵にして、その1粒を1劫と数える。そして、成仏して以来、百×千×万×億×那由他×阿僧祇という、とんでもなく長い劫を経ているのだと、はっきりと宣言されます。

そして、この長遠な時間を、五百塵点劫といい、始成正覚に対して、久遠実成といいます。

仏は常に娑婆世界に在って説法教化する

【寿量品　訓読7】

「是《これ》より来《このかた》、我常《つね》に此の娑婆世界に在りて、説法教化す、亦余処《よしょ》の百千万億那由他阿僧祇の国に於ても、衆生を導利《どうり》す。諸の善男子、是の中間《ちゅうげん》に於て、我燃燈佛《われねんとうぶつ》等と説き、又復《また》、其れ涅槃に入《い》ると言えり、是《かく》の如きは皆、方便を以て分別《ふんべつ》せしなり。」（1・7）

↓続けてお釈迦様は「久遠の昔に成仏してからずっと、この娑婆世界にあって、説法教化してきた。また、他の世界においても衆生を導き利益して、成仏してから今のインドに出現するまでには、燃灯仏等、他の仏として法を説いてきた。また、ときには涅槃に入る、つまり入滅を説いたが、これらは、すべて人々を救うために方便をもって分別してきたのである」と、明かされます。

ここにある娑婆世界とは、私たちが生きる現実世界のことです。

娑婆というと、耐え忍ぶべきという意味であり、確かに現実世界は過酷な世界です。ですから、それまでは、現実世界を汚れた世界、穢土と呼んで、そこをなんとか離れて仏様のいる極楽浄土に行こうと教えられたのですが、「本国土」といって、実は仏のおられる世界は、この娑婆世界であると、ここでも真反対のことをお釈迦様は明かされます。

また、ここでは、この世界とは別の世界があることも説かれており、一気に壮大な宇宙観が広がります。

なお、燃灯仏というのは、法華経の序品第一に8人の王子が登場するのですが、その八王子の、最後に成仏した者として出てきます。そして、燃灯仏は、後の釈迦仏であるとされています。

度すべき所に随って

【寿量品　訓読8】

「諸の善男子、若し衆生有りて、我が所《もと》に来至《らいし》せば、我佛眼《われぶつげん》を以て、其の信等《しんとう》の諸根《しょこん》の利鈍《りどん》を観じて、応《まさ》に度すべき所に随いて、処処《しょしょ》に自《みずか》ら名字《みょうじ》の不同、年紀《ねんき》の大小を説き、亦復現《またげん》じて、当に涅槃に入《い》るべしと言い、又種種《しゅじゅ》の方便を以て、微妙《みみょう》の法を説き、能く衆生をして、歓喜《かんぎ》の心を発《おこ》さしめたり。」（１・８）

→ そして「私の所に人が来れば、仏の眼をもって、その人の信の程度等、機根が整っているかどうかを観て、その救うべき程度に従って、相応しい場所に異なった名前で出現し、異なった寿命の長さを説いて、あるいは、寿命が尽きて、涅槃に入ると言ったりと、種々の方便をもって法を説いて、衆生に歓喜の念を起こさせてきた」と、衆生の機根に応じて方便を説いてきたのも、衆生を歓喜させるためであったと、示されます。

衆生を度脱させんがため

【寿量品　訓読９】

「諸の善男子、如来、諸の衆生の、小法《しょうぼう》を楽《ねが》う徳薄垢重《とくはくくじゅう》の者を見ては、是の人の為に、『我小《わか》くして出家し、阿耨多羅三藐三菩提を得たり』と説く。然《しか》るに我、実に成佛してより已来《このかた》、久遠なること斯《かく》の若し、但方便を以て、衆生を教化し、佛道に入《い》らしめんと、是《かく》の如き説を作《な》す。」（２・１）

「諸の善男子、如来の演《の》ぶる所の経典《きょうでん》は、皆衆生を度脱《どだつ》せんが為なり、或《あるい》は己身を説き、或は他身を説く、或は己身を示し、或は他身を示す、或は己事《こじ》を示し、或は他事を示す。」（２・２）

→低い教えを喜ぶような徳が薄く垢にまみれたような罪業深い者を見れば、この人に合うように「私は若くして出家して覚りを得た」と、始成正覚を説く。実際のところは、これまで説いてきたように、成仏して以来、久遠なのであるが、方便をもって衆生を教化して仏道に入らせるために、そのように機根に応じて説法するのである。

また「あるいは自身や他者を説き、自身や他者を示し、自身や他者の事を示してきたのであるが、仏のこれまで弘めてきた様々な経典は、皆、衆生を度脱させんがためであった」と、ここでも衆生を救うことに、お釈迦様の意図があったことが言われています。

永遠にして常住の生命

【寿量品　訓読10】

「諸の言説《ごんぜつ》する所は、皆実《じつ》にして虚《むな》しからず。所以《ゆえん》は何《いかん》ん。如来は如実に三界《さんがい》の相を知見す、生死の、若しは退《たい》若しは出《しゅつ》有ること無く、亦在世及び滅度の者無し。実に非《あら》ず虚《こ》に非ず、如《にょ》に非ず異《い》に非ず、三界の三界を見るが如くならず。斯《かく》の如きの事《じ》、如来明らかに見て、錯謬《しゃくみょう》有ること無し。」

（2・3）

↓続いて「仏の説くところは、すべて真実で、虚言ではない。なぜかならば、仏は如実に三界（現実世界）の相を知見しているからである。生死といっても、この世界から退くとか出現するとかいったことはなく、また、世に在る者とか、滅んでいる者といった区別もない。この世界の有り様は、真実でもなく、かといって虚でもない。このようでもなく、このようでもないということでもない。つまりは、この世界の衆生が見ているように、仏はこの世界を見てはいないのである。このようなことを仏は明らかに見ていて、誤りがないのである」と、あるわけですが、ここは、人生最大の関心事であります「生死の問題」、「死んだらどうなるのか、魂は残るのか、どこへ行ってしまうのか」に、答えられているところです。

ここで、仏の智慧の眼で見れば生命は永遠で、常住の存在であるということが明かされています。

ところが、現実には、誰にも生と死は厳然とあります。

これを、どう考えればいいのでしょうか。

古代エジプトの創世神話に「太陽はロータスが生んだ」とあって、その神話では、原初の水（ヌン）というものがまずあって、そこに太陽を生むロータスが浮き上がってくるとあります。

この神話を、今、申し上げているところと対比させますと、永遠にして常住の生命とは、エジプトの神話でいう原初の水であるといえるかもしれません。

つまり、生命という久遠の大海原があって、昼間に睡蓮が水面から顔を出し、夜になると水面下に隠れるように、そこに太陽を生み出すロータスが浮かんできたときが「生」の状態、そのロータスが海に沈んでいったら「死」の状態といえるということです。

私たちは、あるときは生、あるときは死という局面を現じますが、大前提に永遠の生命という大海原がある。そして、この生命という久遠の大海原を、生死を繰り返しながら進んでいるというのが、私たちであるということです。

未だ曽《かっ》て暫くも廃せず

【寿量品　訓読11】

「諸の衆生、種種の性《しょう》、種種の欲、種種の行、種種の憶想《おくそう》分別有るを以ての故に、諸の善根《ぜんごん》を生ぜしめんと欲《ほっ》して、若干《そこばく》の因縁、譬喩、言辞《ごんじ》を以て種種に法を説くなり、所作の佛事、未だ曽《かっ》て暫《しばら》くも廃《はい》せず。」（2・4）

↓「一人ひとりが違っていて、それぞれが大事であるが故に、それぞれの善根を生じさせようと思って、因縁や譬喩、あらゆる言葉をもって様々な法を説いてきた。それは、ずっと片時も絶やすことなく続けられている」と、ここでも衆生のために仏様は種々の法を説いてこられたと言われています。

本因を示す

【寿量品　訓読12】

「是《かく》の如く、我成佛してより已来《このかた》、甚《はなは》だ大いに久遠なり、寿命は無量阿僧祇劫、常住にして滅せず。諸の善男子、我本《もと》菩薩の道《どう》を行じて、成《じょう》ぜし所の寿命、今猶《なお》未だ尽きず、復上《またかみ》の数《すう》に倍せり。」（2・5）

↓「このように私が成仏してから甚だ久遠である。その寿命は無量阿僧祇劫という長遠な長さであり、この世に常住不滅である。そして、私がもともと菩薩の道を行じて成就した寿命は、今なお尽きていない。それどころか、これまでの時間に倍して続くのである」ということですが、ここで「本因」といいますが、「我れは本《もと》菩薩の道を行じて」と、どうやってお釈迦様は仏になったか、その原因が明かされています。

そして、これまでは過去の時間の長さが説かれてきましたが、ここでは、今後の時間の長さが説かれて、未来の人々、すなわち、我々を救っていくことが示されています。ここが、寿量品が説かれた肝心かなめのところです。

方便を以て衆生を教化す

【寿量品　訓読13】

「然《しか》るに今、実の滅度に非ざれども、而《しか》も便《すなわ》ち唱えて、『当《まさ》に滅度を取るべし』と言う。」（2・5）

「如来は是の方便を以て、衆生を教化す。所以《ゆえん》は何《いか》ん。若し佛、久しく世に住せば、薄徳《はくとく》の人は善根《ぜんごん》を種えず、貧窮下賤《びんぐげせん》にして、五欲に貪著《とんじゃく》し、憶想妄見《おくそうもうけん》の網《あみ》の中に入《い》りなん。若し如来の常に在りて滅せずと見ば、便《すなわ》ち憍恣《きょうし》を起して、厭怠《えんだい》を懐き、難遭《なんぞう》の想《おもい》、恭敬《くぎょう》の心を生ずること能《あた》わじ。」（2・6）

「是の故に如来、方便を以て説く、『比丘当《まさ》に知るべし、諸佛の出世には、値遇《ちぐ》すべきこと難し』と。所以は何ん。諸の薄徳の人、無量百千万億劫を過ぎて、或は佛を見る有り、或は見ざる者あり、此《こ》の事《じ》を以ての故に、我是《こ》の言《ことば》を作《な》さく、『諸の比丘、如来を見るを得べきこと難し』と。斯《こ》の衆生等《ら》、是の如《かく》き語《ことば》を聞いては、必ず当に、難遭《なんぞう》の想《おもい》を生じ、心に恋慕《れんぼ》を懐き、佛を渇仰《かつごう》して、便《すなわ》ち善根《ぜんごん》を種《う》ゆべし。是《こ》の故に如来、実に滅せずと雖《いえど》も、而《しか》も滅度すと言う。」（2・7）

「又善男子、諸佛如来は、法皆是《かく》の如し、衆生を度せんが為なれば、皆《みな》実にして虚しからず。」（2・8）

↓「以上のように、仏様は、実は常住不滅なのだけれど、方便を用いて滅することを示して、衆生を導くのである。何故かならば、ずっとこの世にいるということになれば、仏を求めることに懸命にならないから、福徳の薄い人が善根を積むこともなく、貧窮下賤のまま欲望にとらわれて、網に取り込まれて出られなくなってしまうように、誤った考えに取り込まれてしまう。仏様はずっとおられて滅せられることはないと思えば、世俗の欲望を優先してそれを大事とするようになって、やる気をなくして仏道修行に怠慢になってしまう。仏様がどんなに遭い難い存在かを思うことなく、仏を敬う心が生まれなくなってしまう。これがために、仏は方便を用いて法を説くのである」

そして「諸仏の出現する時にちょうど生きているということは、稀なことであることを知りなさい。福徳の薄い人のなかには、無量百千万億劫を過ぎるうちに、仏を見る者もあれば、全く会えない者もある。これをもって、私は『比丘たちよ。仏様というのは会い難い存在なのだ』と、言うのだ。

この言葉を聞いた衆生らは、必ず仏は会い難いと思うようになって、心に恋慕の気持ちを懐いて仏を渇仰して、そこで、善根を積むことになる。このために仏様は、実際には不滅であっても、滅度すると言うのである。諸仏は、皆、このように説法されてきた。それらは、衆生を救わんがためであるから、各々の方便も、皆、正しいのであって間違いではないのである」と、ここでも重ねて、仏様が方便を用いるのは、衆生を救うということが、その目的であると示されています。

良医病子の譬

【寿量品　訓読14】

「譬えば良医《ろうい》の、智慧聡達《そうだつ》にして、明らかに方薬《ほうやく》に練《れん》し、善く衆病《しゅびょう》を治《じ》すが如し。其の人《ひと》諸の子息多し、若しは十、二十、乃至《ないし》百を数《かぞ》う、事《こと》の縁《えん》有るを以て、遠く余国に至りぬ。」（3・1）

↓法華経には、これが最高の教えであることをわからせるために、譬え話が多く説かれていて、七譬といい、全部で7つあります。ここから、その七譬のうちの一つ、良医病子の譬が始まります。

「例えば、様々な病に効く薬の調合に詳しく、賢く聡明で熟練した医者がいたとする。その人は、その数10人とか20人とか、もしくは百人ともいわれるほど、子だくさんであった。そして、その人は、ある用事で遠い他国に出かけて行った」と。

誤って毒薬を服す

【寿量品　訓読15】

「諸の子後《のち》に於て、他の毒薬を飲みしに、薬発《やくほっ》して悶乱《もんらん》し、地《じ》に宛転《えんでん》す。是の時其の父、還り来りて家に帰りぬ、諸の子の毒を飲みて、或は本心を失える、或は失わざる者あり、遥かに其の父を見て、皆、大いに歓喜《かんぎ》し、拝跪《はいき》して問訊《もんじん》すらく、『善く安穏に帰りませり。我等愚癡《ぐち》にして、誤りて毒薬を服せり、願わくは救療《くりょう》せられて、更に寿命を賜《たま》え。』（３・２）

↓「父が遠くに出かけて後、子どもたちは毒の類を飲んで苦しみ悶えて、地にのたうちまわって倒れてしまう。この時、父がうちに帰って来る。毒を飲んだ子どもたちは、ある者は正気を失っており、ある者はそれほどでもなかった。遠くから戻ってくる父の姿を見て、皆は大いに歓喜して、跪《ひざまず》いてお願いしたことには『よくぞご無事にお帰りくださいました。私たちは愚かにも誤って毒薬を飲んでしまいました。どうか私たちをお救いくださって、更に寿命を延ばしてください』と」

この、正気を失って悶え苦しんでいる子どもたちの姿は、苦悩にあえぐ現代人の姿といえるかもしれません。

色・香・美味の備わった大良薬

【寿量品　訓読16】

「父《ちち》、子等の苦悩すること是《か》くの如くなるを見て、諸の経方《きょうぼう》に依りて、好《よ》き薬草の色香美味《しきこうみみ》、皆悉《ことごと》く具足せるを求めて、擣《つ》き篩《ふる》い和合して、子に与えて服せしむ、而《しか》して是の言《ことば》を作《な》さく、『此の

大良薬《だいろうやく》は、色香美味、皆悉く具足せり、汝等《なんだち》服すべし、速かに苦悩を除いて、復衆《もろもろ》の患《うれい》無けん。』（3・3）

↓「このように子どもたちが苦しんでいるのを見た父親は、様々な処方箋に従って、色においても、香りにおいても、そして、味においても満足できる良き薬草を選んで、それらを挽き、ふるいにかけ、混合して薬を作り、これらを子どもたちに服するように与えつつ、次のように言った。『この大良薬は、色も香りも味も、ことごとく備わっている。これを服用すれば、速やかに苦しみは除かれ、あらゆる病気の心配がなくなる』と」

日蓮大聖人は、この「色・香・美味の備わった大良薬」を、三大秘法の南無妙法蓮華経であると説かれて、南無妙法蓮華経の題目を唱えることを勧められたわけです。

毒気が深く入って本心を失えるが故に

【寿量品　訓読17】

「其の諸の子の中に、心を失わざる者は、此の良薬《ろうやく》の色香《しきこう》、倶《とも》に好《よ》きを見て、即便《すなわ》ち之を服するに、病《やまい》尽《ことごと》く除《のぞ》こり愈《い》えぬ。」（3・3）

「余の心を失える者は、其の父の来れるを見て、亦歓喜《かんぎ》し問訊《もんじん》して、病《やまい》を治《じ》せんことを求索《もと》むと雖《いえど》も、然《しか》れども其の薬を与うるに、肯《あえ》て服せず。所以《ゆえん》は何《いか》ん。毒気《どっけ》深く入《い》りて、本心を失えるが故に、此の好《よ》き色香ある薬に於て、美《うま》からずと謂《おも》えり。」（3・4）

↓「それらの子らのうち、正気を失わずにいた者は、この良薬の色香ともに傑出しているのを見ると、すぐにこれを服して、病は完全に治癒した。正気を失った残りの者は、父親の戻ってきたのを見て喜び、病を治されることを願ったのであるが、その薬が与えられても服することをしなかった。それは何故か。毒気に深くやられて正気を失っていたがために、色や香りに優れた薬ではあったが、不味《まず》いものだと思ってしまったからであった」

方便を設けて此の薬を服せしむべし

【寿量品　訓読18】

「父、是の念を作《な》さく、『此の子愍《あわれ》むべし、毒に所中《あてら》れたが為に、心《こころ》皆顚倒《てんどう》せり。我を見て喜びて、救療《くりょう》を求索《もと》むと雖《いえど》も、是《かく》の如き好《よ》き薬を、肯《あえ》て服せず。我今当に方便を設けて、此の薬を服せしむべし。』」（3・4）

「即《すなわ》ち是《こ》の言《ことば》を作《な》さく、『汝等《なんだち》当に知るべし、我今衰老《すいろう》して、死の時已《すで》に至りぬ、是《こ》の好き良薬を、今留めて此《ここ》に在《お》く、汝《なんじ》取りて服すべし、差《い》えじと憂《うれ》うること勿《なか》れ。』

是の教《おしえ》を作《な》し已《おわ》りて、復《また》他国に至り、使を遣《つかわ》して還りて告げしむ、『汝が父已《すで》に死せり。』（3・5）

↓「父親は、こう考えた。『この、かわいそうな子どもたちよ。毒にやられて心が完全におかしくなっている。私を見て喜んで、治して欲しいと願っていても、この良き薬を服そうとしない。方便を設けて、この薬を服するように仕向けよう』

そこで、その子らに、こう告げた。『私は今や老い衰えて、死すべき時がやってきた。この良き薬をここに置いていく。お前たちは、取って服しなさい。効かないなどと思わないように』と。こう指示を与えてから他国に行き、そこから使者を故国に遣わせて『あなた方のお父さんは亡くなられた』と伝えさせた」

この使者を遣わせるところなどは、キリスト教と同じような説き方がされていると思います。神がいるといっても、人間はそれをわからない。イエスを遣わせて、十字架にはりつけにさせられることで人々を目覚めさせ、神への信仰へ向かわせると。

心は遂に醒悟《しょうご》し毒の病は皆な愈ゆ

【寿量品　訓読19】

「是の時諸の子、父背喪《みまか》りぬと聞き、心大いに憂悩《うのう》して、是の念を作さく、『若し父在《いま》しなば、我等を慈愍《じみん》して、能く救護《くご》せられん、今者《いま》、我を捨てて、遠く他国に喪《みまか》りぬ』と。自ら惟《おもんみ》るに、孤露《ころ》にして復恃怙《またじこ》無し、常に悲感を懐いて、心遂《つい》に醒悟《しょうご》しぬ、乃《すなわ》ち此の薬の色香味《しきこうみ》の美《み》なるを知りて、即ち取りて之を服するに、毒の病《やまい》皆愈《い》ゆ。」（3・6）

「其の父、子悉《ことごと》く已に差《い》ゆることを得《え》つと聞いて、尋《つ》いで便《すなわ》ち来り帰りて、咸《ことごと》く之に見《まみ》えしむ。」（3・7）

↓「父が自分たちを捨てて亡くなったと知って、子どもたちは大いに憂い悩んだ末、このように思った。『父が生きておられたなら、我らをかわいそうに思って、救護されただろう。しかし今や、父は我らを捨てて、遠く離れた他国で亡くなられてしまわれた』

思えば我らは家なき孤児となり、頼れる者もなくなったと、常に悲嘆の念を抱くうちに、ついに、この薬が本当に色も香りも味も優れたものと悟って、その薬を取って服すると、毒によって起こった病はすべて治癒することとなった。

子どもたちが、ことごとく治癒したと聞いた父親は、ただちに家に帰って皆の前に再び現れるのであった」

衆生の為の故に方便力を以て

【寿量品　訓読20】
「諸の善男子、意《こころ》に於て云何《いかん》。頗《も》し人の能く、此の良医の虚妄《こもう》の罪を説く有らんや不《いな》や。」
「不《いな》なり、世尊。」（3・7）
佛の言《のたま》わく、「我も亦是《かく》の如し、成佛してより已来《このかた》、無量無辺百千万億那由他阿僧祇劫なり、衆生の為の故に、方便力《りき》を以て、当に滅度すと言う、亦能く法の如く、我が虚妄の過《とが》を説く者有ること無けん。」（3・8）

↓「諸の善男子よ、あなたたちは、どう思うだろうか。誰か、この良き医者が嘘をついた罪をあげつらう者がいるだろうか」

「いいえ、世尊よ」

仏様は、そこで、このように言われた。

「私もこれと同じである。成仏してより、無量無辺百千万億那由他阿僧祇劫という途方もない時間が経っているのであるが、衆生のために、方便力を使って、まさに滅するところだと宣言するのである。こういった状況からみれば、誰も、私が嘘をつくという罪を犯していたと、あげつらう者などいないであろう」と。

重ねて偈を説く

【寿量品　訓読21】

爾の時、世尊、重ねて此の義を宣べんと欲して、偈を説いて言《のたま》わく、（4・1）

↓「その時、仏様は重ねてこれまでのことを宣べようと、偈の形式をもって話された」

この偈というのは、詩文の一種で、これまでの散文調ではなく、韻文形式で、これ以後、続いていきます。

法華経に限らず、仏教経典というものには、散文と、この偈文の両方が、備わっています。

衆生を度せんが為めの故に涅槃を現ず

【寿量品　訓読22】
「我《われ》佛を得て自《よ》り来《このかた》　経《へ》たる所の諸の劫数《こっしゅ》　無量百千万　億載《おくさい》阿僧祇なり
常に法を説いて　無数億《むしゅおく》の衆生を教化して　佛道に入《い》らしむ。　爾《しか》しより来《このかた》　無量劫なり
衆生を度せんが為の故に　方便して涅槃を現ず　而《しか》も実には滅度せず　常に此に住して　法を説く。
我常に此に住すれど　諸の神通力《じんづうりき》を以て　顛倒《てんどう》の衆生をして　近しと雖《いえど》も見えざらしむ。」（4・

1）

↓「私（釈尊）が仏に成ることを得て以来、これまで経過した多くの劫の数は無量百千万億載阿僧祇である。（その間）常に法を説き、無数億という数えきれないほど多くの衆生を教化して、仏道に導き入れてきた。そのようにして今に至るまで数限りない劫を経てきているのである。（仏は）衆生を救おうとする故に、方便を用いて涅槃の姿を現ずるのである。しかし、実は入滅していない。常にここ（娑婆世界）に住して法を説いているのである。私は常にここにいるのではあるが、諸々の神通力をもって、正気を失った衆生に、近くにいるにもかかわらず私を見えなくさせるのである」

一心に仏を見たてまつらんと欲して自ら身命を惜しまざれば

【寿量品　訓読23】

「衆《しゅ》　我が滅度を見て　広く舎利を供養し　咸《ことごと》く皆恋慕を懐いて　渇仰の心を生ず。
衆生《しゅじょう》既に信伏《しんぶく》し　質直《しちじき》にして意柔軟《こころにゅうなん》に　一心に佛を見たてまつらんと欲して　自ら身命《しんみょう》を惜し
まず
時に我《われ》及び衆僧《しゅそう》　倶《とも》に霊鷲山《りょうじゅせん》に出《い》づ。」（４・２）

↓「私（釈尊）が入滅したと見た衆生は、いたるところに私の舎利を供養して、皆、恋慕の思いを抱いて、私を渇仰する心を生ぜさせるのである。衆生は既に信心深くなり、誠実に、心穏やかになると、一心に仏を見たてまつりたいと欲して、自ら身命を惜しまないようになる。その時に、私（釈尊）は、多くの僧らとともに霊鷲山に出現するのである」

常に此に在って滅せず　方便力を以ての故に滅不滅有り

【寿量品　訓読24】

「我《われ》時に衆生に語る　常に此に在りて滅せず　方便力《りき》を以ての故　滅《めっ》有るを現ずるも滅《めっ》せず

余国に衆生の　恭敬《くぎょう》し信楽《しんぎょう》する者有らば　我復《またか》彼の中に於て　為に無上の法を説くと。

汝等《なんだち》此れを聞かずして　但我滅度すと謂《おも》えり。」（4・3）

「我諸《もろもろ》の衆生を見るに　苦海に没在《もつざい》せり　故に為に身を現ぜず　其《それ》をして渇仰を生ぜしめ

其《そ》の心の恋慕するに因り　乃《すなわ》ち出《い》でて為に法を説く。」（4・4）

↓「私（釈尊）は時に衆生に語っている『常にここにあって滅することはないのだ』と。しかし、方便力を用いて、時には滅する姿を現ずるが不滅なのである。他国に、慎み敬って喜んで教えに従う者があれば、私は彼らの中において無上の法を説くのである。あなた方は、これを聞いてこなかったから、私が滅度すると思うのである。

私は衆生を見ると、苦海に溺れているように見える。それがゆえに、私のことを渇仰させんがために姿を現さず、恋慕の心に満ちあふれた時、そこで出現して衆生のために法を説くのである」

衆生の遊楽する所

【寿量品　訓読25】
「神通力《じんづうりき》是《かく》の如し　阿僧祇劫に於て　常に霊鷲山　及び余の諸《もろもろ》の住処に在り。衆生劫《こう》尽きて　大火《だいか》に焼かるると見ん時も　我が此の土《ど》は安穏にして　天人常に充満せり。園林《おんりん》諸《もろもろ》の堂閣　種種の宝もて荘厳《しょうごん》し　宝樹花菓《けか》多くして　衆生の遊楽する所なり。諸天は天鼓《てんく》を撃ちて　常に衆《もろもろ》の伎楽《ぎがく》を作《な》し　曼陀羅華《まんだらけ》を雨《ふ》らして　佛及び大衆《だいしゅ》に散ず。」（4・5）

→「私（釈尊）の神通力はこのようなものである。阿僧祇劫という計り知れない期間、私は、常に霊鷲山及びその他の場所に住してきた。衆生が『世界が滅んで、大火に焼かれる』と見る時も、私の住むこの国土は安穏であり、常に喜びの天人の衆生で満ちている。そこには、種々の宝で飾られた豊かな園林や多くの堂閣があり、宝の樹には、たくさんの花が咲き香り、多くの実がなっている。まさに衆生が遊楽する場所なのである。諸天は種々の楽器で、常に妙なる音楽を奏でており、天空からは、めでたい曼陀羅華を降らせ、仏やその他の衆生の頭上に注いでいる」

創価学会の第2代会長 戸田城聖先生は、この経文を拠所に「この世で生きるということは、地獄のように苦しいことだと感じているだろうが、実は、人間というのは、この世には楽しむために生まれてきたのだ。苦しむためではないのです。本心を観じなさい」と、各人の心の根本の変革を教えられました。

悪業の因縁を以て三宝の名を聞かず

【寿量品 訓読26】

「我が浄土は毀《やぶ》れざるに　而も衆《しゅ》は焼け尽きて　憂怖《うふ》諸《もろもろ》の苦悩　是《かく》の如く悉《ことごと》く充満せりと見る。

是《こ》の諸の罪《つみ》の衆生　悪業《あくごう》の因縁《いんねん》を以て　阿僧祇劫を過ぐれども　三宝《さんぼう》の名《な》を聞かず。」（4・6）

↓「私（釈尊）の浄土は破壊されないが、衆生は、火に焼け尽くされ、不安と恐れ、そして諸々の苦悩がいたるところに充満している世界であると見ている。このような諸々の罪深き衆生は、悪業の因縁のために、三宝の名を聞くことなく阿僧祇劫を過ごしているのである。

諸有《あらゆ》る功徳を修して柔和質直なる者は

【寿量品　訓読27】

「諸有《あらゆ》る功徳を修《しゅ》し　柔和質直《にゅうわしちじき》なる者は　則《すなわ》ち皆我が身　此に在りて法を説くと見る。
或時《あるとき》は此の衆《しゅ》の為に　佛寿《ぶつじゅ》無量なりと説く　久しくありて乃し佛を見たてまつる者には　為に
佛には値い難しと説く。　我が智力《ちりきかく》是の如し　慧光《えこう》照らすこと無量にして　寿命無数劫《むしゅこう》　久しく
業《ごう》を修《しゅ》して得《う》る所なり。」（4・7）

↓「有意義な諸々の修行をし、心穏やかで素直なる者は、皆、私（釈尊）の姿がここにいて法を説くのを見るであろう。そしてこの衆生のために、ある時は仏の寿命は無量であると説き、その中でも長い期間を経て仏を見た者には、仏は会い難いものであると説くのである。私の智慧の力とは、このようなものである。その智慧の光の照らす力は計り知れず、寿命は無数劫である。それらは長きにわたる修行の果てに得られたものである」

我れも亦た為《こ》れ世の父　諸の苦患を救う者なり

【寿量品　訓読28】

「汝等《なんだち》智有らん者　此に於て疑を生ずる勿《なか》れ　当に断じて永く尽きしむべし　佛語は実にて虚し
からず。」（4・7）

「医《くすし》の善き方便もて　狂子《おうし》を治《じ》せんが為の故に　実には在れども死すと言うに　能く虚妄と説く
もの無きが如し。」（4・8）
「我も亦為《こ》れ世の父　諸の苦患《くげん》を救う者なり　凡夫の顚倒《てんどう》せるを為《も》て　実には在れども滅すと言
う。
常に我を見るを以ての故に　憍恣《きょうし》の心を生じ　放逸《ほういつ》にして五欲に著《じゃく》し　悪道の中に堕ちなん。
我常に衆生の　道《どう》を行じ道を行ぜざるとを知りて　応《まさ》に度すべき所に随いて　為に種種の法を
説く。」（4・9）

→「智慧ある者たちよ。このことで疑いを生じさせてはならない。まさにそのような疑念は捨て去って、ずっと失くしておきなさい。仏の言葉は正しく、嘘ではないのであるから。

錯乱した子どもらを治そうと方便を用いる熟練した医者のようなもので、本当には生きているのを死んだと言うのを、誰も嘘を言ったと責めたりできない。

私（釈尊）は、この世の父であり、患《わずら》い苦しむ者を救う者である。凡夫は正気を失っているので、本当は在るのであるが入滅を説く。

ずっと私を見られるとなったら、傲慢でわがままな心を生じ、放逸になって欲望に負け、悪道に堕ちてしまうのである。

私は、常に衆生が修行をしているか、そうではないかをわかっており、救われるべき衆生の度合いにしたがって、種々の教えを説くのである」

毎《つね》に自ら是の念を作《な》す

【寿量品　訓読29】
「毎《つね》に自ら是の念を作《な》さく　何を以てか衆生をして
無上道に入《い》り　速かに佛身を成就することを得《え》しめんと。」（4・10）
→「どんな時も私（釈尊）は心中で念じているのである。どのようにすれば衆生に無上道に入らせられるか、そして、どうすれば速やかに仏身を得るのを成就させられるかを」

過去から連続する自らの命のなかにすべての原因が

以上が、如来寿量品第十六の全文であります。

どうして仕事が上手くいかないのだろう。どうしてこんなにわからずやの上司がいるのだろう。どうしてうちは、こんなに貧乏なんだろう。どうして俺は、こんな病気になるのだろう。どうして、やることなすこと上手くいかないのだろう。どうして、どうして、どうして……

これらの悩みの原因は、すべて過去世の業にある。目に見えない過去から連続する自らの生命の連続の中に、すべての原因があることを知ることである。

日蓮大聖人は、これを踏まえて、それらを解決するには、南無妙法蓮華経を唱えて、法華経の智慧を自らに体現する以外にないと、説かれました。

この世に生まれてきた根源を知って、生まれてきた使命を自覚するところにしか、あなたの境界を開く道はない。目に見えない命の奥底が変われば、目に見えるところが変わるということです。

大海原を見ると、表面のさざ波だけが見えているが、その下には大きな海流が流れています。生きている世界は、大火に焼かれてのたうちまわっていると見るけれども、本当は天から花が降り注ぎ、天から音楽が聞こえてくるような素晴らしいところだとわかってくる。

それが法華経の指し示す智慧ではないでしょうか。ご静聴、ありがとうございました。

《Q&A》

【質問1】

今、世界では、特に一神教の中で、争いが絶えないように思います。これは、収拾がつかないのではないかと思えるほどです。こういう時代にあって、今日、聞かせていただいた法華経の考え方の果たす役割とは、何だと思われますか。

竹岡　宗教間の争いというのは、私の身近にもありまして、静岡に日蓮正宗総本山の富士大石寺というのがあって、そこだけが正しくて、他は全部間違っていると、そこでは教えてきました。

私の一家が救われた法華経を教えられたのは、創価学会だったのですが、その創価学会は、この大石寺の一信徒団体という位置付けでした。

かいつまんで申し上げると、近年、その大石寺の僧侶たちが、創価学会はいらない、その指導者である池田大作先生は口うるさいから、いらない。信徒は口を挟まず、金だけ持ってくればいいのだと、権威・権力で押さえ込もうと画策をするようになりました。

その結果、創価学会は、大石寺とは独立することとなったのですが、一番正しいと信じていた富士大石寺が、実は、苦しむ民衆の救済など一向に考えない、とんでもないところであったということが明るみになりました。

こんなことがあって、私は、もう一度、原点である法華経に戻らないといけないのではないかと、思うようになったわけです。

仏教界でも、いろいろな宗派に分かれています。

その原因は、それらが日本に伝わるまでに、中国、韓半島諸国と通ってくるわけですが、それぞれの時期の中国の皇帝が何を重用したかによって、日本に入ってくるものが違ってくることになった、そこのところに宗派乱立の因があるわけです。

ともかく、それぞれが正当性を主張して、結果、分裂してしまっているのですが、こうして分裂していてもしようがないので、お釈迦様が説いた根本の教えとは何だったかを考えると、この法華経をしっかり見直すことから始めるべきではないかと思うのです。

法華経の智慧をベースに、各宗派が、協力すべきことは協力する。そうしていくことが、大事になのではないかなと、こんな気がしています。

さらに言えば、根源に遡るという意味から、古代エジプトがキーワードになるのではと、私は考えています。イスラム教、キリスト教の根本に旧約聖書があってユダヤ教がある。それらの人類の思想の発祥の地である古代エジプトに、もう一回、普遍的な智慧を見出して、世界の皆が手を結びあえないかと、そんな思いがしています。

いずれにしても、非常に難しいご質問です。

もう一つ、付け加えると、この法華経が現代に息を吹き返したのには、先ほど少しお話しした創価学会第2代会長の戸田城聖先生の獄中の悟達というのがありました。

第2次大戦中、軍部政府の方針に反対して、初代会長牧口常三郎先生とともに逮捕され、巣鴨の拘置所に入れられるのですが、その獄中で、法華経を読みながら「仏とは一体何なのか」と、思索を重ねられた末に、二つのことを悟達されます。

その一つは「仏とは生命のことなのだ」ということでした。仏のことを如来といいますが、如如《にょにょ》として来たる、つまり瞬間瞬間、起こってくる自分の生命の働きをいうのだということです。

もう一つは、法華経に説かれる、末法に出現して法華経を流布するという地涌の菩薩とは、自分自身のことなのだという悟りです。如来寿量品第十六の「時に我及び衆僧　倶に霊鷲山に出づ。」（4・2）を受けての天台の言葉に「霊山一会儼然《げんねん》として未だ散らず」というのがあるのですが、お釈迦様が法華経を説かれた霊鷲山の会座に、自分も連なっていたということを、生命の実感として悟ったということです。

この二つがあって、何か遠く離れた世界の話ではなく、自分自身のこととして法華経を展開することができるようになって、戦後、現代に法華経を蘇らせることとが可能となったのでありました。ともかく、世界の問題を考えるにあたって、根源の生命とか、宇宙の根源に立ち返る必要があるということから、法華経に注目するべきではないかと思うのです。

【質問2】

最近、「世界で最も貧しい大統領」と呼ばれているウルグアイのホセ・ムヒカ前大統領が来日されましたが、そのムヒカ氏の話と通じるのではないかと思って、今日のお話を聞いておりました。ムヒカ氏をどう思われますか。

竹岡　そうですね。ムヒカ氏の話は「知足」、「足るを知る」に通じる考え方だと思います。蔵の価値ではなく、命に最高の価値があると教えるのが法華経であるといえますが、その点で、ムヒカ氏の訴えと通じると思います。

それと、軍政時代に逮捕され投獄され、その牢で悟ったものを民衆のために生かそうとされているという点でも、先ほどの戸田城聖先生と同じで、素晴らしい人物だと思います。


【質問3】

神というのと仏というのとは、どういう関係でしょうか。神というのは、法華経では、どういう位置付けでしょうか。


竹岡　神というのは、法華経のみならず仏教全般では、諸天善神という呼び方があります。

例えば、雷を起こすのは雷神、雨を降らす龍神などといいますが、もともとインドの仏教以前の民間信仰の中に、自然の様々な現象を起こす働きなどを、神として崇めていました。

それらを、お釈迦様は仏教に取り込んで、仏のため、衆生のために、様々に作用する者として位置付けて、総称して諸天善神と呼んだということです。

それまでの様々の信仰を滅ぼすのではなく、重層的に取り込んで、活かすという発想です。

『立正安国論』と『産湯相承事』にみる〝神〟の意志とは

NPO法人　神戸平和研究所での講演記録

2020年（令和2年）9月17日

＊神戸平和研究所＝世界平和のために、宗教、思想、文化や歴史等の異なる者が集い共同して、過去の対立軸から協調軸への転換に資する可能な限り客観的な情報を発信することを活動目的に2012年、国際都市神戸に設立されたNPO法人。

講演会場にて

神戸平和研究所、理事の竹岡でございます。

最初に、私どもの大親友で、大病を克服され、ここに生還されたAさんに拍手を送りましょう。

さて、そもそも今年は、杣《そま》理事長と一緒に東欧のモルドバに行く予定で楽しみにしておりましたが、コロナ禍で飛行機が飛びませんから、残念ながら行けませんでした。コロナ禍が収まった後には、必ず実行していただきますよう、ここにお願い申し上げておきます。

そこで今日は、昨今の災禍の意味について、私なりの考えを、私の日頃親しんでまいりました文献を手掛かりに、かいつまんで発表させていただきます。

原爆被爆の一家に生まれる

私は、広島の生まれで、祖母は戦中、その広島で陸軍病院の看護師長をしておりました。

原爆投下の昭和20年（１９４５年）８月６日、祖母は患者さんの一人に付き添って舟入という爆心から少し南の町で被爆して、爆風で飛び散ったガラスの破片が身体中に刺さり、片目も失って、収容された学校の教室で生死の境をさまよいました。

母は当時17歳で、爆心より西３キロメートルにあった己斐上町の自宅にいて助かりましたが、祖母を捜して１週間、瓦礫の中を歩き廻り、瀕死の祖母を見つけ出したのでした。

そのため、母も残留放射能を受け、身体に強いダメージを受けました。

その後、祖母と母は、原爆症に苦しみながらも死を免れ、３年後、昭和23年（１９４８年）に生まれたのが私です。

つまり、私は被爆２世です。

私の家族は、原爆に起因した大変に悲惨な経験をしました。

そのなかで、池田大作先生の指導される創価学会との出合いがあり、実際に創価学会によって我が家は救われた体験があって、物心ついた頃からＳＧＩ（創価学会インタナショナル）会長である池田先生を人生の師匠として仰いで、今日の私があります。

そうして報恩の人生を歩むなか、縁あって杣理事長と知り合って、世界を良い方向に変えていこうと、宗教・宗派の垣根を越えて多くの人が活動していることを知り、感動しております。

『立正安国論』と『旧約聖書』

来年で10周年となりますが、私は、平成23年（２０１１年）に、サンロータス研究所を立ち上げました。

サンロータスとは、太陽と蓮という意味ですが、その蓮華を題号に持つ仏教経典、妙法蓮華経、法華経を、私どもは研究してまいりました。

今日、ご紹介する『立正安国論』は、この法華経を最高の経典であるとの立場から日蓮大聖人が著されたことから、我が研究所にとって最重要の研究対象といえる一書です。「自家薬籠中」といったら語弊があるかもしれませんが、日常的に親しんでまいった私にとって、もっとも身近な一書です。

ところで、昨今のコロナ禍のなか、私は改めて、今日の世界宗教であるキリスト教、イスラム教、そしてユダヤ教の信者の方々が共通の聖典とされている『旧約聖書』の勉強を、真剣に始めました。

そして、『旧約聖書』を基盤に、キリスト教の皆さまの活動、イスラムの皆さまの活動、さらにユダヤ教の皆さまの活動があるのをこの目で拝見するにつけ、そこに『立正安国論』との共通項があることに気が付き、私は驚いております。

日蓮大聖人が『立正安国論』を著されたのは、鎌倉時代の文応《ぶんおう》元年（1260年）7月、39歳の時でした。

当時、正嘉《しょうか》の大地震（正嘉元年〔1257年〕8月23日）という国を揺るがすような大地震が起こり、暴風雨、飢饉、疫病が流行るなか、大勢の人々が亡くなって路上に放置され、骸骨がいたるところに見られるという世相がありました。

そして「何故、このような惨禍に見舞われるのか」、その切実な問いから著されたのが『立正安国論』でした。

その結論は、「正しいものを用いよ」「正しい生き方をせよ」、それが惨禍を免れる方法であり、間違った生き方をする人々への警鐘として、地震があり、暴風雨、飢饉、疫病に見舞われるのだというものでありました。

その上、このまま改めなければ、他国から侵攻されるぞ、自国のなかに叛逆が起こるぞと、警告をして、正しい生き方をするよう訴えられたのです。

これに対して『旧約聖書』では、出エジプト記の「十の災厄」などが有名ですが、神が大風を起こし、洪水を起こし、疫病を流行らせ、バッタやイナゴを大発生させる。正しい信仰に励む人であっても、なかなか回復できないような大病を患う境遇にさせ、隣国から攻められ滅ぼされるなど、過酷な仕打ちを下される。

人類に対しての、こうした神の仕打ちは、一体どういうことなのか、何に気付けと言っておられるのかとの問いに突き当たります。

『旧約聖書』を読み込むうちに、まさに『立正安国論』とテーマは一緒ではないかと、ハッと思い当たりました。

『産湯相承事』と久遠下種の南無妙法蓮華経

そこで、再び、日蓮大聖人に戻って、その著作集（『日蓮大聖人御書全集』１９５２年創価学会発行）を見ますと、『産湯相承事《うぶゆそうじょうのこと》』＊というものがあります。

これは、大聖人が亡くなられた弘安《こうあん》５年（１２８２年）の相伝書の一つで、弟子で第2祖となる日興上人が、大聖人から口頭で伝えられたものを記録されたものです。

それは、先ほどの『立正安国論』を講義された後、ご入滅の前に、ご自分がもっとも信頼していた日興上人に、自身の父母が、どういう出自であり、それは仏法上、どういう位置付けなのか、さらには、ご自身の61歳までの闘いの生涯は、何のためだったのかといったことを語り遺されたものでした。

『産湯相承事』は「御名乗りの事、始めは是生・実名は蓮長と申し奉る・後には日蓮と御名乗り有る御事は」と始まって、それから母親のこと、父親のこと、日蓮大聖人出生時の出来事等が続きます。

最初の名前である「是生」については、後の方で「是生とは日の下の人を生むと書けり」とあります。このことは、日蓮というお名前はもちろんのこと、初めから、宇宙の中心であり、パワーの根源の象徴である太陽との関係が示唆されています。

そして「久遠下種の南無妙法蓮華経の守護神は」との文言があります。

この「久遠下種の南無妙法蓮華経」は、言い換えれば、目に見えぬ偉大なる者、「ゴッド」、「神」、あるいは「天」、「サムシング・グレート」等と様々に置き換えられるかと思いますが、これは、生きとし生けるあらゆるすべての生命、草木、大地を含む宇宙のすべてを、過去から未来永遠に動かしていくパワーの根源を指すものといえると思います。

天照太神ゆかりの日御碕

この文言を続けると「久遠下種の南無妙法蓮華経の守護神は我国に天下り始めし国は出雲なり、出雲に日の御崎と云う所あり、天照太神始めて天下り給う故に日の御崎と申すなり。」とあって、この「久遠下種の南無妙法蓮華経」を護る神は、我が国では天照太神であって、出雲の「日の御崎（日御碕）」に最初に天から降り立たれたとされています。

実は2週間ほど前、行くべき用事があって、足を延ばして、この日御碕に、私の尊敬する田渕隆三画伯と行ってまいりました。画伯ですから、田渕先生は、ここで岬の絵を描かれましたが、日没時には、沈む夕陽に向かって海に光の道ができて、太陽神である天照太神との関係を思わせました。

『日御碕の夕日』水彩

根源のパワーを護る働き

そして、この文言の後に大変重要な記述があります。それは「我が釈尊・法華経を説き顕し給いしより已来十羅刹女《じゅうらせつにょ》と号す、十羅刹と天照太神と釈尊と日蓮とは一体の異名・本地垂迹《すいじゃく》の利益広大なり」との文言です。

「十羅刹女」とは、法華経（陀羅尼品第二十六）において「法華経を読誦し受持せん者を擁護し、其の衰患を除かんと欲す、」（2・7）と、法華経を信じ弘める人を守護することを誓った10人の鬼神で、私が朝晩拝している曼荼羅にも、中央に「南無妙法蓮華経　日蓮」とあるそばに、天照太神、八幡大菩薩等とともにしたためられています。

この「十羅刹と天照太神と釈尊と日蓮とは一体の異名」とあるのを読んで、私は「そうだったのか」と気付きました。

それは「久遠下種の南無妙法蓮華経」、すなわち『旧約聖書』でいうところのゴッドであり神と同義であるところの、私たちを生かしている根源のパワーの存在を認め敬い、それに適った正しい生き方を弘め伝える人の、その守り神が、十羅刹女であり、天照太神であり、釈尊であり、日蓮大聖人であるということです。

そのことを、死ぬ間際に明かされた日蓮大聖人は、聖書に登場する預言者、これは、未来がどうなるといった予言者ではなくて、神から託された言葉を説き、神から託された行動をする人のことですが、この預言者に当たるのではないかとも思いました。

また、杣理事長と神戸平和研究所のされている活動も、こう生きろ、世の中をこうするのだとの、神から託された正しい生き方を体現し世の人々に気付かせる、預言者としての活動をされているのではないかと、改めて認識いたしました。

牧口常三郎の諫暁

創価学会のことでいえば、創立者である牧口常三郎初代会長は、戦前、日蓮仏法に帰依して、法理を実験証明する在家組織である学会（当時は創価教育学会）を作るのですが、戦時中、軍部政府に異を唱えた結果、逮捕され、昭和19年（１９４４年）11月18日、巣鴨の東京拘置所で殉死します。

具体的には、政府が国民に強制した戦勝祈願の神札の掲示を拒否したのです。

その神札とは天照太神の神札です。軍部政府は、天照太神を利用して戦争を進めていったのです。

牧口先生は「誤って、天照太神を利用するのはいけない。誤って使った場合は、神は天上へ引き上げてしまって、護られなくなる。このままでは国が滅ぶ」と、反対したのです。

それに対して、日蓮仏法を正しく保つべき日蓮正宗の宗門は、弾圧を恐れて、だらしなく政府に迎合し「神札を受けるように」と告げます。

牧口先生は「何を言うか。今こそ国家諫暁《かんぎょう》の時ではないか。『立正安国論』を著して時の権力者を諫められた日蓮大聖人の精神に立ち返る時ではないか」と、断固拒否して、殉死となるのでした。

牧口先生を死へ追いやった国は、戦争に敗れ、史上かつてない多くの人が犠牲になり、亡国の悲哀を味わうこととなりました。

このことの意味をいえば、「間違って神を崇めてはいけない」ということを、牧口先生が身をもって示されたということです。

牧口先生が逮捕された時（昭和18年7月3日）、同時に学会の幹部21人も逮捕されました。逮捕された幹部たちは、その後、一人を除いて全員、退転、そして、神札を受けます。

そのなかで、理事長であった戸田城聖先生のみが志を曲げることなく生きて、戦後に創価学会を再建していきました。

戸田先生は「この地球上から悲惨の二字をなくしたい」と、創価学会を弘める運動をしていかれるのですが、その中心には、あらゆる生命の尊厳を説いた法華経がありました。

法華経の説くところを中心に生きるのだ、誤った生き方をしてはいけないと、創価学会の第2代会長として、折伏という宗教上の言論闘争を起こされたのです。

その思想内容は別の機会に譲るとして、ともかく言わんとするところは「悲惨の二字をなくす」、そのためには、正しいものを用いて、正しい生き方をしなくてはならないという叫びです。

そして、我が人生の師匠、第3代会長である池田先生は「一人の人間における偉大な人間革命は、やがて一国の宿命の転換をも成し遂げ、さらに全人類の宿命の転換をも可能にする」（小説『人間革命』第1巻まえがき）と綴られました。

正しく敬い、正しい思想を弘める生き方を

要は「一人の人間における偉大な人間革命」がすべての根源ということです。このことを、コロナ禍のなかで、なおさら重要なことだと気付かされました。

それは、一人の人間の生き方を変える、そして、その人間どうしの連帯を広げる、こういう行動

のなかにしか、災禍を乗り越える道はないということです。

同時に、何故、われわれはコロナ禍にさらされるのか、何故、こんなにも様々な災害が起こるのかといった疑問が立ち現れてきます。

オーストラリアやアメリカ西海岸の大規模火災、日本は大水害にもやられました。中近東からインド、中国にかけてイナゴやバッタの大襲来で農作物に甚大な被害も出ています。

世界規模でのこの惨状は、まるで『旧約聖書』でもたらされた災禍そっくりです。『立正安国論』や『産湯相承事』での警鐘も含め、われわれは何に気付くべきか、神の意図するところを真剣に考えるよう促されていると言わざるを得ません。

ともかく、私の場合は創価学会の立場ですから、初代牧口先生の「天照太神を、他国を攻めるのに利用するのは間違っている」「誤って尊敬するのは、いけない。そうすれば、一国が滅びる」と警告されたことに始まる、正しく敬い、正しい思想を弘めるという、一人の人間の生き方を正す人生を歩み、同じ道を進む人を護る生涯を送ることだと思います。

私の考えをまとめますと、『産湯相承事』での「久遠下種の南無妙法蓮華経」は、言い換えれば「ゴッド」、「神」、あるいは「天」、「サムシング・グレート」であり、それを護り弘める「久遠下種の南無妙法蓮華経の守護神」、つまりは使徒であり預言者が、キリストであり、ムハンマドであり、孔子であり、釈尊であり、日蓮大聖人であり、私の尊敬する池田大作先生であり、さらに、ここに集われる皆さまではないかということです。

このような認識が多くの人々に迎えられたなら、対立する世界の高等宗教がまとまるきっかけとなり、世界を平和へと協力させる端緒となると考えられます。

様々な名称があるにせよ、「正しく生きることに気付けよ。正しいものの存在に気付き、正しくそれを護りなさい、そこに立ち返りなさい。それによって『安国』があり『天国』があるのだ」といった意味で神は疫病を流行らせ、大洪水を起こされ、他国から攻めさせ、イナゴやバッタを大発生させ、大火災を起こさせて、警告されているのだと、コロナ禍のなか確信するにいたったわけです。

以上、限られた時間でありましたが、昨今の状況下、思うところを発表させていただきました。杣浩二理事長、発表の場をいただき、ありがとうございました。皆さま、ご静聴、ありがとうございました。

＊注『産湯相承事』について

講演で収録した『産湯相承事』については、真作ではなく後世のものであるとする研究もあり、引用はいかがなものかとの指摘が講演後にありました。しかし本講演で取り上げた部分は内容的に重要であると考え、そのまま掲載しました。『産湯相承事』の文中にある「久遠下種の南無妙法蓮華経」「久遠下種の南無妙法蓮華経の守護神」という表現ほど、奥深く時空を超えた壮大な表現は、これまでに見聞することのないものです。日蓮大聖人の広大なご境界と、それを受け留め後の広宣流布を願って「謹んで之を記し奉る」とした、日興上人の弟子としてのご決意を感ぜざるをえません。

スリランカ・アーユルヴェーダとメラピーク遠征

2020年（令和2年）12月10日 第2666回 丸の内朝飯会（オンライン）での講演「健康長寿の秘訣 72年を振り返って 今コロナ禍に思うこと」から抜粋

生きがいをもたらす旅

松尾芭蕉の『おくのほそ道』の冒頭に「月日は百代の過客にして、行きかふ年もまた旅人なり。（中略）日々旅にして、旅を栖《すみか》とす」とあります。

そのように、人生を旅と捉えられたなら、どんな人生も面白いと思えるようになります。

旅には、人や物との出会いがあり、驚きや感動があって、そこに生きがいが感じられるからです。

そういう意味で、芭蕉ではありませんが、私は旅が好きです。

昨年（2019年〔令和元年〕）の10月には、丸の内朝飯会で、美谷島《みやじま》克実さんが隊長、栩沢《くるみざわ》成明先生の案内で、スリランカを旅しました。

栩沢先生は建築家で、その関係で、スリランカを代表する建築家、ジェフリー・バワさん（故人）

神谷政志氏

バワ宅前で

のお宅を訪問しました。

（楜沢　バワさんは非常にユニークな方で、スリランカの多数民族シンハラ人と、ドイツおよびスコットランド系の血を引くミックスで、イギリスで教育を受けた人です。

　訪問したご自宅は、スリランカの自然を自分の生活のなかに入れようとして、自身で設計して建てられたものです）

　楜沢先生、ご説明ありがとうございました。

　この朝飯会の旅には、スリランカで『スパイスアップ』という日本語フリーマガジンを隔月で発行している神谷政志さんも参加されて、非常に楽しい旅でした。

スリランカの寺院にて

レストランでの会食

アーユルヴェーダを体験する

旅では、榊沢先生の案内で、仏教遺跡をずいぶん見せていただきました。

以前、お話ししましたが、インドのブッダガヤにあった釈尊当時の菩提樹は、紀元前3世紀のアショーカ王の時、株分けされて大王の王女サンガミッターによってスリランカに移植されたわけですが、その菩提樹が今も健在なところを北中部にある古都アヌラーダプラで見ることもできました。

12世紀に遺跡もろとも破壊されたブッダガヤに、今も菩提樹が生い茂る光景があるのは、この2代目の菩提樹から株分けされて移植されたからです。

ところで、この旅では、アーユルヴェーダの経験もさせていただきました。

それに感動した私は、すぐに今年（2020年〔令和2年〕）の1月、1週間ほどアーユルヴェーダの研修に出かけました。

アーユルヴェーダでは、人は生来「ドーシャ」という生命エネルギーを持っていると考えます。

そして、この「ドーシャ」は、風を意味する「ヴァータ」、火を意味する「ピッタ」、地を意味する「カパ」という3つの基本要素で構成され、この3つの強弱の違いで、それぞれの「ドーシャ」が決まり、それぞれの体質が決まってくるとしています。

その考えのもと、診断してもらって、自身の体質を知り、主に、それぞれに適した生活習慣と食事を摂ることで、崩れたバランスを整え、心身を正常にしようというものです。

この考え方は、食事や運動、生きがいを柱に健康長寿を得ようとする白澤卓二先生の理論と合っていると思います（白澤先生の理論については拙著『健康長寿の秘訣』を参照ください）。ただ、アーユルヴェーダの場合は、個々に体質が違うことを前提にしており、その体質によって摂るべき内容を、一人ひとり変えるべきとしている点は、少し違う点があると思いました。

このときに泊まったホテルが、バワさん設計のアーユルヴェーダに特化したリゾートホテル（ヘリタンス・アーユルヴェーダ・マハゲダラ）で、目の前がビーチで海が見え、プールが真ん中にあって、バワさんが好きだったという白い花が咲いていて、建物も外観、室内とも白を基調として、清楚な感じの素晴らしい環境のなか、施術を受けてきました。

バワ氏設計のホテル（ヘリタンス・アーユルヴェーダ・マハゲダラ）

アーユルヴェーダの本質と白澤理論

どんなことを受けてきたかというと、パンチャッカルマという一種のデトックス療法で、すべてが各人の体質に合わせて決められたものが施されたのですが、私の場合は、美しい女医さんが、まず脈を取ってくださり、サウナで汗をかき、薬草と土と水で作られた飲み物を飲み、２人ひと組のスタッフがついて施術を受けました。

出てくる食事も、全部、植物性で、肉はありません。

それで、アーユルヴェーダの考えでは、病気は頭で作られるという理論で、スリランカは仏教国ですが、仏教以前からの理論だそうです。

白澤先生も、お茶の水健康長寿クリニック等で認知症予防に取り組んでおられますが、頭がどうであるかが大事で、体の痛み等も頭からくるとして診ておられると聞いていますから、先生とアーユルヴェーダの考え方は、やはり、ほとんど同じではないかと思いました。

そういうことから、東洋医学の極致であるアーユルヴェーダと共通する要素を持ち、西洋医学にも通じておられる白澤先生の考え方は、東洋と西洋を融合する今後の医療を導く理論ではないかと思っております。

脈診を受ける

サウナ室で

スタッフの方々

処方により飲み物が変わる

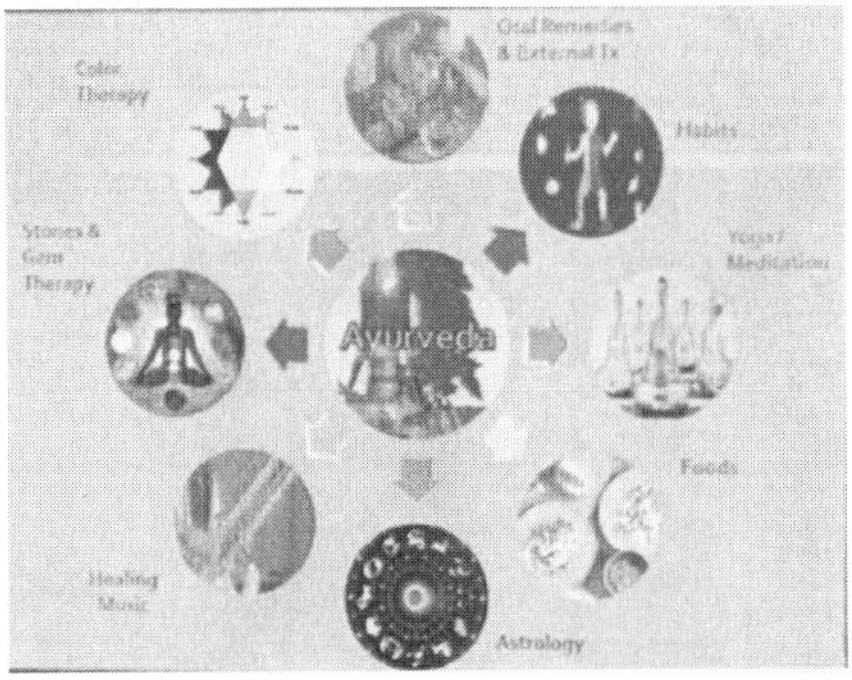

アーユルヴェーダの説明図

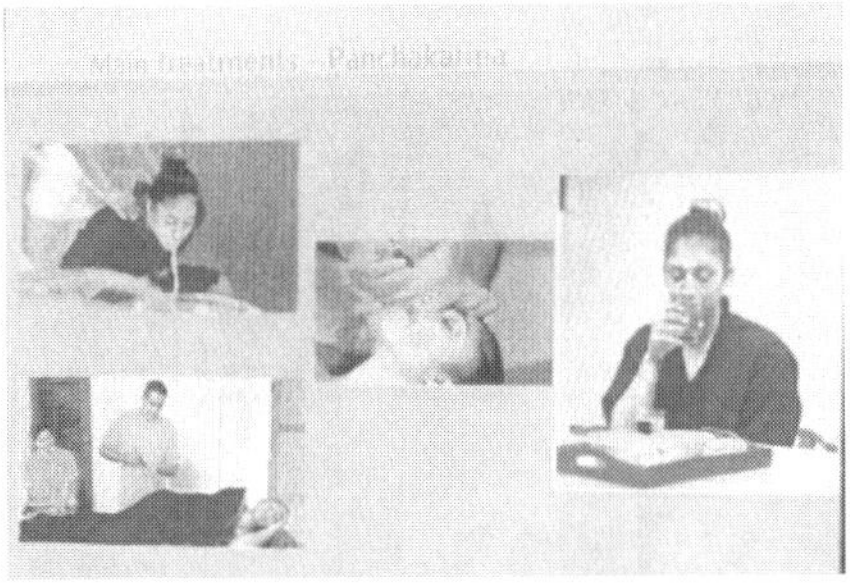

施術の説明図（メイン）

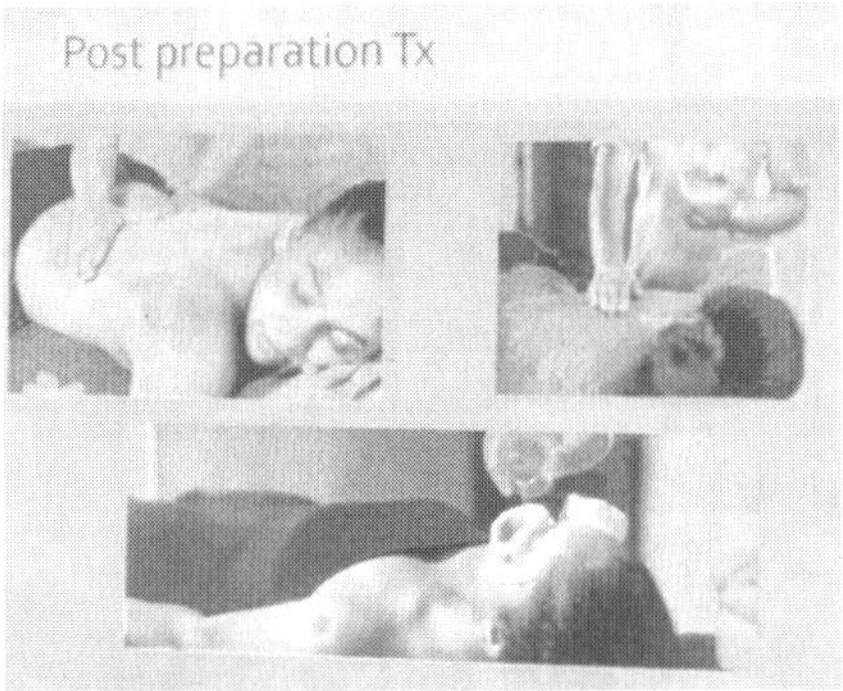

施術の説明図（後処理）

ホテル前のビーチ2

ホテル前のビーチ1

食事風景

処方された健康飲料

ドクターから診断を受ける

出された食事

三浦さん親子とメラピーク遠征

健康長寿の見本といえば、やはり三浦雄一郎さんと豪太さん親子です。

三浦さん親子とのことで、一番、思い出深いのは、ネパールの標高６５００メートルのメラピーク遠征にご一緒したときのことです。

三浦雄一郎さんは、ご承知のとおり２０１３年（平成25年）の５月、80歳でエベレスト登頂を果たされましたが、その１年半前の２０１１年（平成23年）11月、訓練のためにメラピークに親子で登られたのですが、私も誘われて５８００メートルのハイキャンプまでご一緒したのです。

実は、その年の1月、三浦雄一郎さんを隊長とする南極ツアーに参加しており、南極で、一緒に小さな雪の丘に登りました。

そのとき、雄一郎さんから「メラピークに一緒に行こう。この丘に登るような簡単なところだから」と誘われて、軽い気持ちで「はい、はい」と、ご一緒したら、いや、キツイところでした。

雄一郎さん親子は、苦もなく頂上まで上がって、そこからスキーで降りてこられましたが、私は５８００メートルのハイキャンプまででしたが、道中、寒くて雪が降って凍っていて、私にとって未経験の高度のため酸素吸入が必要になって、「何が簡単な丘ですか」と、言いたくなるくらい大変でした。（南極とメラピーク遠征の詳細は、竹岡誠治公式ホームページ、ＭＥＳＳＡＧＥ「南極へ行って来た！」と「三浦雄一郎、豪太父子とのメラピーク遠征」を参照ください）

メラピークへの途上１

メラピークへの途上４

メラピークへの途上２

ヘリを待つ間に

メラピークへの途上３

雪積もる道中

それで、メラピークに向かうのに、ヘリコプターを利用したのですが、天候不良ということで3日間、待たされました。

この待機中、一緒だったのは、雄一郎さん、豪太さん、そして私の3人だけだったので、待っている間、専門家の2人から、いろいろな話を聞くことができました。

特に、雄一郎さんから、じっくり聞くことができ、それは私の宝となりました。

山をバックに、雄一郎さん、豪太さんと撮った記念写真がありますが、雄一郎

メラピーク

山を背に記念撮影

登山コーディネータ
貫田宗男氏（右端）と

凹面鏡で湯沸かし

寺院で祈る

さんから「竹岡さん、真ん中に」といわれて私が中央に立ったその写真もまた、貴重な宝物です。

また途中、登山コーディネータの第一人者で株式会社ウェック・トレック創業者の貫田宗男さんが合流されました。テレビ番組（日本テレビ「世界の果てまでイッテＱ」）でタレントのイモトさんのサポートで有名になられた方です。私とほぼ同年代で同じ中央大学卒ということもあって話が合い、雄一郎さんの補佐をはじめ世界的に活躍された貴重な体験を、光栄にも聞くことができました。他にも、一緒に寺院で祈ったり、大きな凹面鏡を使って湯を沸かす珍しい光景を見たりと、多くの思い出ができました。

メラピークに向かって

道中ひと休み

【追記】本書出版直前の２０２４年（令和６年）４月、私の膵臓にがんが見つかりました。４度目のがんです。緊急手術を受け、幸いにも経過は良好です。手術の翌日（４月27日）夕刻のこと、ＩＣＵで数本のチューブに繋がれたままでしたが、室内のテレビに貫田さんの姿が映りました。それは、ヒマラヤの超難関ダウラギリ（８１６７メートル）の絶景と挑戦の歴史を特集したＮＨＫ・ＢＳの番組でした。70代にしてなお現役で活躍されているその姿に、私は涙するほど感動し、大いに励まされました。

しっかり吐け

それで、雄一郎さんから教わった最も大切だと思ったことは「歩みと呼吸を合わせなさい」それから「しっかり息を吐きなさい。吐けば自然に新鮮な空気が入ってくるから」ということです。

これは、人生に通じる言葉だと思いました。

「吐けば自然に入ってくる」とは「人のために働けば、自然に自分に必要なものが入ってくる」という教えだと思いました。

この後、三浦さん親子とは何度もご一緒させていただきましたが、大

メラピークを望む

きな目標を据えて生きがいの人生を歩まれているその姿に触れるたびに、まさに健康長寿の見本であると思います。

そして、この後、雄一郎さんはギネスに掲載される最高齢でのエベレスト登頂を果たすわけです。ここで、豪太さんに、少しお話いただきます。

法華経に通じる攻めの健康法

三浦豪太　竹岡さんと行ったメラピークは、実は私は初めてで、父が竹岡さんを誘ったのは、前に楽しく頂上からスキーで滑った思い出があったからでした。

とはいえ、標高６０００メートルとなると、平地の半分以下の酸素濃度になってしまいますから、キツくないということはありません。

私の経験上、酸素が少なくなると人は老化するのと同じような体調に陥ります。

しかし、その後、平地に戻ると、前より体調が元気になります。

その経験から、低酸素に体をさらすことによって、アンチエイジングに繋がるのではないかということを、私の研究としてきました。

それで、メラピークの翌年、父は80歳でのエベレスト登頂をしたわけですが、これは、今でも完治していないのですが、心房細動という不整脈の症状を抱えていて、心臓にカテーテル・アブレーションといって、神経細胞をうまく繋ぐために焼き付ける手術を、10年間に8回ほど受けた上での挑戦でした。普通なら、挑戦どころではない体です。

その上、登頂の4年前には、スキー場でジャンプ台から飛んで、お尻から落ちてしまって、骨盤骨折という重傷を負ってしまいます。

通常、75歳以上は後期高齢者といわれますが、後期高齢者にとって一番避けるべきリスクは下肢の骨折で、寝たきりになる人の約30パーセントは、それが原因とされます。

そのとき父は76歳でしたから、さすがにこうなったらエベレスト登頂は諦めるのかなと思いながら病院に見舞いに行ったところ、「豪太、これはちょうどいいリセットの機会となっている。ここは、リセットするに最高の環境だ。黙っていても食事は出てくるし、寒くもないし、何よりも美人の看護師さんが裸の体を拭いてくれる」と、どこまでもプラス思考で、決して目標を捨てませんでした。

こうして父は、持病と骨折を抱えながら、あくまでも4年後にエベレストに登ることを目標に掲げてトレーニングを続けました。

エベレストへ向かう直前、体力測定をしました。

すると、骨盤骨折は特に左側がひどい状態でしたが、左脚の付け根から先の足の部分の柔軟性と筋力は、ケガする前よりも後の方が強くなっており、記録のある69歳以降の毎年の体力測定のデータを見ると、80歳のこのときが、全般的にもっとも良いとの結果となりました。

竹岡さんが、先ほどから「生きがい」がとても重要といわれておりますが、まさに、エベレストに登るという目標が生きがいとなって、父の体を変え、回復させたのではないかと思っています。

父が言うことには、世の中には健康法には2つあって、1つはアンチエイジングのデータに基づいた、いわば守りの健康法で、もう1つは、目標を前提にした攻めの健康法で、目標を達成するのに見合った体力を付けることで健康になるというものです。

その上で申し上げると、父親の場合、その目標がエベレストということですが、目標や夢を持てば自然に体が回復したわけでなく、食事から運動から、生活のすべてを見直して、夢の達成に収束させていったことで体の状態を改善できたということだったと思います。


豪太さん、貴重な証言を、ありがとうございました。

ポジティブに物事を捉えられるところと、備えの周到さに、雄一郎さんの成功と健康長寿の秘訣があったということですね。

コロナ禍の現状では、多くの人がネガティブな感情に陥りがちですが、それでは闇から抜け出せません。雄一郎さんの存在は、われわれの希望の星として、生き方の模範といえると思います。

また、雄一郎さん、豪太さんの生き方は、ポジティブであることや、周囲を元気にして希望を広げておられる点で、まさに法華経の精神に通じるともいえるでしょう。

エベレストビューホテルへ　アンチエイジングの旅

第2804回　丸の内朝飯会（リアルおよびオンライン）
２０２３年（令和５年）11月９日午前７時30分〜８時45分
リアル会場＝東京グリーンパレス　レストラン「シャルダン」（千代田区二番町二丁目）
＊掲載写真のうち※印は同行参加者の井辺良祐氏提供

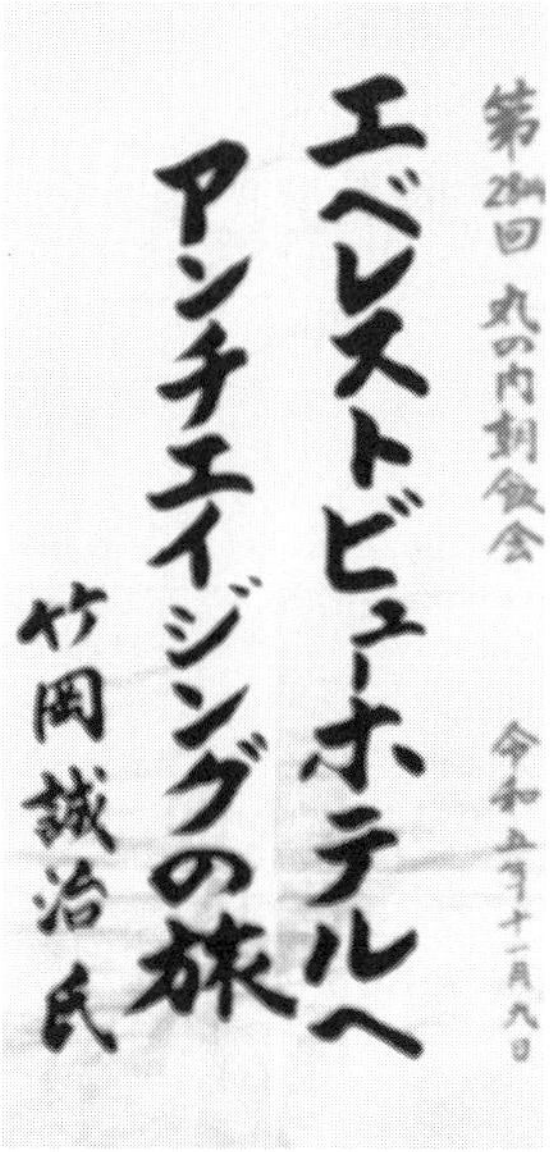

講演標題

発端にあったこと

明後日（11月11日）、丸の内朝飯会60周年のその日を迎えられること、大変おめでとうございます。

最初に、なぜ、今回、エベレストビューへの旅を組んだのかを、お話しします。

タイトルにあるように「アンチエイジング」が今回の目的にあるわけですが、これまで私は、これを人生のテーマの一つにしてまいりました。

その発端には、30年ほど前になりますが、自民党の実力者であった野中広務先生とお会いした

2023年11月9日
「エベレストビューホテルへ・
アンチエイジングの旅」
発表者　竹岡誠治、井辺良祐
ZOOM出演　三浦豪太氏(プロスキーヤー、博士(医学))

会場スクリーン　背景はエベレストビューホテルとヒマラヤ

ことがありました。その際に私は、誰から言われたわけではありませんが、日本の将来のために、自民党と公明党を組みましょうと提案しました。公明党は、わが師匠池田大作先生が創立者であり、先生が薫陶した青年と、何よりも平和を愛する婦人が多数いる創価学会が支持している。これと日本の保守勢力である自民党が組むことは、日本の平和と安定のためになると考えたからでした。

ご存知のように、それは実現しました。それが前提としてあって、約20年前の２００４年（平成16年）２月のこと、まったく無実でありながら、ある刑事事件に絡めて私が逮捕されるという事態が起きました。

後でわかってきたことですが、背景に、外資の参入を拡大させようと、アメリカが当時の小泉政権に圧力をかけたことがありました。具体的な要求には、郵政の解体による財政投融資の縮小、米国資本の大規模チェーンの進出、米国産牛肉の輸入拡大といったことがありました。

それらの要求に、当時、国会で中心になってことごとく抵抗したのが野中先生でした。それで、野中先生とその周辺を潰す狙いで、自公を組んだ関係者の1人であった私を逮捕して調べられたということではなかったかと思っております。

エベレストビューホテル
アンチエイジングの旅

講演風景　左から堀内俊秀氏、竹岡、井辺良祐氏、清水英夫氏

結果的には不起訴になりましたが、取り調べは22日間に渡って、連日、朝から夜遅くまでの過酷なもので、私はそのストレスからガンになりました。それは食道がんで、心臓のあたりを開いて行う大外科手術になりかけました。幸いなことに、内視鏡による手術で済んだのですが、同時に家族もガンになり、私は逮捕されマスコミにも騒がれて悪人のレッテルを貼られたものですから、不起訴で出てきても、することが何も無いという状況になりました。

今も私はT&Yという会社をやっておりますが、この会社名は、竹岡と山中孝市という2人の名前から付けたものです。

こうして周りに誰もいなくなったその時に、この山中さんが「あなたの病気の経験を生かして、

会場風景

健康長寿、アンチエイジングのための世界最高水準のクリニックを作らないか」と、話を持ちかけてくれました。
それで、港区の愛宕に会員制クリニックを作るのですが、資金は全部、山中さんが出してくださり、中身は当時の院長と私とで相談しながら、24時間、年中無休で世界中どこにいても会員からのエマージェンシーコールを受け対処する、大学病院等で受診する際にはスタッフが先に出向いて予約を取り、予約時間に行けば待ち時間無しで受診できる等々、至れり尽くせりの仕組みを作っていきました。
こうして始めたクリニックに、白澤卓二先生という、当時、順天堂大学大学院教授で、成人病、生活習慣病の権威であられた、素晴らしいドクターをお迎えすることができました。
白澤先生は、私に向かって「１００歳まで自らの頭と足で健康に生きることがテーマです。その秘訣は、食事と運動と生きがいです」と仰《おっしゃ》って、さらに「運動については、キャンプをやっているから参加してください」と、勧められました。

それですっ飛んで行ったのが「10歳若返るアンチエイジングツアー斑尾高原」で、そこで三浦豪太さんとの初めての出会いがありました。高齢でのエベレスト登山で有名な冒険家の三浦雄一郎さんのご子息で、リレハンメルや長野の冬季オリンピックに出場されたスキー選手（モーグル種目）であり、白澤先生のもとで、アンチエイジングの研究をされてきた方です。豪太さんは祖父の敬三さんと父親の雄一郎さんを念頭に「低酸素下における運動の健康長寿への効果」を研究テーマに、医学博士号を取得されています。

「男が男に惚れる」とは、このことで、出会ってすぐに私は、その人間性に惚れ込みました。

そして、白澤先生が三浦雄一郎さんの主治医でもあったことから、雄一郎さんともお会いできて、その後、２０１０年（平成22年）10月に、白澤先生、雄一郎さん、豪太さん、そして友人の牧野穎一《えいいち》さんなどに呼びかけて、ＡＬＣＯ（一般社団法人アンチエイジングリーダー養成機構）を作って、全国各地の市町村で、各自治体と共催してアンチエイジングのキャンプを実施してきました。理事長は白澤卓二先生、名誉会長が三浦雄一郎さん、専務理事兼運動担当

ALCO パンフレット表紙

講師に三浦豪太さん、事務方として監事に税理士の斉藤公貴さん、今日、同席しているＴ＆Ｙの事務局長、清水英夫さんにも理事兼事務局長に就いてもらっています。そして、常務理事を私が担当させていただき、そのほか、運動指導に様々な専門家に来ていただいております。牧野頴一さんは、元、自民党国会議員の秘書会の会長で、野中先生から「議員より信用できる人物がいる」と紹介されてお会いして以来のお付き合いで、ＡＬＣＯと同時期（２０１１年〔平成23年〕）に作った、山歩きを中心とした旅と運動を実施する「大人の探検学校・豪太会」の会長をしていただいています。

今回のエベレストビューへの旅も、このアンチエイジングの活動の一環であり、「食事と運動と生きがい」の三本柱の「運動と生きがい」を主目的に行ったものであるということです。

『宮原巍氏』水彩　2016 年

エベレストビューホテルと宮原巍氏

その上で、なぜ「エベレストビュー」を、われわれは目指したのか、お話しします。

このホテルは、世界最高峰エベレスト（８８４８メートル）を望む標高３８８０メートルのシャンボチェの丘に、日本人の宮原巍《たかし》さんが、１９７１年（昭和46年）、37歳の時に建てられたものです。以下、そのホテルを中心に、宮原さんの生涯を紹介します。

が加わって、総勢２００人の手がかけられた。労働は朝８時から夕方５時まで、休日は２週間に１度という急ピッチで進められる。当時、ナムチェにも銀行が無くヘリコプターの運航もままならなかったため、資金の多くは宮原が自分の手で持参した。ある時は１千万円近い現金をジリから１週間かけて担いだ。夜は現金のバッグを鎖でつないで寝たこともあった。

12 月 、寒さのため建設一旦中止。しかし、７つの客室と屋根、外装、内装の一部が完成。

1971 年（昭和 46 年）	1 月、ホテル最初の宿泊者、三浦敬三氏（雄一郎氏の尊父)、北村静氏（蓼科山で山小屋経営）と写真家の方々を迎える。　４月、最初のツアー（ジャルパック）が実施される。 ８月、シャンボチェ飛行場建設の起工式。同年中にシャンボチェ飛行場が完成。飛行場をベースに本格的にホテル建設がスタートした。 11 月 10 日、ホテル・エベレスト・ビュー営業開始。
1973 年（昭和 48 年）	10 月６日、シャンボチェ飛行場、本格運用開始。
1987 年（昭和 62 年）	首都カトマンズにホテル・ヒマラヤを建設。三井不動産と共同経営。
2005 年（平成 17 年）	６月、ネパール国籍を取得。同年、ネパール国土開発党を設立。
2014 年（平成 26 年）	ポカラのサランコットの丘にホテル・アンナプルナ・ビューを建設開始。株式会社ワールド航空サービスにより完成、2018 年初頭、開業。
2019 年（令和元年）	11 月 24 日、カトマンズ近郊の病院で亡くなる。享年 85。

宮原 巍《たかし》の生涯　エベレストビューホテルを中心に

1934年（昭和9年）　長野県小県郡青木村に生まれる。生家は温泉宿を経営。

1954年（昭和29年）　日本大学理工学部工業化学科に入学、機械工学科（二部）にも学ぶ。在学中は山岳部に所属。

1958年（昭和33年）　南極観測隊（第4次）に参加。

1962年（昭和37年）　母校の日大が派遣した登山隊で初めてネパールを訪れる。ムクト・ヒマールのホングデ初登頂。

1965年（昭和40年）　グリーンランド遠征隊に参加。

1966年（昭和41年）　川崎での工場勤務（理研ビニル工業、千代田化工建設）を経て、1月末、横浜港から船と陸路で再びネパールに入る（3月）。

1968年（昭和43年）　ネパール政府の通商産業省家内工業局に職を得て機械修理などの技術指導のためネパールに移住。2月、シャンボチェの丘に立ち、エベレストと初めて対面。心を大きく揺さぶられ「この世界を一人でも多くの人々に見てもらいたい。そしてネパールを観光で豊かにしたい」との思いを深くして、ホテル建設計画を立案。その後、ネパールの観光局と折衝、当初は計画自体に難色を示されたものの宮原の情熱がネパール政府を動かしていく。

1969年（昭和44年）　10月、日本の数多くの友人の力添えにも後押しされ、カトマンズに会社（トランス・ヒマラヤン・ツアー株式会社、現在のヒマラヤ観光開発株式会社）を設立。

1970年（昭和45年）　1月14日、ホテル・エベレスト・ビュー着工。郷里青木村からの2人の大工に現地の石工30人とカトマンズからの大工10人、そして村人

宮原夫妻と息女で現ヒマラヤ観光開発代表取締役 宮原ソニアさんと　2016 年5月3日
大地震(2015 年) からのネパール復興を願って「豪太会」の有志「ラリグラス・グループ」で実施したエベレスト街道トレッキングを終えて、カトマンズの宮原邸に招かれた際の記念撮影。

余談ですが、宮原さんの生家は温泉宿であったということですが、生家のある長野県の青木村には田沢温泉という素晴らしい温泉があって、ちょうどこの生家の上になりますが、私が顧問を務める「医療法人社団　和風会」が山城屋リゾートというのを作りまして、地域活性化に貢献しようとしております。

また、ホテル・エベレスト・ビューの建設にあたっては、朝飯会に参加されている建築家の胡沢《くるみざわ》成明《なりあき》さんが設計に関与されておられます。

宮原さんは、驚くべきことに、ホテルのために飛行場まで作っておられます。

その後もネパール国籍を取得して、さらにホテルを2つ手がけるなどしてネパールのために尽くし、85歳でネパール人として生涯を終えられています。

10歳若くなる唯一無二の天恵の場所

過去のインタビューから引用しますと、

「ホテル（エベレスト・ビュー）ができて、以来38年（２００９年時点）、いまだに赤字続きで、悪戦苦闘していますが、私の目の黒いうちは何とか頑張ろうと思っています。

ともかく、ヒマラヤの山中に初めてできたホテル。金儲け第一ではなく、一つのモデルケースにしようと初めから思っていました。

ホテルからの景色は、何度も見ていますが、いまだに飽きません。多分、皆さんもいらしたら、山のオーラを受けて、10歳は若くなられるはずです。百聞は一見に如かずで、行って見ていただければありがたいと思います」（２００９年5月28日　東京・千駄ヶ谷　ミウラ・ドルフィンズ東京オフィスにて）と、ホテルを建てた心境を、宮原さんは語っておられます。

『ヒマラヤの灯』表紙　完工当時の様子がわかる

また、宮原さんの著書『ヒマラヤの灯』（文藝春秋　１９８２年／ヒマラヤ観光開発株式会社より復刻版を販売中）のなかでは、エベレスト・ビューの立地の素晴らしさについて、こうあります。

「シャンボチェの丘の東端がオム・ラッサである。ナムチェ・バザールからちょうど一時間の上りである。もしホテルを建てるとしたら、どの辺りがよいだろうかと、あちこち歩きまわってみた。ここ数日来、朝は快晴である。オム・ラッサの周辺は、数センチの雪が積もっていたが、表面が凍って堅くなっており、その上を歩くと、キュッキュッと締まった快い音をたてた。林をぬけて、突然ヒマラヤを目のあたりにするときは、その美しさに思わず嘆声が出た。キラキラと輝く朝の陽光を浴びて丘の上に立つと、なぜか胸の底からわきたつような喜びがこみあげてきた。想像していたとおり、オム・ラッサからの展望は、タンボチェに劣らず素晴らしかった。改めて、世界中にこんなにも美しく、雄大な景色の場所は、他にないのではなかろうかと思った。（中略）私はこの場所こそ、ホテルを建てるのに唯一無二の天恵の場所ではあるまいかと思った」と。

人生に美を感じる喜びを

さらに別の本（『還暦のエベレスト』山と溪谷社　１９９５年）には、「生きるということはものを感じることだと思う。特に美しいものを美しいと感じる喜び、そのために人は生きているといっても過言ではない」と、語っておられます。

私も、この宮原さんと同じ地に立って見たヒマラヤの美しさに「生きていて良かった。これからも生きるぞ」と、心の底から思いました。そして、「生きること自体、存在すること自体が、凄いことだぞ」と、山が語りかけてくるように感じました。

この体験を、多くの方に味わっていただきたい、その一点から企画したのが、今回の「エベレストビューホテル」への旅でした。

特に、大手デベロッパーのIさんという方から、「ちょうど60歳になって、人生の転機を迎えました。アメリカでの仕事もうまくいっています」と、お聞きしましたから、「是非、エベレスト街道の旅をしましょう。新しい人生観が開けます」と、お誘いしたら、「よし、行こう」と、快諾されたことも、この時期に実施する契機になりました。

アンチエイジングのため、今後の人生を生きがいを持って楽しく生きるために、今回の旅があったということです。

それでは、旅に参加された井辺良祐さん（株式会社マザーズ取締役ＣＸＯ）にバトンタッチして、実際の行程について話をしていただきます。

準備を1年前から

【以下、井辺良祐氏より】

行程は、２０１３年（平成25年）に三浦雄一郎さんがエベレスト登頂で通られた同じ道を辿るもので、先ほど竹岡さんから話のあった、雄一郎さんの次男である三浦豪太さんの指導を受け、豪太さんの同行のもと実施するという素敵な旅となりました。

旅は、1年前から始まりました。2022年（令和4年）の10月2日、竹岡さんの呼びかけで皆が集まって、そこでエベレスト街道の旅が決まりました。

メンバーは、私が最年少で42歳、最年長はYさんで、なんと83歳、幅広い年齢の方々が集って、三浦豪太さんをリーダーに、全8名で行ってまいりました。

ミウラ・ドルフィンズ　低酸素室で　※

準備もすぐに始まって、まず、ちょうど1年前でしたが、紅葉の高尾山に訓練として登りました。訓練ですから、高尾山でも一番、難しいルートを5、6時間かけて登りました。最高齢のYさんは、両足に1キロずつの重しを着けて歩くということをされていました。その後、大雨の時も寒い時もありましたが、休み休み、景色を楽しみながら、山歩きの訓練を逗子の周辺などで何度かして、エベレスト街道を歩けるようにしてまいりました。

それ以外に、三浦雄一郎さん、豪太さんの東京の拠点、千駄ヶ谷のミウラ・ドルフィンズに行って、そこにある低酸素室で、標高4千から5千メートルでの低酸素状態に順応できるよう、3、4回ほど訓練を重ねました。

ルクラ空港　※

ラムチャップ空港　※

6時間かけて車で移動

こうして迎えた10月11日、日本の成田を3時間余り遅延して午後2時に出発、ネパールの首都カトマンズまでネパール航空直航便で7時間40分ほどのフライトで、現地時間午後6時半、到着しました。カトマンズには無事着きましたが、かつては飛んでいたエベレスト街道の起点ルクラまでの国内が現在、飛ばせないとのことで、ガタガタ道を車で6時間かけて飛行機の出る空港まで移動するという、困難に見舞われました。

着いたのはラメチャップ（マンタリ）という空港で、翌12日朝、そこから15人ほどが乗れる小型機でルクラまで飛びました。ルクラの空港（テンジン・ヒラリー空港）は、山の斜面に造られた世界一危険な空港といわれています。標高２８４０メートルにあって、滑走路は長さ３５０メートルほどの坂道で、着陸時は上り坂になって、登りながら減速して止まります。離陸時は、逆に下りながら加速して飛び立ちます。

ここからエベレスト街道に入っていきます。そこには、タルチョ

マニ石　※

坂道を登る　※

というチベット仏教の旗や、マニ石という経文を刻んだ岩が、いくつも見られました。（**竹岡**「その岩には主に法華経が刻まれています」　＊主に「オムマニペメフム」というチベット仏教徒が唱える観音菩薩の一種の呪文が刻まれている。法華経には観世音菩薩普門品第二十五があって「生老病死の苦　以て漸《ようやく》く悉く滅せしむ」〔3・5〕といった文言等があることから、広く信仰されるようになった）

4日間のトレッキング

エベレスト街道というのは、ここからエベレストのベースキャンプまでの約8日間のトレッキング・コースで、そこに居住する人たちも通る一般道であって、誰もが歩いて行けます。ベースキャンプから先は、クライミング、本格的な登山の世界になっていきます。

われわれの目的地、エベレストビューホテルはエベ

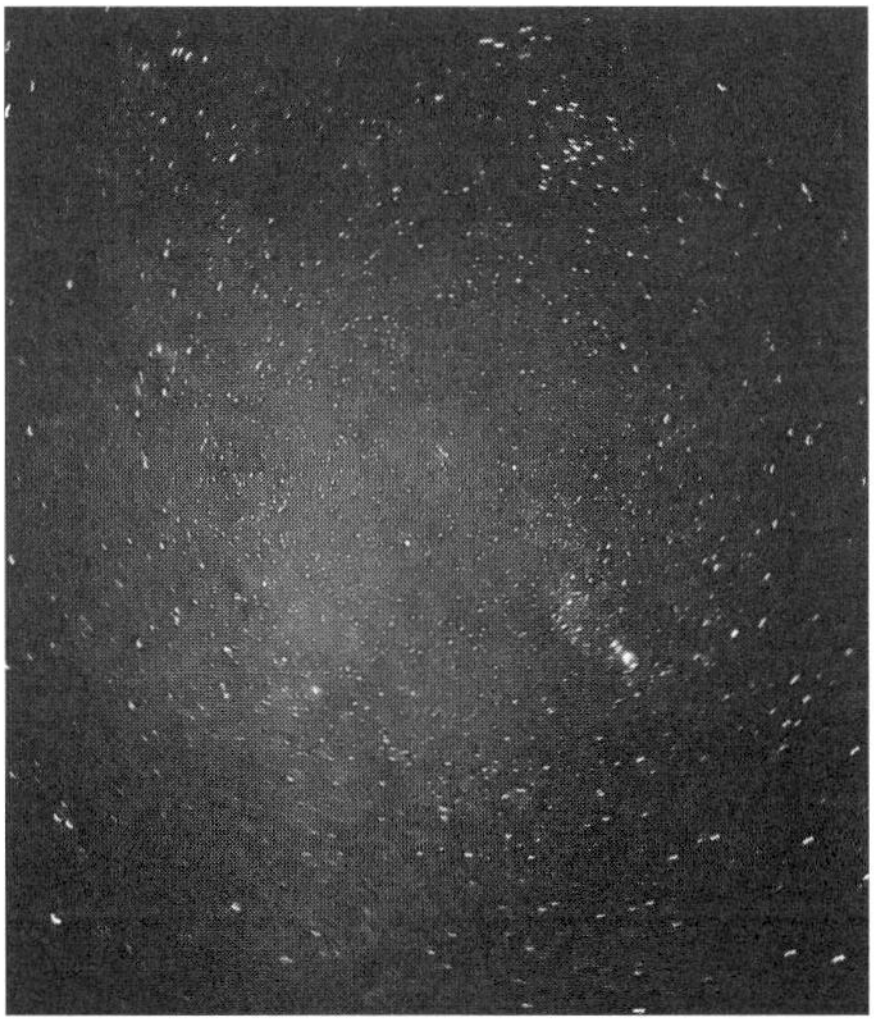

星空に感動 ※

ゾッキョに道を譲る ※

レスト街道の途中、4日目に着くのですが、毎日、昼食をはさみ、景色を見ながら5、6時間歩いて1泊するという半日仕事のリズムで行ってきました。距離にして1日あたり6、7キロ、歩数では1万から1万5千歩ほどだと思います。

この間、道は平坦というわけではなく、急な登りが続くような大変な時、つらい時もあって、それなりに疲れるのですが、三浦豪太さんがいつも皆を笑わせてくださり、楽しく越えて行くことができました。

途中、ゾッキョという高所での荷物運びの牛とすれ違うのですが、その際は、われわれが道端によけて、谷に落とされないようにしました。

この道では、いろいろな国の人と出会いました。その度に声をかけさせていただきましたが、50から60ヶ国くらいの人に話しかけることができました。特にヨーロッパ系の方が多く、中でもドイツ、イギリスの人が多かったと思います。あと、目立ったのはオースト

朝日に映える山　※

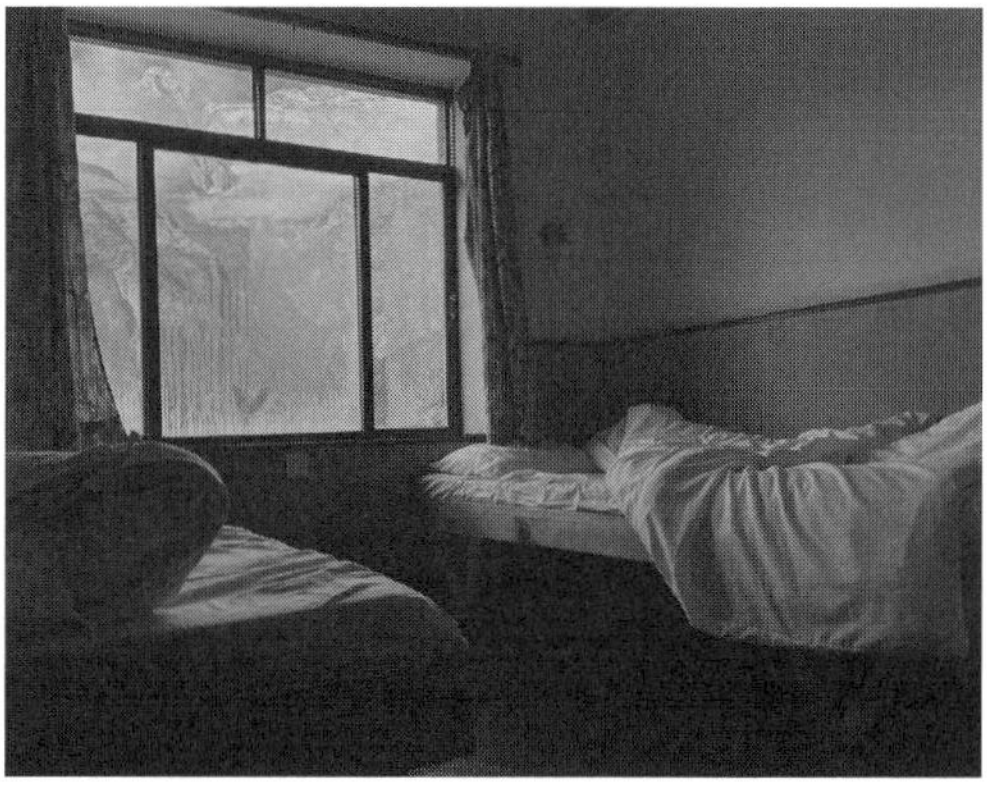

ロッジ室内　※

ラリアでした。日本人は、少なく、全体の1パーセントもいなかったと思います。世相を表しているというか、円安や景気の後退を、ここに感じました。

途中、食用のクレソンの群生を見つけまして、勝手に摘んで、朝食に調理して、皆んなで美味しくいただいたりもしました。

夜空も、普段、到底見られないほどの星の数で、デジタルカメラでこれほど写ることはないのですが、見事に撮れました。

途中宿泊した宿は、標高はまだ3千メートル以下ですが、大変、部屋は冷えて、布団の中に寝袋を被って寝るようにしました。

朝は、日の出と共に起きて朝練をしましたが、まだ6千メートルほどの標高の山しか見えませんが、日本にはそんな山はありませんから、雪を被っているその姿に感動しました。

まるでインディジョーンズの映画のような深い渓谷を跨ぐ長い吊り橋を渡り、山を超え、時には、１００キロほどの荷物を運搬している方々を感心しながら見て、2日、3日と進んで、サガルマータ（エベレスト）国立公園のエリアに入って行きました。景色はどんどん変わって、途中、竹岡さんが「人生で見

美しいトレッキング道 ※

重い荷を担ぐ人 ※

渓谷の吊り橋 ※

た一番きれいな道だ」と言われたのですが、渓流がそばを流れて、流れる音も心地よい、そんな美しい場所も通りました。（竹岡「ここで石を1つ拾ってきました。この石を握ると、その景色が思い出されます」）

歩いているところはエベレストに近いところですが、タムセルク（6618メートル）など6千メートル級は見えても、それらの山が遮って、歩いている間、エベレストはまだ見えません。

そして、3日目の宿泊地、ナムチェ（ナムチェ・バザール標高3440メートル）に着きました。ここは、山間にある街で、ペルーのマチュピチュのようだと思いました。この地域で一番栄えている街で、雑貨やお土産なども売っていました。この街で、皆で散策したわけですが、ある店で飲んだコーヒーとアップルパイは非常に美味しく、これはお勧めです。逆に、この街で食べた日本食は、ラーメンでしたが、味がほとんどなくて、とても食べられたものではありませんでした。そこで、ここに美味しいラーメン屋を作って世界の旅人に提供しようと、皆で決意した次第です。（竹岡「ここには水牛とニワトリがたくさんいる

パルスオキシメーターで測る ※

ナムチェ・バザール ※

し、塩は岩塩がある。それで出汁《ダシ》を取って日本の本格ラーメンをこしらえたら絶対当たると、豪太さんが言っておられました」）

豪太さんは、笑わせるだけではなく、既に標高３５００メーター近くとなって高度障害が心配されるところから、血中酸素濃度を測るパルスオキシメーターで皆んなの体調をみるなど、安心の旅を心がけてくださっておりました。

ここで、荷物を運んでいただいたポーターさんたちとはお別れということで、チップを差し上げて別れました。

歩き始めて4日目、15日、ナムチェから3百メートルほど登ると、シャンボチェの丘で、そこには宮原さんがホテルのために作った飛行場があって、飛行場の側にはピンゾーさんという方の経営する店があります。昔、三浦雄一郎さんがエベレストに登ったときのシェルパがいて、その人が登山途中に滑落して亡くなるという事故があって、その息子さんがピンゾーさんだということです。三浦さんはこれまでずっと、家族ぐるみで親しく付き合って来られたそうです。

ピンゾー氏と ※

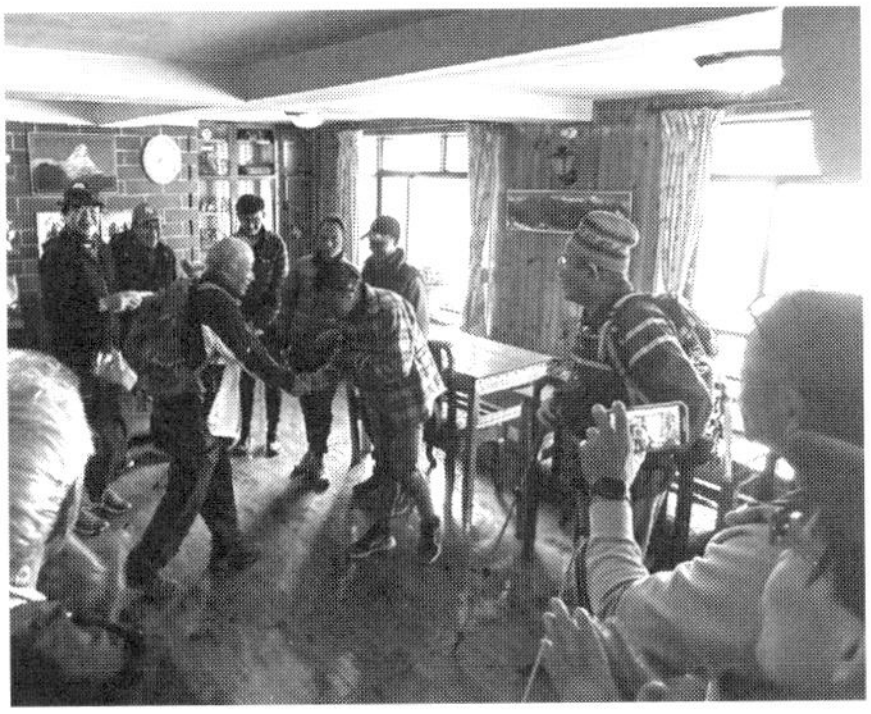

ポーターさんたちとの別れ ※

そして、雲を下に見ながらシャンボチェの丘の端を歩いて行くと、午後1時前、エベレストビューホテル到着です。富士山頂よりも高い3880メートルの標高に建つホテルです。

ここでバトンタッチして、ヒマラヤ観光株式会社、取締役の堀内俊秀さんよりお話しいただきます。

エベレストビューと田渕隆三画伯

【以下、堀内俊秀氏より】

今回、私も皆さんとご一緒させていただきました。

エベレストビューホテルに入ると、田渕隆三先生の、その名も『エベレストビュー』という絵のパネルが飾られています。

（**竹岡**「始まりは2008年（平成20年）のことですが、三浦豪太さんを八王子グループ展という田渕先生の絵のグループの展覧会にお連れしました。そこにはインドのダージリン近郊の村から描いた世界第3位のヒマラヤの高峰カンチェンジェンガを描いた大画面が飾ってありました。その絵を見て豪太さんは『すごい！

田渕画伯の『エベレストビュー』と ※

制作中の田渕画伯　2016 年　撮影：玉富雅宏

こんなに山の空気を描ける画家はいない。田渕先生、父と行ったエベレスト街道を是非描いてください。そこには日本の宮原さんという人がつくったホテルがあって、そこから見るヒマラヤの山々は世界一の絶景です』と、誘いました。『何日も歩くなんて、とても無理』と嫌がる先生に、『山歩きの指導は私がしますから、先生の見たエベレストを描いてください』と、説き伏せられて、翌２００９年（平成21年）春に出掛けて、それ以来、エベレストビューどころか、もっと先の５千メートル近くまで何度も行って、高所に苦しまれながらも、絵を描かれるようになりました。その絵の１つを写真パネルに拡大して、先生より宮原さんに寄贈されて、ホテルに飾られているということです」

ホテル室内　※

サンルーム　※

宮原巍氏の記念碑で法華経を読経　※

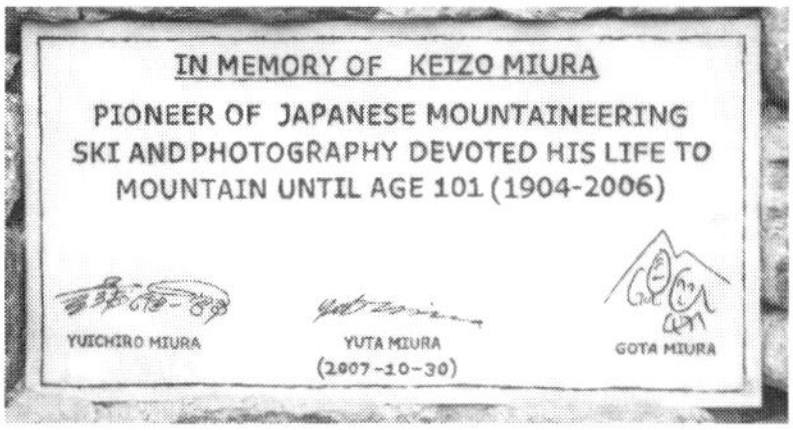
IN MEMORY OF KEIZO MIURA
PIONEER OF JAPANESE MOUNTAINEERING
SKI AND PHOTOGRAPHY DEVOTED HIS LIFE TO
MOUNTAIN UNTIL AGE 101 (1904-2006)
YUICHIRO MIURA
YUTA MIURA
(2007-10-30)
GOTA MIURA

三浦敬三氏の記念プレート　2009 年撮影

三浦家3代と宮原氏の記念碑

それからホテルには、初めてのお客様としてお迎えした豪太さんのお祖父様、三浦敬三さんのモニュメントがあります。山岳写真とスキーの日本のパイオニアとして生きた１０１歳のその生涯を称えた銘板で、消えかけていますが、そこには三浦雄一郎さん、雄一郎さんの長男の雄大《ゆうた》さん、次男の豪太さんのサインも刻まれています。

また、ホテルの片隅には、ホテルを建てた先代代表の宮原巍のモニュメントもあります。ここでは、竹岡さんが読経していただきました。（**竹岡**「はい。法華経を読みました」）

エベレスト（左）とローチェ ※

暖炉を囲んで ※

エベレストを見ながらの朝食

ホテルの客室は、12部屋しかありません。宿泊されるお客様にリラックスしていただくために、部屋はずいぶん広くなっていて、すべての部屋からエベレストが見える作りになっています。

宿泊者だけが楽しめるサンルームも、ホテルの屋上にあって、晴れればここからは３６０度の眺望ができます。

今シーズンはずっと天候が良くなかったのですが、ラッキーなことに、皆様が着かれた10月15日夕刻、２０２３年のシーズンで初めて世界第４位のローチェ（８５１６メートル）が顔を出しまして、貴重なショットが取れました。（**竹岡**「今年初の夕焼けも見られましたね」）

夜になると、食堂の暖炉を囲みました。お客様は私たちのほかに、アメリカ人、スイス人、インド人と、グローバルな顔ぶれでした。この食堂は非常にデザイン性の高い作りになっていて、もともとあった自然の岩を、そのまま残すなどしています。

翌朝には、エベレストも見えて、今回の目的の１つを叶えること

朝食のパンケーキ ※

朝食風景 ※

ができました。そのほか、ローチェに、周囲の山、アマダブラム（６８１４メートル）、タウチェ（６５９５メートル）なども見ることができました。逆側（南側）には、コンデリ（６１８６メートル）も見えました。

朝には、これらのヒマラヤの山々を見ながら食事を食べられます。

（竹岡「エベレストを見ながら朝食を取れる、こんな場所は他にはありません」）ホテルの朝食では、パンケーキも焼いています。そのサクサク感を、多くの人に味わっていただきたいと思います。

間近に見るヒマラヤ

目的の２つ目は、ヘリコプターで標高５３００メートルのエベレスト・ベースキャンプまで行こうということでした。これは、歩きでは１週間かかるところを、往復わずか16分のフライトです。途中、間近にアマダブラムやヌプツェ（７８６１メートル）の頂上、そして、眼下にはエベレストから流れるクンブ氷河が見られるという迫力あるフライトでした。

目的達成の後は、竹岡さんが皆さんにお茶をふるまわれました。エベ

ヘリから間近に見るエベレスト（左）とローチェ ※

お茶を点てる ※

レストビューでは、実に4回目の竹岡さんによるお茶会でした。
滞在中は、他に、高所順応に欠かせない周辺の散策をしました。近くのクムジュン村では、周辺では初めてできたベーカリーでアップルパイを食べたり、ジンジャー・レモン・ハニーのジュースを飲んで体を温めたりしました。また、この村に今年できました、エベレスト初登頂者、エドモンド・ヒラリー・ビジターセンターにも立ち寄りました。これは、ヒラリーの寄付で60年前に作られた、村で一番古い学校の校舎を改装してできたものです。
そんななか、それまで写真を撮るなど旅の記録をしていただいていた井辺さんが高山病にかかってしまわれました。血液中の酸素濃度が60パーセント台前半まで下がり、心拍数が107に上がりました。（井辺「2日間、

ホテルスタッフと　※

クンデーピークからの眺望　2009年撮影

頭が痛くて眠れなくなってしまい、酸素をずっと吸わせてもらいながら、皆様と同行せず、1日、寝ていました」）

それで、井辺さんと、それから竹岡さんは介抱で残られましたが、それ以外の皆は、3つ目の目的である、日本にはない高さ、標高4200メートルのクンデピークに登ってきました。（**井辺**「私が寝ている間、ポカリスエットを飲ませてくださるなど、竹岡さんは側に付いて面倒を見てくださいました」）

17日、最後の夜は、名残を惜しんで、現地とホテルのスタッフと一緒に集合写真を撮りました。

帰りはシャンボチェ空港からヘリで一気にルクラに飛び、来た道を逆方向に国内線と陸路を使ってカトマンズに戻りました。行きは雲に隠れて見えなかったヒマラヤの山々も帰りは見ることができました。

また行きたいと思わせる景色がエベレスト街道やエベレストビューホテルにはありますので、皆さん、またお越しください。

それでは、井辺さんにお返しします。

SGIの会館 ※

スワヤンブナート寺院 ※

手信号で交通整理 ※

最古の仏教寺院と最新の仏教施設訪問

【以下、再度、井辺氏より】

以上、４日間（10月12日から15日）歩いてエベレストビューホテルに行き、ホテルに３泊（15日、16日、17日）して、18日午後２時前、カトマンズに戻るという行程でした。

カトマンズに戻った夜に、高所は危険なため旅中は飲めなかったアルコールを飲みました。

カトマンズの街は、山とは違ってたくさんの車とバイクが走る大都会でした。しかし、信号はほとんどなく、警察官が手信号で交通整理をしていました。また、無数の電線が張り巡らされているのにも驚きました。「今後、４、５年かけて電線を地中化する」と、言われているそうですが、何年も同じことが言われていて、一向に実現しないようでした。一種の名物として見るのも楽しいと思いました。

カトマンズでは、１日目（19日）に世界で最も古い仏教寺院とされるスワヤンブナートという寺院に行って、その後で、世界で

カトマンズで結婚式に参加 ※

SGIの会館にて ※

一番新しい仏教施設といえる、SGI（創価学会インタナショナル）の会館を表敬訪問してまいりました。竹岡さんに説明を伺いながら、非常に温かく歓迎していただき、現地法人の代表ともご挨拶をさせていただきました。（**竹岡**「会館には、私の人生の師匠である池田大作SGI会長の撮影によるヒマラヤの写真が飾られていました」）

同日午後は、日本に縁のある方の親族が結婚されるということで、現地の結婚式にも参加しました。日本とはまるで違うものでしたが、ネパールとの繋がりを作らせていただきました。

その夜、旅の反省会を行ったのですが、竹岡さんデザインのお揃いの黄色いTシャツを皆んなで着て、美味しい鍋をいただきながら行いました。ここでもまた、竹岡さんがお茶をふるまってくださったのですが、隣の席にいたスイスからの観光客にもふるまって、喜んでもらいました。途中から牧野さんのご友人が加わって、９人で記念撮影をしました。

ゴルフ場の猿と鹿　※

スイスからの観光客と共に　※

アンチエイジングのためのゴルフ

そして、アンチエイジングと言ったらゴルフですから、翌20日、一部のメンバーで、近郊のゴルフ場（ゴカルナ・フォレスト・リゾート）でプレーをしてきました。元は王族の狩場だったところで、今でも猿や鹿がいて、グリーン上のボールを猿に持っていかれるようなことがありました。ゴルフをしないメンバーは、美術館に行ったり、昔、お世話になった方を訪ねたりして過ごされました。

夕刻の最後の晩餐では「楽しい10日間だったね」と、盛り上がって、カトマンズ空港からの夜行便で10月21日、朝、日本に帰ってまいりました。また、機会がありましたら行きたいと思います。以上、11日間の行程でした。

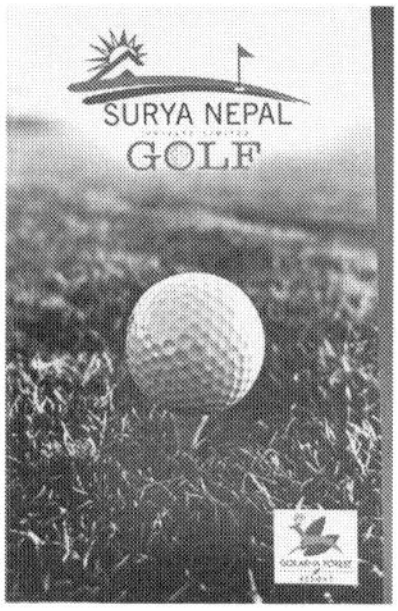

ゴルフ場ガイド　※

ここで、現在、北海道におられてリモートでご参加の三浦豪太さんに、アンチエイジングの取り組みについて、お話ししていただきます。

ゴルフ場で　ゴカルナ・フォレスト・リゾート　※

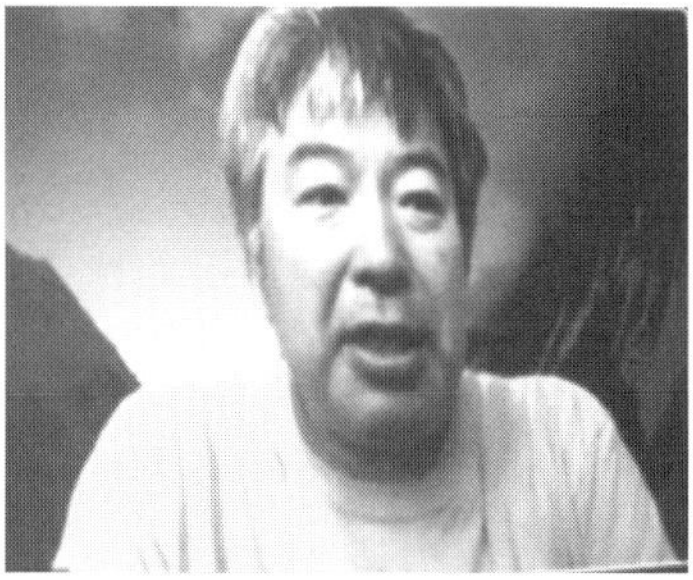

三浦豪太氏（北海道からリモート参加）

新たな冒険の旅へ

【以下、三浦豪太氏より】

昨年秋に竹岡さんの一声で集まり、以来1年間、ずっとトレーニングを一緒にしてきましたので、皆さんとは戦友のような間柄になりました。メンバーは人生の先輩も多く、お忙しい中、スケジュールを調整されながら準備をされて、実現された旅でした。

私にとっては、父親と行って以来5年ぶりのヒマラヤで、この間の自らを取り巻く状況の変化と、また同じ山に戻って来られたのだという感慨を噛み締めながらの皆さんと過ごした11日間でした。

今、私は北海道の旭川の郊外で、アンチエイジングのためはもちろん、あるいは海外からのゲスト、子供たちや障害のある人たちであっても、皆が楽しめる場所作りを行っています。

この場所は旭川から車で40分ほどの大雪山系にある標高差６００メートルのスキー場のほぼ横の７万１千平方メートルの土地で、スキーや自然の中での散策ができるように整えているところです。日本に今までなかった、楽しみながら歩いたり宿泊もできるリゾート村を目指しています。

私たちは、竹岡さんや牧野さんの働きかけで「大人の探検学校・豪太会」を作って、健康で、しかも、どうやって人生を充実させるかをテーマに、今回のヒマラヤの旅を含め、やってまいりましたが、これからも皆さんに協力いただいて、冒険の旅を続けてまいりたいと思います。

丸の内朝飯会は、以前、記念の総会で、お話しさせていただいたこともあり、懐かしく思っております。東京に行った時には、またよろしくお願いいたします。

状態を楽しむ力

【以下、再び竹岡より】

豪太さん、ありがとうございました。また、先ほどお話しいただいた井辺さん、堀内さん、ありがとうございました。

ここで、三浦雄一郎さんと豪太さんの本を1冊、紹介します。『諦めない心、ゆだねる勇気』（主婦と生活社）で、この10月に出たばかりです。雄一郎さんは、現在、90歳、3年前に「特発性頚髄硬膜外血種」という難病で要介護4の不自由な体になられますが、今年の8月31日、家族や仲間に支えられ、アウトドア用車イスを利用して、富士山頂に登られています。

この本は、何があっても諦めないということで、人生の指針になります。本の１０５ページに、「地球上に生かされた、われわれ人間のすべてに再スタートするチャンスがある。年齢は関係ない。何歳になっても再出発すればいい」と、あります。これは、アンチエイジングの神様の言葉です。さらに、「大谷選手もそうだと思うが、私自身も何が何でもやってやろうという確固たるブレない気持ちを大切にしている。自分が決めた目標、向かった道へまっしぐらに行こうという強い気持ちでの取り組みが、人間が限界を越えることにつながる。そして、もう一つ大切なことが、その状態を心から楽しむこと、楽しいと思うことは、人間が限界突破を目指す上での原動力になる。グラウンド上の大谷選手は本当に楽しそうではないか。90歳になった今の私は、自分の年齢や精神的なハンディキャップを素直に認めて、それをベースに目標を決める」と、あります。

『諦めない心、ゆだねる勇気』表紙

この言葉で思い出すのは、雄一郎さんが骨折して札幌の病院に入院された時のことです。普通なら落ち込むところを、「ここは極楽だ。看護師さんはきれいだし、頼めば何でもやってもらえる。本当に良いところだ」と、言っておられました。「楽しむ力」を大事にしようということです。

法華経には、この世は本来、「衆生の遊楽する所」（如来寿量品第十六・４・５）であると説かれていますが、雄一郎さんの人生は、まさに法華経に通じると思います。

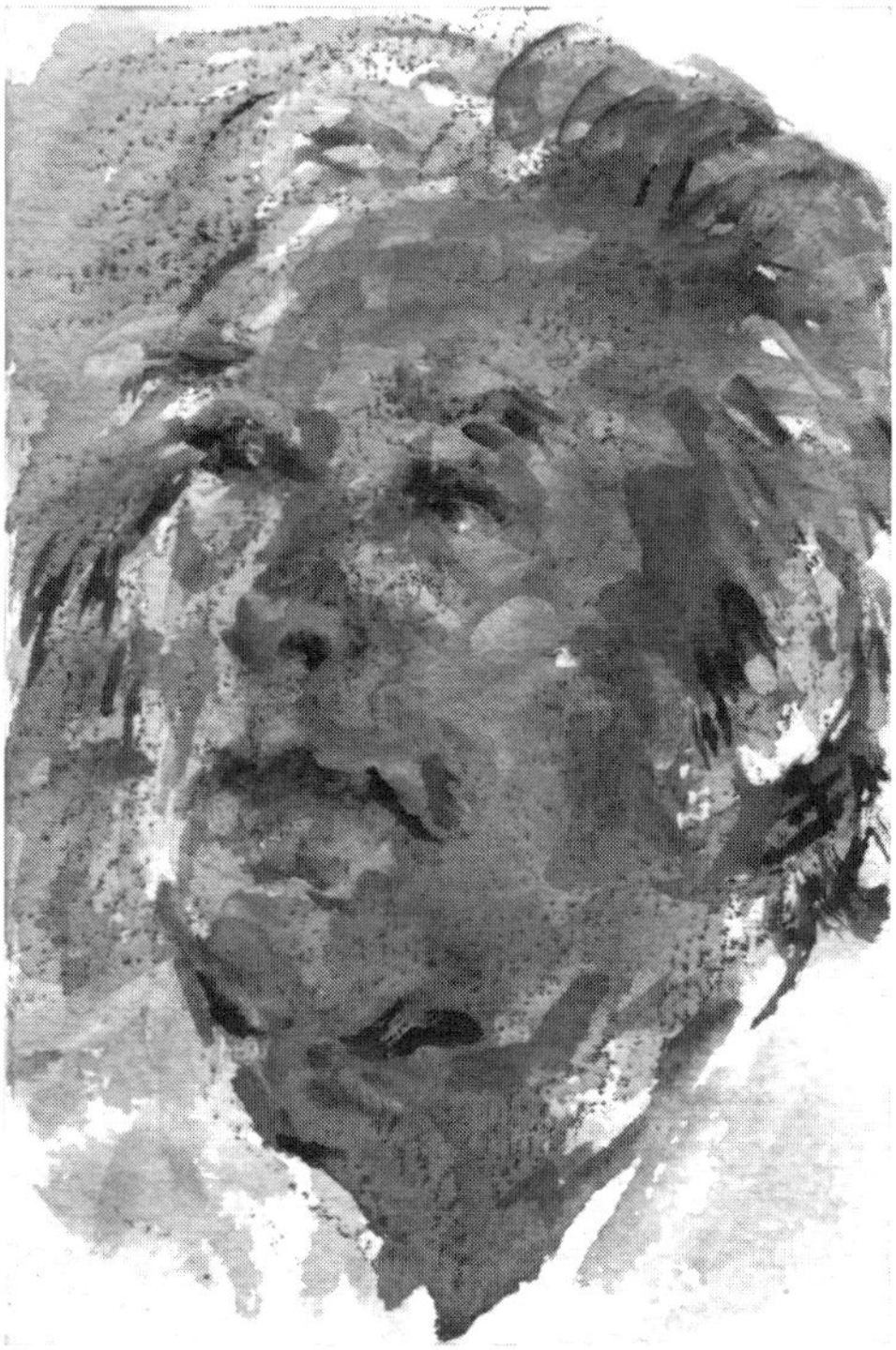

『三浦雄一郎翁』水彩　2018 年

挑戦する心が　健康長寿へのエネルギー

最後に、私の人生の師匠である池田大作先生の言葉を紹介します。

「いくつになっても、伸びよう、前進しようとしている人は美しい。何でもいい、挑戦していこうという心が、尊い。それが、健康・長寿のエネルギーとなる」（11月5日付『聖教新聞』のコラム「四季の励まし」から）と。

われわれは、いろいろな障害を乗り越えながら1年をかけてエベレストビューに行くという目標をやり遂げました。

帰ってきた日（10月21日）に、田渕隆三先生のグループ展（第10回　サンロータス展）の会期中でありましたので、「永遠の3歳児」と言っていた参加者の1人と、今回の主役であるIさんたちを誘って、成田から直接、池袋の会場（東京芸術劇場ギャラリー2）に行ってきました。その時に、お2人とも田渕先生に顔を描いてもらったのですが、描かれた顔がどちらも若くなっていて、大変、喜んでおられました。

かつてエベレストビューを建てた宮原巍さんは「山のオーラを受けて、10歳は若くなられるはずです」と言われておられましたが、その通り、今回の旅で皆さん確実に10歳、若返られました。以上です。どうもありがとうございました。

第二章　法華経の故地を巡って
中国・インドの旅

法華経の源流を訪ねて

サンロータス研究所 中国研修

２０１６年（平成28年）５月15日〜18日

はじめに

サンロータス研究所発足から5年目の２０１６年（平成28年）、念願の法華経の源流を訪ねる旅が実現した。仏教、なかんずくその最高峰たる法華経の思想が広く文化に反映された時代の中国の古都、洛陽と西安（長安）を巡る旅である。５月15日（日）から18日（水）の３泊４日の日程で、初日と最終日は移動に費やすので、実質、中２日の極めて限られたものであった。

洛陽と西安の２ヶ所にしぼり、目的地も限定して、洛陽は白馬寺と龍門石窟、西安は草堂寺と陝西省博物館に決定した。

洛陽の白馬寺は、中国初の仏教寺院。龍門石窟は、興隆期から最盛期にいたる仏教彫刻の粋が見られる場所。西安の草堂寺は、鳩摩羅什による法華経漢訳の舞台。陝西省博物館は、仏教伝来以前の原始から王朝時代、伝来後の仏教美術の推移等が、作品を通して体系的に見られる中国屈指の博物館である。

参加者は、サンロータス研究所に集う五味時作さん、廣野輝夫さん、吉崎幸雄さん、吉永聖児さん、亀田潔さん、川北茂さん、小倉伸一郎さん、そして私の8名と田渕隆三画伯の計9名であった。

1 中原を行く1

晴天の鄭州、ガイドの張氏と合流

鄭州上空より

5月15日（日）午前9時前、羽田を発ち、上海経由で河南省の鄭州に現地時間午後5時過ぎ、到着。上海は荒れ模様であったが、鄭州は晴天。空港で全線随行ガイドの張氏の出迎えを受け、用意された車で洛陽に向けて高速道路を西に進む。

河南省の優秀な日本語ガイドである張さんは、私とは初対面ではなく、出会いは12年前の２００４年（平成16年）に遡る。その年の2月、私は、日本であらぬ嫌疑をかけられて当局に逮捕され、22日間にわたって勾留された。3月、不起訴が確定した後、友人の援けがあって1年間ほど中国の深圳を拠点に中国各地を旅する機会を得た。その際のガイドの一人が張さんで、

全線ガイド張さんと合流　鄭州空港

知識が豊富で有能な人物との印象をもった私は、訪中のたびにガイドを彼にお願いするようになった。

張さんとは、特に、宋の窯跡をたどって、破片を集めたことなどが懐かしい。

それで今回も、旅を確定した時点で、ガイドを張さんにお願いした次第である。

中国文明の発祥地、河南省

洛陽へ向かう車中、張氏より、以下の説明を聞いた。

鄭州のある河南省は、面積18万平方キロで日本の半分の広さがあり、現在、１億人の人口を擁する。５千年の歴史を持つ中国文明の発祥地で、中国の歴史上、首都となった８つの都市のうち最初の４つは河南省内にあった。省外に都が遷されるのは、12世紀、南宋時代からである。

鄭州のあたりも古くから栄えた土地で、もともと鄭の国があり、隋代の５８３年に鄭州と呼ばれるようになって以来、１５００年余りの歴史を刻んでいる。鄭州の東隣には、日本で同じ名前が登場して今は使われなくなったが、かつては東京と呼ばれたり、卞京《べんけい》ともいわれ、北宋の首都となった開封《かいほう》がある。

「中原に鹿を逐《お》う」（初唐の功臣、魏徴の詩で、『唐詩選』の巻頭を飾る「述懐」にある）との有名な言葉があるが、「中原」とは、この河南省を中心とする華北平原を指しており、「鹿」とは帝位を意味している。この中原を制するものが天下を治めるという意味である。

現代においても河南省、特に鄭州は、今後3年で7本の高鉄（中国の新幹線）が交差するようになり、東西南北をつなぐ交通の要衝として発展著しい。高鉄ができたおかげで、張さんの大学時代には14時間かかった鄭州、北京間が3時間余となった。このように、主要都市のどこにでも3時間程度で行けるようになっているとのことであった。

（確かに車窓から見る景色は凄まじい発展・変容ぶりで、高速道路や高層ビルの工事現場だらけである）そのため、交通渋滞は、北京を凌ぐほどで、中国一の渋滞の街といわれている。

また、中国には、たくさんの苗字があるが、百のうちの85は河南省が発祥である。

張さんの苗字、張も河南省に古くからある苗字で、中国の五大苗字の一つに数えられ、三国志の1191人の登場人物のうちでもこの苗字が一番多く、現在、約1億人がその名を名乗っているのだそうである。

張とは、弓に長じるということ。弓は、4千年前の発明当時、最強の武器であった。その強さを自らのものにしたいとの願望から、多くの人が名乗るようになったということらしい。

古いといえば、河南省は古くは豫州《よ》といわれたが、豫州の豫の字は、甲骨文に登場する1字で、中国最古の文字の一つで、新中国になって漢字は2、3度変えられたが、この1字だけは変えられず、そのまま使われている。

さらにいえば、五大名窯のうち、3つは河南省にあり、河南省は、やきものの中心地でもあったということができる。

思想についても、河南省に源があるものが多く、今日でもよく使われる「先憂後楽」「杞憂」といったものがそれらのうちである。「杞憂」は周代にあった杞の国の人が、天が落ちてくることを考えて不安に思っていたことに源があるとのことであった。

「中」とは

中国という言い方も、元は河南省を呼ぶ言葉で、中国の人といえば河南の人のことだった。

「中」とは本来「良い」「おいしい」「OK」といったことを意味していた。

人物が優れている、友を大切にする、そのような人のことを「中」と呼んだ。

中の上は「真中」である。

それで、人の名に「中」が付けられることが多い。

中の字は、口にタテ棒からできているが、この口は四角い大地のこと。

中国の考え方には、大地は四角、天は丸という概念があり、丸い天下に四角い大地があって、その一番豊かで幸せなところに棒を立てて「中」としたのである。

ついでに言えば、大地に立てた棒によってできる日の出の時の影の長さを、中国人は毎日記録した。すると、３６５日で戻ることがわかり、それを1年とし、３月22日と９月22日は同じ長さになることなどがわかってきて、太陽歴が生まれた。

この太陽歴とは別に月の満ち欠けによる陰暦があり、陰暦は農業に利用されてきたことによって農暦ともいう。

現代中国では、太陽歴と陰暦は共に利用されていて、陰暦では、今は立夏の頃になるが、この時、小麦を収穫し、トウモロコシの種を蒔く目安になっている。

黄河の恩恵

ところで、河南省の「河」とは黄河のこと。黄河のおかげで、この地が文明の発祥地の一つとなった。黄河の氾濫のたびに肥沃な土が上流の黄土高原より運ばれて、土地が豊かになったことに最大の要因がある（これは、エジプトのナイル川と共通である）。

黄河は年16億トンの土を運び、毎年２平方キロの土地が出現する計算になる。おかげで、氾濫後の土地には、小麦などは種を蒔くだけで収穫でき、その生産量は、全中国の３分の１を占める。

ところが近年は、気候の変動によって水量が減り、黄河の氾濫は滅多になくなった。政府によって、北部の水不足を解消するため、長江の水を北京にまで運ぶ水路の建設計画（南水北調プロジェクト）が作られたが、これも少なくなった黄河の水を取るわけにいかないと判断されたからである。この水路は、黄河の川底に太いパイプを通して横断させて、10年以上の歳月をかけて幅百メートル、総延長2千キロにわたって掘られた。その水路は、東線、中央線、西線の3本が計画され（われわれも道中そこを渡ったが）鄭州近郊を通る中央線は、２０１４年末に完成した。

中国の人口の推移

河南省が1億人の人口を数えるように、現代の中国では、各省が1国の規模を有するほどとなっているが、４千年前に遡ると、中国全土で、わずか１３００万人ほどであったと推定されている。その後、戦乱等により人口の減少をみた時期もあったが、おおむね増加を続けて宋代に人口1億人を突破、清の乾隆帝の時代には2億人、日清戦争の頃に5億人、日中戦争の前には8億人に達した。日中戦争の間に、３５００万人から４５００万人が亡くなったが、その後、さらに増加して、現在、13億人となっている。

中国の中心、嵩山

西に進むにつれて、山が近づいてきた。嵩山である。
張さんは、この嵩山を、次のように説明した。

少林寺サービスエリアからの嵩山

嵩山は「山が高い」と書くが、標高1512メートルで、実際にはそんなに高くない。

しかし、中国人にとっては神の山であり先祖のいた山であって、この山を中心にして中国文化が生まれたのである。漢字も仏教寺院（白馬寺）も、崇山のある河南省が始まりであった。昔は河南弁が話せないと出世もできなかった。

漢字は、中国だけでなく、周辺の国でも使われるようになった。韓国やベトナムは、昔は漢字を使っていたのを、捨ててしまった。それに対し、中国人が日本に行くと、今も漢字が使われているので、親しみを持つ人が多い。

ただし、日本人は2千字程度で良いとされるが、中国では1万字以上覚えていないと、大学を卒業できない。

嵩山は五岳の一つであり、唐から清までの歴代皇帝は皆、ここに来ている。なかでも唐の則天武后は6回も来ており、中国一大きい石碑を立てている。ところで、この石碑には碑文がない。「私がしたことの善し悪しの評価は後世に委ねる」との意味を込めて空白としたとのこと。

嵩山が、中心というのには、地質学的な理由もある。

昔、全土は海であり、30億年前、隆起が始まって最初に現れたのが嵩山なのである。そして嵩山を中心に緑の大地が生まれ、そこが中国最初の文明社会となった。

また、嵩山は、麓にある少林寺で有名である。今、周辺には、30を超える武術学校があって、各校ごとに2万から3万人が学んでいる（たしかに車窓から学校関係の高層ビルがたくさん見えた）。

日が山の端に沈む頃、少林サービスエリアにて休憩。禅の文字の石碑や少林寺武術をかたどった像が設置されていた。

中国と日本

張さんの話は、さらに続く。

ともかく漢字をはじめ、中国と日本のつながりは深い。

両国は、１万年前から繋がっている。

２４００年前の秦の始皇帝の時代には、東に扶桑国という長寿の国があって、そこに不死の薬があると信じられて、徐福が日本に派遣された。それには、童男・童女が何百人も船に同乗しており、結局、全員行ったままで戻らなかったという。

徐福らは、不死山（富士山）から漢方の2種類を見つけたが、それらはいわゆるカゼ薬であった。それはそれで、有用であったのであるが、不死の薬ではなかったため、このまま帰ったら皆殺しだと考えて、日本に残ることとしたのであった。

初めは中国の方が、文明は進んでいた。中国の統一は３千年前、日本は１３００前の奈良時代になってからである。

宋の時代には、中国と日本は1千年の差となり、だんだんと差は縮まって、清の時代に逆転する。

日清戦争で日本が勝って、下関条約で日本の当時の国民総生産の4倍の金が中国から支払われ、それを日本は、様々に使ったが、特に教育に注いで制度を整えて、中国を超えていったのである。

中国が負けたのは、銃の差である。銃弾の飛ぶ距離の差が大きく、日本の三八銃で、日本兵１人が中国兵10人を倒せたといわれる。

しかし、戦争を続けた日本は、原爆で原始時代に戻った。日本の国土は焼け野原になって、３百万人以上が亡くなった。中国では、犠牲者は３５００万人以上である。

今、戦争をしたならば、さらに甚大な被害となる。米ロは何10回も地球を破壊できる核兵器を有しているからだ。

古都洛陽

張さんの解説を聞くうちに、あたりはすっかり暗くなった。午後8時過ぎ、洛陽市内に到着。

洛陽の夜景

洛陽は、3500年前の夏王朝以来、9つの王朝が都を置いた歴史の街である。

張さんによると、2千年間にわたって都であり続け、墓だけでもおびただしい数が存在し「洛陽は墓ばかり。牛の寝るところがない」と歌った詩人がいたほどであったとのこと。

現在の洛陽は、かつての規模はなく、都市部人口は140万(農村部も含めた総人口は800万)ほどである。

今の洛陽と、かつての洛陽は、位置も違っており、漢代の洛陽城などは、今は麦畑となっているとのことであった。

日本の京都は、洛陽をモデルにして、洛中、洛外といった言葉が今も使われているが、今の洛陽は、京都というよりは、奈良のような位置にあるといえよう。

法王、法華経

午後8時半、洛陽水席園にて夕食。

［夕食の席で交わされた会話をここに記す］

張　中国で、仏教経典といえば、楞厳経《りょうごんきょう》、華厳経、法華経の３つを勉強します。３つの意味は、まず楞厳経で智慧を学び、次に華厳経で富貴を学び、最後に法華経で成仏を学ぶということです。法華経は、法王といわれて、これを勉強すればすべての経を勉強したことになるとされています。

竹岡　中国の人も、法華経が一番だとわかっているのですね。

達磨と禅宗

竹岡　ところで、明日訪れる白馬寺は、中国で最初に建てられた仏教寺院だといわれるけれど、白馬でもたらされた経典は、何経だったか、わかりますか。

張　はじめに伝わったのは、浄土の教えだったと聞いています（伝承では四十二章経）。先ほど休憩した少林寺のところは、禅宗ですが、これは南北朝の時代に達磨大師がインドから来て、それから全土に広まったものです。

竹岡　達磨は、鳩摩羅什の後ですね。

張　はい。達磨が中国に来たのは6世紀になってからです（鳩摩羅什は5世紀初頭）。

伝説では、達磨は、一葉の舟に乗って広州にたどり着きます。篤く仏教を信仰していた南朝・梁の武帝は、その知らせを聞いて迎えに行き、対話をしました。

武帝は聞きます。

「朕は経を上げ、僧尼を養って、寺院を建立してきた。その功徳は、いかほどか」

それに対して達磨は「無功徳」と答えて、

「功徳とは皇帝の位でもなく、追求するものでもない」と、返しました。

皇帝は、それに怒ってしまいます。

皇帝を怒らせた達磨は「大乗仏教を広めようと思って中国に来たのだが、これでおしまいだ」と失望して、いかにすべきかと思案し、南朝を離れて長江を渡って北朝に入ります。

そして、中原の現在、少林寺のあるところまでやって来て、嵩山の天然の洞窟に9年間こもって思案を続けます。

その後、洞窟を出て開いたのが禅宗です。

仏教はもともと中国のものではなかったのが、禅宗となって、それまでの中国の文化と一体となって、広まりました。

田渕　思想や宗教は、それなりの文化・芸術を形成します。禅宗は禅宗で、独特の文化・芸術を生み出しました。中国の文化と一体化するとともに、中国の文化を変えていきました。

文化・芸術でわかる宗教の本質

田渕　いずれにしても、どんな文化を生み出したかを見れば、その宗教の本質がわかります。いくら高尚で最もらしいように思われても、文化・芸術に見るべきものがないようでは、本物とはいえません。さらに言えば、現実の人間にとって大切な、平和、文化、教育に、どういった成果をもたらしたかが、思想・宗教には問われているということです。

張　たしかに、仏教の伝わったところには、絵や彫刻が残されています。鳩摩羅什の生まれた西域の亀茲国（クチャ）に造られたキジル石窟は、石窟としては初期のもので、壁画や塑像が残っています。しばらくすると、石窟は近くのクムトラなどにも造られます。そうして石窟を造ることが広まっていきました。

変化する仏教文化

張　面白いことに、それらの石窟に造られた塑像は、初めはヨーロッパ系の顔立ちをしています。

それは、その土地に住む人々がヨーロッパ系のウイグル族で、それに合わせて鼻は高く目は大きく造られたからでした。

仏教は、その土地の現実に合うように変わっていったのです。クムトラに残された石窟の壁画を調べると三層になっています。一番上の新しい壁画は、漢民族の顔立ちで、その下の古い層はウイグルの顔立ちです。

仏像も、雲崗では漢民族の顔ではありませんでしたが、次の龍門では漢化しました。その漢化する始まりのところに鳩摩羅什がいました。

田渕 羅什が漢訳した法華経があって、仏教が中国の人々に受け入れられたということですね。法華経には、全民衆の仏性が認められています。それが人々に受け入れられる要因になったと考えられます。

それにしても、私個人としては、龍門より雲崗の方が、感性にしっくりくるものがあります。龍門のメインである唐の奉先寺の大仏は最盛期から爛熟期に入る時期であるのに対して、雲崗は仏教の中国における興隆期に当たっており、その清新ないのちが感じられるからです。

ところで、石窟といえば敦煌も有名ですが、開削時期は、羅什の時代と同じくらいですか。

五味 敦煌石窟の開削は四世紀半ばで、羅什の法華経の漢訳は5世紀初めですから、半世紀ほどの違いがありますね。敦煌石窟の開かれる前には、敦煌菩薩といわれた3世紀半ばから4世紀初めの竺法護がいます。竺法護は、羅什以前に法華経を漢訳した僧で、それは正法華経です。

羅什訳とサンスクリット経典

五味　ところで、一つ疑問があります。羅什にしても竺法護にしても、法華経を訳すにあたって、元になった梵本・原典があったわけですが、現存する、いわゆるサンスクリット写本は、羅什の時代より新しいものばかりです。なぜなのでしょうか。

これらの写本は、砂漠の中の廃墟や仏教遺跡から、近代になって発見されたもので、19世紀になって世界中で情報が共有されることになったものです。断簡もあり完本もあります。それにしても、竺法護や羅什の漢訳の元となった原典はどうなってしまったのでしょうか。

廣野　それは歴史のなりゆきでしょうね。正法華経は別にして、羅什訳の妙法蓮華経は達意の名訳といわれ、使われている漢語が平易なこともあって、一気に広まったと伝えられています。羅什は他の大乗経典の漢訳も手がけており、名声も手伝って、サンスクリット原典は使われないまま朽ち果ててしまったと思われます。

五味　いわゆる中華思想の影響という人もおりますが、むしろ中国の仏教者が法華経に目覚め、中国的展開の機が熟したと考えてよいのではないかと思います。歴史的には天台大師をはじめ吉蔵や法雲らの研究が花開く時代が始まったことはよく知られています。

ところで法華経の開経である無量義経は、羅什訳法華経の70年後の訳です。この無量義経は、中国で創作されたとの説もあるそうですね。

廣野　中国仏教史の専門家として有名な横超慧日《おうちょうえにち》氏が「無量義経について」という論文を１９５４年に『印度学仏教学研究』に発表され、それが広く学者の支持するところとなったのですね。

竹岡　自分の訳した法華経の今日の世界的な隆盛を知ったなら、羅什はさぞかし喜ぶことでしょう。

白馬寺とボストンの菩薩像

竹岡　ところで、お釈迦様は、中国でいえば、誰と同じ時代になりますか。

張　老子や孔子と同じ時代だと思います。

亀田　老子は、釈迦と同一人物視されることもあります。

竹岡　中国に仏教が伝わったのは、いつ頃とされていますか。

張　秦の始皇帝の時に入ったという説もありますが、それは怪しいとされています。確かなところでは、やはり洛陽の白馬寺建立の由来となった、後漢の明帝の時代、西暦67年にインドから摂摩騰《しょうまとう》（迦葉摩騰《かしょうまとう》）と竺法蘭《じくほうらん》が仏像と経典を白馬に載せてもたらしたのが最初だとされています。

竹岡　その白馬寺にあった仏像（『菩薩坐像』東魏　５３０年頃）を、アメリカのボストン美術館で見たことがあります。

これは、惚れ惚れするくらい美しい菩薩像で、フランスのパリに流出していたものを、当時、ボストン美術館の中国・日本部長をしていた岡倉天心が見つけて、手に入れることを念願したという

『菩薩坐像』東魏　530 年頃
ボストン美術館

作品です。ボストン美術館には、天心の願いを聞いていた弟子によってもたらされました。世界一と言っても言い過ぎではない美しさです。

田渕　中国の人々が、なぜ、異国の宗教である仏教を受け入れたかを考えると、このような美しい仏像の存在が外せません。仏像の美しさに触れて、仏教を人々は受け入れるようになったということです。

生命の尊厳と永遠を説く法華経は、仏教の本質であり、白馬寺の菩薩像には、その法華経の精神が具現化したと思わせるものがあります。石でありながら生きていて、動かないはずの石が動くような感じがします。

そして、この像が造られたのは、鳩摩羅什が法華経を漢訳して百年余り経た六朝（南北朝）時代ですが、この中国における仏教の興隆期には、顧愷之《こがいし》を筆頭に、西洋絵画史の最高峰であるレオナルド・ダ・ヴィンチにも匹敵するような絵師が誕生しています。

見てわかる彫刻や絵画が生まれたことによって、仏教が定着していきました。

仏像の誕生とガンダーラ

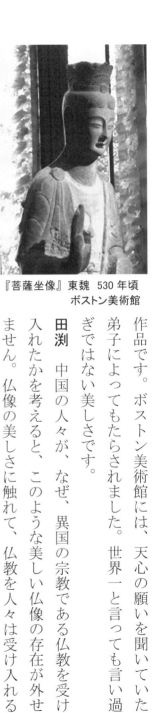

張　誰でも見ればわかる。……見性という言葉がありますね。

田渕　そう、そこに仏性を見るということです。人間に仏性を見るなかで仏像が誕生し、その生きているような仏像を見て、人々は感化されました。その始まりは、ガンダーラです。今のパキスタン北部からアフガニスタンのあたりです。

張　そうです。仏像の始まりはガンダーラです。残念なことに、アフガニスタンの大仏（バーミヤン）は爆破されてしまいましたが、あの地方が始まりでした。

竹岡　それ以前のインド本土では、樹木、菩提樹が仏陀を表すものでしたね。

五味　法輪などもシンボルになりました。

田渕　ガンダーラでは、民衆の中に仏を見たから仏像ができたのです。それこそ法華経に通じる思想です。

偶像禁止の意図するもの

竹岡　ひるがえって、イスラム教では、そういった偶像表現は禁止されているといいますが、それはいかなる意図からでしょうか。

田渕　良くも悪くも人は、見るものに左右されます。それが良い影響を与えるものならいいのですが、そうでなければ人を悪道に陥れます。そして、往々にしてひどいものの方が多い。同じ仏像でも、初期のものは生命の尊厳を宣揚する形をしていますが、後になると、仏を超人的な存在として、むしろ不気味で生命を歪めた形が多くなります。そのようなものなら、消した方がよいとなります。

形象に一切が含まれる

小倉　高校の時に、今のようなお話を聞けていたなら、良かったのにと思います。私は、高校時代、芸術教科は書道を選択していて、美術を勉強しませんでした。

田渕　書道でも、文字の前には形象があったことを忘れてはならないでしょう。漢字の一字一字は、それぞれ形象があって生まれたものです。形象を離れて書道もないということです。法華経の方便品第二の十如是では、「如是相・如是性・如是体」と、続いた後、「如是本末究竟等」（1・3）とあって、如是相に生命の一切が含まれるともいえるでしょう。生命が大事、心が大事といっても、漠然として、どこにあるのかわからない。それを、相・性・体を伴ったものが生命であると捉えた法華経は、明快です。

廣野　この十如から壮大な一念三千の法理が展開されてゆきます。

午後10時前、終了し、宿舎の牡丹城（ＰＥＯＮＹ　ＰＬＡＺＡ　25階建の高層ホテル）に移動。

中国のマンション事情

5月16日（月）快晴。

ホテルで朝食後、9時過ぎ専用車で龍門石窟へ向け出発。石窟は、洛河を渡って13キロ南である。洛陽も新築の高層ビルが目立つ。張さんによると、多くの場合、それらは住居用のマンションで、各部屋の床面積は、１３７平方メートルから１５４平方メートルほど（日本は３ＬＤＫで70～80平方メートルほどが普通）であり、洛陽真区といわれる中心部は値段が高く、これらの新しいビルには実際には半分しか入居していない。しかし、転売や貸出しで利益を得るのを期待して、投資目的で全戸売却済みである。購入資金は、昔は現金のみであったが、今はローンができるので、多くは借金とのこと。

洛河

中国の場合、マンションは内装を入居者が行うこととなっており、すぐには入居できない。かつては、社宅など、住居は提供され、すぐに入居できるようになっていたが、今は、トイレも洗面所も何もかも自分でやらなくてはならず、張さん自身も最近、このような新居に引っ越したが、30万元（約６００万円）をかけ、入居できるまで1年かかったとのこと。このマンションには、まだ3分の1ほどしか入居しておらず、いたるところから響く内装工事の騒音に悩まされているそうである（たしかに、どのマンションも空室が明らかに多いように見えた）。

今後、これらの空室は、どうしようとしているのかと尋ねると、農村部の人に売ろうとしているのだそうである。それは、農村部の人々の望んでいることでもある。農村部には、良い教師がいない。わが子への教育を考えると、皆、都会へ出たいと考えていると。

物質的豊かさと精神の貧困

これらの高層マンションは、単独ではなく、高層マンション群として建築されることが多い。農村部の村全体を引越させて、そこにあった麦畑を敷地に、新しい街に変えるのである。こうしたことができるのは、土地が国のものであるからで、国が許可すれば、村全体を動かすことができるのである。

こうしたビルの建築で引越しを余儀なくされた農民たちには、当然ながら賠償金が払われ、その額は数千万円にもなる。これによって、これらの農民たちは、にわかに金持ちになっていく。

そこに、問題が生じてくる。ビルの建築にあたっての賠償金や、転売などで、自らの工夫や苦労なくして金持ちになった人たちは、わがままな振る舞いをする場合が多いのである。

張さんも、そのような人たちの日本旅行の世話をした際に、困り果てたことがあったそうである。

毛沢東の時代は貧しかったが皆、ルールを守った。今は、豊かになったが、些細なことで喧嘩するようになった。飛行機が遅れるだけでも喧嘩をする。お金でわがままが通ると勘違いしている、精神面が追いついていないと、嘆いていた。

一方で、資産千億円余といわれる河南省一の金持ちで、日本を何度となく訪れている人物のお供をした際のことであるが、同じ金持ちでもまったく違った考えの人がいることも知ったという。

その人物は、孔子や老子といった伝統思想を取り入れ、中国が本来持っていた美質を蘇らせようとする動きを見せており、習近平氏を筆頭に、指導層にはそのような動きをする人々が今、増えてきているという。

2　龍門石窟

皇帝の都への門

午前10時前、龍門石窟の駐車場到着。ここで、環境保護のために整備された電動カートに乗り換え、伊水のほとり1・5キロほどの専用道を進み石窟北端の入口に到着。

洛陽に南から流れ込む伊水は、かつて洛陽に入る唯一の道であった。その伊水に2つの山が迫るところを、皇帝のいる都への門に見立てて、龍門と呼ばれるようになったのだという。龍という呼び名は、天子は龍の子であるとの中国の思想にちなんでいる。
西側を龍門山、東側を香山という2つの山に迫られて伊水の最も狭まっているところから、古く
は伊闕《いけつ》といった。闕とは、宮殿の門を意味する言葉である。この伊闕は、隋・唐時代の洛陽城の門
と向かい合う位置にあったという。

伊水

石窟は、南北に流れる伊水沿いの龍門山に約1キロにわたって穿たれている。香山にも石窟はあるが、こちらは数は少なく年代も新しく、石窟よりは、唐代の詩人、白居易が13年間にわたって住んだという香山寺で有名である。

さらに香山には、西安に行く前に蒋介石が暮らした建物(蒋宋別荘)があり、現在そこはホテルになっているとのこと。なお、香山の名は、そこで香りのいいツルが生えていたからという。

龍門石窟の始まり

龍門石窟の開削は493年、鮮卑族の王朝、北魏の第6代孝文帝によって、都が大同(平城)から洛陽に移された

ときから始められ、唐代を最盛期に、明・清代まで約9百年間にわたって続けられた。大同からの遷都の理由は、文化の中心地である中原に移ることで、名実ともに中原の覇者とみなされるとの考えからであった。

北魏における龍門石窟は、第4代文成帝の460年以来造営された大同近くの雲崗石窟にならってのことであり、新都洛陽を護るためであった。

ただ、雲崗は岩質が柔らかい砂岩で、5人の皇帝になぞらえた高さ10数メートルの大仏が5体も彫られるなど、比較的大きい彫像が目立つのに対して、龍門は火成岩（かんらん岩）の硬い岩質のため掘削は難しく、北魏時代のものは、賓陽中洞の釈迦如来坐像の高さ8・4メートルが最大である。

潜渓寺にて

泉水の流れる潜渓寺

最初に訪れたのは、順路の始めにある規模の大きな石窟で、唐の第3代高宗の時代（649~683年）の、洞内を泉水が流れていることからその名がついた潜渓寺である。

説明によると、高さ7・8メートルの阿弥陀仏を中心に、両脇に弟子と菩薩と天王が各1体ずつの七尊形式である。

賓陽中洞と法隆寺の釈迦如来像

その後、注目の賓陽中洞へ。「賓陽」とは「太陽を迎える」という意味である。賓陽中洞の左右には石窟が一つずつあり、合わせて賓陽三洞といわれているが、それぞれ造営年代は違っており、中洞が最も古く、洛陽に遷都した孝文帝の功績をたたえて、その子、第7代宣武帝が6世紀初頭に完成したもの。洞内の彫像と背後の飛天など、壁画には彩色が残り状態がいい。

賓陽中洞

中洞の本尊の釈迦如来像を見ると、面長な顔に杏仁形のつぶらな眼とアルカイック・スマイルなど、典型的な北魏様式であり、その百年後に造られた日本の飛鳥時代、法隆寺金堂の釈迦三尊像（623年、鞍作止利）のルーツの一つといえよう。両者には、同じ特徴が見られ、手のポーズなども、共通しているのである。

ただ、龍門の釈迦如来像の方が、より生き生きとして、明るい感じがする。

北魏の人々の上昇期の気風が反映しているのであろうか。

また、仏像にありがちな威厳というような近寄り難い印象はなく、人間的な親しみやすさが、むしろ感じられる。

人間のなかに仏性を見て最初の仏像は誕生したといわれるが、この像にもそれは継承されているといえるであろう。

持ち出された仏像たち

なお、賓陽中洞の釈迦如来坐像の左右の壁面にも、それぞれ両脇に菩薩が付く如来三尊立像がある。これらの三尊像を見ると、2体の脇侍菩薩像の頭部が欠けている。

賓陽中洞の『脇侍菩薩頭部』
東京国立博物館ウェブサイトより

経緯はわからないが、現在、その2体の頭部は日本にあって、それぞれ東京国立博物館と大阪市立美術館に所蔵されている。

ついでにいえば、中洞の壁面にあったレリーフ（『皇帝礼仏図』と『皇后礼仏図』）も海外に持ち出され、アメリカの2つの美術館、ニューヨークのメトロポリタン美術館とミズーリ州カンザスシティのネルソン・アトキンス美術館に、それぞれ収蔵されているという。

龍門石窟を見ていくと、石像の全部、もしくは一部が欠損しているものが多い。それらは、文化大革命の際に破壊されたものもあったというが、多くは中洞の例のように、中国が弱体化した清朝末期から第2次大戦中にかけて欧米及び日本に持ち去られたためであり、それらは各国の博物館等の所蔵となっている。当時は、様々な理由があったであろうが、それらの失われた空白を見ると、やはり、心が痛む。

北洞と南洞の阿弥陀像を考える

賓陽中洞の並びにある石窟は、向かって右が賓陽北洞、左が賓陽南洞で、どちらも中洞と同じ宣武帝の時代に、北洞は孝文帝の皇后のため、南洞は宣武帝のための石窟として開削が始められたが、岩質が硬すぎたためか、どちらも中断し、北洞は7世紀後半、唐の第3代高宗の時代、南洞は641年、唐の第2代太宗の時代に完成している。

なお、南洞の場合は、当初の目的は変更され、太宗の四男、魏王・李泰が、636年に36歳で亡くなった母（太宗の皇后）のための石窟として完成させたもの。太宗の皇后といえば、善政の代名詞とされる貞観の治を支えた長孫皇后である。

ところで、現地の表示では、北洞、南洞とも主尊は阿弥陀如来となっている。両像とも、唐代の

賓陽南洞にて

彫刻の特徴を有し、北魏のものに比べて、顔や体は丸みを帯びて、より写実的、個性的になっている。

阿弥陀仏といえば、一般には浄土経典の阿弥陀仏であるが、これは「若し如来の滅後、後の五百歳の中に、若し女人の、是の経典を聞いて、説の如く修行するもの有らん。此に於て命終して、即ち安楽世界の阿弥陀佛、大菩薩衆の囲遶《いにょう》せる住処に往き、蓮華の中の宝座の上に生ぜん、」（薬王菩薩本事品第二十三・5・2）等々とある法華経の阿弥陀仏の方が拠所となっているように思える。日本の平安時代に見られる浄土経典の阿弥陀如来像は、優美で弱々しいという印象を持つが、これは、健康的で頼もしいといったポジティブさが感じられるのである。

あるいは、南洞の像は、長孫皇后に似せて造られたものかもしれない。そう思いながら見ていると、ちょうどこの像にそっくりな若く美しい中国女性が現れた。思わず私は、現代の長孫皇后に声をかけ、一緒に写真に収まった。

万仏洞側面

万仏洞

女性の造営した万仏洞

続いて見たのは万仏洞。万仏洞の名は、洞内の壁面に万を越えるおびただしい数の小さな仏が彫り込まれていることによる。

石窟の天井には蓮華が彫られており、その周囲に沿って「大監の姚神表と内道場の智運禅師は、仏像1万5千体の仏龕《ぶつがん》を造り上げ、大唐永隆元年（680年）11月30日に完成した」と刻まれているのが確認できた。これによって、完成年を680年であると特定できるのであるが、この時期は第3代高宗の最晩年の、後に女帝となる則天武后が実権を握っている時期にあたる。

この石窟を造営した大監の姚神表と内道場の智運禅師は、どちらも女性であり、姚神表は工事監督をした宮廷の女官、智運禅師は宮廷の御用尼僧である。

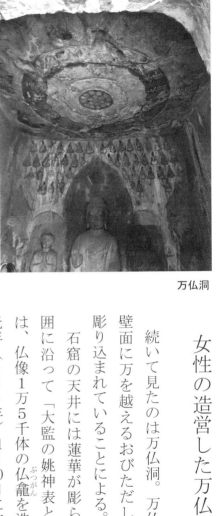

則天武后の時代は、自身を筆頭に、大いに女性が登用され活躍した時代であったことが、この万仏洞の記述から垣間見えてくる。
なお、表示によると、こちらの主尊も阿弥陀仏となっている。

蓮華洞

次に見たのは、蓮華洞。その名のとおり、洞内の天井に直径3メートル半ほどの立派な深掘りの蓮華が彫られていることによる。

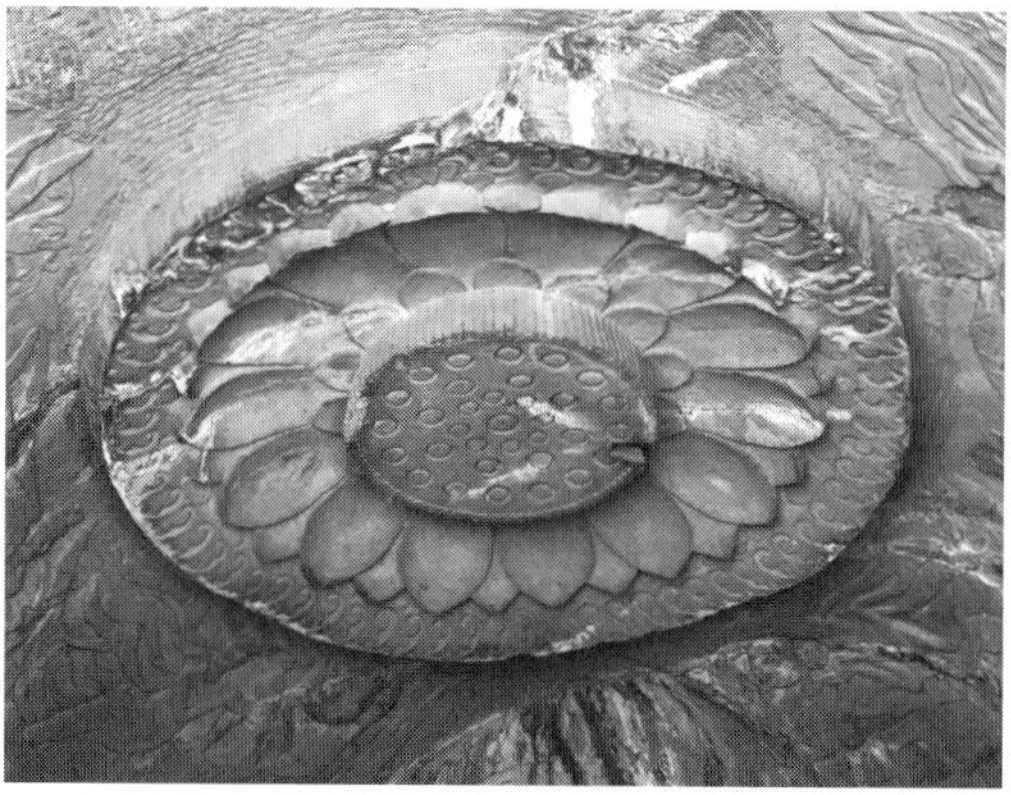
蓮華洞天蓋

説明板には、北魏の孝昌年間（525~528年）に造られたとあるので、賓陽中洞を造った第7代宣武帝の子、第8代孝明帝の時代のものとなるが、主尊の制作年は延昌年間（512~515年）ともいわれるから、宣武帝のときには造営が始まったと考えられる。また、この石窟は、他と違って、天然の鍾乳洞を利用したとのことである。

その主尊は釈迦如来立像で、高さ5・1メートルほど。残念ながら顔の損傷がひどい。そして、その両脇には十大弟子の阿難と迦葉と思われる像が立つが、そのうち向かって左側の迦葉像の頭部は、持ち去られ、現在、フランス、パリのギメ博物館所蔵となっている。

蓮華洞の釈迦像

賑わう奉先寺

いよいよ龍門石窟の一番の見どころ、奉先寺に向かう。長い階段を上がると、壮大な光景が広がった。

それにしても、大変な人である。しかし、日本人はといえば、われわれのみのようであった。張さんに、人々の多さを話したら「何年か前の世界遺産の記念日には、混み具合は、こんなものではありませんでした。1日で30万人を記録しました」とのこと。

龍門石窟は、2000年に世界遺産に登録されたのを契機に、全中国の注目を一層浴びるようになったのである。

ミケランジェロを凌駕する彫刻群

奉先寺石窟には、高さ17メートルの仏坐像を中心に、横幅（南北）約35メートル、奥行き（東西）約40メートルほどの広場の北、西、南の三方を囲む壁面に、十大弟子の迦葉・阿難、両脇侍菩薩、多聞天・持国天、金剛力士（仁王）の立像が彫られて、巨大な九尊像が刻まれている。

そばにあった表示には、唐の672年に3代皇帝高宗が建立を始め、則天武后が化粧品代の2万貫の金を寄進して、675年に完成した。これこそが中国・唐時代仏教彫刻の芸術的傑作と、あった。

その現場を見るにつけ、その技術力といい、費やされた労力といい、当時の唐の国力が、いかに桁外れであったかがわかる。

イタリア・ルネサンスの巨匠ミケランジェロは、山全体を彫刻したいとの願望を抱いていたというが、まさにそれを実現したと思える。

奉先寺を彫刻した人物の記録は残されていないようであるが、ミケランジェロを凌駕する彫刻家が、そこに存在したということを、これらの諸像が物語っている。

奉先寺　多聞天と金剛力士

一人は宇宙大と示す盧遮那仏像

その中心の仏坐像は、盧遮那仏《るしゃなぶつ》で、華厳経の主尊である。

華厳経は、インドのブッダガヤで釈尊が覚りを開いた直後に、その覚りをそのまま説いたものとされており、難解な経典とされる。

奉先寺　主尊と脇侍

「一即多、多即一」という言葉に代表されるが、一つの現象・事象は多くの因縁によって成り立ち、多くの現象・事象も一つの中に含まれているという、いわゆる縁起の法が説かれている。

また「心は工《たくみ》なる畫師《えし》の如し」と、一心から世の中のあらゆる現象を造りだしていけること、「心仏及び衆生、是の三、差別無し」と、仏と衆生といっても別のものではないと説かれて、突き詰めると、一人ひとりの心に全宇宙が入り、その故に、一人ひとりが仏のごとく宇宙大の完全な存在であると教えている。これらは、法華経の生命観に通じる考え方といえるであろう。

主尊の盧遮那仏が高さ17メートルほどの大仏として作られたのも、当時の則天武后の偉大さを示すためとの理由もあったであろうが、教義的には、一人は宇宙大の存在であるとの華厳経の教えを具現化するためであったと捉えるべきである。

なお、日本の奈良、天平時代、７５２年（天平勝宝４年）開眼の東大寺の大仏は、この奉先寺の大仏に倣って造られ、同じ盧遮那仏である。

『龍門奉先寺大仏』

『龍門石窟 仁王像』

また、盧舎那仏の名は「広く照らす」という意味のサンスクリット、ヴァイローチャナの漢字表記で、太陽の光を指しており、光明遍照とも呼ばれ、真言宗の大日経では大日如来となった。

写実美術の最盛期作品

唐代の美術は、写実が最高潮となった時期といわれるが、奉先寺の盧遮那仏の顔も、

奉先寺『毘盧舎那仏像』と牡丹

誰かモデルがいただろうと思えるほど人間的で個性的。則天武后をモデルにしたともいわれるが、ともかく、凜々しく、いい顔をしている。

対岸からの龍門石窟

金剛力士などは、ただ強いというだけだなく、ユーモラスでもあり、魅力的である。

田渕画伯は、その盧遮那仏の顔と金剛力士を、ハガキ大の紙にスケッチされた。

そばに紅い牡丹の花が咲いていた。

富貴の花といわれる絢爛に咲くさまは、仏教美術が最高潮に達したこの現場に相応しい取り合わせである。

対岸から全貌を見る

正午前、見学を終えて、来た時とは反対にある南門から出て伊水に架かる橋を渡り、香山側から電動カートに乗って、われわれの車の待つ駐車場に。伊水の対岸からは、龍門石窟の全貌が見えた。

3　白馬寺

白馬寺の由来

洛陽市内、旧市街（老城区）にあるレストラン「宴天下」にて昼食後、旧市街から東に12キロ、白馬寺に向かう。

道中、張さんが、昨夜に続いて白馬寺と仏教伝来にまつわる伝説を、更に詳しく説明してくれた。

西暦64年のある夜、南宮で寝ていた後漢の明帝が、頭から光を放った金人が西方より飛来して、宮殿の庭を飛ぶ夢を見た。翌日、明帝が「これは一体、何だ」と、近臣に尋ねると、博士の傅毅《ふき》が「西方の天竺には、仏という道を得た者がいると聞いたことがあります。夢に見られたのは、その仏のことです」と答えた。

そこで、その教えを求めようと、帝は、蔡音《さいいん》と秦景《しんけい》という2人の将軍を含む10余人で編成した使節団を西域に派遣する。

65年、葱嶺《そうれい》（パミール）までたどり着いたところで、2人の人物と出会った。2人は天竺の摂摩騰《しょうまとう》と竺法蘭《じくほうらん》という高僧で、仏教経典と仏像を伴って「これから中国へ、仏法を広めに行くところです」という。

それで、使節団は2人を護衛して、経典と仏像を白馬に載せて戻り、67年、洛陽の都へ帰還する。

明帝は大変喜んで、２人を自ら接待し、当時、外国からの賓客の謁見等を受け持つ庁舎として使われていた鴻臚寺《こうろじ》というところにしばらく住まわせることとした。

鴻臚寺の鴻は大声、臚は伝達の意で「賓客の名前を大声で呼んで到着を告げる」といった意味。寺は、本来、宮中の役所を指す言葉であった。

翌68年になって、明帝は勅令を出して、洛陽の西雍門《ようもん》外に２人の僧のために僧院を建てさせた。僧院は、経典と仏像を運んできた白馬と、２人の僧を始めに住まわせた鴻臚寺の寺にちなみ、白馬寺と呼ばれるようになった。また、以来、仏教施設は、寺を付けて呼ばれることとなった。

これが、中国初の仏教寺院、白馬寺の由来である。

なお、当時の洛陽の都は今よりずっと東にあって、漢代の都城は、白馬寺の東に隣接してあったとのことである。

華夏首刹

午後2時、白馬寺に到着。

入口は、中国仏教協会会長や中日友好協会副会長を務めた趙樸初《ちょうぼくしょ》氏による扁額の掛かる朱塗りの山門で、その広場には白馬の石像があった。

門を入って左手に白馬寺の由来の石碑、竺法蘭の墓を確認した（摂摩騰の墓は門を入って右）。

白馬像

白馬寺山門

竺法蘭の墓

白馬寺の由来の石碑

主要建築は、天王殿、大仏殿、大雄殿、接引殿、毘盧閣といった建物で、それらは山門から北に伸ばした軸線上に建てられている。

　それらの建築のなかには、華夏首刹（中国で一番）との扁額が掛かるなどしていた。華夏とは「文明の大きく開けた」という意味であるが、中国のことを自ら誇った美称である。

　残念ながら、これらの建築はどれも明代以降のもので、当時のものはない。後漢当時のものとしては、基礎のみが確認出来る場所があった。

後漢当時の基礎

『十八羅漢像』

最盛期の残り香、十八羅漢像

白馬寺の建築のなかで一番の見所は大雄殿で、そこには国宝指定の十八羅漢像があった。

張さんによると、金代に造られた乾漆像とのこと。

金は、後の清朝と同じ女真族が建てた王朝で、１１２７年に宋を追いやって、１２１５年までの88年間、中国の北半分を支配し、１２１５年以降は次第にモンゴルに圧迫され、１２３４年に滅亡している。

十八羅漢像を見ると、写実的で、日本の同時代の運慶らの鎌倉時代の彫刻を想起させる。どれも穏やかで上品な顔をしている。

しかし、龍門の奉先寺の彫刻群を見た眼には、強さに欠けて見える。

鎌倉時代の彫刻が、日本の仏教彫刻の黄金期である奈良・天平時代を手本として造られ、天平の残り香と位置付けられるのに相似して、この十八羅漢像は、中国の仏教彫刻の黄金時代であった唐代の残り香であるといえるであろう。

図書室に法華経を確認

主要建築を巡った後、西側にある図書室を見た。

そこには、開架の本棚が部屋の周囲に設置されて、自由に閲覧できるようになっており、出版された種々の法華経（妙法蓮華経）が多数並べられていた。

五味さんが、そのいくつかを手にとって見たが、そこには元の時代以降に作られた2種類のみしか確認できなかったとのことであった。南北朝や隋、唐など、中国で仏教が盛んなりし頃の経典は、いつしか失われて、現在、見られるものは、韓半島や日本など周辺国からの逆輸入であると推測される。


さらに西側に出て、タイ、ミャンマー、そしてインド、それぞれの様式の寺院が隣接して建てられているのを見ながら、出口へ向かう。

山門近くで、2ヶ所の風景をスケッチしていた田渕画伯と合流して、午後3時過ぎ、出発。

『白馬と山門』

4 中原を行く2

「伝神」最高の評価

『白馬寺』

途中、三国志で知られる関羽の首が埋葬されているという関林堂の前を通過し、午後3時半、高鉄専用の洛陽龍門駅に到着。駅は洛陽の中心からは南方約8キロに位置し、龍門石窟に近い。

午後4時4分、定刻発の調和を意味する和諧号で西安へ向かう。

西安に着くまでに車中で田渕画伯が、廣野さん、吉永さん、吉崎さんの顔を、次々と描く。最初の廣野さんの絵ができたところで、張さんが感激して「伝神です」と言った。どういう意味か尋ねると「素晴らしい絵を、中国ではこう言います。絵を評価する最高の言葉です。神様のすべてを伝えられるほどの立派な出来栄えを言います。生きているようですし、肉まで動いているようです」と。

伝神とは、後で調べると「写実によってその人物の姿形のみならず精神までもとらえること」をいい、南北朝時代、東晋の顧愷之《こがいし》が肖像画について言及したなかにある言葉であった。

吉崎さんと絵

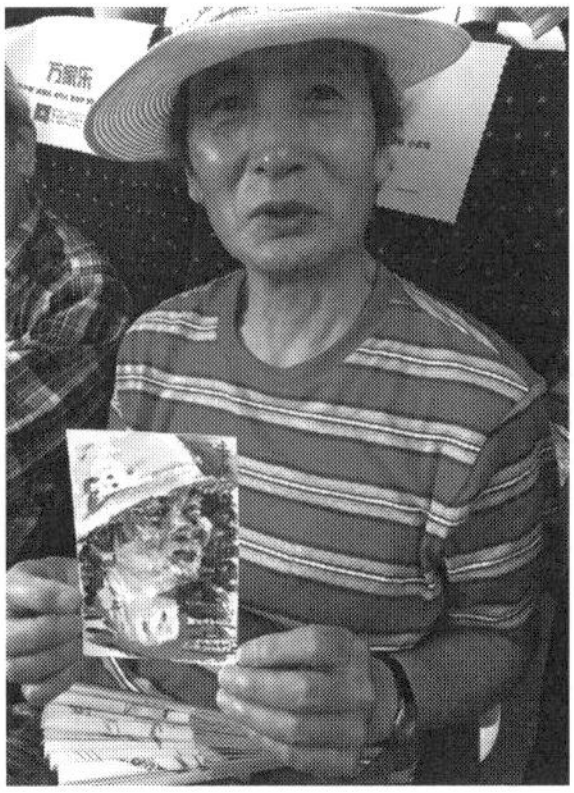

吉永さんと絵

廣野さんと絵

西岳華山を見る

途中、進行方向左側（南側）に山脈が見えてきた。五岳の1つ西岳華山で、秦嶺山脈の東の端にある山である。標高2千メートルほどだが、岩が切り立っていて険しい山である。

張さんによると、噴火によってできた山で、年月を経て柔らかい部分が崩壊して、硬い部分が残って、現在の険しい山容になったとのこと。

西安の昔と今

午後5時40分、定刻通り西安北駅に到着。

駅は西安の中心部からは12キロほど離れていて、渭水を渡る手前の農村部にある。

専用車で西安南部の大雁塔へ向かう。西安も他と同様に高速道路が整備され、高層ビル群が林立し、発展ぶりに驚かされる。

西安は、人口3千万人の陝西省にある。

西安新市街

西岳華山

　華山の近く、河南省のなかの一つの州に陝州があって、そこに黄土が分厚く堆積した陝原というところがある。その陝原の西の省ということで、陝西省となったとのことであった。西安市の人口は、８百万人になる。張さんに言わせれば、中国では少ない方とのこと。

　西安は、かつての長安で、前漢や唐の時代は、いわば全世界の中心であった。

　この街の呼び名は、秦の咸陽に始まり、その後、長安となり、明代以降、都が東に移ってからは、西方の安定を願うという意味から西安となった。

　ただし、その位置は、洛陽と同様に、王朝が替わるたびに移動している。新しい王朝の皇帝が、前王朝と同じ宮殿に住むことを嫌ったためである。

　市の中心部が近づくに従って、バイクが目立つようになる。よく見ると、それらのナンバープレートには、数字が入っていない。尋ねると、それはバイクではなく、電動自転車だという。

排ガス汚染対策からバイクを使わないことが推奨されていて、それで、電動自転車に乗ることになったのであるが、いつしかバイクに似せた電動自転車に乗るのが流行るようになったらしい。弱く見られたくない、カッコよく力強く見られたいという願望が、人々にそうさせるのであった。車も大きい方が好まれ、日本円で2千万円以上もする高級外車が、よく売れているそうである。ともかく、かつて中国といえば、洪水のように走る自転車のイメージがあった。それが今や、自転車が登場するのは、遊びや競技のなかだけだという。

街中にゴミは落ちていないし、女性の化粧や服装も、センスがいい。あらゆる事象が、中国が大きく発展していることを示している。

発展に伴って、当然ながら新しい問題も生まれている。

レストランから見る大雁塔

大雁塔の見えるところで

午後7時過ぎ、和頤酒店慈恩庁に到着し、建物内の大雁塔の見えるレストランにて夕食。

西安での夕食は、是非、大雁塔の見えるところでとリクエストしていて、このレストランとなった。この場所を見つけるのに、現地旅行代理店のスタッフは大変苦労されたと聞き、感謝する。

私が大雁塔にこだわったのは、かつての長安の象徴であり、私自身、以前これを見て、その美しさに感嘆したからであった。みんなにも、あれを見ていただきたい、率直にそう願ったのである。

大雁塔は、唐の高宗が母の冥福を祈って建立した大慈恩寺内に建てられた七層、高さ64・5メートルの塔。『大唐西域記』で知られる玄奘三蔵が、天竺から持ち帰った膨大な経典や仏舎利を収めるために玄奘自らが設計・施工して652年に完成した。

塔には当時も今も登ることができ、最上階から周囲を眺めることができる。遣唐使で唐朝に仕えた阿倍仲麻呂も、ここに登って長安を眺めたかもしれないと思うと、感慨深い。

杜康酒

張さんが、皆に杜康酒という酒を勧めた。それは、洛陽の白酒《パイチュー》で、三国志の魏の曹操が、赤壁の戦いの前に、これを飲んで「何の憂いがあるか」と言ったとの伝承を持つ。

かつて田中角栄が、この逸話を知っていて、中国でこれを所望したことでも知られている。

中国では一度は滅んだ酒であったが、国が力を入れて再生産されるようになったのだそうである。張さんは「飲んだら憂いなし」というのは、酔っぱらってしまうからだと笑った。

美は人を利益するもの

夕食の席で以下のような話が巡らされた。

竹岡　漢字というのは、面白いですね。その字が作られたときの、中国の人の考えが、その字形に残されています。

張　その通りです。例えば、漢字の美の字を羊が大きいと書くのは、羊が大きくなること、それが美しいと考えたからです。

竹岡　田渕先生も、そのことを言われていました。羊が大きいと、多くの人を利益する。それが美であると。美は、本来、人を利益するものだと。

大雁塔と月

美の道シルクロード

張　美といえば、シルクロードというのは、美の道でもあります。クチャ、クムトラ、敦煌、そして龍門など、シルクロード上の各地に石窟が造られて、彫刻や絵が残されました。

それらの絵に使う青い色で、コバルトがありますが、これは今のトルコ方面からシルクロードを通って運ばれました。シルクロードはコバルトの道ともいえます。この次には、美の道であるシルクロードを描く旅をされたらいいでしょう。

五味 日本の金沢に、群青の間を造る習慣があるが、それも、これにつながっているのだろうか。

竹岡 どういう経緯か、関係があるのかわかりませんが、コバルトでつながるとすれば面白い。景徳鎮も、コバルトでできたといえるし、いつの日か、是非、シルクロードを行きましょう。

大雁ライトアップされた鐘楼

午後9時前、夕食を終え、外の広場に出て、ライトアップされた大雁塔を見る。広場には噴水があって、その噴水が音楽に連動して動くショーが行われていた。大変な人出であった。

空には半月が浮かんでいた。

その後、西安の城壁内のランドマークの一つである鐘楼に隣接するホテル、鐘楼飯店に入る。

気候変動にさらされる西安

5月17日（火）、この日も晴天に恵まれるなか、朝食を済ませて朝8時過ぎ、車で鳩摩羅什が法華経を漢訳した地である草堂寺に向かう。

西安の郊外に向かうということで、張さんに加えて、郭さんというアシスタントが付いた。

郭さんは、日本語は上手くなく、張さんが日本語に訳して、その意味を伝えた。

車中、郭さんの言うことには、西安には、美人はいないという。それは、美人は皆、日本に行ったから。楊貴妃は、実は安史の乱では死んでなく、日本に行ったとの伝説もあるという。

徐福伝説もそうだが、どうも昔から中国の人は、日本に関心があり、憧れともいうべき感情があったといえるようである。

今は、残念ながら反日感情が強いとされる。もちろんそれは、明治の日清戦争以降、太平洋戦争終結までの日本の所業に主な要因があるわけだが、長い歴史から見れば、それら反日の感情は、むしろ異常なことというべきかもしれない。

続いて、張さんが西安の気候や歴史などを話題に、滔々と語った。

西安は、内陸にあることから、四季ははっきりしている。雨は、年間降水量は600ミリで、7月から9月の主に夏に降る。例年春は水は不足気味で、しばしば干ばつに見舞われる。

それで、黄河に三門峡ダムが作られたが、下流に水が流れなくなって、海水が入ってくることによる新たな災難が発生した。このため、夏はせき止めたままにするが、冬にかけては少しずつ流すようにしている。

雪は、昔はよく降って、積もることもしばしばだったが、最近は正月に１、２回ほどしか降らない。それも半日程度で、積もっても５～10センチまでだそうである。

最初は７千年前

西安の歴史は、７千年前にまで遡る。最初は、河南省の発掘された村の名が付けられた仰韶文《ぎょうしょう》化で、赤い土に黒い線の模様の彩陶が作られた。この文化が今の西安周辺にまで広まった。５千年前には、奴隷制の時代に入る。神話の時代で、堯、舜、禹《う》といった三皇五帝が活躍した。３５００年前の禹王は、リーダーとして黄河の治水を成し遂げて、夏王朝を嵩山の麓に建国した。実際に、嵩山の周辺には、宮殿跡が何ヶ所か発見されている。『史記』では、夏が王朝の始まりとなっている。しかし他の文献には、夏の言及は少ない。どこに、どのくらいの規模であったのか、今後の研究課題である。

商と周

東の勢力が強くなって夏王朝が滅び、次の王朝は、商。商の人は、初めて商取引をしたことから、それが商人といった言葉になった。河南省の東側に商丘という遺跡がある。

商の時代は、同じく奴隷制で、王が変わると遷都して、河南省周辺に5回遷都したので、6つの都を数えることができる。

商と殷とは、同じ王朝といってよく、商の最後の紂王の都が殷墟だったことから、この王朝を殷ともいうのである。

殷墟は、後世、廃墟となって場所が不明となった。20世紀になって、発掘された安陽市の小屯から甲骨文字が出土して、そこが殷墟であると明らかにされた。

商の後は、周で、西安の西から興った王朝。

もとは周は、商に封じられていた諸侯の一つだった。

周は岐山《きざん》に始まって、豊京、そして鎬京《こうけい》へと都を移して、関東の国々を統一した。

都のある場所が関中で、関中を中心に四方に関所が作られ、東の函谷関《かんこくかん》より東が関東。

豊京と鎬京は、今の西安の南西部にあったと見られている。

陽の地を求めて

中国で都は、北に山、南に川が流れている地が、陽の地として選ばれる。

洛陽は、洛河の北にあって陽の地なので、洛陽という。

洛陽は、夏の時代に前身が造られ、周の時代の最後に都になり、その後の王朝の都になった。西安も13の王朝の都といわれる古都であり、昔の名前は咸陽《かんよう》であった。

咸陽の咸は、すべてという意味。

山（九嵕山《きゅうそうざん》）が北にあるのが1つめ、川（渭水）が南に流れているので2つめで、陽の条件の2つすべて満たしているので、咸陽というのである。

川が南に流れているのが陽というのは、その川の北の土地は陽がよくあたり、雪が早く融けるから、人が住むのに都合の良い土地といえるのであった。

中国では、何でも陰と陽に分ける。太陽が陽で月が陰、男は陽で女は陰というふうに。

そして、陰と陽は親密な関係にあって、陰があってこそ陽が成立する。また、陽も陰も同じ太極から生じるとして、根源なるものを想定している。

冗談が招いた周の滅亡

周の後は、春秋戦国時代になる。周は西安の地に都を置いた西周と、洛陽に移った東周に区分され、東周となってからは春秋時代と呼ぶのである。

西周が終わるきっかけは、思いもよらないことからだった。

前771年、周の第12代幽王が妃を喜ばせようと、麗山に狼煙を上げさせた。

のろしを狼の煙と書くのは、狼の糞を燃やしたからである。狼の糞を燃やすと、煙はまっすぐに昇っていく。狼煙は戦いのしるしであった。

狼煙の上がるのを見た諸侯は、都を守ろうと急いで駆けつけた。到着したら、冗談だという。

諸侯たちは、拍子抜けして、バカバカしい思いを抱いて、自領に帰っていった。

まもなく、本当に都が攻められた。

狼煙が上げられたが、誰も本気にせず、誰も都に馳せ参じなかった。

幽王は、敵に捕まって、それで終わった。

1年後の前770年、幽王の息子が平王に即位して、都を洛陽へ移し東周が成立するが、周の力は弱まって、春秋戦国の時代になったのである。

秦の統一と滅亡

戦国の世を統一したのは、秦で、紀元前221年のこと。その都が咸陽である。

秦は戦国七雄といわれたうちの1国で、函谷関を越えて、魏、韓、趙、楚、燕、斉《せい》の6国を平らげて中国を統一した。そして、統一を果たした秦の王は、皇帝の称号を用いて、最初の皇帝ということで始皇帝と名乗った。

紀元前210年、山東省の泰山に遊んだ始皇帝は、そこで病死する。

予期せぬ皇帝の死に、国の統一は崩れてバラバラとなる。

後を継ぐはずの長男扶蘇《ふそ》は、有能な将軍であったが、匈奴との戦いのためモンゴルに出陣中で、不在。宦官の趙高が権力を弄び、始皇帝とともに巡幸していた次男の胡亥《こがい》を皇帝に就けようと画策して、扶蘇を自害に追いやって、前２０９年、胡亥を二世皇帝に就任させた。二世皇帝は、すべて趙高の言うがままに従った。

ほどなく、安徽省で農民蜂起が勃発する。そのリーダーは陳勝と呉広という将軍で、北京郊外の長城を造る命を受けて、農民の一団を率いて現場に急行していた。途中、大雨となり、道は川のようになって、進むに進めなくなる。

秦の法律では、期日に遅れると、死刑とされていた。このままでは、死は免れないと悟った陳勝と呉広は、農民とともに蜂起したのであった。そして、これを契機に、あちこちで反乱が発生する。

劉邦と樊噲

そのなかで、徐州出身の項羽と劉邦が頭角を現わす。ちなみに、徐州は豫州などと並ぶ中国古代の九州の一つで、皇帝を２人輩出している。

項羽は、立派な将軍で、一回も戦いに負けたことがない。

劉邦は、いわゆるチンピラで、盟友の樊噲《はんかい》とともに殺し屋のようなことをしていた。

劉邦は、もともと犬などを殺して料理して、それを売って生活していた。

樊噲は、その頃、料理屋をやっていて、劉邦がその店に毎日のように食べにいく。劉邦はお金がないので「後で払う」と言っては、お金を払わずに食べていく。腹を立てた樊噲は、ついに黙って店を遠くに移転した。

しかし、劉邦は、それを探し当てて姿を現わす。

「なぜ、来られたのか」と、樊噲が尋ねると「大きい湖が目の前にあって、困ったなと思案していたら、大きな亀が現れた。その亀に乗って来た」という。樊噲は、その話に呆れて、何をやってもかなわないと思って、劉邦と一緒に行動するようになるのであった。

勝利した項羽に先んじた劉邦

反乱に立ち向かった秦の将軍は、20万を率いた章邯《しょうかん》。項羽はなかなか勝負がつけられない。

ある時、立ちはだかる河（黄河）を前に項羽は、自ら河を渡って背水の陣として決死の戦いを挑み、勝利を収め、最終的には、函谷関で決着をつけるべく向かった。

函谷関は道幅が狭く、一度に戦車1台と兵士3、4人ほどしか通れない。関所で待つ敵を堂々と破るつもりだった。

ところが、その前に、劉邦が函谷関とは別の武関及び嶢《ぎょう》関を陥して関中に入り、咸陽を落としていた。

前206年、功績を取られ怒った項羽は、劉邦を殺害しようと手紙を送り、咸陽郊外の鴻門《こうもん》で宴会を開いて劉邦を迎えた。この時、項羽の兵が10万人、劉邦は1万人で、力の差は歴然としている。義理の兄弟である張良から、宴会で殺されようとしていると知った劉邦は、隙を見てトイレに行くふりをして逃げた。

対峙する項羽と劉邦

その後、項羽は劉邦を蜀の国、今の四川省に封じた。

鳥も通わないという蜀の国に入るには、険しい桟道を行かなくてはならない。劉邦は、蜀に入った後、その桟道を燃やして、関中に戻らない意思を示して、項羽を安心させる。

それを知った項羽は、関中を章邯をはじめ秦王朝に仕える3人の将軍に任せて徐州に戻った。

項羽を安心させておいた劉邦は旧道を使い関中に現れ、旧秦の3将軍を片付けて項羽を打つべく軍を進め、前204年、秦の穀物貯蔵所であった敖倉《ごうそう》をめぐり鄭州付近の滎陽《けいよう》で項羽軍と対峙する。

両軍のこう着状態が続き、項羽は、焦りを募らせ様々な策を弄する。

捕虜にした劉邦の父を、劉邦の見えるところに引き出して「降伏しなければ、父上を釜茹でにする。父を見殺しにすれば、不孝の罪を負うことになるぞ」と、迫るのであった。

卑怯な策に出た項羽に対し、劉邦は、かつて2人は義兄弟の契りを結んでいたことを持ち出して「わが父は、あなたの父でもある。私の父を殺すことは、あなたの父を殺すことでもある。それでも殺すなら、どうぞ殺してくれ」と、責め返す。

項羽は、自らの非を悟って、思いとどまった。

悔しい項羽は、一騎打ちの提案をする。劉邦は、取り合わない。

断った劉邦に対して項羽は、ついに、狙撃を命ずる。

弓の名手の放った矢は、狙い通りに劉邦の胸に命中した。劉邦の陣営に、動揺が広がる。

劉邦の傷は、深かった。しかし、それを悟らせないために、平静を装って、気力を振り絞り、陣中を巡回して動揺を鎮めるのであった。

何としても決着がつかない。ついに両者は和睦し、いったんは天下を二分することとなった。

その後、前202年、劉邦は項羽を安徽省の垓下《がいか》に追い詰め、項羽は敗北。少数で逃げるなか、項羽は自害して果て、劉邦の勝利が確定。漢王朝が、ここに始まる。

5　草堂寺

自然豊かな草堂寺

話が漢代に入ったところで、草堂寺が近づいてくる。洛陽の白馬寺で見たように、仏教は、漢代の後半、後漢に伝来し、南北朝時代に興隆した。

草堂寺は、南北朝時代の始まりの五胡十六国時代、後秦の４０１年に、鳩摩羅什を当地に迎えて創建。羅什が訳経をした建物が、粗末な草葺き屋根だったことから、その名が付けられたとされる。

そこは西安中心部から南西に40キロ弱の位置にあり、中心部を抜けて郊外を走るなか、道沿いに果物の店が並ぶところ、電子科学技術大学の広大な建築現場などを見て、山が迫る緑豊かなところに、それはあった。

草堂寺付近

山は、終南山といい、当時の皇帝が遊んだ庭園があったところ。今でも周囲にぶどう園などの果樹園があり、ゴルフ場や水の遊園地などがあるとのこと。山の緑は植林によるもので、飛行機から種を蒔いて大規模に育てたという。植林された木には、桜もあるそうである。

また、終南山は、東西に長く続く秦嶺山脈の一部。秦嶺山脈の主峰は、富士山より10メートル低い、標高３７６７メートルの太白山で、山脈の南と北で気候は大きく分かれ、トキやパンダ、キンシコウ（ゴールデンモンキー）など、珍しい動物が生息する。

9時半、草堂寺に到着。林のなかにあって、鳥のさえずりが聞こえ、清浄な空気に包まれている。

羅什への感謝を込めて読経・唱題

羅什舎利塔前で

最初に、羅什の舎利塔が収められているお堂の前で、鳩摩羅什への感謝を込めて、皆で法華経の方便品・寿量品の自我偈を読経、唱題した。

住職にSGIの法華経を謹呈

塔頭を進んだ法堂の前で一人の僧侶に呼び止められた。

「日本から来た、法華経を研究するグループです」と言うと、

「日本からですか。歓迎します、日蓮宗の方ですか」と、尋ねられた。

「私たちは、サンロータス研究所という法華経を研究しているグループです。私たちは、創価学会の会員でもあります」と答えると、

「創価学会の会長は、池田大作先生ですね。西安の名誉市民です」と、ご存知の様子であった。

そこで、われわれが使っている勤行要典を差し上げて、

「これは、世界192ヶ国で読まれている法華経です。羅什三蔵が訳された法華経が、今、世界中に広まっています。これは、羅什三蔵への感謝のしるしです」と、説明をした。

このわれわれが出会った僧侶は、釋諦性という方で、名刺をいただき、草堂寺の方丈、県の仏教会会長とわかった。方丈とは、住職のことである。

住職に SGI の勤行要典を謹呈

私は、草堂寺にわれわれの校訂した法華経を奉納することを願っていた。

それは、完成が間に合わず、かなわなかったが、せめて、この勤行要典を納めておきたいと思ってきた。

期せずして、羅什の活躍した寺のトップに、それを謹呈することができた。感激ひとしおであった。

住職は、さらに続けて、

「池田先生は、写真がお上手ですね」と、話しかけてこられる。

「中国のことを、仏教を伝えてくださった大恩ある国と、池田先生は言われています」と、それに答えると、微笑

みを返されて、

「ご案内しましょう」と、自ら先導して、説明しながら寺内を案内してくださった。

住職の説明によると、羅什が法華経を訳したとき、３千人ほどの弟子が集っていたそうである。今は、寺にいる僧侶は、20から30人ほどであるとのことであった。

羅什舎利塔を見る

最近建立されたという蔵経楼や漢中八景に数えられた煙霧泉という常に煙を出している井戸を案内された後、最初に訪れた舎利塔の収められたお堂に出た。

鳩摩羅什舎利塔

住職は、普段は鍵がかけられているお堂の扉を開いて、われわれを中に案内してくださった。それを見て、すぐに周囲にいた参観者が集まってきて、手を合わせながら舎利塔を巡る。

唐末から宋代の建立とされる舎利塔は、高さ２メートル余りの大理石製の八角塔で、西域各所から集められた８色の石がはめ込まれているとのことで「八色玉石」といわれているとのことであった。塔の裏側に「姚秦三蔵法師鳩摩羅什舎利塔」と、文字が刻まれていた。なお、羅什が西安に来る前に滞在した、河西回廊の武威にも、羅什の舎利を収めた唐代建立の舎利塔があって、そちらは高さ23メートルであるとのことであった。

田渕画伯、住職の顔を描く

最後に、住職のお顔を田渕画伯に描いていただこうと思い、画伯が絵を描いているところに住職をお連れする。

住職と絵

田渕画伯は、皆が見学をしている間に、遠景に見える山と寺の建物の一部を入れた水彩画を描いておられた。遠景の山は、圭峰山という。画伯は、すぐに引き受けて、多くの人が見守るなか、ハガキ大の紙に短時間で、簡潔でありながら人柄を的確に捉えた絵が出来上がった。住職に絵を贈呈し、お別れした後、11時40分、市内へ向かう。

『草堂寺門前 圭峰山』

『草堂寺』

6 陝西省博物館

西安でお茶会

12時半、西安の南西部、電子科技大学の近くにあるレストラン蓮花餐飲にて昼食。

食事を終えて午後1時半、羽田空港で購入していた抹茶と羊羹を使って全員にお茶を振る舞う。

茶碗は、レストランに白瓷の碗を人数分用意してもらって、それに代えた。こちらの要件を理解して、賢く応えてくださった女性の服務員さんに感謝である。

その用意された白瓷を見て、張さんが「白瓷といえば唐の時代が素晴らしい」と。

これから行く陝西省博物館で見られると思うと、期待が高まった。

お茶を点てる

『草堂寺山門』

服務員さんと

中国を代表するやきものは、白瓷のほか、青瓷がある。北宋汝官窯の青瓷が、その頂点とされるが、年に何10点しか生産されなかったという。現存するものは、世界に70点ほどしかなく、台湾の故宮に21点のほかは世界に散在しており、日本では川端康成旧蔵のものが知られている。イギリスにも1点あるとのことであった。

汝官窯の青瓷の青は「雨過天青」と称される、雨上がりの雲間から見える水気を含んだ空の色で、その独特の穏やかな青は、見る人の気持ちを静める効果があるとされる。その作品の見事さと数の稀少性から、1点、30億円ほどで取引されると聞く。

ここで張さんが、「雨過天青」のほかに、やきものの色を表す言葉として「月白《げっぱく》」を紹介した。それは、白瓷の白が、月の光のように少し青みがかっている様子をいうとのことであった。

こんな話を続けていると、知識の豊富な張さんと窯跡を巡って、勉強になるからと、やきものの破片を集めてまわった数々の場面が思い出されてきた。

ともかく、お茶会をしてよかったと、心から思えるひと時を持つことができた。一服の茶は、気分をスッキリさせる。張さんも含め、皆に喜んでいただけた。

抹茶は、現在では日本の誇るべき文化であるが、始まりは中国にある。この両国にまたがるお茶を、龍井《ろんじん》茶のある中国の浙江省と交流を深めてきた静岡の川勝平太知事が、両国の力を合わせて世界遺産にしようと提案している。このことは、中国でも話題になっているとのことであった。

『獅子像』唐順陵

陝西省博物館で見る民族の造形力

午後2時20分過ぎ、昨日訪れた大雁塔の西に位置する陝西省博物館に到着。館に入ってすぐのホール、則天武后の母楊夫人の唐順陵にあった大きな獅子像のところで分かれて、各自の興味に合わせて、閉館時間まで見学する。

先史時代の土器、王朝時代に入って仏教伝来以前の青銅器や陵墓に副葬された俑《よう》（土製の人形）などを見ると、漢民族

『釈迦石像』北魏、城固県出土

『五祀衛鼎』西周中期、前10世紀半ば～9世紀半ば、宝鶏市岐山県董家村銅器窖蔵出土

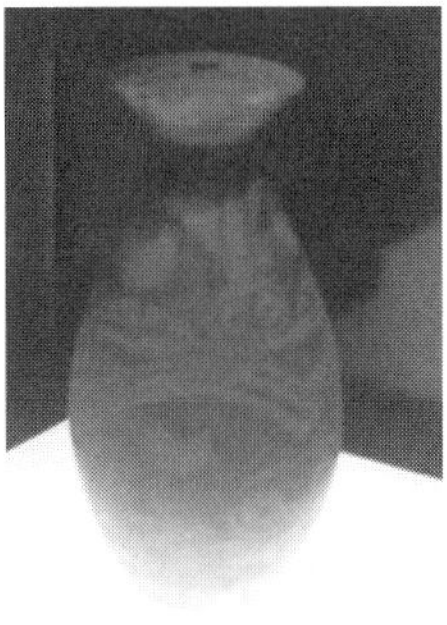

『獣面細首壺』新石器時代、前5000～3000、西安市臨潼区姜寨出土

像』唐順陵

『彩絵男立俑』前漢、前206～後8、咸陽市渭城区韓家湾郷狼家溝村出土

『漢白玉釈迦造像』北周、西安市北草灘出土

には本来、比類なき造形力が備わっていることを知らされる。

法華経の浸透を感じさせる作品群

仏教伝来してからは、仏像が刻まれるわけであるが、館内には各時代の仏像彫刻が展示され、なかでも『釈迦石像』（北魏、城固県出土）、『漢白玉釈迦造像』（北周、西安市北草灘出土）といったものに清新ないのちが感じられた。

また、仏教寺院の屋根を飾ったと思われる瓦の展示があり、蓮華をかたどったものが多いのには、法華経の浸透が感じられ、特に注目した。

何度も博物館を訪れている田渕画伯に見どころを尋ねる

『蓮華文瓦』

『白瓷』唐

と「仏教伝来前と後との違いを見て欲しい。具体的には、六朝（南北朝）に入った時の劇的な変化を見るべきです」とのことであった。

たしかに、南北朝に入ってからの東晋のやきものには、素晴らしいハリと明るさが認められる。さらに、唐代の白瓷の数々には、はち切れんばかりの膨らみがあって、その生命力に惚れ惚れする。

絵にとどめた時代ごとの生命

『人面魚紋盆』新石器時代、前 5000 〜 3000、西安市臨潼区姜寨出土

田渕画伯は、時間の限り次々と、ハガキ大の紙にメモを取っていく。

はじめに先史時代の彩文土器類のうち、次の2点。『人面魚紋盆』『幾何学紋彩陶鉢』（どちらも新石器時代、前5000〜3000、西安市臨潼区姜寨出土）。

続いて青銅器の3点。『五祀衛鼎』（西周中期、前10世

『鉄卣』 西周早期、前11～10世紀、陝西省涅陽県高家堡出土、盛酒器

『五祀衛鼎』 西周中期、前10世紀半ば～9世紀半ば、宝鶏市岐山県董家村銅器窖蔵出土

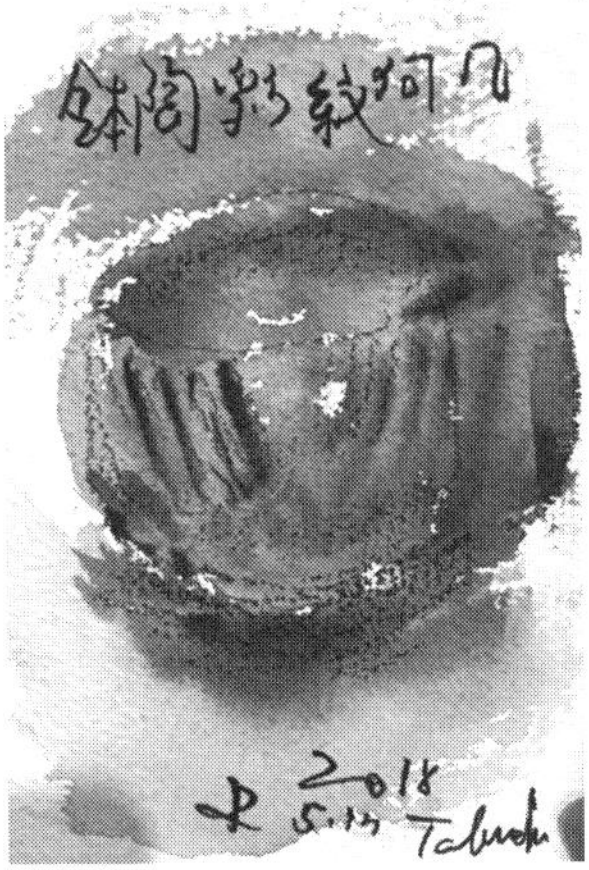

『幾何学紋彩陶鉢』新石器時代、前5000～3000、西安市臨潼区姜寨出土

『它盉』 西周晩期、前9世紀半ば～771、陝西省扶風県齊家村銅器窖蔵出土、注酒器

紀半ば～9世紀半ば、宝鶏市岐山県董家村銅器窖蔵出土)、『鉄卣《ゆう》』(西周早期、前11～10世紀、陝西省涅陽県高家堡出土、盛酒器)、『它盉《たか》』(西周晩期、前9世紀半ば～771、陝西省扶風県齊家村銅器窖蔵出土、注酒器)。

漢代に入って、陵墓に副葬された明器、『彩絵跪坐女俑』(前漢、前206～後08、西安市竇《とう》太后陵随葬坑出土)。仏教が伝来し、文化・芸術面に仏教思想が反映し始めた南北朝時代の作品『青瓷鶏首壺』(東晋、317～420、安康市四河郷晋墓出土)等々。

7　友誼の晩餐

四川会館にて最後の夕食

『彩絵跪坐女俑』 前漢、前206～後08、西安市竇（とう）太后陵随葬坑出土

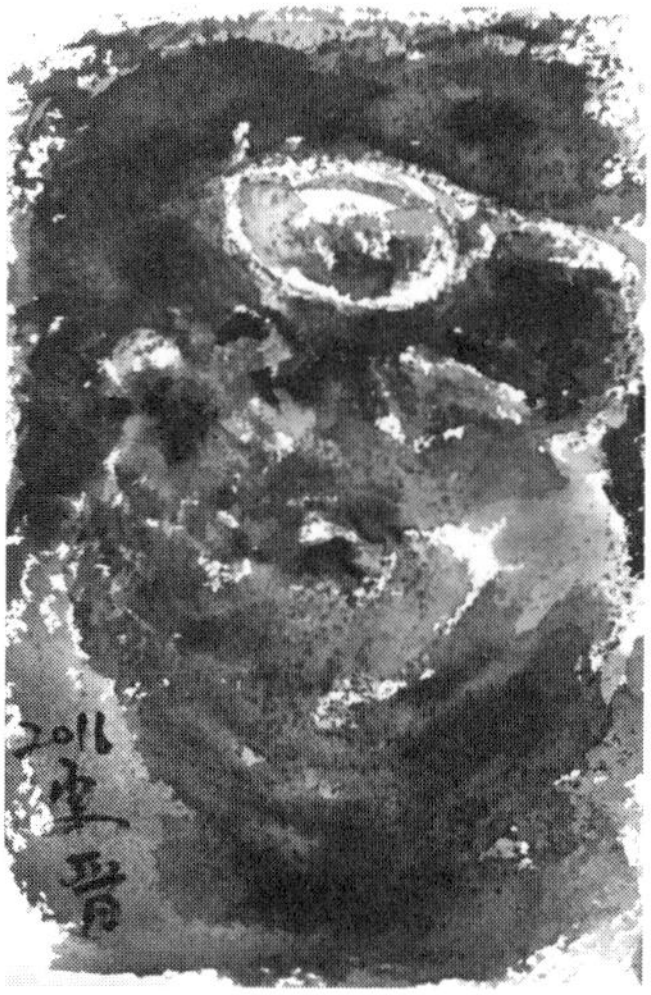

『青瓷鶏首壺』 東晋、317～420、安康市四河郷晋墓出土

午後6時前、博物館を出発し、南門から西安城内に入ってすぐのところにある四川会館に到着。今回の中国旅、最後となる夕食をとる。その名の通り、辛いことで知られる四川料理である。四川省は、昔、蜀といった。「蜀犬、太陽に吠ゆ」という言葉があって、四川の天気はいつも曇っていて太陽が出ることは珍しい。稀に太陽が出ると、犬が驚いて吠えるのだという。それぐらい太陽は出ず、特に冬は極度に冷える。そのため、唐辛子を料理に多く入れるようになったのだそうだ。

四川省出身の有名人として、唐の詩人、李白が挙げられる。李白は酒を愛した人としても知られ「酒を飲まない人は寂しい」と、言ったという。

と、いうことで、張さんは、度数の高い白酒《パイチュー》を用意して「今夜は飲みましょう」と、小さいグラスに注いで皆に配った。

杯を上げ、食事をとりながら、旅の感想をそれぞれに語っていただいた。

仏教が生んだ天鶏壺

天鶏壺を描く

田渕　学者の先生方の中に入れていただいて、来させていただきました。大変な勉強になりました。側面から法華経の本の完成のお役に立てればと思っています。

しかし、今日は、午前中で力を使い果たしてしまい、午後の博物館では今ひとつでした。

竹岡　でも、天鶏壺《てんけいこ》（『青瓷鶏首壺』東晋）の絵などは、見事でした。

田渕　仏教が入ったときに、どんなすごいものが生まれたか、それを描き残しておきたかったのです。それは、気力がみなぎっていないとできない仕事です。

それにしても、中国の大発展には、驚きました。大変なエネルギーです。

声色、形色の利益

廣野　今日、田渕先生と、草堂寺でお話しをしました。

田渕先生は「音は消えていく。そのときに、経典と形として残すことが重要になる。絵を描いたり彫刻をするのも、そのためにしている」と、話されました。

私は「その話の裏付けが、法華経にあります」と、お話ししました。

実は今、西山《にしやま》本門寺から出てきた御義口伝《おんぎくでん》を世に出すことを目指して、一つひとつ校訂しているところなのですが、このお話は、ちょうどその作業中に出てきたばかりのことでしたから、いささか驚きました。それは、法華経の寿量品のところですが、天台・妙楽が、声色、形色の利益を説いているのです。声と形の重要性から、声が経典になり、形が仏像・本尊になったというのです。しっかり、まとめてみたいと思っています。

西山の御義口伝とは

竹岡　その西山の御義口伝というのは、大石寺（日蓮正宗総本山）に伝わったものに欠けている内容が含まれています。

日蓮大聖人を継いだ日興上人は、大石寺におられた期間は短く、今の北山《きたやま》本門寺である重須《おもす》談所に30年間過ごされました。

御義口伝は、日蓮大聖人が身延で講義されたものを日興上人が書き残されたものですが、西山のものは、日興上人がそれをもとに重須で講義されたのを、日興上人の甥にあたる日代が書きとめて伝えたもので、北山でのものが西山にあったというのは、北山の地頭とうまくいかなくなった日代が、西山に移ったからのようです。

大石寺に伝わるものは京都の要法寺からの逆輸入で、そのために内容に不足を生じています。西山のものには、法華経の涌出品を含め全品が揃っており「台家《たいけ》は妙法蓮華経に南無し、当家《とうけ》は南無妙法蓮華経に南無し奉る」「曼荼羅は修行の対境」といった、日蓮教学の根幹と思われる注目すべき内容が含まれています。

廣野さんは人脈の中でその存在を知り、その重要性に気づいて世に出そうと努力をされているところです。サンロータス研究所としても、重要プロジェクトの一つとして協力しているところです。（これについては、西山に伝わる『口伝文書』をもとに松本修明氏によって２０２３年（令和５年）までに『日蓮聖人口決集』全12巻（内訳『法華玄義口決』全5巻、『法華文句口決』全6巻、『法華経開結口決』１巻）が国書刊行会から刊行となりました。）

形に魂を入れたのは法華経の力

田渕　廣野さんとの話は、思想を千年、２千年のスパンで後世に伝えるための急所だと思いました。レオナルド、ミケランジェロがイタリアで大ルネサンスを成し遂げたことが、それまで一地域の宗教であったカトリックを全世界8億人のものにする導火線となりました。

そのルネサンスのルーツは、古代ギリシャです。

ところで、その古代ギリシャが超えられないものがありました。ギリシャは、形体を捉えるのには長けていたのですが、その形がいっこうに動かない。

それが動くようになったのが、ガンダーラでした。

アレキサンダー大王の東方遠征によって彼の地にギリシャ文化が伝えられていました。

その地で大乗仏教、なかんずく法華経が編纂され、その思想とギリシャの技術が合体して、初めて動く彫刻、仏像が生まれました。

ギリシャの形体に魂を入れたのは、法華経の力です。

そして、見えるものになって、その偉大さが後世のわれわれにもわかるのです。

法華経は久遠元初に生命を戻す

田渕　先史時代、前5000年〜前3000年の彩文土器を博物館で描き、その後、東晋や唐の壺を描きました。両者は何千年も離れており、片方は原始のエネルギーに満ち、もう片方は法華経のエネルギーの反映といえるでしょうが、両者には同じエネルギーを感じました。

そのとき、法華経とは、久遠元初に生命を戻してくれるものだと気づきました。

それが、今回の旅の一番の成果です。

知らずにいた中国の文化力

吉崎　今回、旅の話を聞いたとき、参加していいかどうか、参加する資格があるだろうかと悩みました。そして、その日が近づくにしたがって、ワクワクしてきました。

実際に現地に立って、私はこの5月5日で69歳になりましたが、今日まで洛陽や西安を知らずに過ごしてきたことを後悔しています。アジアの文化発祥の地、中国発祥の地という中核に触れられたことに非常に感謝しております。今後ますます、お役に立ちたいという気持ちでいっぱいです。

張さんの説明で、大変な中国通になった気がしています。私は、練馬に住んでおりますが、練馬で一番の中国通になったように思います。

吉永　私は、新座市で一番になった気がしています。

旅のなかでは、つまらない質問ばかりしました。笑いが一番と心がけて、やってきたからです。真面目にしすぎると、ギスギスした空気になる。少しとぼけて場の空気を和ますのが僕の務めだと思ったからです。ずっと楽しい旅でした。

竹岡　吉永さんは、私の小学時代からの友人で、同じ広島の出身です。根っからの平和主義者です。

五味　この旅の初日、5月15日で、入信60周年となりました。創価学会に入ったのは、4歳のときです。そのときから題目を唱えて、一巡りが経ったわけです。

20代、30代のとき、何度も中国やインドの旅に誘われましたが、仕事があまりにも忙しく、休みを3日も取れない生活をしていて、とうとう旅ができずに、20数年間を過ごしてきました。もう無理と諦めていたところに、思いがけず中原の洛陽、西安に立つことができました。中原を取った者が王朝を開く。それが異民族であっても、というところが、中国文化のすごさだと思いました。

それと、どんな民族も、中原を治めたら必ず漢字を使わないとやっていけない。それが中国文化の強さであるし、文化というものには大変な何かがあるということを示していると思いました。

鄭州の空港に降りるとき、大地がどこまでも広く平らであることに感動しました。高鉄に乗ってもそうでした。中国は、一国で存在できるところだと思いました。同時に、その中国から見れば、日本は、東の果ての小国であることは間違いないと思いました。

法華経有縁の日本

五味　その日本は、法華経有縁の地と伝えられてきました。古事記は、妙法蓮華経の影響が多大で、用語のみならず内容にも影響が認められます。

また、神武天皇は、法華経に出てくる竜女の子孫に位置付けられてもいます。天照太神の後、瓊瓊杵命《ににぎのみこと》がいて、その後に海幸彦・山幸彦で、山幸彦は豊玉姫と結婚する。その豊玉姫は竜女の姉さんとされています。

豊玉姫の父が海の神で、豊玉姫が子供を産むとき、その正体である竜（＝鮫）の姿に戻ります。

豊玉姫の産んだ子は、神武天皇の父になります。

ところで、豊玉姫は正体を見られて、どこかに出て行きます。それで、その子は妹が育てます。

これは、実の母が産後7日で亡くなって、その妹に育てられるという釈尊の話と同じです。

このように、神話も含め、日本は、仏教、なかんずく法華経に影響を受けている。

その影響が、どれほどのものか、いつかきちんと辿ってみたいと思っています。

こだわって進める

五味　その前提として、今、取り掛かっている法華経の編纂があります。

竹岡　五味さんは、使う文字の一字一字にまでこだわって、校訂作業をされています。

五味　これまでのものは、私の見る限り、どなたもそれほどこだわってこなかったように見えます。
私は、元来、校正者だから、その性壁から、気になったら見過ごせないのです。

竹岡　五味さんは、校正の分野では日本の第一人者です。尊敬しています。

亀田　私は、その法華経のルビ打ちをさせていただいていますが、作業がもたもたして、大変申し訳ありません。吉永さんからは、私が全然気づかない観点から指摘されて、助かっています。
それで、私も、その法華経の作業をしながら、まだまだ理解が進んでいないことが残されていると痛感しています。

例えば、大白牛車や多宝塔の描写で、「金、銀、瑠璃《るり》、車渠《しゃこ》、馬脳《めのう》」(譬喩品第三・5・15、見宝塔品第十一・1・1)等々出てきますが、実物を見ていないと、イメージできません。言葉だけで、わかっているつもりでいるだけです。そこに今までとは違う視点で見る必要性を感じています。

日中の友好関係を軸に

小倉　昨年秋の伊豆での合宿でご一緒した流れから、参加させていただきました。

実は私の父は、創価学会の青年訪中団の第一陣に参加した一人です。

父は、いつも、日本は今に中国に抜かれると言っていました。その意味を、実際に現地でわかったような気がします。

どういうわけか、サンロータス研究所の皆さんと関わるようになりましたが、若い私の役目は、この行く末をじっと見守ることだと思います。今回は、写真の記録係として全うしてまいります。


川北　小倉さんは、写真の記録、私は、言葉の記録役として参加させていただきました。

私は、若い頃から、日中友好が世界平和の要だと教えられてきました。両国に、様々な問題が起こっても、日中友好を大前提として両国が対するなら、切り抜けられるという考え方です。

そのためにも、文化交流は大切で、法華経も両国の大切な文化として守られていくことだと、改めて思いました。

かなえた5つの喜び

竹岡　今回の旅には、5つ、喜ばしいことがありました。

18歳で広島から東京に出てきたとき、池田先生のことをはじめ大切なことを初めて教えてくださったのが、先輩の廣野さんでした。廣野さんは、池田先生から直接、1967年（昭和42年）の御義口伝講義を受けた一人で、その内容をいつも教えていただきました。その廣野さんと一緒に旅ができるとは、大変な喜びでした。

廣野さんは、1976年（昭和51年）から数年間にわたって創価学会を大混乱に陥れ、池田先生を会長勇退へ追い込んだ大石寺との宗門問題の裏に、学会顧問弁護士であった山崎正友の陰謀があったことを公にするのにも、重要な役割を果たされました。山崎の陰謀が明らかになることによって「反転攻勢」が始まり、宗門問題は収束することになりました。

ところで、その宗門問題の渦中、池田先生が会長勇退をされる直前の1979年（昭和54年）の4月、私は先生から1冊の本をいただいていました。それは、『忘れ得ぬ出会い』（毎日新聞社）という先生の新しいエッセイ集でしたが、扉に「調柔《じょうにゅう》勝利」とのご揮毫がありました。

今から思えば非常に申し訳ないことに、そこにご揮毫があるのをわかっていながら、当時、創価班全国委員長として多忙を極め、深く思いをいたせず、しまい込んでいました。

今年になって自宅で何気なく開いたところ、そのご揮毫が目に飛び込んできました。

「調柔」とは、「もっと人に優しく、柔らかく当たりなさい」という意味だろうと思いましたが、聞き覚えのない言葉だったので、念のため、言葉の意味を五味さんに尋ねました。

すると、それは法華経の分別功徳品第十七にあるという。寿量品の後にある品です。

それには、

「若《も》し復忍辱《またにんにく》を行じて　調柔《じょうにゅう》の地《じ》に住し　設《たと》い衆《もろもろ》の悪来《きた》り加うとも　其の心傾動《きょうどう》せざらん。

諸《もろもろ》の得法の者有りて　増上慢《ぞうじょうまん》を懐《いだ》ける　此《これ》が為に軽しめ悩まされん　是《かく》の如きも亦能く忍ばん。」（２・３）とありました。

さらに、

「復《また》塔寺を起て、及び僧坊を造り、衆僧《しゅそう》を供養することを須《もち》いず。」（３・５）

「是《こ》の善男子、善女人、若しは坐し若しは立ち、若しは経行せし処《ところ》、此の中に、便《すなわ》ち応《まさ》に塔を起つべし、」（３・８）ともありました。

要約すると、形式上仏法を悟ったという連中から、真の仏法者は迫害を受けること、悟ったという連中に塔寺を建てることはしてはならない、それらは、迫害を受ける民衆のなかに建てるべきであるといった意味でしょうか。それらの経文は、宗門問題当時とダブって見えてきました。今になって、その経文が、私の前に現れたことは、何か意味がある。そう考えております。

それにしても、分別功徳品とは、今までは読み飛ばしていたところでした。その重要さに気づけただけでも、法華経の研究を始めたかいがあったと、喜んでいます。

法華経も、先生と自分のこととして読み返さなくてはいけませんね。

五味 法華経の校訂作業は、正直なところ、しんどいと思うことも多いのですが、無駄なところは何もないというのが、これまでやってきた実感です。

竹岡 そうですか。大変な労力でしょうが、よろしくお願いします。

話を戻します。田渕先生は、息子が通った創価高校の美術の先生で、あるとき、息子が「おやじ、頼みがある。創価高校に田渕先生という素晴らしい絵を描く先生がいる。お酒に使う金があるのなら、その絵の応援をしてくれないか」と。それで、先生に会ったら、私の方が惚れ込んで「先生の目で選んだ世界の美を、いつか案内してください」と頼みました。

田渕 ヨーロッパ各国、インド、中国、韓国、中東のエジプト、アメリカ、そして、日本の奈良・京都等々と、専門家でもなくて、喜んで一緒に旅をするなんて、こんな人いません。竹岡さんもすごいが、息子さんもすごい。

竹岡 その田渕先生と、また一緒に旅ができた。これが2つ目の喜びです。

3つ目は、会いたかった張さんと再会できて、ガイドをしてもらえたこと。そのガイドの素晴らしさは、皆さんも旅の中で、よくわかったと思います。

4つ目は、これはずっと祈ってきたことです。

当初は、サンロータス研究所版の法華経を、羅什ゆかりの草堂寺に奉納しようと思っていました。それが間に合わないとなって、せめて192ヶ国に法華経が広まっていることを、寺のしかるべき人に報告してこようと思ってきました。そうしたら向こうから住職がやってこられた。SGIの勤行要典を差し上げることができて、その上、羅什の舎利塔の建物を開けて案内までしていただくことができた。田渕先生には住職の顔まで描いていただいて、言うことなしの成果でした。

田渕　あれは、瞬間の勝負でした。相手の魂を絵にちゃんと入れないといけないから、あの3分に最大限のエネルギーを使いました。それで、午前中でエネルギーを使い果たしたんです。

竹岡　絵を見た住職の顔がほころんで、あれには驚きました。感謝いたします。

最後、5つ目は、参加された皆さんが、旅中、元気で喜んでもらえたこと。ここまで全員無事故で、これで、願っていたことが全部、叶いました。

張　それを聞いて、私も嬉しいです。はるばる日本から来られた方々だし、10年前からの友達を迎えるし、私にとっても大事な旅でした。

竹岡　張さんは、今回は、われわれの勤行まで同席してくれましたね。

張　明を建国した朱元璋《しゅげんしょう》は、もとは貧しい生まれで、ちゃんとした名前も持たず、8月15日の生まれで、その月と日にちで呼ばれました。そして、飢え死にする寸前までいきました。助かったのは、そこで出家できたからでした。

程度は違いますが、私もそれと似ていて、困り果てたときに、お経で助かったことがあります。

それは、前にお話しした、河南省一の金持ちのツアーの添乗員を頼まれたときのことです。資産千億円の人をお世話するのです。そんな難しい人たちを、どうお世話したらいいか、考えているうちに病気のようになりました。それで、仕方がないので、般若心経を唱えたのです。（ここで、経をそらんじてみせる）それで、気持ちが楽になりました。

竹岡 般若心経は、法華経の方便品の要素が含まれている経典です。

田渕 その法華経の究極は、南無妙法蓮華経。これを唱えると、祈りが叶います。私も、それで絵が描けるようになりました。

張 そうですか。楞厳経《りょうごんぎょう》が済んだら、私も法華経に入りましょう。

とにかく、皆さんのおかげで今回は、私も運が良かったと思います。

日本人も中国人も、違いはありません。どちらが先か後かはありますが、同じ人間です。3日もご一緒すれば、われわれは老朋友《ラオパンヨウ》です。10年、20年とお付き合いしていけば、お客様も親戚と同じになっていきます。また、お会いできることを楽しみにしています。

竹岡 では、次は、法華経を完成して、御義口伝も完成して、お世話になった先生方も一緒に、記念の旅をしましょう。

午後8時、夕食会を終了し、徒歩にてホテル（鐘楼飯店）へ戻る。翌5月18日（水）晴れ。午前8時、西安咸陽国際空港を発ち上海浦東経由で、午後4時前、成田空港に帰着。

法華経と釈尊と現代インド

サンロータス研究所 インド研修

２０１８年（平成30年）12月18日〜26日

はじめに

２０１８年（平成30年）春、サンロータス研究所版 法華経『妙法蓮華経 開結』パイロット版の完成をみたわれわれは、その年の暮、第2回目の海外研修をインドにおいて実施した。法華経を説いた釈尊と、生涯を仏法流布に捧げたアショーカ大王の足跡を辿る旅である。

旅は、サンロータス研究所に集う8名が参加。五味時作さん、廣野輝夫さん、吉崎幸雄さん、吉永聖児さん、亀田潔さん、川北茂さん、そして私と、田渕隆三画伯である。

田渕画伯と川北さんが、絵画制作のため5日間先行してヒマラヤの高峰カンチェンジュンガを望むダージリンに滞在。コルカタ（カルカッタ）において12月18日（火）に本隊と合流し、26日（水）までの9日間の日程でコルカタ、パトナ、ナーランダー、ラージギル、ブッダガヤ、ヴァラナシ、サールナート、そしてデリーを訪れた。

旅では、バット（デイリ・ラム・バット）氏という博識のガイドを得て、充実した内容となった。

1 コルカタ

ホテル・タージベンガル

12月18日（火）午後7時前、コルカタ、ホテル・タージベンガルに到着。タージベンガルは、インドの有力財閥タタグループ系列のホテルであり、格式が高い。この日、コルカタは、この時季には珍しく、夕刻近くまで雨が降っていた。

前日の19日に日本を発ち、デリー1泊の後、コルカタに着いた6名は、先着していた田渕画伯一行と合流し、これで全員が揃う。

ホテルのロビーでは、ホテル側の歓迎の儀式を受けた。民族衣装の女性スタッフが「ナマステ」と、合掌しながら、メンバー一人ひとりに花の首飾りを掛け、それぞれの額に指で紅い印を付けていく。インドの一員として迎えるというわけである。ホテルのロビーで、しばし懇談する。

インドの夜明けは世界の夜明け

竹岡　池田大作先生の手によるＳＧＩ（創価学会インタナショナル）によって、仏法が世界に広まって、世界平和の道が開かれてきています。なかでも、ここインドのＳＧＩの発展は素晴らしく、

20万人を超えたといいます。われわれも、その流れに呼応して役割を果たしていきたいと思います。

田渕先生、ダージリンはどうでしたか。

田渕　毎日、タイガーヒルの夜明けを描いていました。

竹岡　ダージリン近郊のカンチェンジュンガを望む丘ですね。

田渕　標高2590メートルの丘です。連続4日間、描いて、特に3日目は最高に晴れ渡ってエベレストまではっきり見えました。タイガーヒルは、ご来光を拝むために、たくさんの人がやって来ます。混み合う前に到着しておくために、毎朝、未明の4時前にホテルを出て、満天の星のもと、5時前からスタンバイして、6時過ぎから日の出の光景を描きました。

『夜明けのカンチェンジュンガ』

タイガーヒルでは、カンチェンジュンガに向かって、ずっと右から太陽が上がるのですが、その直前にカンチェンジュンガの頂上に光が射します。最初の光が、われわれに届く前に山の頂上を照らすのです。

カンチェンジュンガは、世界第3位の高峰で、

ヒマラヤの東の端にありますから、インドの朝は、カンチェンジュンガから始まるといってもいいでしょう。

私は、このインドの夜明けを、世界の夜明けを描くという思いで描きました。

釈尊は、インドで生涯を送りました。釈尊は、仏法、なかんずく法華経を説いて、世界に夜明けをもたらす存在となりました。

それで、世界の夜明けを描くとの思いで、今回は夜明けの太陽とカンチェンジュンガの両方を画面に収めました。

竹岡　そうですか。それは、見せていただくのが楽しみです。

私たちも、今日は、エベレストを見て来ました。デリーから飛行機で向かいながら注意して見ていたのですが、ガンジスの流れとエベレストやヒマラヤの峰々が、しっかり見えました。

廣野　雲間にヒマラヤが見えて、その下にガンジス。本当に感動的でした。

田渕　そうですか。明日からは、確認の旅です。仏法の精神が息づいているときの彫刻と、形骸化し密教化していくときの彫刻は、どれほど違うか、それぞれ確認していただきたいと思います。

竹岡　明日のメインは、それを確認できる博物館ですね。

田渕　コルカタを拠点としてインドを統治したイギリスは、インド中から目ぼしい物を集めて、インド一の博物館を作りました。その名も「インド博物館」です。

各時代の哲学のシンボルとして、彫刻が各時代に生まれました。各時代の彫刻を見れば、いかなる哲学がそれぞれの時代のベースにあったか、確かめることができます。

竹岡　明日は、イギリス統治時代のヴィクトリア記念館、そして、インド博物館を見学します。その後、時間が許せば詩人タゴールの住んだ家を見学したいと思います。ここベンガル地方は、タゴールの活躍した地ですから。

発展するインド

午後7時半、ホテルのレストランでの夕食の席で。

五味　コルカタは、何回目ですか。

田渕　5回目くらいです。初めは、1990年代、創価学園に在職中のときです。

五味　私は、インドもコルカタも初めてですが、夕方、空港からホテルまでのバスからの眺めは、衝撃的でした。想像を絶する人の数と動きで、びっくりしています。

竹岡　ガイドのバットさんによると、コルカタの人口は2千万人だそうで、東京の2倍近くです。コルカタだけでなくインドは中国以上に人口が増え、さらなる発展が見込まれます。インド全体を見ると、西のムンバイが商都で、世界に発展している企業は、ムンバイに拠点を置いているそうです。

0の発見

竹岡　亀田さんが話していたけど、インドのユニークなところは、0《ゼロ》を発見したことにあるというのですね。

亀田　0は無ということです。無が有るとは、妙ですが、何も無いというものが在るとの考えです。インドの人は、意外と細やかで、われわれの考えもつかない発想をする人々がいると思います。インドは、もっと発展する可能性を持っていると思います。

竹岡　インドは11年ぶりだそうですが、前と比べて、どうですか。

田渕　まだ、ダージリンしか見ていませんが、だいぶ整備されてきています。

竹岡　ニワトリなどの放し飼いは、もうされていませんか。

田渕　だいぶ少なくなっているように見えました。しかし、まだ放し飼いされていました。それに、ありがたいことに、絵を描いた村の人たちが私のことを覚えてくれていました。以前も泊まったダージリンのウィンダメアホテルでは、私の絵をフロントに掛けてくれていました。

子どもが多い国

廣野　私は、インドは初めてです。

田渕　ショックを受けられたのではありませんか、赤ちゃんが、いっぱいいることに。街中でも、飛行機に乗っても、赤ちゃんがすごく多く見られます。中国よりインドの方が、子どもが多いように思います。それを見るにつけ、インドの国力は、ますます上向きだと思います。今にインドが世界の中心になりますよ。それにひきかえ、日本は人気《ひとけ》が少ない。

廣野　そうですね。青年が少ないですね。

お茶とイギリス

竹岡　このコルカタは、イギリスの東インド会社の拠点でした。お茶は、東インド会社によって中国から運ばれて、ここを経由するなどしてヨーロッパに運ばれました。西洋で茶といえば、紅茶ですが、それは、運ぶ途中で茶葉が発酵したからです。

いつしかイギリスは世界のお茶の元締めになって、アメリカ大陸にも、信仰の自由を求めてイギリスから移民していったピューリタンたちによって、イギリス式のお茶が弘められました。

そのお茶が、アメリカ独立のきっかけになりました。一方的に茶の専売権を東インド会社に与え、値段を釣り上げたイギリス政府にアメリカの人々は怒って「もうイギリスの茶はいらない」と、茶葉を海に投げ捨てたのです。

廣野　ボストン茶会事件ですね。

竹岡　お茶が、アメリカの独立を招いたわけです。

それにしても、当時のイギリスは世界の中心でした。ロンドンの大英博物館に行くと、世界の至宝が集められていることに驚嘆します。当時、世界最強のイギリスは、世界中から収集したのです。アメリカの街の名には、ニューヨーク、ボストンなど、イギリス本国の街から付けられたものが多くありますね。

サンチーの大塔

博物館に見る本質

竹岡　以前に一緒に見たなかで、印象深かったのは、サンチーの大塔の四方の門や柵に刻まれた彫刻と、パトナの『惑星の女神』でした。あの2つは同時代のものですか。

川北　サンチーの大塔は、アショーカ王がもともと建立しましたが、彫刻は、その次のシュンガ朝もしくはサータヴァーハナ朝時代のものです。『惑星の女神』は、アショーカ在世のものと考えられています。

五味　私は、２００７年の田渕先生の水彩『惑星の女神』が大好きです。今回、実物を見られるが楽しみです。

田渕　あの絵を描いた旅があって、竹岡さんと私は、ヒマラヤに行くようになりました。

２００７年は、３月と12月の２回、インドに行っていますが、３月に描いたカンチェンジュンガを望むゴディカンの村の絵を、２枚の１５０号に引き伸ばして、その年の12月の、東京・八重洲での八王子グループ展（現サンロータス展）に飾っていたところ、竹岡さんの紹介で、登山家でプロスキーヤーの三浦豪太さんに見ていただきました。

『惑星の女神』2007 年

豪太さんは、エベレストに向かうヒマラヤの街道には、絵に描いたような美しい村の風景があると、私を誘ってくださいました。聞くと、標高３千メートルを超える道を、徒歩で数日でたどり着くとのこと。私は、普段、運動をしないから無理だと申し上げたのですが、「私が一緒に行きます」と言ってくださって、実際に、高地での呼吸法やら歩き方やらを教えてくださり、付き添ってくださって、それ以後、何度もエベレスト街道のトレッキングをして、絵の制作をすることとなりました。

『ダージリン郊外ゴディカン村からのカンチェンジュンガ』2007年

五味　同じ頃に描かれたのが『惑星の女神』ですね。たしか新宿の会場（エコギャラリー）で個展をされて、大きなパネルにその絵を引き伸ばして飾られていたのが印象に残っています。

竹岡　あの絵もそうですが、実物ものすごく大らかで、惚れ惚れしました。あれができたアショーカ王の時代は仏教がゆがんでいない時代で、それがやがて密教化していくと、いやらしいものになっていく。その変遷が、今回の旅で、実物を流れに沿って見られることで、実感できるわけですね。

田渕　アショーカの時代からカニシカ王のクシャーン朝、紀元２世紀頃までです、本当に素晴らしいのは。クシャーン朝の中心は、今のパキスタン北部、ガンダーラ地方ですが、そこで造られたガンダーラの彫刻は、想像を絶するものがあります。あのミケランジェロを超えています。

ガンダーラは、本質が表になっています。奥でも手前でもない。形の表面の相に即して本質が現れています。その国の精神、魂は、あちこち見て廻ってもつかめません。博物館にこそあります。

竹岡　コルカタに来たのも、そのためですね。

ミケランジェロ
『ロンダニーニのピエタ』

田渕　そうです。仏教も彫刻も、「密教化して、おかしくなった」と言いましたが、これは昔の話ではありません。現代も密教が世界を支配しているといえます。現実の世界を離れて、バーチャルの世界へ、デジタルの世界へ、数字の世界へと人々が引き込まれています。

人間革命の哲学を元にして、もう一度、生命の世界を蘇らせなくてはいけないと思っています。具体的にいうと、生命は、動くものです。ガンダーラは、動きます。西洋は、どんなに優れた形でも、ロダンやミケランジェロであっても動きません。レオナルドだけは極限まできていますが。

竹岡　ガンダーラはミケランジェロより上だと……。ミラノの博物館で、ガンダーラの小さい像を見たことを思い出します。あそこには、ミケランジェロの最晩年の作の『ロンダニーニのピエタ』もありましたが、それに比べて、たしかに小さいながらも動きそうでした。

タゴールの都

12月19日（水）晴　午前7時半、ホテル内レストランでの朝食の席で。

五味　コルカタは、タゴールの都です。タゴールは、ベンガル語の大詩人ですが、既に出していたベンガル語版の同名の詩集『ギタンジャリ』から53篇、『献げ物』『渡し舟』ほかから50篇を選び、

1913年に、自分で英訳して英語版を出版します。英訳というより、母語をはなれて、外国語による再創作をしたのです。英語版の詩作は、3回目のイギリス旅行の2ヶ月前から始められ、その多くがボンベイ（現ムンバイ）からロンドンに向かう船中でなされています。

英語版出版を前に、アイルランドの詩人イエーツが、タゴールの自筆原稿に目を通しています。イエーツは、大変興奮します。「なんという詩人か！」と。

そして、1912年、イエーツは『ギタンジャリ』を英国に紹介し、翌年、英語版の出版がなって、アジア人初のノーベル文学賞の受賞となるのです。今から105年前のことです。

タゴールがノーベル賞を取った年といえば、日本は大正時代で、渋沢栄一を中心とする招聘により、タゴールは1916年（大正5年）に来日します。のちに黒竜会の頭山満など、大アジア主義者たちとの交友もなされます。

タゴールは日本各地で講演をしています。横浜の三渓園に逗留して、その記録が残されています。

田渕　たしか、来日の際の講演でタゴールは「あの富士山のように、あなた方の理想を見えるものにしていただきたい」*1 といった趣旨のメッセージを残したと記憶しています。実に要を捉え、急所を捉えたメッセージだと思います。

五味　タゴールが日本に残した言葉では「真の力というものは武器の中にあるのでなく、その武器を使用する人々の中にある」というのが印象的で、タゴールらしいと思っています。これは、軍事力を背景とした日本の海外進出への警告といえるでしょう。タゴールは続けてこう語っています。「自分自身の魂を犠牲にしてまで武器を増強しようとしたならば、危険は敵の側よりもその人たち自身の側に、ますます大きくなってゆくものである」[*2]

タゴールは、たしか日本に5回来ていますが、第1回のとき日本女子大学（軽井沢三泉寮）での講話に感銘を受けた高良《こうら》とみは、その後の来日のとき通訳をすることになります。後にタゴール会会長を務め、タゴールの作品を翻訳しています。

高良とみは、日本の婦人運動家の先駆者といわれる和田邦子の娘で、戦後、初の参議院、女性議員の一人となります。とみの娘には、詩人で評論家の高良留美子がいます。

＊注1　**タゴールの言葉「あの富士山のように～」**「どうかあなたがたの理想の偉大さを、あの雪をいただいたフジ――国土の真中から聳え立って、周囲からくっきりと際立ちながら、無窮の領域にまで迫っているフジ、そのすばらしいカーブを描いた線から言えば乙女のように美しく、しかも堂々として健やかに、かつ神々しいまでに荘厳なあのフジのように、万人の眼に見えるものとして下さい」（「日本へ寄せるインドのメッセージ」1916年、初来日の際の東京帝大での講演より。『タゴール詩集』山室静訳　角川文庫所収）

＊注2　**タゴールの言葉「真の力というものは～」**「日本の精神」（高良とみ訳）初来日の際の慶應義塾大での講演より。（『タゴール著作集　第8巻』第三文明社　所収）

タゴールと独立運動

竹岡　タゴールは、ベンガル語の大詩人といわれましたが、ベンガルとは、コルカタ周辺の地方名ですね。

亀田　現在は、東西に分かれて、コルカタはインドの西ベンガル州にあって、東ベンガルは、今のバングラデシュです。イスラムをインドから分けるためにパキスタンがインドの東西に作られ、さらに、東のパキスタンが分離独立して、バングラデシュになりました。

五味　タゴールは、イスラムを分離してインドを分裂させることに反対しています。イギリスは、全インドが団結することを警戒し、分割を推進しようとしたのですが、タゴールは、その分割政策に反対する先頭に立って、イギリス製品の不買運動などを始めました。

残念ながら、機運が熟しておらず、このタゴールの運動は当時、評価されず、失意のなかで中止を余儀なくされました。

竹岡　そういえば、コルカタの空港に銅像があったけれど、あれはタゴールですか。

亀田　あれは、チャンドラ・ボースだと思います。空港の正式名も彼の名前です（ネータージー・スバース・チャンドラ・ボース空港）。

竹岡　日本と協力して、武力でインド独立を勝ち取ろうとした人物ですね。ボースに限らず、インドの独立運動家を応援した日本人が、戦前、相当数いたといいますね。

亀田　東京裁判でのパル判事の日本びいきとも取られる言動は、そのことがあったからともいわれます。

五味　タゴールに話を戻すと、ベンガル分割のイギリスの政策に反対するも失敗に終わったわけですが、タゴールはその顛末を『ゴーラ』という長編小説にして記しています。

シャンティニケタンと秋野不矩

五味　タゴールの業績で、今日につながっているのは、シャンティニケタン（コルカタ北方の町）に学校を作ったことです。

最初は私塾のようなもので、最初はたしか、集ったのは5人でした。それが、途中から国立（ビスバ・バラティ大学）になって、タゴール国際大学へと発展して行きます。

タゴールやシャンティニケタンも日本と関係が深く、シャンティニケタンには画家の秋野不矩《ふく》が絵を教えに行っています。

吉永　たしか、彼女が50歳くらいの頃（１９６２年、54歳のとき）でしたか。

五味　彼女の偉いところは、インドのもので絵具を作って絵を描くことをやってみせたことです。インドの人々が、自分の国に誇りを持てるようにしようとしたのです。そして、帰国後には『ガンガーを渡る』などの作品を描きました。

その作品が好きで、静岡県にある彼女の美術館に何度か行きました。天竜川の、昔の天龍の駅（現・天竜浜名湖鉄道の天竜二俣駅）近くにあります。

吉永　あれは、インドに行って、絵が良くなったと思います。それまでは、普通の日本画をやっていたと思います。

ヴィクトリア記念堂

ヴィクトリア記念堂

午前8時半、ホテルのロビーでガイドのバット氏と現地ガイドのムカジー（ディリップ・クマール・ムカジー）氏と合流。専用のバスで出発し、9時、ヴィクトリア記念堂に到着。開館時間前のため建物内部に入ることができず、周囲を一周する。よく晴れて、寒くも暑くもなく、ちょうどよい気候である。

廣野　イギリス風庭園ですね。

バット　この建物はタージマハルを意識して造られています。タージマハルと同じく、全部、大理石で、ドームもミナレットも似せて造られています。

ヴィクトリアは、イギリス女王の名前です。イギリスは、インド統治の際、首都をインドの東のコルカタに定めました。イギリスが作った東インド会社は、その目的が東の国々との貿易にありましたから、東に拠点を置いたのです。
ヴィクトリア女王の時代、イギリスの海外進出は進み、インド統治も進展しました。
そのヴィクトリア女王は、１９０１年に亡くなります。そのメモリアルとして、次の代に建てられたのがこの記念堂で、１９０６年から15年間かけて完成しました。

インド国旗

インドの旗が立っているのが、見えますか。旗の真ん中には、釈迦の法輪があります。マウリア朝のアショーカ王の建てた4頭の獅子の載る石柱の上に取り付けられていた石の車輪が元になっています。その車輪は、釈迦を表しています。

五味　建物が完成する１９２１年といえば、独立運動が盛んになってきている時期ですよね。

『エドワード7世騎馬像』

バット　独立の動きは強まっています。それだから、イギリスの強さを見せる必要があって、完成させました。この建物を造ったのは、当時のガヴァナー（総督）で、カーソンという人です。

記念堂の反対側に騎馬像が見える。

バット　あそこに見えるのは、女王の後を継いだ、

ドーム上の『勝利の女神像』

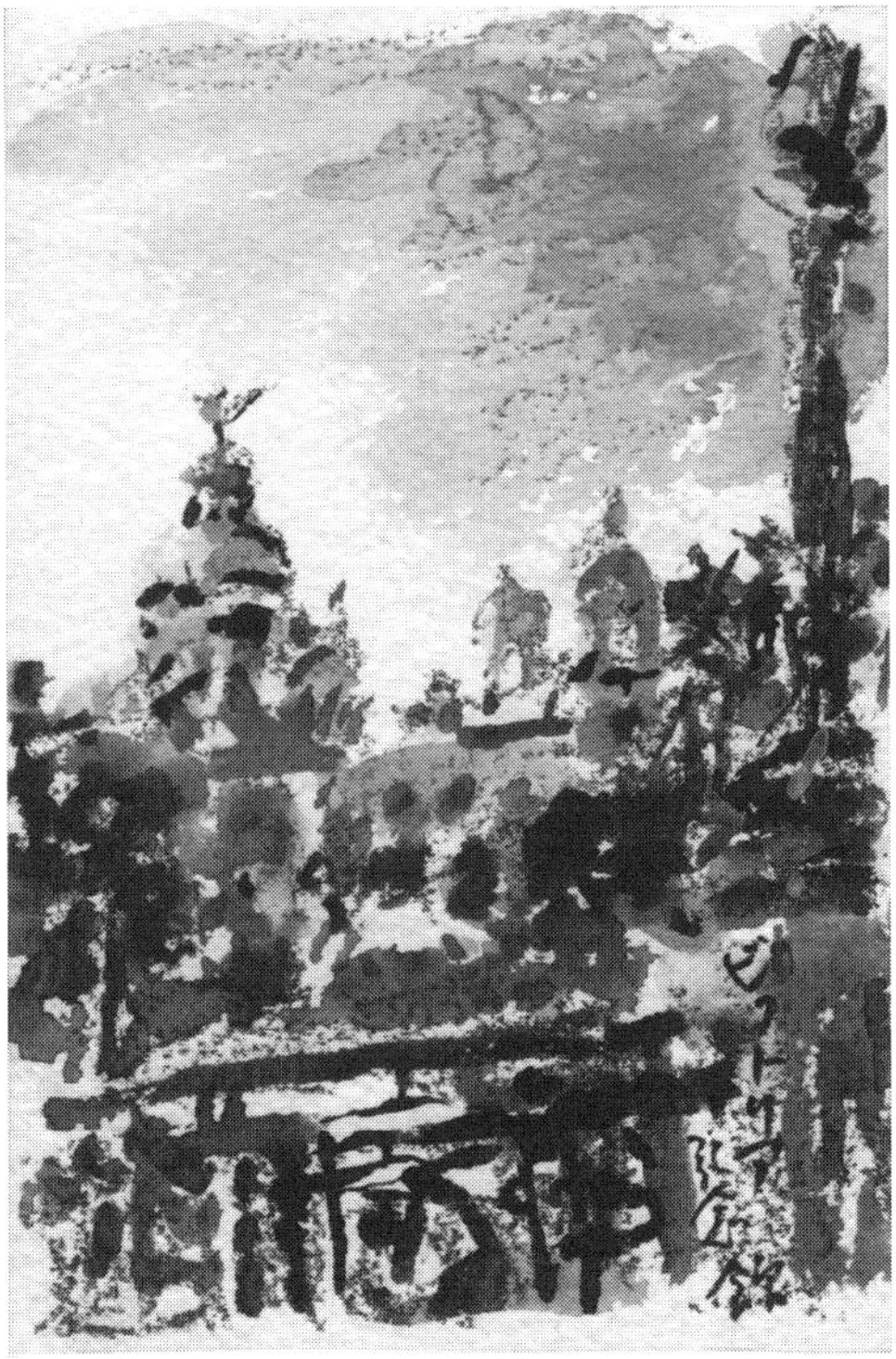

『朝のヴィクトリア記念堂』

孫のエドワード7世の騎馬像です。

ドームの上にあるのは、勝利の女神です。イタリア製です。

ここには、いろいろな木が植えられています。アショーカの木もあります。日本語では無憂樹、憂いが無いという意味の名前の木です。

五味　この庭には、誰でも入れるのですか。

バット　入場料の10ルピー（日本円で20円弱）を払えば、誰でも入れます。少しでも入場料を取らないと、花の手入れなどができなくなるので、庭がきれいに保てなくなります。それに、無料にしたら、人がたくさん入り込んで大変なことになります。ベンガル州の人口は多いですから。日本の４分の１の面積で、９千万人がいます。

インド博物館　石に宿るいのち

バスで移動。10時、インド博物館に到着。博物館に入ると、黒い石像が数体並べられていた。

バット　木の形をした像は『生命の樹』(マディヤ・プラデーシュ州ベスナガル出土)です。アショーカ王の時代の少し後で、紀元前2世紀のものです。ベンガル菩提樹（ガジュマル）を象ったもので、願いが叶う木（願業成就の樹）とも呼ばれます。紀元後1世紀まで仏像は造られず、それまでは、このように木の姿でお釈迦様も表されました。

『生命の樹』シュンガ朝　前2世紀　マディヤ・プラデーシュ州ベスナガル出土

『獅子柱頭』マウリア朝　前3世紀　ビハール州チャンパランのランプルバ出土

このほか『獅子柱頭』『牡牛柱頭』を見た（両方とも前3世紀、ビハール州チャンパランのランプルバ出土、牡牛像はレプリカ)。どちらもアショーカ王柱の柱頭に載せられていたもので『獅子柱頭』の方は顔が大きく欠けている。『牡牛柱頭』のオリジナルは、デリーの大統領官邸にある。

バット　牛は、お釈迦様の生まれた時の名前、ゴータマと関係があります（ゴータマは、「優れた牛」の意味)。ヒンズー教では、シヴァの乗り物ということで大切にされています。ヒンズー教から仏教は出てきたから、仏教でも聖なる動物とされています。

田渕　迫ってくるものがあります。石の中から取り出された命が、目の前にあるという感じです。無情の石が命を宿すとは、まさに草木成仏ここにありです。信仰が純粋だった時代の彫刻です。

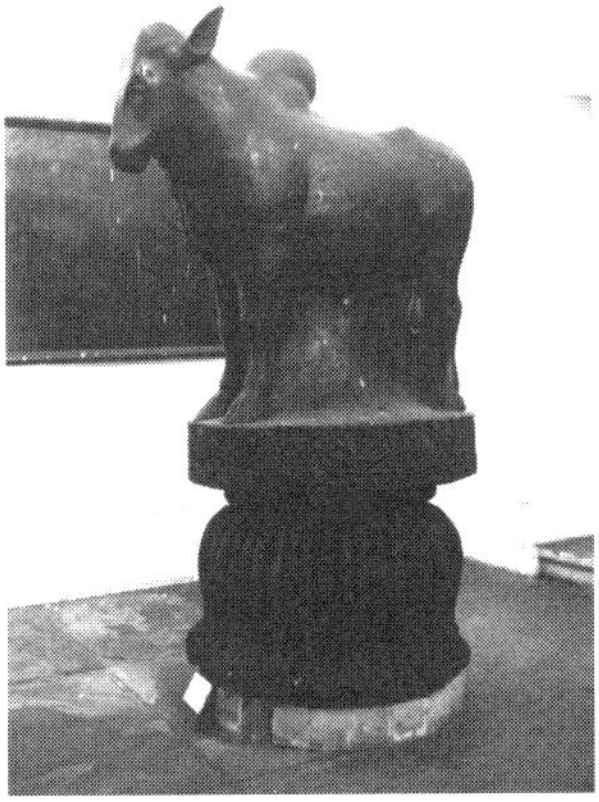

『牡牛柱頭』（レプリカ）マウリア朝　前3世紀　ビハール州チャンパランのランプルバ出土

ヒンズー教と釈尊

順路を進むと、彫刻を施された人の背丈以上の大きな石柱が立ち並ぶ部屋に入った。『バールフトの欄楯』（マディヤ・プラデーシュ州サトナー南方、ドゥーワー出土）の部屋である。これは、サンチーの彫刻と同じ紀元前2世紀、シュンガ朝のもので、インド中部、バールフトのストゥーパ（仏塔）を囲んでいた石造りの柵。ここでは49本を見ることができ、それぞれに仏伝やジャータカ（釈尊の前世物語）の浮彫が施されている。浮彫の一つ、釈尊の生母が懐妊のときに見

『マヤ（摩耶）の夢』シュンガ朝　前2世紀　バールフトの欄楯　マディヤ・プラデーシュ州サトナー南方、ドゥーワー出土

た、象が体に入る夢を表した「マヤ（摩耶）の夢」の前で。

バット　ヒンズー教では、８万４千回生まれ変わるといいます。生まれ変わるときには、１秒で生まれ変わります。お釈迦様も何度も生まれ変わっていて、平和の神ヴィシュヌの10番目の生まれ変わりとされています。ヴィシュヌは、ガルーダ（鳥の神）を乗り物にしています。お釈迦様は、出家のときの乗り物は馬でしたけれど。

仏教がインドで滅んだのは、このようにヒンズー教のなかにお釈迦様を位置付けるようにされたからです。お釈迦様の時代、インドは国が分かれて争いが続いていました。そこで、ヴィシュヌが平和の道を人々に教えるために、お釈迦様として現れたというのです。

この考えを弘めたのは、シャンカラチャリアという８世紀のヒンズーの僧です。「釈迦を特別と思うな」と説いて人々に信じ込ませ、10世紀までに仏教はヒンズー教に吸収されていきました。しかし、仏像や仏教寺院を破壊する事はありませんでした。ヒンズー教の一部に位置付けただけです。

『瞑想の釈尊像』

仏教が破壊されるのは、次に入って来たイスラムの勢力によります。そして、12世紀までに仏教寺院は壊され、仏像の手も足も頭も取られました。

今、残っているサンチーなどは、山の森の中に埋れて完全に見えなくなっていたから、残りました。

『釈尊像』

『弥勒菩薩像』

▶右の3点、クシャーン朝　2世紀　パキスタン北部、ロリアン・タンガイ出土

『釈迦立像』

クシャーン朝　2世紀　パキスタン北部、タキシラ郊外シャウデリ出土

ガンダーラとマトゥラー　初めての仏像

ガンダーラ彫刻の部屋に入る。

田渕　仏像が初めて造られた時代のものです。人間の姿に仏を見て、人間の姿で釈尊を表すようになりました。

バット　そうです。それまでは菩提樹など、人間ではないシンボルでお釈迦様を表しました。

お釈迦様が亡くなって長く、この頃には、その顔を知る人は誰もいません。人々は、像を欲しがったのです。

田渕　仏を人間に見たというところが重要です。それが、時代を経るにしたがって、人間を超えた特別な存在にされていって、ダメになります。同時に仏教も、おかしくなります。ヒンズー教と区別がつかなくなっていきます。

『瞑想の釈尊像』『釈尊像』『弥勒菩薩像』（3点ともパキスタン、ロリアン・タンガイ出土）、『釈迦立像』（パキスタン、タキシラ郊外シャウデリ出土）など、2世紀の作品を見ながら。

『三宝への礼拝』Lover Monestry at Naihu ？出土

『アトラス像』ロリアン・タンガイ出土

『ハーリティとパーンチカ（鬼子母神と夜叉）』パキスタン北部、ジャマルガーヒ出土

『降魔成道』Mer Jan ？出土

『宮廷の場面』（レプリカ）出土地不明

▲5点ともクシャーン朝　2世紀

田渕　本当に、動き出しそうです。『ハーリティとパーンチカ（鬼子母神と夜叉）』（パキスタン北部、ジャマルガーヒ出土）、『アトラス像』（ロリアン・タンガイ出土）、『三宝への礼拝』(Lover Monestry at Naihu？·出土)、『宮廷の場面』（レプリカ、出土地不明）、『降魔成道』（Mer Jan？·出土）等、2世紀の作品を見て。

田渕　小さいものですが、全部、生きていますね。

ガンダーラと同時代のマトゥラー様式の区画に移動。ガンダーラ彫刻は片岩製で灰緑色をしているのに対して、マトゥラー系は赤色砂岩製で、文字通り赤みがかっており、同時代でも印象が異なる。また、ガンダーラはギリシャ彫刻のように彫りが深くシャープなのに対して、マトゥラーは丸みを帯びて豊かな感

『ジナ頭像』2世紀　マトゥラー出土

『恋仲の二人』2世紀　ウッタル・プラデーシュ州サンキサ出土

『釈尊像』385 年　ブッダガヤ出土

『邪鬼を踏みつけるヤクシー三柱』2世紀　マトゥラー近郊ブーテーサルの仏塔跡出土

じである。この違いは、それぞれの土地の人々の顔立ちや姿形に合わせて造られたためといわれており、そこからも初期の仏像は、現実の人間に仏を見て造られたといえるのである。

『釈尊像』（３８５年、ビハール州ブッダガヤ出土）、『恋仲の二人』（２世紀、ウッタル・プラデーシュ州サンキサ出土）、『ジナ頭像』（２世紀、ウッタル・プラデーシュ州マトゥラー出土）等を見た後、『邪鬼を踏みつけるヤクシー三柱』（２世紀、ウッタル・プラデーシュ州マトゥラー近郊ブーテーサルの仏塔跡出土）に対面する。これは、イギリスの考古学者アレキサンダー・カニンガムによって１８８１年もしくは82年に発掘された欄楯の一部で、当初は６柱が発掘され、残りの３柱はマトゥラー博物館に所蔵されている。なお、カニンガムは、武官としてインドに赴任し、当地の歴史に関心を持って１８６１年にインド考古調査局を創設、玄奘三蔵の『大唐西域記』を手掛かりにアフガニスタン、ミャンマー、スリランカを含むインド文化圏にある仏教

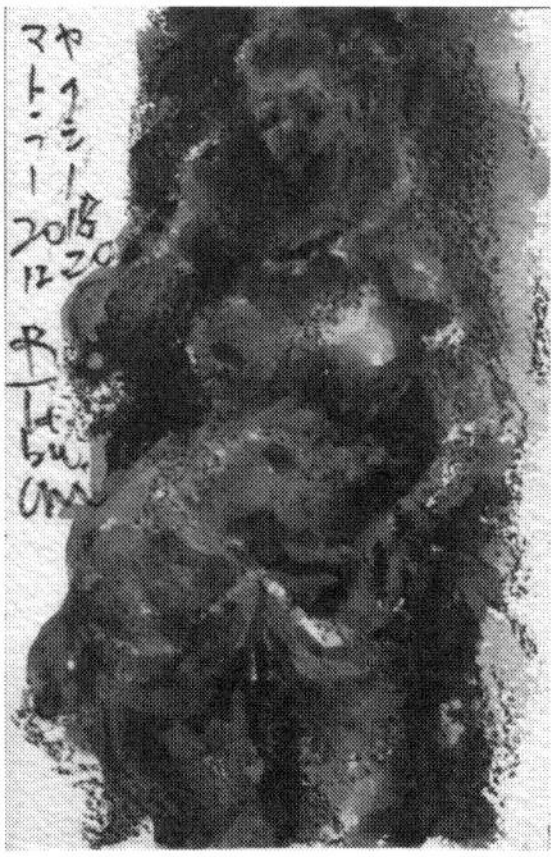

『邪鬼を踏みつけるヤクシー三柱』2世紀　マトゥラー近郊ブーテーサルの仏塔跡出土

遺跡の数々の発掘を指揮した人物である。

田渕　この彫刻は、マトゥラーの代表作であり、この博物館で一番といえる作品です。

ここで田渕画伯はヤクシー3体を水彩で描くことにして、他は自由に館内を見学することとした。

『仏伝図』2世紀　アンドーラ朝　アーンドラ・プラデーシュ州アマラヴァティ出土

館内を進むと、ガンダーラやマトゥラーと同時代、2世紀の作品で、クシャーン朝の支配の及ばないインド南部、アンドーラ朝の『仏伝図』(アーンドラ・プラデーシュ州アマラヴァティ出土)も展示されていた。これは、王朝寄進の仏塔の欄楯に施された浮彫の一部で、仏教信仰の広がりと浸透ぶりを示すものである。

崩れる形

タゴールハウス

『龍王に守護される釈迦坐像』6〜7世紀　ブッダガヤ出土

『宝冠釈迦如来像』5世紀　サールナート出土

『マハーヴィーラ』11世紀　マディヤ・プラデーシュ州、テワール村カランベル出土

奥に進むにつれ、『宝冠釈迦如来像』（5世紀、ウッタル・プラデーシュ州サールナート出土）、『龍王に守護される釈迦坐像』（6〜7世紀、ビハール州ブッダガヤ出土）、『マハーヴィーラ』（11世紀、マディヤ・プラデーシュ州、テワール村カランベル出土）等々、展示は新しい時代の作品となっていく。時代が進むにつれて、写実から離れ、形は概念的で甘くなっていく様子が見られた。同時に、現実の人間から離れて怪異なものに変わっていくのが見て取られた。

タゴールハウス

11時45分、博物館を出て12時過ぎ、タゴールハウスの入口に到着。バスを降りて徒歩で敷地に入る。芝生の庭があり、左手と奥に赤いレンガ色の建物が見えた。それらの建物は以前は学校だったが、現在は記念館としてタゴールにまつわる展示がされている。

タゴールハウス　邸宅の中庭

『タゴール著作集』全 11 巻 + 別巻・タゴール研究（第三文明社）など、池田大作先生贈呈書籍の展示棚を見る

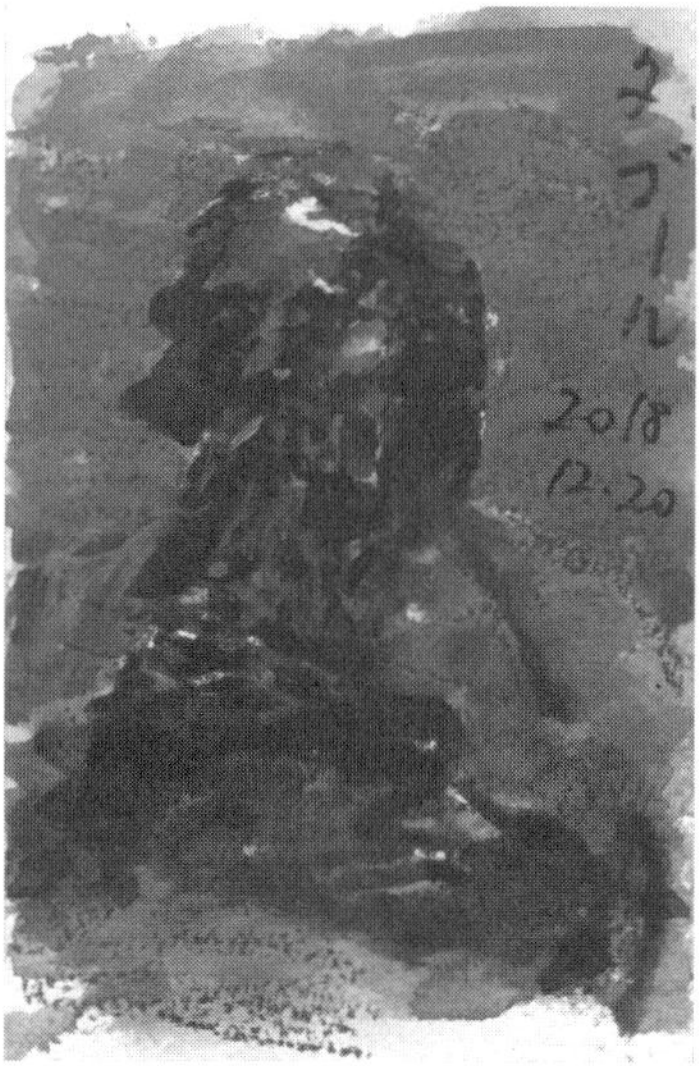

『タゴール像』

履物を脱いで建物内部に入ると、外観とは違い、邸宅の中庭に面する壁面は白に統一されていた。

タゴールは、１８６１年、ここで生まれ、１９４１年８月７日、ここで80歳の生涯を終えている。食堂やキッチンを通って居室に入ると、部屋ごとに展示があり、タゴールの描いた絵の展示、ノーベル文学賞の受賞に関する展示、現在のインドとバングラデシュの国歌の作者であることについて、そして、岡倉天心や渋沢栄一など日本人との交流の様子などがわかるようになっていた。

タゴールと日本との関係は、１９０２年（明治35年）に岡倉天心がインドを訪問した際の出会いに始まる（外川昌彦「シャンティニケトンの岡倉天心」『南アジア研究』第25号、日本南アジア学会、所収）参照。なお、タゴールと天心は、天心没年の１９１３年2月に米国ボストンで再会している）。

タゴールの日本訪問は、初回は約３ヶ月滞在、１９２４年（大正13年）と最後の訪問となった１９２９年（昭和４年）５月から６月にはそれぞれ約１ヶ月の滞在で、他に経由地としての数日間の滞在（１９１７年と１９２９年３月）を含めると、計５回である。

さらには、創価学会の池田大作先生贈呈の創価教育を紹介する書籍類の展示も確認できた。タゴールが亡くなった部屋は、きちんと整えられていて厳粛な空気が漂っていた。

コルカタの交通事情

マザーテレサの終焉の家

12時40分、バスに乗り昼食へ。途中、コルカタ最大のターミナルであるシアルダー駅、マザーテレサの終焉の家の前などを通る。

吉永　マザーテレサは、ここの人でしたか。

バット　生まれはマケドニアです(当時はオスマン帝国の一部)。マザーテレサは、コルカタを拠点に貧しい人や病人のために尽くしました。

午後1時半、カレー料理のレストラン「フレーヴァーズ・オブ・インディア」に到着。渋滞のひどさで知られてたコルカタだが、以前に比べて道路状況が良く、渋滞に悩まされなかった。

コルカタの大通り

亀田　日本のシステムを導入して、交通事情が改善したようです。

五味　私には交通量が多いと思えるけれど、前は、こんなもんじゃなかったということですか。

川北　以前は、まったく進めないということもザラでした。前は、荷車を引く自転車や、オートリキシャなどが、多く見られましたが。今回は、そうした遅い車両は、あまり見られなくなりました。おそらく、遅い車両と速い車両を通りによって分けたんだろうと思います。

五味　それが功を奏したというわけですね。

（他に、主要交差点の立体交差、信号機の改善なども日本企業の協力で行われ、さらには、地下鉄の新設・整備も改善に寄与しているようである）

インドの結婚事情

昼食中、最近のインド事情を聞いた。

バット　インドの通貨、ルピーは、国外に持ち出せません。だから、インドで使い切ってください。これは、外貨を失わないためです。

ところで、このごろインドの株価は値上がりしています。金持ちは、どんどん金持ちになっています。全体には、まだまだ貧しいですが、一部ではすごいことになっています。

アンバニ（ムケシュ・アンバニ）という大金持ちの娘さんの結婚式が最近ありましたが、大変豪華なもので、宴会が何度もあって、期間中、招待客のためにオベロイホテルの全室を借り切りました。客の送迎用に１３０台のヘリコプターが用意されました。

アンバニさんは、27階建てのビルに住んでいます。（ビルはムンバイの一等地にあり、各階の天井を高く造ってあり、普通のサイズに換算すれば60階の高さがある）

竹岡　そのアンバニさんは、何をしている人ですか。

バット　石油とＩＴの会社を経営しています。

竹岡　娘さんのお相手は、どんな人ですか。

バット　インド1番の金持ちの子どもで、小中学校の同窓生と結婚しました。インドでは、似ているような商売の人とでないと結婚しません。

竹岡　同窓生のなかで、家業が同じ人と結婚したということですね。

吉永　カーストは、今もあるのですか。

バット　あります。

吉崎　好き嫌いじゃ結婚できないんだ。

バット　というより、カーストが違うものどうしでは、出会う機会がありませんから。

吉崎　恋愛結婚というのは、少ないんですね。

バット　いや、3分の1は、恋愛して結婚しています。いずれにしても、インドでは95パーセント、結婚します。結婚しないという選択肢はありません。もし、結婚せずに子どもができたら、恥です。その人は自殺します。親も非難されて、街を歩けません。

竹岡　インドでは、昔の日本のように、家が大事ということですね。

インドとエジプト

午後2時半、パトナに向かうため、空港へ向かう。渋滞もなく午後3時半到着。搭乗ゲート前で。

竹岡　今日は彫刻をたくさん見たわけですが、つくづく石に祈りが込められていると、感じました。私の友人の長内順一《おさないじゅんいち》さん（元衆議院議員＝公明党・新進党、ニトリの社長を補佐する特別顧問をしていた）は、エジプトのクフ王のピラミッドの傍に埋められた第2の太陽の舟の発掘に携わった関係者の一人です。その話によると、舟を納めた穴に被せられていた石の一つひとつに、名前が刻まれていたといいます。それを聞いて、あのピラミッドも石の一つずつに名前が刻まれているに違いないと思いました。一つひとつの石に祈りを込めて、信仰の象徴としてピラミッドがあるということです。同じように仏教徒も、石に祈りを込めて彫刻したのだと思うのです。

長内順一氏（左）吉村作治氏と

田渕　なるほど。インドで彫刻が造られるようになるきっかけは、アレクサンドロス大王の遠征にあります。大王がギリシャの文化・芸術を携えて、インド西部（現パキスタン）までやって来て、帰還にあたってインダス支流の河畔に祭壇を築いて祈りを捧げました。その祭壇はどんなものかは伝わっていませんが、同行の彫刻家や建築家によって神々の像も飾られていたと考えられます。

その儀式を、後にマウリア朝を開くチャンドラグプタが見ていたというのです。それで、文化・芸術への目を開いたチャンドラグプタは、それらを大切にし、統治に利用していきます。マウリア朝第3代であるアショーカの文化主義も、祖父にならったものともいえるでしょう。マウリア朝では「手に職を持った人の手や眼を奪ったものは死刑」とされて、芸術家は大切にされたといいます。

竹岡　そのことは、どこかに記録がありますか。

川北　当時、ギリシャ文化圏であったセレウコス朝シリアからの使節メガステネスが、マウリア朝の都パータリプトラを訪れた記録を残しています（メガステネース断片集〔アッリアノス『アレクサンドロス大王東征記　付インド誌』大牟田章訳　岩波文庫、所収〕）。

田渕　ギリシャ彫刻のルーツはエジプトです。ギリシャ初期、アルカイック期の彫刻には、明らかにエジプトの影響が見られます。エジプトとインドは、ギリシャを介して繋がっているといえるでしょう。エジプトとアショーカ時代からガンダーラまでのインド彫刻は、共通するものがあります。ともかく、エジプトもインドも形に留めたから、数千年の時を超えて精神は継承されました。仏教も、経典と仏像に具現化されて、日本まで伝わっていきました。法華経の精神も、形に具現化されない限り、文化に昇華されない限り、伝わっていかないと思います。

廣野 それは、重要なことです。仏教は真諦、文化は俗諦です。「俗諦常住」*といっても、現実にはものすごく大変です。実現する方向に世の中を動かすには、人手とお金が必要だし、しかるべき教育をして人材を育てていかないといけません。

田渕 池田先生による『新・人間革命』が完結して、いよいよ弟子の一人ひとりが人間革命をするときが来ました。このときにインドに来ていることは、大変な意味があると思います。誰もやらなくても、私は文化構築に力を尽くしたいと思っています。

廣野 入り口を作っていくことが大事です。

竹岡 田渕先生と一緒に、これまでエジプトもギリシャも見てきましたが、先生の彫刻にはエジプトもギリシャも、今日見たインドの仏教彫刻も、それら全部の要素が込められていると思います。

*注 **俗諦常住** 世間的真理（俗諦）がそのまま常住不変の真理（真諦）であると見ること。法華経方便品第二の「諸法実相」（1・3）や「世間の相常住なり」（4・23）を受けて展開された考え方。

仏教の都

午後6時半、コルカタを発ち、午後7時半、パトナ（正式名ロク・ナヤク・ジャヤプラカシュ空港着。空港の正式名はインド独立運動家の一人、ジャヤプラカシュ・ナラヤン氏の名前に因んだもので、ナラヤン氏と池田先生は1979年、パトナで対談している。ホテルへ向かう送迎車内で。

バット　パトナは、マガダ国とマウリア朝のアショーカ王の都パータリプトラがあったところです。仏教が弘まるにつれて栄えました。今は、ビハール州の州都で、3百万人が住む街です。

この州では、お酒は禁止ですから、これは必ず守ってください。

この街には、国立のパトナ博物館と、最近できた州立のビハール博物館があります。パトナ博物館は、仏舎利で有名で、お目当ての彫刻はビハール博物館にあるようです。

明日は午前中、ビハール博物館を見て、そのままラージギルへ向かいます。昼食は道の途中でとるようにします。パトナからラージギルまでは、普通は3時間ですが、ときには倍かかります。

8時半、ホテル「パータリプトラ　コンチネンタル」に到着。

パトナの露店で

12月20日（木）晴れ、霧が深い。朝食後9時過ぎ、ビハール博物館へ向かう。バス車内で。

バット　景色がかすんで見えますが、ホコリと霧が原因です。

吉永　雨は、降らないのですか。

バット　今の時期は降りません。これから向かうビハール博物館は新しい博物館です。日本の人が建築デザインに関わっています。２０１５年に完成しましたが、公開が始まったのは去年からです。

パトナの露店にて

9時20分、博物館は開館時間前なので、同じ通りの路上に並ぶ露店を見る。果物を売る店が多く、日本では珍しい釈迦頭（バンレイシ）、歯ブラシがわりに使うニームの枝、ザクロ、ココナッツなどが売られていた。釈迦頭は仏像の螺髪《らほつ》に似ているから、こう呼ばれるのであるが、日本ではほとんど手に入らない。記念に購入し皆で味わう。果肉はクリーム色でトロミがあって甘い。

ビハール博物館

10時過ぎ、ビハール博物館に到着。広い敷地の奥に2階建ての博物館が建っている。

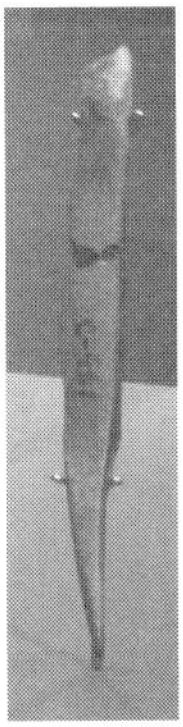

↑『石製の錘』石器時代　モヘンジョダロおよびハラッパー出土　　ビハール博物館

↑
『動物の骨製尖筆もしくはナイフの先端』石器時代　ビハール州サラーン地方チランド出土

マウリア朝　前3世紀頃　パトナ付近出土　テラコッタ像
右は『微笑みの少女』と呼ばれる

開館時間の10時半まで入口で待つ。壁の掲示板には、日本の建築家、槇《まき》文彦《ふみひこ》の槇総合計画事務所がムンバイの建築会社と協同で建物のデザインをしたことなどが表示されていた。

入口から長い廊下を通り展示室に入ると、まず、石器時代の展示があった。モヘンジョダロやハラッパー出土の石製の錘、ビハール州サラーン地方チランド出土の動物の骨製尖筆もしくはナイフの先端など、磨き抜かれた道具に技術の高さが感じられた。

続いて、紀元前3世紀頃のマウリア時代、パトナ付近出土のテラコッタ像が目についた。日本の縄文時代の土偶のようなまったく原始的なものと、『微笑みの少女』と呼ばれている、驚くほど写実的なものが同時にあり、制作集団が2層に分かれていたことがうかがわれた。

さらに進むと、パキスタンのスワット渓谷で出土した浮彫り『釈尊誕生図』(2世紀、クシャーン朝)があった。ガンダーラ彫刻である。小さいながらも生き生きと、話し声が聞こえてくるようであった。

『釈尊誕生図』クシャーン朝　2世紀　パキスタン、スワット渓谷出土

『惑星の女神』を巡って

2階に上がると、目当ての『惑星の女神』に出会うことができた。紀元前3世紀、マウリア朝彫刻の白眉で、サールナートの王柱の獅子像の石材とその研磨法が共通すること等から、アショーカ王と同時代の作と推定される作品である。

台座の銘板では『ディーダルガンジのヤクシー』となっていた。ディーダルガンジはパトナ近郊の発掘場所の名前、ヤクシーはインド土着の女神で樹木の精、あるいは地母神で、豊饒・多産の象徴である。また、日本では『払子を持つヤクシー』と呼ばれているが、われわれが『惑星の女神』と呼んでいるのは、11年前に訪れたときのガイド、ランジット氏が、作品に付けられていたヒンディー語の銘板を見て「これは、惑星を司る女神の像」と、紹介したことを受けてのこと。以前は、パトナ博物館に展示されており、説明文も異なっていたのである。その説明には、ヤクシー像であると同時に、王女も

『惑星の女神（ディーダルガンジのヤクシー）』マウリア朝　前3世紀　パトナ近郊ガンジス河畔出土

『惑星の女神』を見る

しくは宮女像である可能性もあることが記されていた。
世俗の実在の女性が単独像として表現されたことは古代インドにおいて実例がなく、その可能性は低いので、ここでヤクシーに特定されたのであろうが、服装や装飾の表現が古代インド女性の盛装した姿であること、「どこからも眺められることを考慮して仕上げられた完全な丸彫像」であること、そして「成熟した若い女性の、生気に満ちた魅力ある顔立ちの真を写したもの」であること等の特徴を目の当たりにすると、アショーカ王周辺の誰か大切な女性の姿を留めたものとも思えてくる。（引用部分は高田修「マウリヤ時代の神像彫刻」『美術研究』第２１９号、吉川弘文館、所収）から

いずれにせよ素晴らしい彫刻である。色気、気品、そして若さが感じられ、人間の作った彫刻で最高峰の一つといえるであろう。

バット　この像は、１９１７年にガンジスの河原で見つかりました。

『惑星の女神1』

『惑星の女神2』

見つけたのは、河で洗濯をする人たちの１人です。洗濯をしていると蛇が出てきました。捕まえようとすると、洗濯物を叩きつける石の下に隠れてしまいました。蛇に噛まれると危険だから、どうしても見つけようと石を持ち上げました。そこで現れたのが、この像の背中でした。

　発見した人の名前は、マウラヴィ・グラム・ラスルという男性です。名前からみるとイスラム教徒かもしれません。しかし、洗濯を職業とする民だからヒンズーかもしれません。

五味　よく作りましたね。こんなすごいものを。

田渕　このような作品を、われわれの時代に作ることができるか、それが課題です。

ビハール州

12時15分、ラージギルに向かって出発。車内で。

バット　ラージギルは、パトナより前に都があったところです。お釈迦様の時代、マガダ国の都でした。ビンビサーラ（頻婆娑羅）王の時代の都（王舎城）です。お釈迦様は、修行の旅の途中にここに来て、覚りを得た後、また戻ってきて、ここを中心に教えを説きました。

途中で時間が間に合えば、ナーランダーにも寄りたいと思います。どっちにしても、今日はずっとビハール州のなかを動きます。ビハールとは、僧院という意味です。住むところという意味で、お釈迦様の住むところという意味です。

現在のビハール州は、インドで一番貧しい州の1つです。大きい工業はなく、多くの人が他州に出稼ぎに行っています。税収も少ない州です。結局、今も仏教関係の観光で潤っています。仏像や仏教関係のものを扱う売店が、州内のホテルごとにあります。他には、手作業のもの、織物などです。インドのお土産屋の食べ物には賞味期限はありません。付いていても勝手に変えたりします(笑)。

吉崎　インドのお土産は、何がいいですかね。

バット　紅茶です。紅茶は細かく分類されて、専門店があります。今回は、デリーで買うのがいいでしょう。本格的にお茶を求めるのなら、ダージリンに行くべきですが。

ただ、ダージリンの地元では1番のものは買えません。ブランドの会社が先に買ってしまいます。

ダージリンの本当の1番は、全体の1パーセントです。2番まで入れて、3パーセントです。本当の1番のダージリンは色が薄く、香りがいいのが特徴です。ダージリンといえるのは、標高1700メートル以上で育てられたものです。それ以下は、アッサムです。

ビハール州が、なぜ貧しいのか、それは、大きな産業がないというだけではありません。政治家が悪いことにも、その要因があります。15年務めた前の州知事は、今、刑務所にいます。選挙のときに、ごちそうをする習慣があって、それが度を越して行われてきました。お金がかかるので、政治家は悪いことをしてしまいます。その分、普通の人々のためにお金が使われなくなります。そうして、州はいつまでも貧しいのです。

竹岡　昨日、聞きましたが、この州の人は、まったくお酒を飲まないのですか。

バット　今は、禁止されているので、飲めません。前は、飲んでもよかったのですが、3年ほど前から禁止になりました。

もともと各自でお酒を作っていましたし、一般的なウイスキーやワイン、ビールなどは、いいとされていました。しかし、お酒は教育に悪く、暴動も起きやすくなる。事故も多い。酒のために稼ぎを使うから貯金もできない。1日労働して、500ルピー稼いで、そのうちの100から200ルピーを酒に使ってしまうのです。いいことは一つもないということで、それで、年限を決めて禁止となりました。

禁止してみると、事故や事件も少なくなって、家族どうしも仲良くなり、治安も良くなりました。それで、禁酒は延長となっています。この先、何年続けるかは、わかりません。

この州は、教育も弱いです。州内には、日本の人の援助で作られた学校があります。他の国からの援助もあって、この10年でかなり良くなってきていますが、でも、他州に比べるとまだまだです。今でも5、6パーセントの子どもは学校に通えていません。年寄りのうち8パーセントは、学校に行っていません。全体の14パーセントは、読み書きができません。そういう人は、知っているところにしか行けません。間違って知らないところに行くと迷子になります。それで、この州では迷子も多いのです。地域によって言葉も違うから、文字の読めない人が迷うと、特に大変です。インドは、公用語だけで23あって、使う文字も10種類あるから、インドのお札には、大きくヒンディー語と英語、他に小さく15の言葉で額面の表記がされています。

ここから近いところに、ヴァイシャリーがあります（パトナからガンジスを渡り北に約80キロ）。お釈迦様が最後の旅で通られたところです。女性が初めて弟子（比丘尼）になったところでもあります。最初の女性の弟子は、マハー・プラジャーパティー（摩訶波闍波提《まかはじゃはだい》）でお釈迦様の養母だった人です。そのヴァイシャリーで発見された仏舎利が、パトナ博物館にあります。（ヴァイシャリーは、維摩詰《ゆいまきつ》のいた街でもある）

ヒンズーの葬送

車はガンジス南岸を東に進み、田園地帯に入っていく。

バット　濃い緑があるところが、家があるところです。ほかは農地です。農村の家は、かたまって、くっついて建っています。黄色く見えているのは、菜の花です。12月になると花が咲きます。菜の花からは菜種油を採ります。

吉崎　インドでは、人が死んだら遺骨をガンジスに流すと聞くけれど、農村部の人は、どうするのですか。簡単には、ガンジスに行けないでしょう。

インドの田園風景　ビハール州パトナ、ラージギル間

バット　インド人は82パーセントがヒンズーで、12パーセントがイスラムです。それ以外は、他の宗教の人ですが、イスラム以外は火葬をして、川に灰を流します。できればガンジスがいいのですが、いつかガンジスに合流するとして、近くの川に流します。

人は亡くなったら、遅くとも次の日には火葬にします。死体を荒らされないようにするためです。亡くなった日には、お坊さんに来てもらって、お経を唱えてもらいます。お経は、ヒンズー教のお経です。仏教と同じく、ヒンズー教にもお経はあるのです。

日本も何年間かは死んだ人の法要をするということですが、インドでは各家で年に4回くらい、2代にわたって法要をします。それは50年間以上ということになります。ヒンズー教はインドの宗教ですが、周りのネパールやスリランカの一部でも信じられています。

マハラジャ

午後2時前、沿道のドライブイン「マムタ・フードプラザ」で、カレー料理などで昼食。その席で。

吉永　マハラジャは、どこにいるのですか。

バット　マハラジャとは、偉い王様という意味です。マハーが偉い、ラジャが王です。西インドの王様を、そう呼びます。マハラジャには夫人が何人もいて、それぞれに、間にできた子どもを王様にすると約束します。結局、1人を自分の王家の世継ぎに、ほかは別の村の王にします。それらの王のうち1番上がマハラジャで、ほかはラジャと呼ばれます。首相と大臣のような関係です。かつては560人の王様がいました。今も80人が元気でいます。そのうち、15人くらいは、まだ強い力を持っていて、できればインドから独立したいと考えているようです。

マハラジャのいた西インドは、昔、商売で栄えました。以前は、その税金が入って、それがマハラジャの財力になりました。インドが独立して税金が入らなくなって、多くは没落しました。

竹岡　西インドは、何の商売で栄えたのですか。

バット　例えば、ラジャスタンという地方ですが、タージマハルなど、インドで建物に使われた大理石のほとんどが、そこからでした。ピンク砂岩などもラジャスタンで採れました。そして、石を採りながら、宝石も採れました。

インドを支える10本の柱のうちの1本は、宝石商ですが、最近は、宝石はラジャスタンでそんなに採れなくなっています。そのかわり、宝石の研磨・加工が盛んです。世界中の宝石のうち70パーセントを磨いています。西インドのスーラット（ラジャスタン州の南、グジャラート州）では、宝石のなかでもダイヤで商売をしています。日本人のツアーもありました。

そこでは、20〜30キロ入る米の袋にダイヤを詰めて扱っています。ダイヤの質は、手で触って確かめます。手で触れば、傷があるかがわかるのです。1つの加工工場で、5、6百人が働いています。工場の隣には、ワイン工場があって、見学ツアーでは、ワインも楽しめるようになっています。

マハラジャといえば、豪華列車で、マハラジャ・エキスプレスもあります。デリーからタージマハルのあるアーグラ、ラジャスタンの州都ジャイプールなどを4日から7日かけて廻ります。

列車は、1両あたり2部屋しかありません。各部屋にメードやバトラー（執事）がいて、列車にはバーも付いています。日本の三越の貸切ツアーで、一緒に回ったことがあります。3、4日のスケジュールで、たしか1人あたり百万円弱だったと思います。

インドの紅茶、チャイ

バット　インドの紅茶はチャイといって、インドの90パーセントの人が飲んでいます。だいたい1日、3回から5回、飲みます。ミルクと水を半分ずつで紅茶を淹れて、砂糖をたくさん入れて飲みます。贅沢な人は、温めたミルクだけで淹れます。それに香料を入れたらマサラティーになります。これらは、アッサムを使います。ダージリンは使いません。ダージリンは、何も混ぜないで飲みます。

牛の落し物

午後3時前、昼食を終え、少し東に進んだ後、ベイクティヤープールという街の交差点を南下する。

吉崎　見ていると、メガネをかけている人が、ほとんどいませんね。

バット　インドの人は、目がみんな、いいんです。

牛糞を壁に貼りつけた家

昔ながらの農村部に入る。家の壁面を指して。

バット　牛や水牛の落し物（糞）を貼りつけています。この国の30パーセントは、牛や水牛の落し物に藁を混ぜて燃料にしています。壁に貼り付けて乾かすと燃料になります。灰も畑の肥料になりますから無駄がありません。牛や水牛は藁を食べるだけなので、落し物は臭くありません。

吉永　化学肥料は使っていないのですか。

バット　使っているところもありますが、基本は牛の落し物を肥料としています。化学肥料だけだと土が固くなるので、できるだけ自然のものを使っています。

田渕　それは、非常に賢い選択です。

バット　インドには、たくさん牛がいますから、その落し物のおかげでインドは農業が盛んです。田舎は、そうしてできた採りたて野菜が食べられるから、幸せです。

ナーランダー

バット　もうすぐナーランダーに着きますが、ナーランダーの大学は、５世紀、グプタ朝のとき、大きくなりました。仏教を学ぶ人たちが、住みながら勉強したところです。ここは、舎利弗の生まれたところです。７世紀には、こちらで玄奘三蔵が６年間、勉強して、中国に経典を持ち帰って活躍しました。日本でも有名ですね。

12世紀にイスラムの将軍バフティヤール・ハルジーによって、ナーランダーは破壊されました（１１９３年）。火を付けられたので、木の部分は残っていません。レンガでできたベースが残っています。同じ頃に、ブッダガヤの寺院も破壊されています。

竹岡　インドの仏教は、これで完全に滅ぶわけです。10年後の１２０３年に、もう一つの仏教大学

ナーランダー　舎利弗の舎利塔

ヴィクラマシーラが破壊されて、とどめを刺されたということです。このとき、仏教と同じくヒンズー教も破壊されたけれど、仏教は完全にインドで失われ、ヒンズー教はその後、復活していきます。

ナーランダーは、舎利弗の出身地だといわれました。当時は、お釈迦様よりも舎利弗の方が有名だったといいます。それくらい優秀な人物だったということです。それに何より舎利弗といえば、法華経における釈尊の第一声（方便品第二）の相手です。その意味で、ナーランダーは大事ですね。

バット　ナーランダーは「寄付する気持ちで施す人の手は空にならない、気持ちがあれば、いくらでもあげられるようになる」という意味です。（玄奘の『大唐西域記』では、ナーランダーを施無厭〔＝施すのに飽きない〕と漢訳されている。他に、蓮〔智慧〕のある場所の意との説もある）

午後4時半、ナーランダー着。歩いて遺跡を見学する。ちょうど日没時で、遺跡に赤い夕陽が沈むところ。満月に近い月も空に昇ってきた。遺跡のなかで、ひときわ高く大きい舎利塔を指して。

バット　あの舎利塔には、舎利弗の骨が入っています。

学生たちが寝泊まりした区画で、一室を示して。

ナーランダー　玄奘の部屋

バット　ここが、玄奘の使ったとされる部屋です。玄奘をめぐって2つのチームに分かれました。玄奘を支持するグループと敵対するグループです。だから、玄奘がここを出て中国に帰ろうとするとき、半分は泣き、半分は歓んだといいます。

ヒンズーとカースト

午後5時15分、ラージギルに向かう。車中で。

バット　先ほどのヒンズー教と仏教の話ですが、ヒンズー教は、ずっと昔から、インダス文明のときからありました。初めは、習慣としてです。

インダス河のことを、シンドゥ河といいました。その源流はラダック（ジャンムー・カシミール州東部）のレーのあたりになりますが、そこに住む人をシンディ人、その宗教をシンディ教といいました。ともかく、今でも名字がシンディという人がいます。シンディが、ヒンズーの名の元です。

『ナーランダーの夕陽』

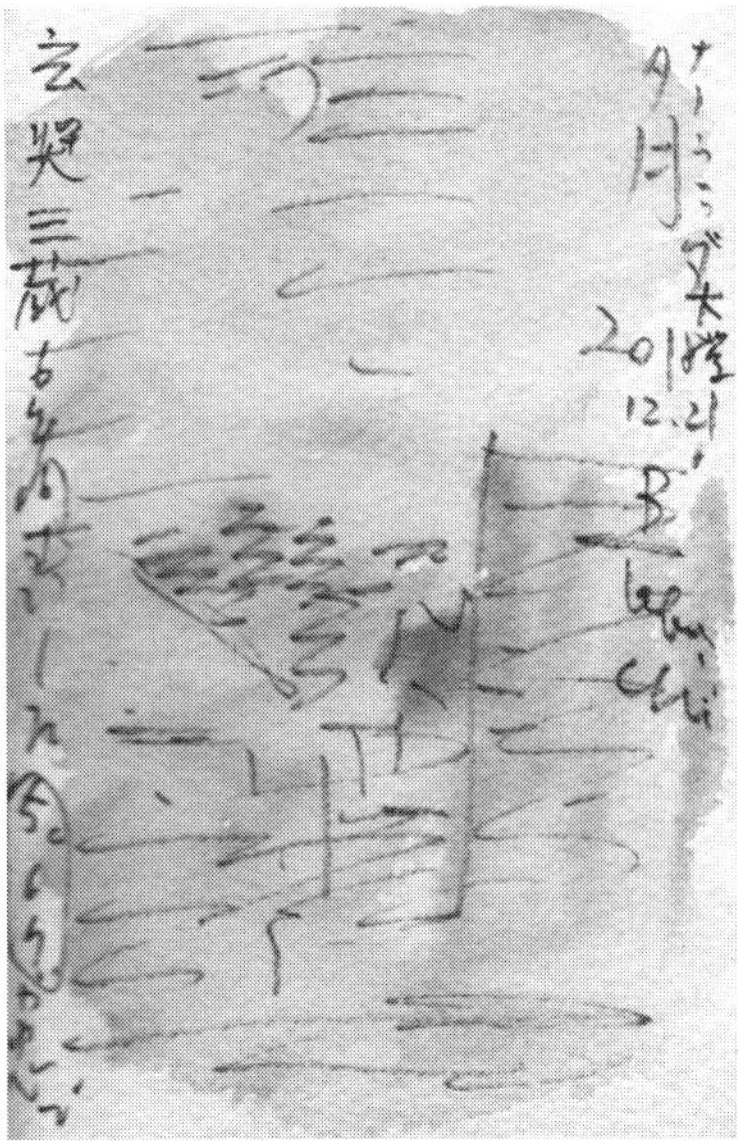

『ナーランダーの夕月』

元々のインドにいた人は、南アフリカからという説がありますが、ドラヴィダ人で、肌の色が黒く背の低いのが特徴です。ドラヴィダ人は、すべてを神として、川も山も拝みました。それを元に、後でヒンズー教になりました。

紀元前27世紀から紀元前10世紀頃まで、ドラヴィダ人はインド全体に広がりました。そこに、ヨーロッパからアーリア人が入ってきて、南へ南へと押されていって、さらに海に出てスリランカへ向かいます。今のスリランカ人は昔のインド人です。

ドラヴィダ人にはカーストはありませんでした。カーストは、４千年前あたりからで、作ったのはアーリア人です。アーリア人は、職業によって人間を分けました。

伝説では、４人の男の兄弟がいて、１番上が先生、つまり坊さんになり、２番目が兄弟の命を守る見張りになりました。３番目はみんなの食べ物など必要なものを集める役割を、４番目は他の何でもやる役目で、掃除、洗濯などを受け持つことになりました。

それが４千年前に始まって、今も文化として続くカーストで、１番目がバラモン、２番目が王様で、お釈迦様はこのカーストです。３番目は商売人で、４番目のカーストがパトナで見たヤクシー像を発見したということです。

カーストは、今の法律では認めてはならないとなっていますが、名前を聞くと、わかってしまうこともあって、根が深いものがあります。

竹岡　心のなかで、カーストは尾を引いているということですね。バットさんは、ネパール出身だけれど、カーストはあるのですか。

バット　はい。ヒンズー教なので。私のカーストはバラモンです。ただし、バラモンといっても誰もがお経ができるわけではありません。私も、普通の小学校に行ったので、あまりできません。

3　ラージギル

法華クラブ

午後5時40分、ラージギルに入る。周囲はすっかり日が暮れて、暗いなかに沿道の商店の明かりの橙色が続く。6時、法華ホテルに到着。ホテルのレストランでビュフェ形式の夕食。その席で。

竹岡　このホテルは、法華ホテルです。今は経営は変わっていますが、元は日本のビジネスホテルチェーンの法華クラブが作ったホテルです。その法華クラブの創始者は小島愛之助氏ですが、日蓮仏法の信者だった小島氏は、日蓮系寺院の多い京都に「安心して泊まれる宿が少ない」との声を聞き、安く泊まれる施設として「法華倶楽部」を作りました。それが法華ホテルの始まりで、日本

吉永聖児画『法華ホテル』

におけるビジネスホテルチェーンの先駆といわれています。このホテルも、後を継いだ息子の小島五十人《いそんど》氏のとき、霊鷲山のあるラージギルに泊まるところがないといけないと、作られたものです（１９８４年〔昭和59年〕）。同じように、釈尊生誕の地ルンビニにも作られました（１９９１年〔平成３年〕）。

バット　ルンビニのホテルの今の持ち主は、アンチェリン・シェルパです。

竹岡　ルンビニには、蓮の池があったのが印象的でした。

バット　蓮は、いいものです。泥のなかから頑張って花を咲かせます。この世界も泥のなかのようです。人も頑張って咲かないといけません。

仏教とヒンズーの違い

吉永　バットさんは、賢い人ですね。ネパールの出身で、英語と日本語を話せて知識もあって。どこで勉強されたのですか。

バット　仏教は、ネパールで、学校で教わりました。本を読むのが好きで、自分でも勉強しました。

ネパールは、インドと同じくヒンズーが多いのですが、お釈迦様の像も飾っています。前に言いましたが、ヒンズー教の一部としてです。

ヒンズーの寺の建物は、山のような形をしています。誰でも、生きているうちは楽しみ、死んだら天国へ行きたいと思う。そういう意味で目指す頂上は、山のように1つです。1つの山頂を目指しますが、いろいろな道から登れます。いろいろな道があるように、いろいろな宗教があるということです。

竹岡 そうは言っても、仏教とヒンズー教では、だいぶ違いませんか。釈尊は「出自によってバラモンになるのではない。行動によってバラモンになるのです」と、カーストが固定されることを否定しました。

バット 仏教ではカーストがないというのは、たしかにヒンズーとの大きな違いです。

五味 カーストは、アーリア人が入って、始まったということでしたね。

バット そうです。ただ、ずっとインドはそうだったわけではありません。モンゴル人がインドに入ったとき（13世紀から14世紀前半）は、モンゴルは仏教なので、カーストはなくなりました。それが退いて、ヨーロッパ人が入ってくると、支配の仕組みとして利用されて息を吹き返しました。

ポルトガルとインド

バット　ヨーロッパとインドとの歴史は、１５００年頃、ポルトガルのヴァスコ・ダ・ガマがインド航路を開いたことに始まります（１４９８年5月、インド西南部カリカットに到着、99年9月リスボンに帰還）。それまでは陸路で、西部の砂漠地帯が西からの出入口でした。そこは、マハラジャの支配する場所でした。

ヴァスコ・ダ・ガマの後、ヨーロッパ人は海のルートを使って商売を始めました。最初、ヴァスコ・ダ・ガマは、コーチンに拠点を置きました。そこに教会を建てています。そこには、中国人が既に来ていました。今もチャイニーズ・フィッシング・ネットという漁法がコーチンで行われています。

その後、商売にいいからと、ゴアに港を作りました。一時期、コーチンに戻すこともありましたが、続いてムンバイに中心を移します。ムンバイは、元は７つの小島があるだけの人の住めないところで、ポルトガル人が見つけたのですが、石窟寺院があるくらいのところでした。ポルトガル人は７つの島の間を埋め立てて、１つにしました。

地図を見ればわかりますが、だんだん北に港を移していったということです。それは、西に近くなるからです。それは同時にマハラジャの土地に近いから、マハラジャはヨーロッパ人との商売で、盛り上がりました。

イギリスとインド

バット　ポルトガル人の後、17世紀にイギリス人がやってきます。デカン高原の綿が目当てで、アジャンターやエローラの石窟寺院が近くにあるアウランガーバードが綿が集まるところだったので、その西にあるムンバイの北のスーラットを港にしました。そこは、ラジャスタンの近くでもありました。

その頃、インドはムガール帝国です。アーグラが首都で、タージマハルを作った次の第6代アウラングゼーブの時代で、前の代でお金を使い過ぎたから、お金を欲しがっていました。そこで、イギリスは頭を使って、ムガールと交渉します。

ムガールは、税金を払えばいいとして、イギリスの東インド会社の進出を認めました。その最初の港がスーラットです。はじめはこの1ヶ所だったのが、やがて全インドを渡すことになりました。

イギリスは、１７００年代終わり頃（１７７２年）から、拠点をアラビア海側から東のコルカタに移します。その後、イギリスはさらに東へ向かい、ミャンマーまで支配するようになりました。その進出の中心となったのが東インドのインパールで、そこに城塞を作って周りの小さい王朝と戦いました。

その間、マハラジャは、宝石や石材でイギリスと商売して、どんどん儲けました。マハラジャは、その儲けのおかげで国民から税金を取らなかったから、国民はマハラジャを支持しました。イギリスは戦うことなく、マハラジャを利用してインドを支配していきました。

ヴィクトリア時代の後、１９１１年からイギリスは、暑い海の近くから内陸のデリーに首都を移しました。インドは山がなく、ダージリンの辺りのほか、どこも暑いのですが、少しでも暑くないということでデリーに移しました。インドは、南北３６００キロ、山はありません。トンネルを作る必要がありません。

吉永　デカン高原というのは、山ではないのですか。

バット　高原という名前のとおり、山というほどではありません。イギリスは、このデカン高原の西に綿花の工場を作りました。イギリスは、ほかに、南インドの香辛料を求めました。

先に来ていたポルトガルは、イギリスと婚姻関係を持って、ムンバイはイギリスに、ゴアはポルトガルにと、分け合いました。

フランシスコ・ザビエル

バット　ゴアは、ポルトガル領としてどんどん栄えて、１９４７年のインド独立後も、62年までポルトガル領でした。最後は、インド軍が入って全部を燃やしました（非暴力のデモ市民にポルトガルの警官隊が発砲して多くの犠牲者が出たことに対して）。ポルトガル時代のものでは青い柄のアスレージョタイルが残されています。

日本との関係では、フランシスコ・ザビエルが、ここから出発しています。ザビエルは、日本の鹿児島、山口、京都などを訪れていますね（１５４９年〔天文18年〕４月にゴアを出発、日本滞在は同年8月から1551年〔天文20年〕11月までで、ほかに平戸、博多、大分、堺などを訪れている）。

五味　ザビエルの遺体は、ロウのようになって残っているそうですね。

バット　ザビエルは、アンジェロ（鹿児島出身のヤジロウ）とも会っています。

五味　アンジェロとは、日本に行く前（1547年）に東南アジア（マラッカ）で会って、ゴアに連れて行って、それから一緒に日本に来ています。ザビエルは日本訪問の後、ゴアに帰って、それから中国に向かい、その途上、熱を出して上川島（サンシアン島、マカオの西の島）で亡くなっています（1552年2月にゴアに帰着。同年4月に中国に向かい、12月3日に没している。遺体はマラッカを経由して1554年にゴアに運ばれた。以上、ザビエルに関する記述は日本カトリック中央協議会のホームページ、聖フランシスコ・ザビエルの項より）。

バット　ゴアでは、10年に1度くらいの割合で、ザビエルの遺体を見られるようにしています。墓のなかに入ったままでは、いつでも見られます。

イギリスとネパール

バット　イギリスは、どんどんインドの奥に入って行きました。世界遺産のヒマラヤ鉄道で有名なダージリンも、イギリス領になりました（1835年から）。こうした山岳鉄道は、あまり知られていませんが、南のニルギリにもあります。ニルギリも紅茶の産地です。

ダージリンは、今はインドですが、かつては、ネパールとナムギャル王国（シッキム）が領有を争う場所でした。

現在のシッキムといえば、インドの一部で、小さい州ですが、昔は、ナムギャル王国といわれて、もっと大きな国でした。

18世紀後半、ネパールは、ナムギャルを攻撃し、ティスタ川（ダージリンの東南）まで占領しました。そのとき、ネパールは、海に出る港ができたと喜びました。

19世紀に入ってイギリスが内陸に進出すると、ナムギャルはネパールをやっつけようと、イギリスと手を組みます。ナムギャルは、助けてくれたらダージリンを譲ると、イギリスに約束しました。イギリスは、避暑地としてのダージリンの価値がわかっていたので、ネパールに戦争を仕掛け、ネパールに勝って、ナムギャルは領土を回復します。そのとき、ダージリンはイギリスのものになったのでした。

竹岡　ダージリンといえば、ヒラリー卿とともにエベレストに初登頂したテンジン・ノルゲイの出身地ですね。

バット　テンジンは、ネパールのエベレストの近くの出身です。出稼ぎでダージリンにいたのです。ダージリンにはネパール人がたくさん住んでいます。言葉も１００パーセント、ネパール語です。

ネパール人は、グルカ人ともいわれます。私のパスポートにはグルカとあります。本当は、グルカはネパール全体を統一した民族の名前で、戦争に強い人たちです。それが今ではネパール人の呼び名にされています。
イギリスとネパールとの戦争で、イギリスはグルカ兵と戦いました。グルカ兵は大変強く、勝つのに苦労したので、後にイギリス軍人にしました。第2次大戦ではグルカ兵がイギリス軍として大活躍しました。今もイギリス軍にはグルカ兵部隊がいて、インド軍にもいます。どちらも、よっぽどのときは、グルカ兵を出すようにしています。

吉永　グルカ人は、強い兵隊を育てるのに特別の教育をしているのですか。

バット　ネパール人の7割は、軍人です。グルカの教育の目的は戦争です。戦場で逃げることはしない。死んでも約束は守るようにと、教えます。
ダージリンでは、最近、ウェストベンガル州にいたくない（離脱したい）と、暴動が起こりました。ダージリンとコルカタでは民族も違い、言葉も違うのです。ウェストベンガル側は、収入源だから離したくない。ダージリンをネパールにしようというわけではありません。グルカランドとして、州を分離したいということなのです。

五味　ネパール人の7割が軍人とは、驚きました、他に仕事がないということなのでしょうが。

バット　そういうことです。ネパール人といえば、お釈迦様もネパール人です。インド側では、インド人だといいますが。お釈迦様の育ったカピラ城は、インドにあるとして、インドの遺跡を、そうだとしています。

竹岡　釈尊の生誕地については、１８９０年代半ばにネパールのルンビニでアショーカ王の石柱が

ルンビニのアショーカ王柱

発掘されるまで、論争があったそうですね。

バット　その石柱に刻まれていたパーリ語（東部プラークリット＝古代マガダ国の言語、文字はブラーフミー文字）の碑文が解読されて、ルンビニが生誕地だと、はっきりしました。

竹岡　碑文には「ここはお釈迦様がお生まれになった場所だから、税金は8分の1でよい」という内容がありますね。

バット　アショーカ王は、村人たちにその場所を護って欲しいから、税を軽くしたということです。

霊鷲山へ

12月21日（金）晴れ、肌寒い。ホテルで朝食の後、午前8時、バスで出発。

竹岡　今日は、この旅一番のメイン行事、法華経が説かれた霊鷲山に登って、私たちのサンロータス版『妙法蓮華経』を供えて完成の区切りとする日です。しっかり祈って、それぞれ人生の使命を果たす新出発の1日としていきましょう。

バット　皆様のお顔を見ると、どなたも笑顔で良かったです。霊鷲山には、暑くならないうちに、これから登りましょう。途中、七葉窟の山の見える公園の前を通って、霊鷲山にまいります。

竹岡　七葉窟というのは、釈尊の滅後、弟子たちの手で第1回仏典結集が行われたところですね。

霊鷲山の山道

法華経の一節が掲げられているゲート

霊鷲山の手前で、法華経如来寿量品第十六の一節「一心欲見佛」（4・2）が掲げられているゲートがあり、そこで途中下車。

五味　今は「ほとけ」は漢字で「仏」と書きますが、これは古語で、康熙字典には「佛の『古文』」として掲げられています。しかし日本の経典では「佛」の方が永く使われてきました。日本で「仏」を使うようになったのは、戦後になってからです。そういう理由から、サンロータス版『妙法蓮華経』では「佛」にしました。

8時半前、霊鷲山の麓に到着。標高は2、3百メートルほどに見える。徒歩でなだらかな山道を登る。以前は治安が悪く、武装した護衛が付いた。今回は状況は改善されていたが、その反面、物乞いの人々や大勢のみやげ売りが道に並んでいる。心の平安が欲しいところに、みやげ売りのしつこさには閉口した。頂上近くには、阿難や舎利弗が修行したとされる洞窟があった。

バット　阿難は、お釈迦様のいとことの説があります。阿難は、お釈迦様を最後までみた弟子ですね。

サンロータス版『妙法蓮華経』を供え読経、唱題

『霊鷲山』

霊鷲山の名の元となったとされる鷲に見える岩を確認して、9時、頂上に到着。区切られて様々な物が供えられた祈りの場で、サンロータス研究所版『妙法蓮華経』（パイロット版）を供えて全員で法華経の方便品・自我偈を読経、唱題する。緑の樹々が眼下に広がり、朝の空気が涼しく心地よい。往時の光景を思い浮かべるにつけ、身にしみて感じられるのは「常住此説法（常に此に住して法を説く）」（4・1）「時我及衆僧　倶出霊鷲山（時に我及び衆僧　倶に霊鷲山に出づ）」（4・2）「常在霊鷲山（常に霊鷲山に在り）」（4・5）といった法華経寿量品の言々句々である。

9時15分、供えた『法華経』を回収し元の道を降りる。われわれと入れ違いに、様々な人々が続々と登ってくる。朝の早いうちに登って、おかげでしっかりと祈ることができた。サンロータス研究所の、記念すべき区切りとなった。

王舎城の牢獄跡

王舎城の牢獄跡

バスに乗り、王舎城の牢獄跡へ移動。ビンビサーラ王が囚われていた牢獄跡である。10時到着し、しばし見学する。遺跡は石とレンガの基礎が残るのみであった。

五味　見る限り、とても紀元前の遺構とは思えないのだけれど。かなり手を入れているのかもしれませんね。

バット　ビンビサーラ王は、覚りを得て戻ってきたお釈迦様を見て、好きになりました。竹林の庭（竹林精舎）を寄進して、どんどんお釈迦様とその弟子たちの住むところを作り続けました。

息子のアジャータシャトル（阿闍世）は、このままでは私の代にはお金がなくなると心配して、父親をここに幽閉しました。そして、食べ物を出さないで餓死させようとしました。

ビンビサーラ王の奥方は心配して、自分のおっぱいにハチミツをたっぷり塗って、それに小麦粉をたくさん付けて、主人に舐めさせたといいます。

若い頃なら、別の意味で王様は喜んだと思うけれど、いい歳だし、それよりも命が危ないですから、２人とも、ただ生き延びることしか心になかったでしょう。それで、ビンビサーラ王はしばらく生き延びましたが、結局は、亡くなります。

吉永　ドラクロワの作品に、若い女性の胸を吸う絵があったのを思い出しました。（１８２４年の『キオス島の虐殺』に、犠牲者の一人である若い母親の乳を吸おうとする赤ん坊の姿が描かれている）

バット　お釈迦様は、竹林精舎に住んで、修行を霊鷲山でしました。ビンビサーラ王は、牢獄から霊鷲山の方向を見ていたといいますが、距離もあって、あんまりお釈迦様の姿は見られず、悲しかっただろうと思います。

インドには、お釈迦様のための２つの精舎がありました。ここの竹林精舎とコーサラ国の都シュラーヴァスティー（舎衛城、ウッタル・プラデーシュ州のネパール国境近く）の祇園精舎です。

竹林を選んだのは、雨季のときタケノコが出てきて、いい香りがするからだといわれています。

祇園精舎の方は、コーサラから来たシュダッタ長者（須達長者）が、竹林精舎でのお釈迦様の説法を聞いて、わが街にも来て欲しいと願って、多くの弟子も含めて泊まれるところとして寄進したものです。祇園精舎（ジェタヴァーナ・ヴィハーラ）とは「何でもあげるところ」という意味です。（祇園精舎は祇樹給孤独園《ぎっこどくおん》精舎の略で、祇樹はその土地の所有者であった祇陀〔ジェータ〕の森、給孤独は身寄りのない人に何でもしてあげたことから付けられた須達の別名で、祇陀の森に給孤独〔須達〕が作った園林の精舎ということ。「何でもあげるところ」とは、須達が「何でもしてあげる」人物であったことを指している）

シュラーヴァスティーにはサヘートとマヘートという二つの遺跡があって、サヘートが祇園精舎、マヘートが舎衛城の跡だといわれます。サヘートは、ハチミツがおいしいところです。

ラージギルの温泉

移動し、温泉の入口で下車。人で混み合うなか徒歩で向かう。温泉の温度はぬるく、38度くらいであった。日本の温泉とは違い、宗教的な意味合いが強いようである。

バット　この世を創造したブラフマー神が作った池があって、その水を浴びると人生を清められるとされているのですが、その一つが温泉だといわれています。

このラージギルといえば、仏教徒にとっては何より霊鷲山ですが、それ以外の人にとっては温泉です。この街には、この温泉に入りに来るのです。

ラージギルの温泉施設

竹林精舎跡にて

10時半前、竹林精舎跡に到着。以前は竹林があるだけの素朴な場所だったが、整備されて公園のようになって、池も作られて対岸に釈尊の坐像が安置されていた。

バット　ここは、お釈迦様のための公園として作られました。お釈迦様のために初めて作られた住むところです。あのお釈迦様の像は、東向きです。

竹林精舎跡

貧しさの理由

10時40分、バスに戻りホテルへ向かう。車内で。

田渕　お釈迦様の遺跡があるところが貧しいとは、どういうことかと考えさせられます。

バット　それは、自分の土地を手放したからです。今日、霊鷲山で見た物乞いの人たちは、もともと土地を持っていました。そこに仏教の場所だからと寺を建てたい人がやってきて、その人たちに土地を売ったのです。特に、山の土地は何もできないところですから、お金が入るから売りました。土地を売ったお金を何か商売にでも使えば良かったのですが、多くはお酒に使ってしまいました。飲んで終わりです。物乞いが多いのには、そんな理由があります。

みやげ売りの人たちは、実は金持ちです。バイクもあるし、いい車にも乗っています。観光で来た人たちが、少しでも買ってくれるから、それでいいお金になるのです。

インドの借金問題

法華ホテルのレストランで昼食後、11時40分、バスでブッダガヤに向かう。街を出るとき、城壁跡を通る。

ラージギルの城壁跡

バット　ラージギルのラージは王様で、ギルは山のことです。王様の住む山の土地ということです。ラジャスタンのスタンは住むところという意味で、王様の住むところとなります。

ラージギルは、ギルとあるとおり、ここは山に囲まれていて、街を出るときは山を越して出ます。その山の尾根に沿って城壁が作られました。

見えているのは、紀元前5世紀、お釈迦様の時代の城壁の一部です。花崗岩で、できています。

沿道に見えるレンガでできた家屋を指して。

バット　レンガの家は、この地方では贅沢な方です。普通は土で作ります。雨季には崩れますから、毎年、作り直しています。

レンガの建物は、レンガを積み上げてできた壁にセメントを塗ります。鉄筋は、入れるのもあれば、入れないのもあります。

吉永　見ると、鉄筋は細過ぎると思うけど、あんなに細くて大丈夫ですか。

バット　大丈夫とはいえませんが、細いのしか手に入らないので、仕方ありません。今のインド大統領（ラム・ナト・コビンド氏）は、このビハール州の知事でしたが、この州は、まだまだ遅れています。学校に行く人も少なく、ちゃんと働く人も少ないのです。物乞いでも暮らせるからです。

先ほど、物乞いの人たちは、土地をなくした人たちだと言いましたが、土地をなくすのは、貧しいのにお金が要るからです。

砂を取るため崩されて形が変わった山

35年前、インドでは、すでに住んでいる人は仕方ないのですが、これ以上、国の土地に新しく家を建ててはいけないとなりました。それで、多くの人は、道端に小さな家を建てるしかなくなりました。道路の端は、曖昧な場所だったので、そこが抜け道になったのです。

そのようななか、ずるく儲けたのが砂のマフィアです。国の土地を自分のもののようにして砂を取って売って儲けるのです。マフィアはそうやって、大変な金持ちになっています。

ビハール州は、田舎では藁の家に住んで、現金収入は家畜の動物ぐらいしかありません。歳をとっても老人ホームもありませんし、あっても入れる人はいません。それだけ貧しくても、インドでは、誰でも生まれてから3回、お金が必要になります。

1回目は、結婚式です。前も言ったとおり、インドでは結婚しないということは許されません。

2回目は、子どもができたときです。新しく家を建てなければなりません。

3回目は、亡くなったときのお葬式です。亡くなった人の棺を運んでいくのに、村人が楽器を奏でながら行列を作ります。この地方では、太鼓を叩きます。普通は、法螺貝を吹きます。法螺貝は、特別な吹き方があります。お坊さんに来てもらうのも含めて、お金がかかります。

そのほか、病気のときです。インドでは、ほとんどの人は健康保険がありません。医者は、お金を払わないと、診てくれません。

結局、そのようなお金が必要なとき、マフィアがお金を貸すのです。金利は年25パーセントです。結婚式のときは、もっと高い利子を取ります。現金が必要だから、貧しい人ほど利子が高くても借りてしまうのです。利子が利子を生んで、3、4年後には借金は倍になります。

マフィアは、返せないとなると、まず家畜の羊や牛が取られ、最後に土地が取られます。こうやって、1つの村で、1人か2人が土地を独占するようになりました。

このラージギルでは、土地をなくした人たちは、国の土地ですが、山の下で暮らすようになりました。山の下の土地は危ないので、そこでは農業はできません。インドは食糧の自給率は100パーセントです。私の実感では200パーセントで、保存をしなくても困らないので、保存もしないし、冷蔵や冷凍など、まったくしません。今日のことだけで暮らしています。

そのようななか、農業ができなくなると、すぐに食べ物に困るようになります。そういうことで、土地をなくした人たちは、物乞いになってしまうのです。今、土地を持っているのは、マハラジャよりも、このようなマフィアたちです。

物乞いにならないまでも、1日1ドル以下で暮らしている家庭が、たくさんあります。インドは、食べ物が豊かで、マンゴーを例にすると、5月から8月までの4ヶ月間、山ほど採れて、大変安く、1キロあたり50円ほどで買えるのですが、食べるものに困っている人もたくさんいるのです。

その点では、インドは、日本の70年くらい後ろを行っていると思います。たくさん作っているけれど、保存しないのです。雨季になると下から2メートルは水の中に埋まってしまう地方もあります。そこでは、雨季は、食べ物がまったく取れなくなります。

結婚とお金

竹岡　結婚には、いくらくらいかかるのですか。

バット　このあたりでは、6万ルピー（約10万円）ないと結婚式はできません。娘の親が大変です。お金は、娘の親が用意しなくてはなりません。お金がないと、いい相手と結婚できないのです。娘にとって結婚とは、男を買うことです。結婚できないとなると、自殺する女性も多くいます。

吉崎　お金がないけれど、結婚できるという方法は、何もないのですか。

バット　あります。お寺（ヒンズー教の）がしてあげます。タダです。5百人から、多いときは1万人が集まります。インドで結婚しないのは、お坊さんくらいです。あと、結婚するのが嫌になって、行方不明になる人はいます。

子どもを作らないのも、あり得ません。2人の間にできなければ、もらって育てます。歳をとったとき、子どもに面倒をみてもらうためです。面倒をみてもらえない人は、国か寺の援助で老人ホームに入りますが、そこは死ぬのを待つところです。病気になっても診てもらえません。

インドでは、1人が働いて家族7人をまかなっているということが多くあります。結婚するために、海外に出稼ぎにも行きます。行き先は、サウジアラビアやドバイなどです。3年のビザをもらって海外で、月に5、6万円稼ぎます。10万円にはなりません。そうして3年で2百万円になりますが、そのうち50から60万円はビザ取得代と交通費で、消えてなくなります。残ったお金で村に帰って結婚して家を建てます。

インドでは、政治家のワイロも問題です。政治家になるには1千万から2千万円かかりますが、一度、政治家になってしまえば、5年もすれば、1億から2億円のお金が貯まって、一生働かなくて良くなります。

そのやり方は、実際には道路を作っていないのに、10回も道路を作ったことにした書類を作ります。そして、百億円が必要だとして要求を出します。予算がついて発注を受けた業者は、少し工事に手をつけただけで中断して、材料費が上がって工事を進められないと、3百億円を要求します。

その時々に、政治家が業者からワイロを取って、それらを許可します。証拠になる書類は、燃やして、なかったことにします。最近はＩＴ化が進んでデータが残るので、今言ったようなことは、できなくなってきています。しかし、今も、工事の動きは遅いのは変わりません。

4　ブッダガヤ

スジャータ

前正覚山

午後2時、ブッダガヤの手前、前正覚山（ドゥンガシリ山）の麓に到着。先があるので、山に上がることはせず、その方角を麓から見るだけとした。道路脇の茶店でチャイをいただきながら。

バット　ここは、お釈迦様が覚りを得る前、6年間、きびしい修行をしたところです。ここでの苦行をやめたお釈迦様は、ニランジャナ河（尼連禅河）のほとりに来ます。そこで出会ったのが、村の娘スジャータです。

スジャータは、結婚したのに子どもができないので、悩んでいました。その頃、男の子が欲しかったらガジュマルの下に、女の子なら菩提樹の下に行って祈れといわれていました。それでスジャータは、男の子を授かることを願って河のほとりのガジュマルの下に通っていました。

なかなか子が授からないので、占い師に訊ねると「お坊さんにいいものをご供養しなさい」と、教えられました。

ガジュマルの木のところに行くと、山から降りてきたお釈迦様を見つけます。

「このお坊さんに、おいしいものを上げればいいんだ」と思い、水を入れずに乳で米を炊いたお粥を、お釈迦様のところに持っていきました。

お釈迦様は、最初、断ります。スジャータは、どうしても願いを叶えたいから何度も勧めました。

「少しは食べてください」と、何度も言われるので、お釈迦様は食べることにしました。少しずつ、すすって、49回に分けて食べられたといいます。お釈迦様は、これで元気を取り戻し、河を渡って1週間して菩提樹の下で覚りを開きました。

死ぬほどの厳しい苦行をしても覚りが開けなかったのが、普通の健康を取り戻して覚りを開くということで、これは、仏教の中道の思想を表しているといわれます。

ところで、お釈迦様には、故郷のカピラ城から5人の坊さんが、ずっと見張りに付いていました。苦行の姿を見て、きっと覚りを開かれるだろうと尊敬していたところ、苦行をやめて山を降りて、若い娘からもらった食べ物を口にした。これは、お釈迦様は堕落したと、5人は軽蔑して、諦めてその場を去っていきました。

その後、菩提樹の下で覚りを得たお釈迦様は、5人のいるところ（サールナート＝鹿野苑）まで250キロ歩いて、初めての説法をしました。
スジャータの方は、願いが叶って男の子を産んで、立派な家庭を築くことができました。
後に、アショーカ王が調べて、スジャータの家のあったところに仏塔を建てました。今もそれは残っています。
お釈迦様が亡くなったとき、遺骨（仏舎利）は8つに分けられて、それぞれに仏塔が作られて納められました。アショーカ王は、1つの仏塔の仏舎利を1万に分け、8万（8万4千ともいう）の仏塔にしました。その1つが、このスジャータの仏塔です。

五味　初めに仏舎利を8つに分けたのは、当時の有力な部族が8つで、その部族に分けたということです。それを8万に分けたとは、よく分けられたものです。

廣野　ほとんど、ツブでしょうね。

バット　そうですね。ニランジャナ河をお釈迦様が渡るとき、今は乾季で水は流れていませんが、そのときは水がいっぱい流れていました。困っていると、1人の坊さんが、これに座って渡ればいいと、草を編んだ座布団をくれました。それはクーサ（吉祥草）といいます。
それに座って無事に河を渡ったお釈迦様は、岩の上にそれを置いて乾かした後、敷物にして菩提樹の下に座って覚ることになります。

シャカ族の子孫

２時15分過ぎ、車に戻り、移動。車中で。

竹岡　ネパールには、お釈迦様の子孫というのは、いるのですか。

バット　カトマンズのラリトプール（パタン）に、シャカ族の子孫がいて、仏像を作っています。お釈迦様のシャカ族は、ネワール族の一つで、今もシャキャという苗字の人がいます。仏像は、銅で作っています。できた仏像には上から金箔を貼ります。パタンの広場に行くと、シャカ族がたくさんいます。

特別な街

ガヤの街中に入って。

バット　ヒンズーの人々は、人の亡くなった日を記念日にして、２代にわたって毎年、法要をすると言いましたが、それができないときは、このガヤに来て式をやります。ガヤで１度、行えば、２代分の全部をやったことになるからです。それは、ガヤだけです。

お供えのとき、お米を山のような形にしますが、それはガヤが発祥です。お米がないときは、砂で形を作ってもいいとされます。

ブッダガヤには空港も鉄道の駅もなくて、ガヤにそれらはあるので、ブッダガヤに行く人は、みんなガヤを通ります。ガヤとは「行きました」(gone)という意味です。

スジャータ・ストゥーパ

ニランジャナ河の河岸の道を進み、スジャータが釈尊に乳粥を渡したところとされる場所に建つスジャータ・テンプル、ニランジャナ河の釈尊渡河地点を経て、4時過ぎ、スジャータの家跡に建立された仏塔(スジャータ・ストゥーパ)に到着。隣には稲藁を積んだ藁山があった。夕陽のなか、しばし散策。仏塔は、覆鉢型がだいぶ崩れている。

スジャータ・ストゥーパ

バット　この塔は、アショーカ王が築いたのが始まりです。アショーカ王が出た後、紀元前2世紀頃は、人口の3分の2は仏教徒になったといわれています。

この仏塔は、最初は小さなものでした。その後、5世紀から8世紀にグプタ朝によって拡大され、それ以後、8から9世紀にハルシャ・ヴァルダナ朝、10から11世紀にパーラ朝と、歴代王朝の手によって拡大、完成されます。それが、11世紀の終わ

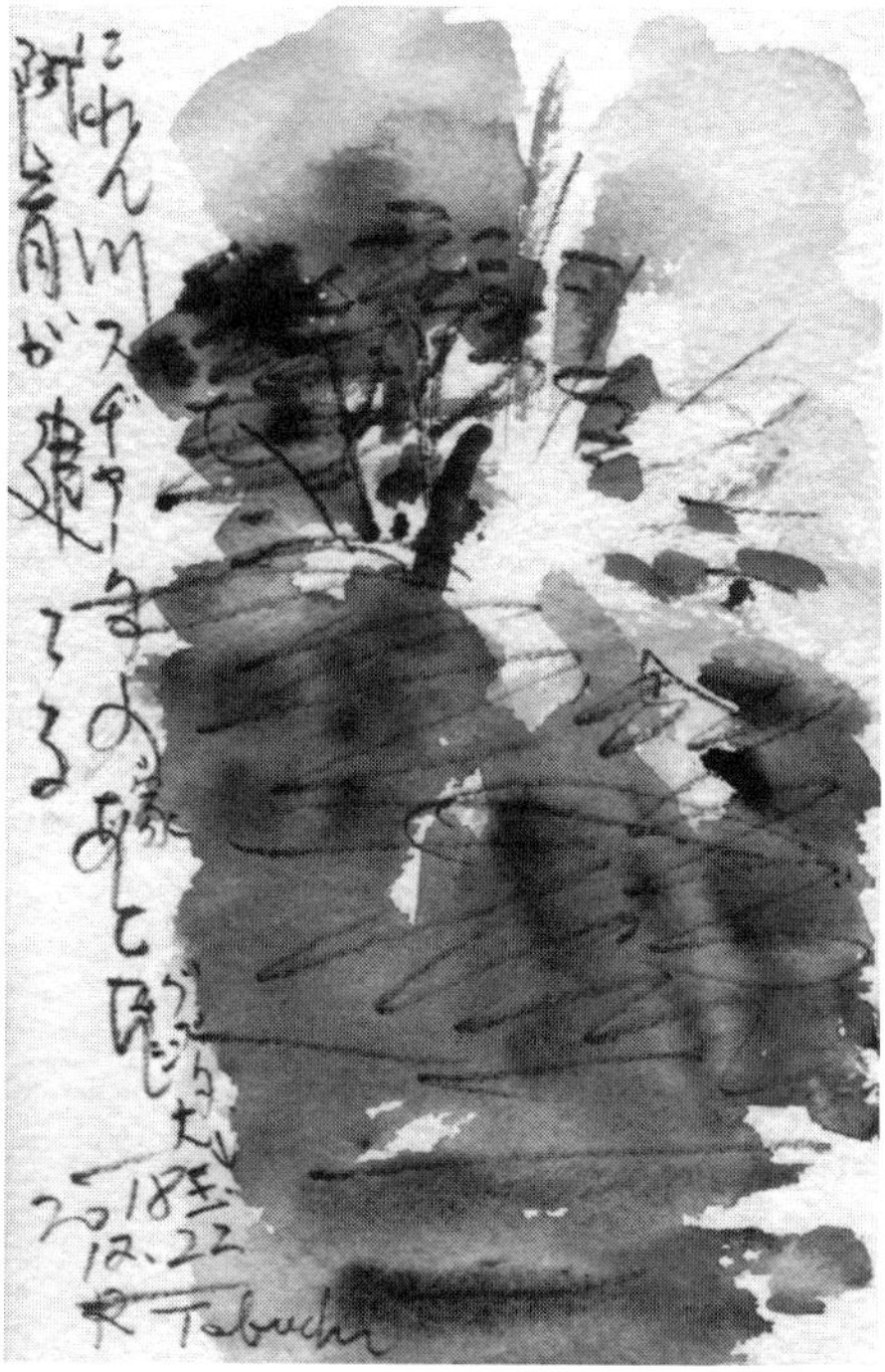

『スジャータ・ストゥーパ』

りにイスラムによって破壊され、長く土に埋まって、土の山のようになっていました。

１９７３年から74年と２００１年から06年に発掘され、９世紀ごろの銘版が発見され、ここがスジャータの家だったことを記念する仏塔であることがわかりました。

ブッダガヤの菩提樹

４時15分過ぎ、出発。河を渡りブッダガヤに入り、ホテルに向かう。車中で。

バット　明日のマハーボーディ寺院（大菩提寺）に、今、ダライ・ラマ法王が来ているそうです。そこにある高い仏塔は、同じようにイスラムによって破壊されて、ずっと埋まっていました。そこにイギリスが入ってきて、考古学者のカニンガムが、玄奘三蔵の『大唐西域記』を手掛かりに、１８６０年代から80年頃にかけて発掘して、その後、復元されて、今のようになりました。

塔のそばにお釈迦様が覚りを開いた場所があって菩提樹がありますが、この菩提樹は３代目です。

初代は、お釈迦様の時代の菩提樹ですが、アショーカ王はその木の下にやってきて、お釈迦様のように瞑想します。そのとき、王はまだ仏教徒になっていませんでした。仏教を信じていくかどうかを決めかねていたのでした。

王の奥さんは心配して「あなた一人、宗教変えて、どうするの」と、王を止めようとします。王は「私一人のために、たくさんの人が死んだ。これからは平和の道を歩きたい」と、仏教の道に入ることを決めました。

今の3代目の菩提樹は、アショーカ王の娘サンガミッター王女が伝えたスリランカのアヌラーダプラの2代目から分けられたものです。

菩提樹も仏塔も、イスラムが破壊したのは、偶像崇拝を認めないからでした。そもそもイスラムの人たちが入ってきたのは、インドの香辛料が欲しかったからです。しかし、偶像を認めなかったので、仏教の寺もヒンズーの寺も壊して、破壊を止めようとしたインドの軍人も殺しました。そして、占領した場所に残った女性を自分のものにして、子を産ませてイスラムを増やそうとしました。それを嫌がって、多くのインド女性が自殺しました。チットルガールという城（ラジャスタン州）の王宮では、16世紀のことですが、1万人が自殺しました。

仏舎利信仰と法

4時半過ぎ、ブッダガヤのホテル、ロイヤル・レジデンシーに到着。6時半から1階レストランで、カレーと中華の夕食。その席で。

田渕　残念ながら、ラージギルで見た仏像も、以前、見たことがありますが、明日行く大菩提寺のものも、形は鈍くボーッとしていて、仏教の哲理を反映しているとは、いえないものです。それに比べて、ガンダーラは特別です。マウリアのものもいいですね。気持ちがスーッとします。

廣野　それは単に技術の問題ではなく、作り手のバックグランドにある思想の問題でしょう。人生観が、形に反映しているのです。

竹岡　釈尊在世のときの彫刻は、何か残っていますか。

田渕　目立ったものは、ありません。一つの哲学が形を結ぶには、歴史を見ると、少なくとも百年かかります。マウリア朝は、釈尊滅後、百年ないし2百年後です。

五味　形といえば、先ほど見たスジャータのストゥーパには感動しました。仏舎利塔ということでしょうが、アショーカ王以来、増設を重ねて、あの姿がある。人々の2千年を超える信仰の重なりを感じました。

あれは、卒塔婆の原型ですね。それにしても日本の卒塔婆と規模が違い過ぎます。スジャータのストゥーパは、ほとんど墳墓といっていいでしょう。

亀田　あのストゥーパは、スジャータが乳粥を釈尊に供養したことが原点にあります。スジャータの純真さがあのストゥーパと化したともいえますが、一方で、釈尊の側からみれば、修行の場には女人禁制の時代にスジャータの施しを受けたことが重要です。そこに、性別を問題としない仏教の平等思想の要諦が見て取れると思います。

五味　どっちにせよ、すごい迫力でした。仏舎利信仰とは、すごいものだなと思いましたよ。法華経教団は、その仏舎利を持っていないんですね。それで、心の中に塔が立てられるわけです。

廣野　そもそも涅槃経には、法の舎利とあります。

五味　以前からある教団は仏舎利を持っていて、自らを本格教団として誇りを持っていた。それに対して新興の法華経教団にはそれがないから、蔑まれたでしょうし、負目があったかも知れません。

廣野　法華経教団の登場は、在世から5百年後ですから、それがないというのも仕方ないでしょう。

五味　もっとピュアな見地で、信仰の本義からいえば、仏舎利の有無は問題ではないとなるでしょうが、物理的に仏舎利がないというのは、大きかっただろうと思うのです。

廣野　それだけに、やっぱり法なんだと、主張したのでしょう。

五味　人・法の話は実に重大です。やっぱり人が、物がないと迫力がない。信仰に迫力がないと思うのです。ブッダだって実在しなかったという人もいますが、実在のブッダがいなかったら、これほど信じられることはなかったのではないかと考えるのです。イエスも、たとえ捏造といわれても、その物語は旧約聖書や民間伝承から取って厚みをつけて、滅後30から50年経った頃の人々に、偉大な救世主が人間の姿でいたのだと信じさせ、教えを弘めようとしたわけです。

竹岡　偶像崇拝を禁じて、そういった人の面をいわないイスラム教は、現在、キリスト教よりも勢いをもって世界に広まっています。どうしてこれほど弘まっているのでしょうか。

田渕　弘まっている地域は、自然環境が過酷で、情勢が厳しいところです。

竹岡　厳しい環境のなかでは難しいことを考えるのは大変です。「アッラーの神のおぼしめしのままに」というのが、よっぽど楽だということですか。

廣野　イスラム教には、解釈次第で何でもできるという印象があります。

竹岡　私は、キリスト教の堕落が要因の一つだと思っています。イスラム教もキリスト教も同じ旧約聖書を元としていますし、共通の神を信じる点では同じですから。それにしても、旧約聖書を読むと、神はものすごく人に厳しいですね。

釈尊の出家を巡って

バット　お釈迦様の生まれたとき、おかしなことがありました。

生まれてすぐに歩いて「天上天下唯我独尊」と言ったのです。驚いた父王（浄飯王）は、占い師に見せます。占い師は「この子には外を見せてはならない。見せると99パーセント、お坊さんになります」と言います。

王様は、自分の後継ぎにしたいから、残りの1パーセントにかけて城の外に出さないようにして、16歳で結婚させ、なに不自由なく育てました。

竹岡　父親にとっては、後継の男子の出家は、困る話だったわけです。季節ごとに住む建物を建てて、美女を付けて、王子に王宮がいいところだと思わせようとしたといわれていますね。

インドでは、よく占い師に占ってもらうのですか。

バット　お釈迦様が生まれたとき、１０８人の占い師に占わせたといいます。お釈迦様のお母さんは、実家を訪ねる途中のルンビニでお釈迦様を産みました。今もそうですが、子どもは実家で産む習慣でした。そして、占い師には、生まれた日を占ってもらいます。

田渕　釈尊の出家の話は、インドの習慣を前提に作られた話でしょう。物語としては面白い話です。

竹岡　実際の話と後に作られた伝説が混在しているでしょうね。話の筋は合理的だと思いますが。

廣野　説得力があります。

田渕　竹岡さんとは、ネパールのルンビニとカピラ城にも行きましたね。

バット　カピラ城の方は、前にも言いましたが、インド側にあったともいわれて決着していません。ただ、ネパールの遺跡近くには川（バーナガンガ）が流れており、カピラ城の近くには川が流れているとする言い伝えと一致します。

竹岡　仏教経典には、そのあたりの記述はどうですか。

五味　知る限りでは、古代パーリ語の文献*には釈尊の生涯はほとんど出てきません。６年間の修行のこと、覚る前の降魔、そして滅後の火葬の３つしかありません。釈尊の物語の大部分は、後世に伝承がまとめられたものと思われます。

川北　紀元前２世紀のサンチーの大塔の塔門彫刻には、釈尊の母親、摩耶夫人の夢の場面などがありました。同じ時代で、コルカタで見たバールフトの欄楯彫刻にも同じような題材のものがありま

『摩耶夫人の夢』サンチー大塔の塔門彫刻　シュンガ朝　前2世紀

した。また、紀元2世紀頃のクシャーン朝のガンダーラ彫刻にも四門出遊などの浮き彫りがあって、そうした彫刻を見れば、釈尊の生涯についての物語は、割と早い時代に形成されていたと考えられると思います。

バット　ともかく、私が勉強してきたことでは、29歳で、お釈迦様は城を出ていきます。自分に子どもができたのを見て、城を出ることを考えるようになったといいます。王子の奥さん（耶輸陀羅《やしゅだら》）は、その気持ちを知って「子どもを見ないで出て行ってください」と、言ったそうです。その子の名前はラゴラ（羅睺羅）で、「じゃま者」という意味です。できた子を嫌った王子は、馬（カンタカ）に乗って城を出ました。

東の門を出ると年寄りがいて、その人は淋しがっていました。南の門を出ると病人がいて、泣いていました。西の門では、死んだ人を見て、最後に北の門から出ると、お坊さんに出会いました。その人は、明るく笑っていました。馬使いに、どうしてお坊さんは笑っているのかと訊ねたら「ほかの皆は家庭があるから淋しいのです。何もない方が、明るく生きていけるのです」とのことでした。

それを聞いて王子は「じゃあ、坊さんになろう」と、馬使いに言います。

「どこに行きましょうか」と、馬使いが尋ねると「とりあえず遠くへ」ということで、あてもなく進みました。ある川岸まで来たとき、坊さんになるのだからと髪を剃って、そこで「ここからは一人で行きたい。ここで帰れ」と、王子は馬使いと馬と別れようとします。

馬は帰りたくありません。馬使いも、ここで一人で帰ったら、王様に怒られるから帰りたくありません。しかし、どうしてか馬は倒れ、仕方なく馬使いは王宮に戻りました。

父王は、出ていった王子の見張りをさせないといけないと考え、元気な5人の坊さんたちを派遣して追いつかせます。5人の坊さんたちは話がうまかったから、行く先々で出会う人に尋ねて、ヴァイシャリーで、瞑想している王子を発見します。5人は喜んで「一緒に帰りましょう」と誘います。しかし、王子は戻ろうとしませんでした。

仕方なく5人は王子と一緒に行くことを決め、ガンジスを渡り、当時の中心地、マガダ国のラージギルまで行きました。そこではビンビサーラ王が王子を見て「私の王宮をあげるから、ここに留まってくれないか」と誘いますが、王子は「いつか戻って来ます」と約束して去っていきました。

6年経って、覚りを開いた王子が、お釈迦様となって戻って来ました。喜んだビンビサーラ王は、すでにお話ししたように、竹林精舎を寄進してもてなします。

＊ 古代パーリ語の文献　スリランカ、ミャンマー、タイに伝えられた仏典『スッタニパータ』の第4章、第5章が最古のもので、成立はアショーカ王時代とされる。

舎利弗

竹岡　ラージギルでは、有名な舎利弗が弟子になっていますね。

バット　舎利弗は、お釈迦様の第1の弟子だといわれます。当時のヒンズーの坊さんの寺には、たくさんの生徒がいました。舎利弗は、その生徒のグループ（六師外道の一人、サンジャの弟子）のリーダーだったといいます。お釈迦様がサールナートでの説法の後、ラージギルまで歩く間に説法されたのを聞いて弟子になった人の一人が舎利弗だったといわれます。

今でもヒンズーの寺には、たくさんの生徒がいます。

竹岡　一度、訪ねてみたいものです。

バット　宗教の勉強のために、小中高の時代に寺のなかで学び、サンスクリット大学に行きます。誰でもがお経を、人のために読んではなりません。何年も何10年も勉強しなければ読めません。お経を頭のなかに入れて、先生のいうことを全部やりながら、洗濯、掃除、苦行、ヨーガもしながら、いつでも口に出して言えるようにしていきます。

竹岡　ヒンズーのお坊さんも、仏教と同じように頭を剃っていますか。

バット　剃っています。ただし、後頭部の髪の毛を少し残さないといけません。

アングリマーラ

バット　ヒンズーの寺にいた生徒で、お釈迦様がラージギルに戻ってくるまでに弟子になった人に、とんでもない人がいました。

それは、アングリマーラ（鴦掘摩羅《おうくつまら》）という人で、最初はヒンズーの寺に入り、ヒンズーの先生（マニー・ヴァードラ〔摩尼跋陀《まにばつだ》〕）の弟子になりました。

結婚してなくて、頭が良い人だったので、先生の奥さんが彼を好きになってしまって、男女の関係になることを迫りました。アングリマーラは、それを拒みました。すると、奥さんは逆恨みして、そうではないのに「乱暴された」と、主人である先生に訴えます。

それを聞いて、先生は「これから出会う人を殺して、その指を切ってネックレスにしなさい。それが百人になったら許そう」と言われます。

先生の命にしたがって、アングリマーラは実行していきます。アングリマーラの名前は、本名でなく後で呼ばれるようになった名前です。アングリが指で、マーラがネックレスという意味です。

99人の指を集め、あと1人となって、お釈迦様のもとにやってきます。いざ切りつけようとすると、刀を持ったままアングリマーラは動けなくなりました。逆にお釈迦様が動くように見えました。

お釈迦様は「私は立っているだけ。あなたが動いただけだ」と、説きました。それを聞いて、アングリマーラは正気になります。「弟子になるか」と問われて「なります」と答えて、それからお釈迦様の後を付いて歩くようになりました。

道を歩いていると、まわりから石を投げられたりしました。お釈迦様は「あなたのやってきたことを、非難しているのです。皆に嫌われていることを嘆いて心に留めなさい」と、教えました。

そうしているうちに、アングリマーラは変わっていきました。そして、多くの人がお釈迦様の弟子になっていきました。皆に嫌われている人でも弟子になれるのなら、誰でも弟子になれるし、誰でも良くなれる。それに気が付いて、皆が弟子になっていったのでした。

サールナートには、この物語を描いた80年前の絵があります。（1931年建立のムールガンダ・クティー寺〔初転法輪寺〕にあって、作者は日本の画家野生司香雪《のうすこうせつ》で、この画題のほか、釈尊80年の生涯が内部の壁面いっぱいに描かれている）

日蓮大聖人と立正安国

竹岡　8百年近く前の日本に、お釈迦様が説法したお経のうち法華経が一番だと、もう一度、確立した人がいました。それが、日蓮大聖人です。
法華経の生まれたインドにも、法華経をベースにした、すべての人が仏だとの思想が、SGIの池田先生のリーダーシップによって広まっています。このときに生まれて、われわれのガイドをしてくださっているバットさんは、大変に縁深い方だと思います。バラモンの出だということですし。

バット　私は、宗教に関わって何かするというよりも、みんなに学びたいと思っています。

田渕　どの道を登っても山の頂上に行けると言われましたが、頂上に登るには正しい道があるという考え方もあります。その違いは大きいものがあります。私は、自らの美術の経験を通して、やはりそれなりの正しい道があると思っています。

竹岡　それは重要な話です。

田渕　私は言葉が足りないし、その分、美術で表現して、それに気付いてもらおうと思っています。

竹岡　コルカタの博物館で見たように、彫刻もそれぞれ違っていましたね。どれでも一緒ということはありませんでした。

田渕　どの思想・宗教も同じだとすることは、宗教間の争いをなくせるから平和的な考えだといわれますが、ただ宗教間の争いがなくなるということで、いいのでしょうか。

一人の人間にとって、能動的に生きられるようになるか、受動的に生きることに甘んじるか、信じる思想によって、そういった違いが生じるとすれば、考えなくてはなりません。

やはり、正しいものを立てることによって安国が実現する、正しいものに基づくことによって美が生まれ平和が実現できるという思想には、耳を傾けるべきだと思います。［午後8時半前、終了］

大菩提寺

ダライ・ラマ来訪の中で

覚りの菩提樹前で

大菩提寺の大塔

12月22日（土）晴れ。午前8時半、大菩提寺に向かう。バスで乗り入れができないため、オートリキシャ2台に分乗して、セキュリティー検査のゲート近くまでいく。

ゲートを抜けると、大塔の東面に出た。菩提樹は大塔の反対側（西側）にあるため、中心に向かって塔の下まで行き、周回する歩道を左に歩いて菩提樹の下に向かった。左に周回するのは、常に体の右側に仏塔があるようにしなくてはならないためである。

菩提樹の下には覚りの金剛法座があり、石製の柵で囲まれている。柵には金箔が押されて荘厳され、柵の中には金のブッダ像が据えられて、その柵の前には、たくさんの花などが供えられている。

菩提樹前には、大きくないがスペースがあって、様々な人々が祈りを捧げるなか、われわれもしばし読経・唱題をした。

周回歩道の周りを進むと、チベット僧と思われる黄色やエンジ色の袈裟を着した大勢の僧侶が座って祈っていた。中心にいたのはダライ・ラマ法王であろうか。スーツ姿の青年たちがガー

『大菩提寺のアショーカ王柱』

ドに着いていた。この大菩提寺にもアショーカ王柱があると聞き、バット氏の案内で仏塔の南側に出る。この石柱は、昨日見た、スジャータの家跡の仏塔の側にあったもので、１９５６年に当地に運ばれたものであった。

五味　それにしても、今日は１万人は、ゆうに超えていましたね。あの主席で経を読んでいたのは若い人だったように見えましたが。

バット　あの人はカルマパといって、ダライ・ラマの後を継ぐ人です。２年前に決められました。

輪廻転生すること

10時20分過ぎ、ホテルに戻り昼食。その席で。

五味　今日は、チベットの人でいっぱいでしたね。

竹岡　チベットでは庶民まで輪廻転生を信じていると聞きますが、インドはどうですか。

バット　インドも生まれ変わると信じています。いいことしないと、孫を見られないともいいます。

竹岡　スリランカは、どうですか。

亀田　スリランカはテーラーバーダといいますが、いわゆる上座部仏教を信じていますから、輪廻転生を信じているはずです。上座部の僧侶は皆、白い袈裟を着ています。

バット　スリランカの仏教は、紀元前3世紀、アショーカ王が王子を派遣したことが始まりです。アショーカ王は、一人は西に、一人はスリランカへ派遣しました。

吉永　菩提樹の樹齢は、どれくらいですか。

バット　それは、わかりませんが、4、5百年のは見たことがあります。菩提樹は、育った木から根っ子が落ちてきます。落ちてきて、そこからまた芽が出て木に育ちますから、命は終わりません。

昼食を終え、12時過ぎ、バスに乗り、ガヤの鉄道駅に向かう。車中で。

バット　これからガヤ始発の列車で、ヴァラナシの近くのディーン・ダヤル・ウパダヤヤ・ジャンクション駅まで行きます。この駅の名前は、駅の近くで亡くなったヒンズーの思想家の名前です。元ムガールサライ駅です。近頃、名前が変わりました。（ムガールサライのサライとは、隊商の宿泊地のこと。ムガール時代の宿場という意味で、イスラムの名前を嫌って改名したとのことである）

ヴァラナシに行く列車は、曜日によって着く駅が変わります。今日は、この駅に午後5時15分ごろに到着の予定です。インドの鉄道は時間どおりになりませんが、7時までにヴァラナシのホテルに着けたら嬉しいです。

午後1時20分、ガヤ駅の近くまで来たところで渋滞になり、バスが進まなくなる。遅れるといけないので、バスを降りて徒歩で駅に向かう。列車は、始発ということもあってか、ほぼ定刻にホームに入り、列車に乗り込む。列車は2時15分、定刻どおり出発した。以前は3時間以上遅れは当たり前で、インドの人々は、それを普通と受け止めていた。大変な変わりようである。

そういえば、鉄道ばかりでなく、道路事情の改善も今回、見ることができた。さらに目を見張ったのには、どこに行っても、ホテルやレストランはもちろんのこと、山の上の露店であれ、街中の小さな売店であれ、照明がLEDに変わるとともに、レジ袋が消えてエコバッグが使われるようになっていたことである。インドは急激に、先進国への道を進んでいる。

鉄道事情と心の成長

車中でしばし懇談。田渕画伯は、その間、メンバーの顔を順に描いた。

五味 インドでインフラといえば、イギリス時代から整備されてきた鉄道でしょう。

バット チケットの取り方も、昔は駅のカウンターに並んで取りましたが、今はeチケット（ネットで取得する）になっています。そのせいか、鉄道に勤める人は、昔はたくさんの収入がありましたが、今は安くなっています。そんなふうに変わってきていますが、昔も今もインドは個人で旅するのは難しいと思います。ネパールの方が、いいです。ネパールの方が静かですし、インドでは嘘

『竹岡誠治氏』

『廣野輝夫氏』

『五味時作氏』

『吉﨑幸雄氏』

をつかれることが多いですから。

インドでは、米が戸外に高く積まれています。そこに雨が降ったら終わりです。ところが雨に濡れてダメになった米を、インドでは嘘をついて売るのです。買った人は、結局、捨てるしかありません。貧しくて食べられない人がたくさんいるのに。

列車もきれいになってきて、街なかでも、今では週5日、ゴミを取りにきてくれるようになっています。しかし、人間の心がきれいになっていません。デリーなど、ゴミを出すのに２００ルピーを払わなければならないのですが、それが嫌で、道にゴミを落としていくのです。呆れてしまいます。

五味　長距離のバスなどは、ありますか。

バット　インドにもあります。鉄道の方が、乗ってしまえば早く着きますが、遅れることも多いので、バスを使うことも多くあります。

鉄道は、コルカタからデリーとかムンバイからデリーといった千キロを越えるような移動に使われます。どちらからでも夕方発で、朝に到着するようになっています。

鉄道を含め、だんだん良くなってきています。時間もそんなに遅れ

『ディリ・ラム・バット氏』

『川北茂氏』

『亀田潔氏』

『吉永聖児氏』

なくなってきていますが、冬は、霧がひどく、遅れることが多いです。昼はいいのですが、朝はデリーなど冬は寒くなります。今頃は、気温は4度くらいです。3度まで下がることもあります。

豊かな農村部

五味　インドは、農業は豊かですね。

バット　食べ物だけでいえば、農村の方が豊かです。田舎のホテルに泊まると、すごい食事が出ます。都会ではそうはいきません。都会のホテルでは、もう一品欲しいというと、追加料金を取られます。

　作物は、3期作は当たり前です。今は菜の花がきれいですが、12月に花が咲き、1月には収穫です。タネを蒔いて45日で収穫できるのです。大根やホウレン草なら5期作、6期作もできます。米作の後でカリフラワーを作るといった、2毛作も盛んです。3毛作も、あります。

五味　それで、土地は痩せないのですか。休ませなくていいのですか。

バット　できの悪い土地は2毛作が限度です。雨季のとき水に浸かってしまう土地は、2回、3回と作れません。ほかは、牛や水牛の落し物がたくさんあって、それを肥料にするから、土地はもちます。年中、水に浸かっているところでは、水田を作ります。

ネパールは75パーセントが山地になっているので、インドより工夫が必要です。

また、インドでも南部の一部、デカン高原の南のカルナータカ州には、どんなに肥料を撒いても何もできない土地があります。北西部のインダス河上流の山岳部も何もできないところです。

それは、鉄分が強かったり、岩ばかりだったりするところです。同じ岩でも、岩が細かい土地なら、むしろよくできます。

インドで同じ山岳部でも、贅沢な土地があります。ネパールに近いあたりのシムラ、マナリ、ダラムサラ（3つともヒマーチャル・プラデーシュ州）などです。

何もできないところでは、村1つで50人ぐらいの人口で、多くて10軒ほどしか家が建っていません。どんなに大きくても50軒までです。政治家は1人くらいしか選ばれず、全部その人に任せて、戸籍も作っていないような村もあります。それは、インドの東部、ダージリンの近くのセブンシスターズといわれる山の7州です。アッサム、シッキム、アルナーチャル・プラデーシュなどです。

そこは、平野部と民族が違うので、平野部からはインドと思われていません。言葉も服も料理も違い、犬の肉も食べればネズミもアリもヘビも、木の中にいる大きい虫も食料として売っています。

インドは広く、いろいろ違うところもありますが、大部分は土地が平らで広いので、ネパール人に比べて、土地の価値がわかっていないと思います。ネパールの、特に山の人は、土地のありがたさがわかっていて、工夫して米や麦、野菜などを作っています。政治家も山の出身者が優秀です。

五味　法華経では、平らなところを理想の地としているのですが。

バット　ネパールでは、私も山の出身ですが、山の人の方が工夫して、どこでも住めるところにできるから山の方が豊かです。平地は人口が多く、燃料も食料も買わなくてはならないから大変です。ただし、山の村にも問題はあります。出稼ぎが増えて、村に働ける人が減ってきています。ネパールにも工場を作って、インドや中国から素材を買って、それを組み立てるようにすればいいと思っています。今は、ネパールよりインドで作る方がいいということで、なかなか実現できていませんが。

ブータンとインド、インドとネパール

五味　同じ山の国で、ブータンはどうですか。

バット　最近は、インドがどんどんお金を入れています。ブータンの水力発電の電気が目当てです。ブータンは自然に恵まれています。山、川、湖、花があります。大企業なしで食べていけます。一部の人はネパールに難民で入ってきていますが、宗教の国で、人生を焦っていません。

それからブータンには、ネパールの言葉を喋れる人が多くいます。ネパールと同じ祭りもしますし、シッキムを含め、グルカ、シェルパ、タパという、同じモンゴル系の民族が住んでいるので、ネパールと近い関係です。日本人も同じモンゴル系で顔も似ているから、親しみがあります。

川北　インドとネパールの関係は、どうですか。

バット　インドは、ネパールと仲良くしないといけないと考えています。ネパールから、テロリスト（マオイストか）が入ってくるので、防ぐためにはネパールと協力しなくてはならないからです。また、ネパールは軍人が多いし、精鋭部隊があるので、戦いたくないという理由もあります。いっとき、インドとネパールの関係が悪くなって、ちょうどネパールで大地震が起きたときで、インドが石油を止めたから大変困りました。地震で私のネパールの家も壊れて修理が必要なのに、物価がすべて上がって、本当に困りました。

日本語との出合い

五味　バットさんの学んだ学校は、大学ですか。

バット　日本語は、専門学校で学びました。

五味　先生は、日本人ですか。

バット　ネパール人です。日本人には、たまに教わりました。私は、生まれはいいのですが、お金がありませんでした。

高校2年生のとき、村からカトマンズに来て、仕事をしました。ネパールでは、アルバイトの習慣はありません。お金がないとなれば、フルタイムで働かないといけないのです。生きていかないといけないから、ホテルの受付などをしました。1日8時間の仕事です。

大学は一応、入学しましたが、忙しくて勉強はなかなか進みませんでした。日本語は、ホテルの受付をしているときに会った人から、勉強してみないかと言われたのがきっかけです。

私の育ったグルカの村は、マナスルに行く途中の道にあって、アメリカ人やヨーロッパ人がその道をよく通っていたから、英語やヨーロッパの言葉があるのは子どものころから知っていましたが、日本語は、そういう言葉があること自体、それまでまったく知りませんでした。

ともかく、それをきっかけに日本語の専門学校に入ります。2年間、通って、かなりできるようになりました。漢字も覚えましたが、使わなくなって、今は大分忘れました。ひらがなやカタカナも覚えました。これも書かないでいると忘れます。それで先輩からも、「日本語は使わないと忘れる」と言われ、そうだと思って、大学は中退して、日本語を使う仕事をするようにしました。

満月ののディーン・ダヤル・ウパダヤヤ・ジャンクション駅（元ムガールサライ駅）

月愛三昧

午後5時45分、15分遅れで、ヴァラナシ近くの駅に到着。すっかり日は暮れて、満月が輝いていた。迎えのバスに乗り、20キロ離れたホテルへ向かう。

川北　月といえば、昨日のラージギルでビンビサーラが幽閉された牢獄跡を見ました。

ビンビサーラを牢獄に入れた阿闍世は、父王だけでなく、釈尊も迫害して、最終的にひどい悪瘡に苦しむわけですが、日蓮大聖人の御書には、釈尊が月愛三昧《がつあいざんまい》に入ってそれを癒やしたとあります。

(「爾の時に世尊・大悲導師・阿闍世王のために月愛三昧に入りたもう三昧に入り已って大光明を放つ其の光り清涼にして往いて王の身を照すに身の瘡《かさ》即ち愈えぬ」太田入道殿御返事)

この「月愛三昧」とは、どんなものでしょうか。

五味　阿闍世の物語は、浄土三部経の観無量寿経に出てきます。大聖人は、浄土三部経も使って、教えられているのです。

亀田　当時の常識で、法華経と浄土経典はセットと考えられていたという背景があったと思います。

五味　たしかに、平安末期の平家納経には、法華経と一緒に阿弥陀経が入っています。

亀田　阿弥陀経は、羅什三蔵訳です。

五味　そうです。羅什は、法華経の漢訳で有名ですが、阿弥陀経も含め、すごいものばかりピックアップして訳しています。

廣野　羅什は大論(大智度論)も漢訳していて、経典のピックアップも大論の影響だともいわれます。

5　ヴァラナシとサールナート

満月の巡礼者

道端の巡礼の人々

ガンジスを渡る橋が近づくに連れて、沿道に人々が座っているのが目につくようになった。

バット　満月と新月のときに、ガンジスに巡礼者が集まってきます。今日は満月なので、たくさんの人がキャンプをしています。カレーなどをタダでふるまう人がいて、その人たちがもらっています。夜は冷えるので火を焚いて暖を取っています。バスで地方の村からやってくる人たちもいます。バスは2階建てになっていて、下で座り上で寝ます。1つの村からは、百人、2百人と一緒に出てくることもあります。参加者は、全部無料でできるようになっています。

竹岡　ヒンズーの神様は、何人くらいいるのですか。

バット　創造するブラフマー、できたものを護るヴィシュヌ、そして悪いところを破壊するシヴァの3人が始まりで、その3人から3億人になりました。3億からもいっぱい生まれています。

途中、大渋滞となるが、7時半前、ホテル・ヒンドゥスタン・インタナショナルに到着し、ホテル内のレストランで夕食。この日は田渕画伯の77歳の誕生日。皆で喜寿をお祝いした。

それにしても、巡礼の大勢の人々が暗い中にじっとしている光景には、大変な衝撃を受けた。インドの本当の現実を見たと思った。今回の旅のなかでも、一番心に焼きついた光景であった。

ガンジスの日の出

12月23日（日）晴れ。午前6時過ぎ、ホテルを出て、バスに乗り込む。乗り込んだバスは、ガヤで分かれたはずのバスであった。夜通し走って来たのだという。ガンジスの日の出を見るべく、未明の道を河岸に向かう。車中にて。

バット ナマステ。グッドモーニング！　これからガンジスに向かいます。今日の日の出は6時40分です。昨日、たくさんの巡礼の人がいましたが、その人たちが皆、沐浴のために、われわれと同じ場所に向かいます。混雑することになるので、バスは途中までしか行けません。バスを降りたら往復15分、歩くことになります。暗いので気を付けてください。

沐浴の場所に着いたら、河のボートに乗って日の出を見ます。ボートは、24時間の火葬場が見えるところまで行って、戻ります。

河岸が近くなると、沿道で花を売っているのが目立つ。

バット　ガンジス河は、河の女神ガンガーです。花は河に浮かべて、ガンガーに捧げます。

河岸の沐浴場に到着。沐浴場そばの舟着場からボートに乗る。

バット　沐浴場は河の西岸だけにあります。太陽が神様なので、後ろ（背中）を向けてはならないからです。太陽に顔が向く、こちら岸で沐浴をして、太陽に背を向けることになる東岸には沐浴場はないのです。

このヴァラナシでは、北から流れてきたガンジス河が、再び戻るように北に流れます。河はその後、東に流れますが、不思議な場所ということで、昔からいろいろな人がここで苦行してきました。もともとここは、いい人と悪い人の間で、何度も戦いになった場所でした。ここで、いい人は悪い人を、たくさん殺しました。殺したら死体を火葬しないとなりません。それと、魂を天国に昇らせるためには灰を河に流さなくてはなりません。天国に昇らせないと、殺した人の罪になるのです。やがて、河は、灰が溜まって水が流れなくなりました。困って神様がガンガーに、お願いします。そこでガンガーは、南に向かう流れを北に戻して、灰を流したということです。以来、ここは神聖な場所となりました。今から4千年くらい前の話です。

それからここには、たくさんのお寺ができるようになりました。そして「ここに来れば、皆、天国に行ける」となっていきました。

日の出のガンジス

「久美子の家」

ガンジス河がインドを流れているのには、さらに前の話があります。

その昔、インドは水が足りなくて困っていました。

そこで、バギーラタという指導者がいて、願いをかけて、1本の足で立ち続けるという苦行を何年も続けました。（インドの叙事詩『ラーマーヤナ』では、行者カピラに変じたヴィシュヌ神の怒りに触れて灰にされた先祖のサガラ王の王子6万人の昇天のために、バギーラタがガンガーの聖水を乞い願ったことにあるとされている）

女神ガンガーが出てきて、その人に、なぜ、ずっとそうしているのか訊ねます。願いを聞いたガンガーは、水をインドに流すことに決めます。ただ、いきなり水を流せば洪水になります。それを防ぐためガンガーは、どうにかしてくれるよう、ヒマラヤにいるシヴァに願います。

シヴァは「私の頭にまず水を流しなさい。そうすれば、頭の髪の毛の数の川に分けて流すから」と、命じました。そうしてガンガーの流した水は、ヒマラヤで80ほどの川になって、それらがまた1つになって、ガンジス河になって、ここまで1800キロ流れてくるようになりました。

季節によって変わりますが、ここの水深は、20から30メートル、河幅は今の時期で600メートル、雨季になると1キロになります。雨季の8月初めから9月の終わりぐらいまで、今は見えている河岸の階段が全部、水のなかに沈みます。

河岸に建つ建物の中には「久美子の家」といって、日本人で70から80代の婦人の経営する宿があります。それで、この建物の側の河に降りる階段は、あるマハラジャの記念に作られたものです。

ここには、いろいろな国の王様を記念する階段が作られていて、それぞれの国から来た人は、その王様の階段のところで沐浴します。

洗濯物を干す場所も見えます。パトナで話しましたが、洗濯をするカーストの人がいて、下着以外、その人に任せる習慣がありました。洗濯をしてもらったら、年に1回、収穫のとき、米や麦といった作物を分けることになっていました。今は洗濯機の普及もあって、だんだん洗濯を頼まなくなってきていて、洗濯する人たちは、それだけでは生きていけなくなっています。

朝に沐浴するのは、神である太陽に水をあげる習慣のためです。沐浴できなくても、朝は家で水を浴びるようにします。マンションでも、そうです。

ポッと赤い太陽が、きれいな円形で水平線のすぐ上に出現した。数羽の鳥が空を横切って行く。

バット　鳥は、シベリアからやってきます。11月から2月まで、インドにいます。岸辺に赤い壁の建物が見えてきました。南インドの人たちの沐浴場です。建っている建物は、ドラヴィタの人たちの建築様式です。だんだん明るくなってきて、河の水がよく見えてきました。いわれるほど、汚くありませんよ。

吉崎　まったく流れていないように見えますね。

バット　土地が、平らだからです。上流に行けば、水の音がうるさいぐらいです。「一生に一度は、ガンジスに」と、インド人は願います。孝行息子がいて「息子が連れて行ってくれた」といえば、村の有名人になります。

火葬場（遠望）

竹岡　ガンジスは、どこまで流れていますか。

バット　コルカタの先、ベンガル湾まで流れています。源流から２５００キロです。

河岸に数筋の煙が立ち昇っているのが見える。24時間の火葬場である。

バット　遺体は、太陽の色に近いということで、黄色の布で巻いて、竹の棒を２本通して、担いで運んできます。２時間から４時間、焼いて、それで終わりです。隣に煙突が並んで

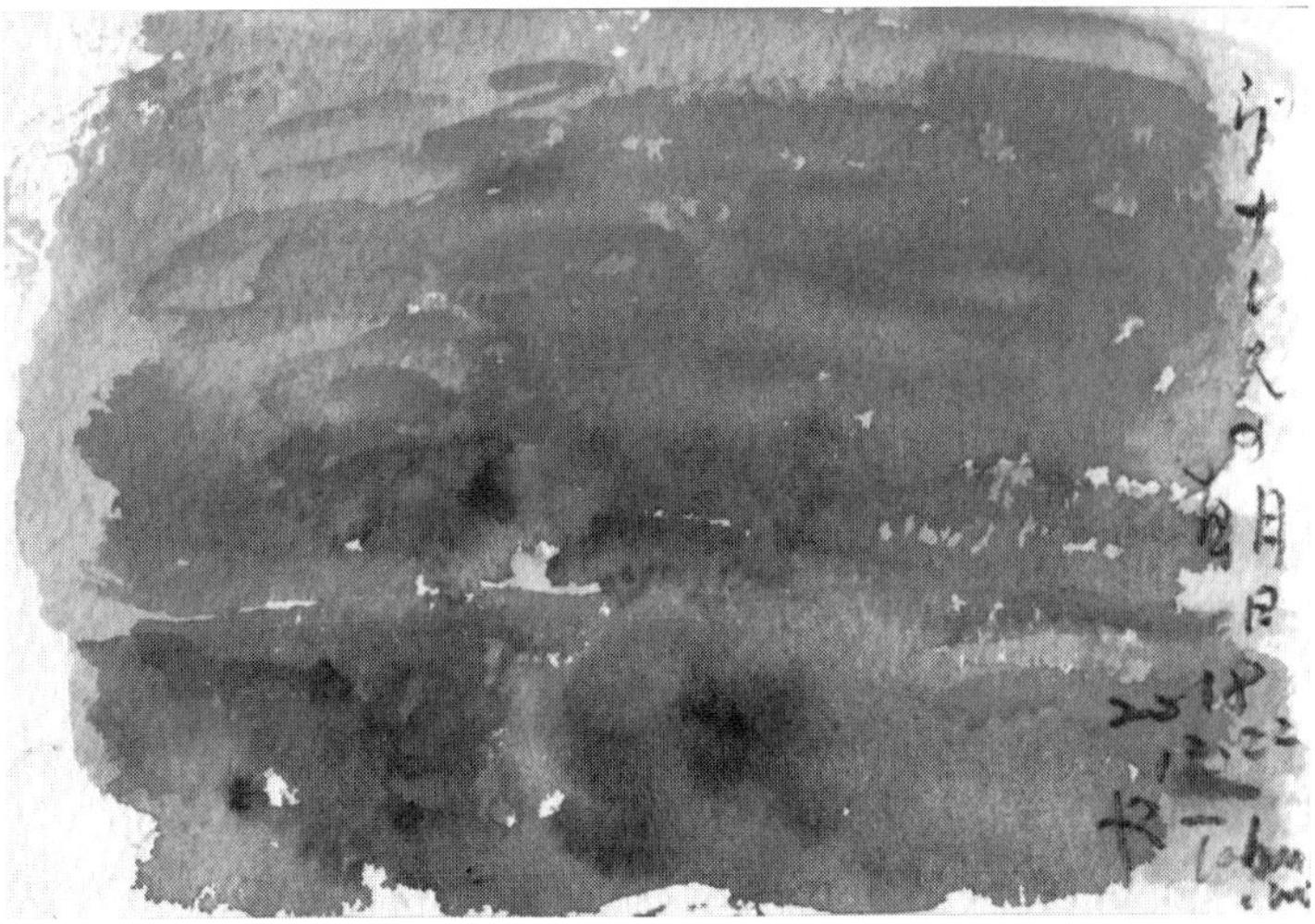

『ヴァラナシの朝日』

いるのが見えますが、あれは、河の水が増えて、河岸が隠れて使えない雨季のとき、建物の屋根で焼くのですが、そのとき使われて、あそこから煙が出てきます。

雨季が終わると、河に降りる階段は泥だらけで、1ヶ月は掃除が大変です。

サールナート

7時40分、元の舟着場に戻り、歩いてバスに戻ってホテルへ。朝食休憩後、9時20分過ぎ、バスでサールナートに向かう。車中で。


バット　これからヒンズーの聖地ヴァラナシから仏教の聖地サールナートに向かいます。

ヴァラナシは、4千年前からヒンズーで栄えてきました。4千年間、ずっと栄えている都市は、世界でも珍しいと思います。ヴァラナシは、カーシともヴァラナスともいわれて、ヒンズーの修行の場で、僧院が多くありました。

サールナートは昔、鹿のいる静かな公園（鹿野苑）で、静かに瞑想し修行する場所でした。

先にお話ししたように、お釈迦様が苦行をやめて乳粥を受けたことに失望した5人が、ここまで来ていました。そこへ、覚りを開いたお釈迦様がやってきて、初めて説法をします（初転法輪）。お釈迦様としては、ずっと自分を護ってくれた5人だから、どうしても覚りを伝えたいと思われたのでしょう、5人を捜してたどり着かれました。自然が多く、花も多く、この鹿公園は修行の場として有名だったから「あそこに行ったら会えるのでは」と、なったのでしょう。

初転法輪の後、5人とその他の人も、お釈迦様の弟子になって、共にラージギルに行きます。それは、これも既にお話ししましたが、苦行の前にラージギルのビンビサーラ王と約束したからです。

そもそもお釈迦様が出家してすぐにラージギルに行ったのは、父親とビンビサーラが友人どうしだったからのようです。苦行に入る前、立派な青年となったお釈迦様を見て、ビンビサーラ王が「あなたに、このマガダ国を任せたい」と留めようとすると、お釈迦様は「いいえ、覚りを得るために修行をします」と、申し出を拒否されて、「それでは、覚りを得たら戻って来て、人々の苦しみを除いて欲しい」と王に頼まれて、それを約束されたということです。

アショーカ王建立チャウカンディ・ストゥーパ

沿道から見えるレンガの遺跡を指して。

バット　サールナートに入りました。紀元前3世紀、アショーカ王が建てた仏塔（チャウカンディ・ストゥーパ）が見えました。お釈迦様が立った丘で、5人を見つけられたところに建てられたものといわれています。8万4千の仏塔の1つです。

サールナートにはアショーカ王のマウリア朝、紀元後5、6世紀のグプタ朝、ハルシャ・ヴァルダナ王（戒日王）が出た7、8世紀のヴァルダナ朝など、様々な時代に仏塔や僧院が建てられました。それが、11、12世紀にかけてイスラムに破壊され埋められて、17、18世紀まで埋まったままでした。再び出てくるのは、あるマハラジャが家を作ろうと土地を掘らせたところ、レンガの街が出てきたというのがきっかけです。その後、イギリス人が入って、きれいにして現在にいたっています。

獅子柱頭

『四頭の獅子柱頭』マウリア朝前3世紀

バット　アショーカ王柱の『四頭の獅子柱頭』も、ここで発掘されました。（ドイツ生まれのイギリスのエンジニア、オエルテル〔フレデリック・オスカー・エマニュエル・オエルテル〕が1905年3月に発掘）
石柱は、アショーカ王の力の象徴です。4頭のライオンは、アショーカ王が四方に向かって仏教を弘めることを力強く表しています。
ライオンの載っている円盤の周りには象、馬、ライオン、牛の４種類の動物が彫られています。これは、お釈迦様の生涯を表しているといわれています。

象は、誕生を表しています。満月の夜、月から象が降りてくる夢を、お母さん（摩耶夫人）は見ました。それが、お釈迦様を身ごもったことを知らせる夢でした。

馬は愛馬カンタカで、城から修行に出るお釈迦様と（アノーマ川の）川岸まで共にしました。

ライオンですが、上に載る４頭のライオンはアショーカ王のことですが、これは、お釈迦様自身のことといわれます。（百獣の王ライオンに例えて最高の人、つまり成道した釈尊を指す）

牛は、お釈迦様の名前、ゴータマが「優れた牛」という意味から、お釈迦様のことですが、最期を表しているともいわれます。それは、火葬にして灰にしたときに、牛の糞を燃やして焼いたことによっています。牛の食べ物は、もともと草ですから、その糞を焼くと、いい香りがするのです。

それと、牛はヒンズーの神様でもあるので、牛を彫刻しておけば、仏教以外の人々もこれを護るということもあったといわれます。

石柱本体　サールナートの遺跡公園

10時前、サールナートの公園に到着。バスを降りて徒歩で園内を巡る。まず『獅子柱頭』の石柱本体を見る。柱は３本に折れた状態で立っていた。
バット　チュナール産（ヴァラナシからガンジスを南に約20キロ）の砂岩で、高さ15・25メートルあっ

前5世紀頃の僧院跡

ダメーク・ストゥーパ

たといいます。パーリ語が刻まれています。(刻まれている内容は以下。「誰によっても、僧伽《そうぎゃ》を破《わかつ》〔てはならない〕。比丘あるいは比丘尼にして僧伽を破つものは、白衣を着せしめて、住処(精舎)でない所に住せしめなければならない」「塚本啓祥『アショーカ王碑文』第三文明社レグルス文庫)

続いて、紀元前5世紀頃の僧院跡を見る。

バット お釈迦様は、このあたりで、毎朝、東に向いて瞑想していたといわれています。今は崩されてわかりませんが、アショーカ王によって造られた、高さ61メートルの建物があったといいます。

廣野 君父《くんぷ》東面ですね。日寛上人が言われています。(観心本尊抄文段や当流行事抄など)

奥に進み、ダメーク・ストゥーパを見る。

バット アショーカ王が作ったものに、12世紀までに後から次々と積まれて大きくされました。調査で、仏舎利が見つかっています。(仏舎利は、その後、紛失したという)

葉鶏頭の赤い花、菊の黄色い花が咲く歩道を歩きながら、出入口に向かう。その手前に基壇のみの残る仏塔跡があった。

バット　これはダルマラージカ・ストゥーパの跡です。お釈迦様が亡くなって、最初に作られた8つの仏塔の1つではないかといわれています。

ダルマラージカ・ストゥーパの跡

10時15分、公園に隣接する考古博物館に入る。左右に広がる庭園の間のレンガ道を直進した奥に建物があり、入ると、いきなり目当ての『四頭の獅子柱頭』に迎えられた。背後には、獅子像に釈尊を象徴する石製の大きな法輪が載せられていたことが示され、その法輪の断片が展示されている。

『獅子柱頭』の左右には、紀元後1世紀、クシャーン朝の『菩薩立像』が1体ずつ配置され（右側は頭部欠損）、あたかもアショーカ王の石柱を護る衛士のようにされていた。アショーカ王の時代は紀元前3世紀で、この『菩薩立像』とは3百年ほどの差があるが、この組み合わせは、おかしくないように見えた。どちらも明るく堂々として、両者の思想的背景となった仏教が基本的に近しいものだったことを示すものといえるであろう。同じ仏教彫刻でも、その後の時代の作品では性質が違い過ぎて、『獅子柱頭』と配置することは違和感を生じるだけだと思われた。

『四頭の獅子柱頭』マウリア朝 前3世紀と『菩薩立像』クシャーン朝 後1世紀

田渕画伯と吉永氏は、ほぼ時間まで『獅子柱頭』を角度を変えつつ描き、他は、館内を自由に見学した。11時45分、終了、12時、バスでヴァラナシに。車内にて。

田渕　今回は光の具合が良かったから、うまくできました。

竹岡　この『獅子像』と、パトナの『女神像』は突出していると思います。ところで、今朝のガンジスの沐浴場では、いろいろなものが売られていましたが、どれも色が鮮やかでしたね。

バット　ヒンズーの祈りには、必ず色が必要です。白檀の粉や大麦など、自然の材料で作ります。黄色と赤は、レモンとトウガラシで作ってお守りにします。酸っぱいものと辛いものの組み合わせで、悪いものが憑かないといわれています。使った後は素焼きの皿に載せて綿を詰めて、それに火をつけて流します。

移動し、午後1時15分、ホテル「ザ・インディア・ベナレス」内のレストランにて昼食。その席で。

竹岡　これほど中身の濃い旅は、なかなかないでしょう。先ほど見た『獅子柱頭』には、アショーカ王の一念を感じました。

『獅子柱頭』と獅子像に載せられていた「法輪」の模型

4頭の獅子は法輪を載せていたとの説明展示がありましたが、アショーカ王は4頭の獅子で、法輪が釈尊ということでしょう。アショーカ王は、お釈迦様の心を担って四方に、世界に、仏法を弘めるぞとの凄まじい一念が、そこに留められているということです。

実際には、高さ10メートルを越す石柱に載せられた獅子と法輪が輝いて見えたわけです。それを思い浮かべるならば、感動も極致に達します。それを目にした人々も、誰であれアショーカ王の偉大さと仏法の気高さを感じ取ったに違いありません。それが、釈尊初転法輪の地にこれを立てた、アショーカ王の意図だったのだろうと思います。

吉永 あれは、アショーカ王が生きているうちに作られたものですか。

田渕 そりゃ、生きているうちのものでしょう。

吉永 すごい権力を持っていたんですね。

五味 広大なインドを支配していたのだから。

吉永 日本にいると、アショーカ王をことさら意識することはありませんでしたが、ここに来て知れば知るほど、すごい人がいたものだと、わかってきました。

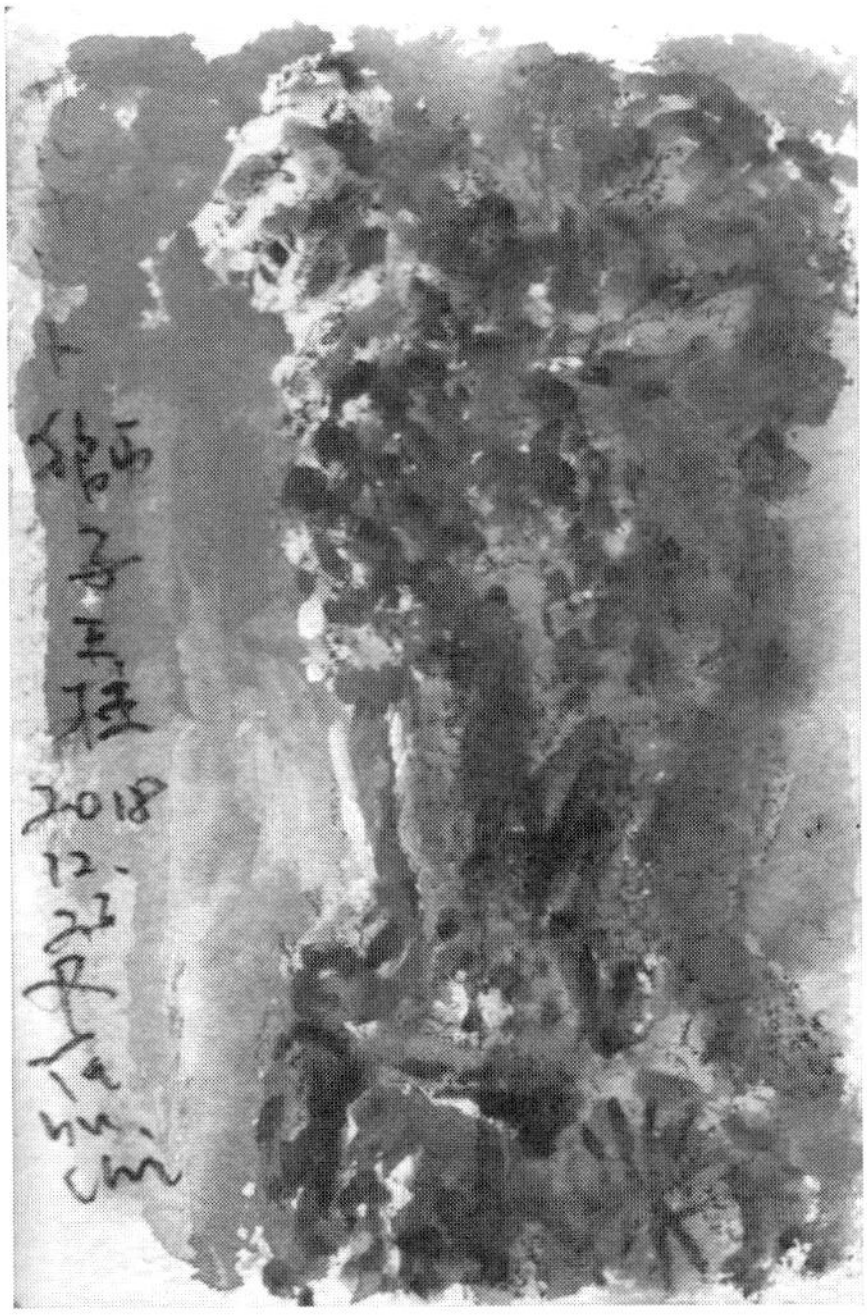

『獅子柱頭1』

『獅子柱頭2』

インドの茶

竹岡　これからの時代、インドや中国といった、かつて植民地となっていたところが、今度は世界を支配するようになるだろうという人がいます。２年前に中国に行って、そして今、インドに来て、それを実感しています。

田渕　インドは街に動物がいます。中国も40年ほど前はそうでしたが、いなくなりました。動物がいなくなって、中国は変わりました。それにつれて、人の良さがなくなってきたと思います。インドは、変わらずにいて欲しいと思っています。

竹岡　ところで、インドも中国も、お茶で有名ですが、そのお茶は、どちらが先ですか。

バット　中国が先です。インドは、お茶を飲むようになる前は、生姜、カルダモン、シナモン、黒胡椒、クミン、そして、ターメリックなどをお湯やミルクに溶かして飲む習慣がありました。インドでは、昔から牛や水牛を飼っていて、そのミルクに何でも入れて飲む習慣があったのです。

竹岡　お茶は、いつ頃からですか。

バット　イギリスが入ってからです。イギリス人は、中国から持ち込んだお茶の木をインドの庭で育てたら、美味しいお茶ができたから、インドでお茶の栽培を弘めることにしました。インドに植えた方が、中国のお茶よりも美味しかったのです。

インドのお茶の始まりはダージリンで、中国から持ち込んだお茶の木をイギリス軍のキャンプの畑いっぱいに植えていきました。インド人は、それまでの習慣から、お茶にもミルクを入れて飲もうとしたのですが、そうすると、お茶の味がわからなくなります。だから、インド人には最初は、お茶の良さはわかりませんでした。

ダージリンにはヒマラヤ山岳鉄道も作られて、イギリス人は、お茶栽培を盛んにしていきました。

竹岡　イギリスがダージリンで栽培して、それを世界に弘めたということですね。

バット　そうです。イギリスがダージリンともう1ヶ所、ネパールのイラム（ネパール東部、標高千から2千メートルの高地）で栽培を始めて、それからヨーロッパに弘めていきました。イラムのお茶は、アウトレックス?といいます。

お茶のうち、3月、4月から雨季までにできる1番茶、2番茶が、味と香りがいいので、イギリス人が独占しました。オレンジペコは2番茶の名前です。色がオレンジ色になるということから、その名になりました。

さらに、1番茶のなかでも、日陰で栽培されたものが良いとか、一番先の新芽だけを手で摘んだものが最高だとか、ランク付けが細かくされていきました。

インド人が飲めるのは、雨季の後のお茶で、香りや味は劣りますが、ミルクを入れて飲むので、問題にしませんでした。むしろ、そのお茶の方が色が濃く、ミルクを入れてもお茶の色が消えないので、その方が広まっていきました。

また、お茶は、ダージリンのような高地で作るよりも、低い土地のアッサムで作った方が色が濃くなることから、アッサムの方がインド人には好まれて、ほとんどの家庭でアッサムが普通になっていきました。今、ダージリンの5倍くらいが、アッサムです。

とにかく、ダージリンは、何も入れずに、そのままの香りと味を楽しみます。アッサムは、ミルクや香辛料を入れて飲むものです。それで、ダージリンは、細やかな味にこだわって、その差で細かくランク分けがされていきました。

お茶の葉の発酵が進むと、色がゴールドになって、味と香りが良くなります。しかし、体の具合が良くないときは、自然のままがいいということで、手もみで乾燥させて、発酵させないで色の薄いままで飲むといいとされます。そのうち、発酵の進み具合で分けられるようにもなりました。

茶葉の乾燥は、太陽の熱でまず乾かして、続いて室内で乾かします。コーヒー豆も同じでしょうが、乾かし過ぎると味が悪くなります。

濃い味がいいという人は、新芽の割合を60～70パーセントに抑えて、それ以外を少し混ぜるように、あえてします。

3月、4月の1番茶がいいというのは、冬の冷たい風に当たって冷えた木のお茶が香りがいいとされるからです。5月、6月と、暑くなってからのお茶は、香りが薄くなっていくということです。同じ木から摘むのは、およそ15年までです。いい葉が採れなくなったら、新しい木に植え替えます。ティーバッグは、インドでも最近増えましたが、普通は茶葉で飲みます。お茶の葉は1回淹れただけでは替えません。1回目より2回目の方がお茶の葉が開くから、美味しいのです。ダージリンは、同じ葉で3回から5回は淹れます。回数淹れられるのが、ダージリンの特徴です。ティーバッグには、インドでは3番茶を粉にしたものが詰めてあります。1番茶を作ったときにできた粉を詰めているのもありますが、どちらにしても、茶葉を作るときの残りものを詰めているものなので、ティーバッグは便利ですが、それほど好まれません。

竹岡　世界のお茶の飲み方は3種類です。煮立てて飲む、粉にして飲む、煎じて飲むの3つです。そのなかで、粉にして飲むお茶を抹茶といいますが、これは日本だけに残った飲み方です。最近、抹茶は一番美味しい飲み方だということで、日本発で再び世界に広まりつつあります。日本から持参していますから、デリーに着いたら点てます。抹茶を味わってみてください。お抹茶とか、インドでは、どうですか。煮立てて飲むこともありますか。

バット　抹茶はありませんし、煮立てるまではしません。お湯を沸かして、80度くらいで淹れます。

お茶はインドの文化の一つになっていますが、いろいろ加えて飲むのがインド式です。風邪やお腹をこわしたときも飲むし、冬ならお湯に生姜を入れて飲みます。風邪のときは、お茶にウコンとクミンを入れて沸かして、1杯か2杯、飲みます。それで、風邪を治します。それで治らなかったら、そこで、薬を飲みます。

病気でない普通のときは、ミルクをお茶に入れて、香り付けでカルダモン、シナモンなどの香辛料を加えて、寝る前に飲みます。お金持ちは、それにカシューナッツなどを入れて飲みます。ミルクなしでそのまま飲むのは、インド人では3パーセント、せいぜい5パーセントくらいと思います。

食事のときも、ラッシー、ヨーグルト、サラダの隣に必ず用意します。

コーヒーを飲むのは、インドでは3パーセントくらいでしょう。田舎の人は、コーヒーというものを知りません。ネパールでは、コーヒーを作っているところがあります。オーガニックで作って、ブランドに豆の状態で売っています。豆で売るのは、保ちがいいからです。

インドのイスラム

2時、空港に向けて出発。空港が近付くと、広く新しい道になった。2時40分、ヴァラナシ（ラール・バハードゥル・シャーストリー）空港着。空港の正式名はインド第3代首相の名前から。

午後5時前、空港を発ち、定刻どおり6時25分デリー（インディラ・ガンジー）空港着。機中から美しい夕日が見えた。送迎バスでニューデリー市内のレストランに向かう。車中で。

竹岡　今日は、アショーカ大王の仏法を弘めんとする決意が、ひしひしと伝わってきました。それにしても、あの『獅子柱頭』を含め、インドにあるアショーカ王の事蹟、それから、その後の仏教に関するものが、ことごとくイスラムの手によって破壊されて長く歴史から葬られていたとは、考えさせられます。

バット　仏教が滅んだのは、イスラムの破壊があったからですが、その前に、仏教の心が変わっていました。ヒンズーの一部とされて、お釈迦様もヒンズーの神の一人となっていました。イスラムは、12世紀から15世紀にかけて、インドを破壊しながら動きました。その後、14世紀から15世紀に、イスラムは、一度、後退します。

15、16世紀には、ムガール帝国とともに、またインドにやってきます。ムガールは、インドでの建国は１５２６年ですが、14、15世紀の中央アジアのチムール帝国が元になっています。ムガールの皇帝は、インドの南部まで支配していきますが、入っていくうちにインドを素晴らしいものと感じていきます。

第2代皇帝となるフマーユーンは、パーニーパット（デリー北方）で戦って、デリーにも来て戦っていますが、寺院は壊していません。

第3代アクバルのときは、支配地域は大きくなって、イスラムが増えていきました。

第5代は、タージマハルを作ったことで有名なシャー・ジャハーンですが、この頃（17世紀半ば）イギリスをはじめ外国が入って植民地を広げて、ムガールは海の方に拡大できなくなって、これ以上、イスラムは増えなくなっていきます。

今、イスラムが入って8百年、イスラムは、インドの人口の12、3パーセントで、だいたい1億5千万人です。8百年でこれだけ増えるとは、大変な数です。インドは1947年の独立のとき、パキスタンが分かれましたから、この数は、パキスタンとバングラデシュを含まない数です。

竹岡　パキスタンはイスラムの国、バングラデシュも全部、イスラムですか。

バット　ヒンズーもいますが、大部分イスラムです。バングラデシュの人口は、1億7千万人です。

竹岡　すると、パキスタンが2億人以上だから、パキスタン、バングラデシュを含めた、かつてのインド圏のイスラム人口は、5億人以上ですか。たしかに大きな数です。

バット　インドの独立運動は、1930年くらいから独立の父ガンジーを中心に盛んになりますが（「塩の行進」が行われている）、47年の独立までは、イスラムも一緒に動いていました。ガンジーは、宗教、性別、貧富、カーストは関係ない。そうじゃないと「一緒に歩かない」と、言ったのです。

1947年8月15日を前にして、イスラムの指導者ジンナー（マハマッド・アリ・ジンナー）が、いきなり手を組むのをやめると言います。

ガンジーが、どうしてだと聞いたら、「私の目的は、インドの独立ではなく、新しいイスラム国家を作ることだった」と、答えが返ってきました。

止めるガンジーに、「イスラムの多いところを別の国とするのを認めるか、そうでなければ、イスラムはヒンズーと戦うことになる」と、ジンナーは迫ります。ガンジーは平和を壊したくなかったから、仕方なく分離を認めました。

それで、ヒンズー教徒はインドへ、イスラム教徒はパキスタンかバングラデシュ（当時は東パキスタン）へ移動していきました。

その様子を受けて、ガンジーは、「東ベンガル（バングラデシュ）は、インドに残して欲しい」と言ったのですが、コルカタでヒンズーとイスラムとで大きな暴動が起こりました。

ガンジーは、それを見て「お互いに死ぬまで戦うのを止めないというのなら、私は断食して死ぬ」と、断食を始めます。それで、両方とも暴動を止めました。

しかし、西とともに東も分離しました。その間、たくさんのヒンズーの人々が殺されました。

パキスタンの分離後も、アーメダバード（インド中西部）やハイデラバード（インド南部、デカン高原中央部）にもイスラムの国を作りたいと主張がなされます。他宗は何も言わないのに、何故かイスラムだけが分離を主張しました。

ガンジーは、イスラムの人々に対して「インドに残って欲しい。静かに残るなら誰も妨げないから」と、訴えました。それに対して「ガンジーは平和的過ぎる。このままではイスラムの国がどんどん増えて、インドがバラバラになる」との批判がヒンズーのあいだに起きました。そして、独立から半年後、ガンジーは暗殺されました。

竹岡　悲しい話です。それで、パキスタンが西と東にできた後、東側がパキスタンから分かれたのは、どうしてですか。

バット　イスラム教徒の多いところがインドの西と東にあって、本当は、１つにしたらよかったのですが、東のイスラム教徒が西に移るのは大変です。それで、東にもパキスタンを作ったのです。ところが、パキスタンとして独立してみると、東側のイスラムはミャンマーにまで広がっていて、大勢いたのですが、中心となった西のパキスタンは、西のことばかりで精一杯で、東のことを何もしてくれません。それで、バングラデシュとして独立しました。そのとき、バングラデシュの独立をインドは助けました。１９７１年のことです。その独立のときの経緯があるので、インドとバングラデシュとは、仲がいいのです。バングラデシュとは、ベンガル語を喋る人の国という意味です。

多言語のインド

午後8時過ぎ、空港から東、約10キロにある中華レストラン「ザ・ゴールデン・ドラゴン」に到着。途中、渋滞がひどく、時間がかかった。夕食の席で。

バット　インドは、インド人同士でも言葉が違うので話をするのが大変です。公用語だけで23あると言いましたが、細かくは、８６０の言語があります。そのなかで、まるっきり違うのが15です。

廣野　仕事で使うのは、何語ですか。

バット　英語ができないと、ダメです。これからの会社は、皆、英語を使えないといけません。インド中の言葉の全部を「私は喋れます」という人はいません。首都のデリーでは、ヒンディー語を話します。村に行ったら、ヒンディー語は通じません。

9時前終了。移動し、9時半、空港近くのホテル、プライド・プラザ・エアロシティに到着。

6　デリー

生命主義の夜明け

12月24日（月）晴れ。午前8時過ぎ、ホテル室内でミーティング。

田渕　ＳＧＩの池田大作先生をはじめ多くの識者が、これからの世界は「物の時代から心の時代、生命の時代に」と、いわれます。宗教の違い、文化的違いなど、あらゆる差異を乗り超えて人類が融合するためには、共通の基盤である生命の次元に立つ以外にないということです。

生命主義といえば、生きとし生けるもの、さらには草木まで、すべてを仏と見るのが法華経です。そして、この法華経の生命主義に着目して、強力にそれを推進しているのが池田先生であり、ＳＧＩです。インドでも20万人を越えるメンバーが誕生しているという事実は、驚きです。

その意味で、この世界において、宗教、文化の違いを超えて人類の融合を可能とする存在は、現代では創価しかないといえるでしょう。

吉永　今までは、人類を融合させるものは、なかったのでしょうか。

田渕　これまでを見る限り、人類を分断させようとするものばかりです。

吉永　分断させる元は、欲ですかね。

田渕　人には、それぞれ自己保存の本能があるから、欲望にも意味があるのですが、それをコントロールできていないのが人間です。

竹岡　そこに、美の象徴が必要となるのですね。

田渕　そうです。指標があれば、生き方をコントロールできます。

クトゥブ・ミナール

朝食後、10時20分、デリー市内見学に出発。霧が深い。大気汚染が加わっていると思われる。車中で。

吉永　少し喉が痛いです。

バット　私も痛いです。木を植えて空気を良くしようとしていますが、間に合っていないようです。デリーは、7つの城の街といわれ、バラの美しいところです。紀元前8、7世紀から人の営みがあって、アショーカ王の時代から栄えますが、遺跡の多くはグプタ朝（4~6世紀）のものからです。近くをガンジスに注ぐヤムナ河が流れ、住みやすい街です。インドの真ん中にあるのに、ヒマラヤからの風が入るので、涼しい気候です。夏は40度以上になりますが、陰は涼しいのです。

バスは東南東に進み、11時前、クトゥブ・ミナール（勝利の塔）のある公園に到着。徒歩で巡る。

バット デリーでは14回、王朝が替わって、5つの城が残っています。そのうちの2つは観光で入れるようになっています。

寺は、建てたら尊敬されるので、有名人は次々と建てました。12世紀までに30くらいの大きな寺ができて、デリーはお寺の街として知られていました。

アラブからイスラムが入ったとき、それまであったたくさんの寺を全部壊しました。彫刻も壊されて、残ったものも、鼻、首、足が欠けています。

クトゥブ・ミナール 1200年頃

イスラム（インド初のイスラム王朝、奴隷軍人［マムルーク］の建てた王朝のため奴隷王朝という）のクトゥブ・アッディーン・アイバクという王様が、寺を崩した石を使って「勝利の塔」を建てました。ヒンズーの彫刻も裏（背中）を表にして、石材として使って、その表面には、コーランや花形の模様などを彫り込みました。

１２００年頃に七層で建設されましたが、後に雷が落ちて崩れて五層に修復して、72・５メートルになりました。上の白い部分が修復されたところです。一層ごとに形が変えられて、おしゃれです。

高いところは、どうやって作ったかですが、それは、土の橋（スロープ）を作って作りました。塔を完成するのに10年かかって、土を取り除くのにも時間がかかりました。

中に階段が作られて、上まで行けるようになっています。階段は３６９段あるといいます。40年近く前（１９８１年）に、修学旅行の子どもが事故でたくさん亡くなって、それ以来、登るのは禁止となりました。周りの遺跡を含めて、１９９３年に世界遺産に登録されています。

塔の壁は二重になっています。ヒンズーの彫刻を石材にして積んで、表になる石を重ねて、表が壊れても奥の芯の石は崩れないようにしています。塔は８百年間、修復なしで、もっています。

未完の塔（アラーイ・ミナール）14 世紀

離れて見える、崩れた塔の基壇（アラーイ・ミナール）を指して。

バット　「勝利の塔」の百年後（１３００年代初頭、ハルジー朝のアラー・ウッディーン・ハルジーのとき）に、同じような塔を倍の大きさで作ろうとしたものです。未完成に終わって、そのままにしてあります。あれを見ると塔の作り方がわかります。

竹岡　バベルの塔の話を思い出します。

五味　天に届く高い塔を建てようとする人間の行為を傲慢であると、

神が人間同士の言葉を通じなくさせて、塔を完成できなくさせたという旧約聖書の話ですね。

田渕　岩肌がむき出しのままですが、周りの植栽があるから、けっこう絵になります。

廣野　石の塊だけだと味気ないものですが、下にグリーンがあることで情趣が出てきますね。人の営為を自然が覆って廃墟にしていく、抗い難い自然の力と時の経過を感じさせます。

吉永　この辺は、地震はないのですか。

バット　この辺の人は、地震を知りません。地面が揺れた経験は、ないそうです。

吉永　だから、塔が残っているんですね。

バット　インドの多くの人は地震を知らないから、もし起こったら1億人は死ぬといわれています。

遺跡の広場に細い柱が1本立っている。柱頭の飾りは残っているが、像などは載っていない。

錆びない鉄柱　グプタ朝　4世紀

バット　これは1700から1600年前の高純度の鉄製で、錆びていません。お経が刻まれています。（高さ7・2メートル、4世紀、グプタ朝第3代チャンドラグプタ2世（超日王）の建立で、ガルーダ像が載っていたという。（ユネスコ世界遺産センター監修『ユネスコ世界遺産　第五巻　インド亜大陸』講談社　参照）

11時40分、見学を終了し、バスで移動。車中で。

バット　インドの人というと、ターバンの頭を思い浮かべる人が多いと思いますが、ターバンを巻くのはシーク教の人です。色は、決まっていません。シークの人は、宗教の教えで、亡くなるまで髪の毛を取ったり剃ったりしてはいけません。髪の毛は力の象徴という理由からです。その長い髪の毛をターバンで巻くのです。

シーク教は、15世紀に生まれた新しい宗教です。今、人口の2・5パーセントくらいです。見張りやガードマンをする民族が、シーク教徒になりました。パンジャブ州（パキスタンに接するインド北西部）のアムリトサールが中心です。

紅茶の店「ピコーインタナショナル」に立ち寄った後、12時半過ぎ、近くのレストラン「ウェーヴス」にて昼食。タンドリーチキン、カレーなど。その席で。

竹岡　先ほど、高い塔を見ましたが、イスラムのパワーは、すごいですね。

亀田　全部がそうではないと思いますが、スタート時点のパワーはすごいと思います。

竹岡　あの公園ですが、けっこう、インド国内の人がたくさん訪れているようでしたね。

バット　インドでは、若い人にお金が入るようになっています。40代、50代よりも、若い人の方が収入が多くなっています。それで、若い人たちのインド国内旅行がブームになっています。

デリーの茶会

食事の後に茶会を開いた。

竹岡　作法では、お茶と茶道具の説明をすることになっていますが、ここでは、どこのお茶かということだけ、ご説明します。これは、製造された茶舗などをいうのですが、通常「お詰めは何々です」という言い方をします。今回は、お詰めは、京都の、3百年の歴史を持つ一保堂（創業1717年〔享保2年〕）で、来年の干支、亥年限定の抹茶を特別に入手しました。銘は「亥昔《いのむかし》」です。

お茶は、昔は薬として、ぐつぐつ煮立てて飲んでいました。

五味　中国の『三国志』の頃ですか。2世紀末から3世紀頃ですね。

竹岡　吉川英治の『三国志』には、劉備が母のために買い求める場面がありますね。煮立てて飲むお茶は、唐代まで続きました。そのうち、茶葉を臼で引いて粉状にしてお湯に溶いて飲む抹茶が誕生して、宋代には一世を風靡するまでになりましたが、その行き過ぎを嫌って禁止となります。

それは、抹茶の賭け事の禁止だったのですが、費用と手間がかかり過ぎるということから、庶民出身の明の初代、朱元璋（洪武帝）によって、抹茶そのものも禁止となります（1391年）。

その後、中国の属国状態だった朝鮮でも抹茶はなくなり、煎茶が主流となりました。

日本は、桃山時代に千利休の登場もあって、桃山から江戸時代に抹茶は弘まっていき、独自の発展をしました。抹茶が日本だけのお茶の飲み方となったのは、こういった理由からです。

デリーで抹茶を点てる

銘「大雄峰」の茶杓入れ

　レストランのスタッフに用意してもらった白い楕円形の器を茶碗がわりに、抹茶を入れ、お湯を注ぐ。お菓子は、見た目が日本の温泉饅頭のような現地の砂糖菓子を配った。

竹岡　まず、薄茶を点てます。罐から抹茶を茶杓《ちゃしゃく》で器に出して、お湯を注いで茶筅《ちゃせん》でよく泡立てます。茶杓は私の友人、青山恵世《えせい》さん作で、銘は杉並区阿佐谷の「星岡《ほしがおか》」の井関脩智《のぶとし》（宗脩《そうしゅう》）先生に付けていただいた「大雄峰《だいゆうほう》」です。

　本当は、ダマを除くために、抹茶を漉してからにしなくてはなりませんが、よくかき混ぜますから我慢してください。とにかく薄茶は、よく泡立てて飲みます。

　薄茶が白い器になみなみとできあがる。

竹岡　一人に一碗ずつ点てますから、お菓子をいただいて、器が廻ってきたら飲んでください。

五味　行儀作法で生きてる人が見たら、この器などには、びっくりされるでしょう。しかし、お茶は美味しいですね。ホッとします。京都の茶舗といわれましたが、宇治ですか。

竹岡　主に宇治のお茶が使われています。宇治は、気温の高低差がある土地で、いいお茶ができます。この京都の一保堂は番茶でも有名で、朝、梅干を入れて飲むと、気持ちよく一日の始まりができます。

薄茶が一巡して、濃茶を点てる。

竹岡　濃茶は、点てるというよりも、練る感じです。こちらは、泡は立てません。お茶席の作法では、客の2人目が飲み終えたとき、正客が「美味しいお茶ですが、このお茶名は？　これは何処で採れたのですか」と、尋ねることになります。そこで、先ほどの「お詰めは」云々を、亭主が答えます。

五味　濃茶は、まるで薬のようです。目が覚めます。

竹岡　もともとお茶は、禅僧の修行での、目覚まし用でした。今のお茶は、甘みが立つように作られていますが、今日のは、ちょっとキツくて甘みが足りず、時代が遡って、目覚まし用だった頃のものに近かったかも知れません。

濃茶は、利休の創案で、実は濃茶が先で、濃茶が残ったのを、もったいないということで、お湯で薄めて、薄茶が始まったとの説もあります。今では薄茶の方が飲みやすいので薄茶が弘まっていますが、本来の茶会はフルコースでもてなすもので、料理を食べて、お菓子を口にして、濃茶、その後、終わりに薄茶でした。

今日の濃茶は、一つの碗に点てて皆で廻して飲むようにしましたが、これも「吸茶《すいちゃ》」といって、利休が始めたことです。一説には、当時、日本にもたらされたキリスト教の聖杯の儀式を取り入れたものといわれます。利休も、キリシタンだったという説まであります。
五味　今、いわれる以上に、キリスト教徒は当時、多かったのかも知れませんね。
竹岡　秀吉も当初は、キリスト教徒になった武将たちの力を利用します。しかし、あまりに勢力が増えるのを見て禁ずるようになりました。利休がキリスト教徒もしくはその擁護者だったとすれば、それが、秀吉に嫌われるようになった理由の一つであったといえそうです。

一巡した後、興味深そうに見ていたレストランのスタッフにも、さらには厨房から出てきたシェフにも抹茶を振る舞った。初めての経験に、反応に困った様子であったが、日印文化交流の貴重な機会となったことは違いない。
午後2時前、終了。リフレッシュの茶会に、皆、元気を回復した。バスで次の目的地、アショーカ王柱が残る遺跡公園フィーローズ・シャー・コートラに向かって北上する。

ニューデリー

ＩＩＴ（インド工科大学デリー校）のそばを通って、ニューデリーの街並みを進む。
バット　このニューデリーは、イギリスが百年前に作った街です。１９０７年から１９４０年にかけて作られました。

できてから10年経たない１９４７年にイギリスは去っていきます。その後、インド政府がその時代の建物を使っています。

ニューデリーは、外周に作られたリングロードのなかに、夏の暑さを避けるため、計画を立てて公園が作られました。そのために、30あった村のうち11の村を立ち退きさせています。その公園の間に、まず国関係の建物が作られ、次に高級住宅街、オフィス、そして、マーケットが作られました。

中心部の高級住宅街では、建物の４倍の土地を庭にしなくてはならないとされました。公園都市とするためです。木もたくさん植えて、伐ってはならないとし、もし伐るなら同じ分だけ別に植えなくてはならないとしています。その木が育って、中の家が外からは見えないようになっています。

吉永　木を伐ってはならないとのことでしたが、木の剪定もできないのですか。

バット　形を整えて、オシャレにすることは、できます。とにかくデリーでは「どんな植物でもいいから、植えてください」といわれています。

高級住宅街の家は、基本は平屋です。マンションもありますが、北向きで一階の方が売れます。

交差点は、ほとんどロータリー式にして、信号機はありません。

ニューデリーの真ん中にはインド門があって、これは第１次大戦の９万人の戦没者の慰霊碑です。

インド門　撮影：Leon Yaakov
ウィキメディア・コモンズより

インド門から3キロのところに、大統領官邸があります。やはりイギリス時代の建物で、世界一大きい官邸だといわれます。中には360の部屋があります。要人を泊めるホテルにも使われます。バラの好きな大統領がいて、バラ園が庭に造られました。年一度、花の時季に、一般人が入れます。ニューデリーの中心に家が持てるのは、民間人では、大会社の社長くらいです。人が住んでいない家もたくさんあります。ここに住んでいると、出入国のとき特別扱いされて、何も訊ねられません。ここに住んでいることは、パスポートに載せてある住所でわかります。ここに家を買うということは、プライドを買うということです。だから、一度、ここの家を手に入れると、滅多に売りません。

吉永　家には駐車場もありますか。

バット　あります。ニューデリーは道が広いから、昔は外の道に車を置きましたが、今は全部、門の中に入れています。ニューデリーには2千万人、住んでいますが、中心には人は少ないです。

裁判所を左に見て、新しい歩道橋（ＩＴＯスカイウォーク）が架けられている大きな交差点に差し掛かる。ＩＴＯ＝インカム・タックス・オフィス（税務署）が近い。

バット　この上にはメトロの駅（ヴァイオレット・ラインＩＴＯ駅）があります。デリーのメトロは、２００２年にできました。（デリー・

ITOスカイウォーク　ニューデリー

メトロは延伸中で、現在、建設中を含め8路線がある。メトロといっても地下部分は少なく、多くは高架線。建設には日本の政府開発援助が提供されている）

右手に、デリーの警察本部のビルがあります。ガンジーさんの大きな壁画が見えます。

この辺りには新聞社が多くあります。ザ・タイムズ・オブ・インディア（インド最大手英字紙）のビルが見えてきました。もう少し行くと、オールドデリーとの境目です。その手前が、フィーローズ・シャー・コートラです。8百年前から7百年前の遺跡です。

フィーローズ・シャー・コートラのアショーカ王柱

午後3時前、フィーローズ・シャー・コートラに到着。この場所は、ムガールに先立つトゥグルク朝の第3代、フィーローズ・シャーが、1356年頃に作ったフィローザバードという大きな街があったところ。古い城門の跡を入ると、王宮や井戸の跡などが残る広い公園が開け、遊歩道の向こうに、アショーカ王柱が見えた。

アショーカ王柱は、三層の建物跡の上に据えられている。建物内部に残る複雑な階段を使って柱の下まで昇って見ると､ツヤのある柱には文字が刻まれているのがよくわかった。地上に降りて、説明板を見ながら。

バット　この柱は、ハリヤナ州ヤムナーナガル地方のトープラー（トープラー・カラン）という村（デ

トープラーからのアショーカ王柱運搬の説明図

フィーローズ・シャー・コートラのアショーカ王柱

リーの北160キロ）にあったものを、フィーローズ・シャーが1356年に当地に運ばせたものです（それで、この王柱を「デリー・トープラー」とも呼ぶ）。

アショーカ王といえば、誰もが尊敬したから、人々の気持ちを自分に引きつけるために運んできたということです（柱の刻文を解読させようとして運ばせたとの説もある。しかし解読には失敗して、刻文は1837年、イギリス人東洋学者ジェームス・プリンセプによって解読されている）。

大切なものということで、宮殿の建物の上に石の台を据えて、その上に柱を立てました。

説明では、42の車輪を付けた台車に載せて2百人がヤムナ河まで運んで、河はこの東側まで流れているので、船で近くまで運べます。そこで陸揚げして運んだとのことです。5つに分けて運んだとの説もあるようです。柱の高さは13メートル、直径は下が97センチ、上が65センチです。

今は失われましたが、柱の上には元々、四方に向かう獅子の像が載せられていたようです。

五味　刻まれている言葉は何ですか。

バット　パーリ語と聞いています。（文字はブラーフミー文字らしい）

柱にはアショーカ王の詔勅、7章が刻まれています。その内容は、これが即位後26年に刻まれたもので、ダルマ（法・規範）の遵守こそが現在と未来の世界を幸福へ導く道であること、これまであらゆる生き物に恩恵となるものを与えてきたこと、善行をするとともに悪行を戒めるべきこと、役人達にも王と同様の心で事に当たるべきこと、すべての動物とそれらが暮らす森林の保護および囚人の恩赦、すべての宗教の尊重、ダルマの普及と永く人々を導き続けるためにこの石柱を立てたこと、道ゆく人々のために道路に並木を整え日陰を作ったきたこと、一定の間隔で井戸や休憩所を整えたこと等が刻まれています。

五味　アショーカ王の柱は、インドに何本ぐらいありますか。

バット　36本あったと聞いています。

ラージガートとガンジー

午後3時半、ガンジーが荼毘に付されたラージガートに向かう。車が止まった交差点で、路上で芸を披露する子どもたちを見た。車中で。

バット　ガンジーさんは、インド人の心に入っています。インド西部グジャラート州のポルバンダルの出身で、誕生日は１８６９年10月２日ですから、来年（２０１９年）が生誕１５０年になります。

父親（当時のポルバンダル藩王国の宰相）が、役所でイギリス人と仕事をしていたので、その関係でイギリスに留学できました。ロンドンで弁護士の資格を得て、南アフリカ（当時は英領）で弁護士業を開業します（１８９３年）。

南アフリカでガンジーは、インド人が差別されていることを知ります。同じイギリス連邦人なのに、イギリス人の２分の１以下の給料しか払われない。列車に乗ると車両が差別され、何度も車掌に怒られて、最後はカバンを外に投げ捨てられました。

それで、インドからイギリスを投げ捨てないといけない（追い出さないといけない）と思うようになります。仲間を集めてインド人差別反対の運動をしました。南アフリカからインドに戻ると（１９１５年）、インド独立運動に力を入れていきました。塩に税金をかけていたことに反対して起こした「塩の行進」（１９３０年）が有名ですが、インドをあちこち歩きまわって独立を説きました。商売人とも話をして、協力を受けて、運動への資金を得ています。

４時前、ラージガートに到着。広い手入れの行き届いた敷地内を中心に向かって行くと、歩道沿いに、ガンジーの言葉が掲げられていた。その一つ（A word uttered from a pure heart never goes in vain.）を指して。

バット　「きれいな心から出た言葉が無駄になることは決してない」という意味です。

ラージガート

ガンジーは言葉を使って、ベンガルの奥まで行って（インドが自立するために）女性に自分で織物を作ることを説き、デカン高原でできた綿を東インド会社に売らないで、皆でチャクラという糸車を回して布を作ることを勧めました。そして、イギリスから来た布を燃やすようにしました。

インド人の金持ちは、そのガンジーに「ここで独立のための会議をしてください」と、自分の家を貸しました。こうしてガンジーが使った家は、コルカタ、ムンバイ、デリーなどにありました。

その個人の家は、金持ちの家ですから立派な家で、独立後は全部ガンジー博物館になりました。

ガンジー暗殺をめぐって

バット　ガンジーが殺されたデリーのビルラ・ハウスも、元は財閥の家でした。ガンジーは、胸を銃で撃たれて暗殺されました。暗殺者は、ガンジーが誰にでも「ナマステ」と、口の前で手を合わせるのを知っていました。口の前に手を合わせると、合わせた手に隠されて、手の下は見えなくなります。暗殺者は、先に「ナマステ」と、ガンジーに挨拶をします。そこで、ガンジーが「ナマステ」を返しました。即座に暗殺者が、手の下になって見えないガンジーの胸を撃ちました。

ガンジーの最後の言葉「ヘイラーム」は、ラーマ神を、神様を呼ぶ言葉です。１９４８年1月30日のことでした。78歳でした。

『ラージガートの夕陽』

竹岡　ガンジーを暗殺した人は、どんな人ですか。

バット　一般人です。ナトゥラム・ゴドセという人です。インドには、コングレス（インド国民会議）のグループと、ＢＪＰ（バハラチヤ・ジャナタ・パーティ＝インド人民党）というヒンズー教のグループの２つのチームがあります。コングレスは、ネルー首相のチームで、代々の首相を出してきました。ヒンズー教の側は、今のモディ首相を含めて、独立から3回だけ首相を出しています。

暗殺者は、ヒンズーのチームの１人といわれています。それで、今の首相のチームなので、選挙のときは、ガンジーを殺して今の地位になったと、反対のチームからテレビなどで攻撃されます。

今のモディ首相は、ガンジーの出身の村近くの出です。
インドの首相は、暗殺されることが多いです。インディラと、その息子ラジヴも暗殺されました。ラジヴの弟のサンジャイは、首相でもなく暗殺されてもいませんが、政治家で、自ら操縦する飛行機の事故で亡くなっています。

敷地中央には、黒い石の台があって花輪が供えられ、そばに火が灯されていて、それらを囲んで多くの人が集まって敬愛の情を表していた。傾いた陽の光が暖かく射し込んでいた。

バット　このラージガートは、ヤムナ河の近くにあって、元は野原でした。
ガンジーの名前「マハトマ」ですが、「マハ」が「偉い」、「アトマ」が「心」で、「偉大な魂」という意味です。

レッドフォート

レッドフォートとオールドデリー

4時40分、オールドデリー方面へ。レッドフォートの前を通過する。

バット　レッドフォート（赤い城）は、１９４７年8月15日、ネルーがインドの独立を発表したところです。毎年、1月26日の憲法記念日には世界の人をここに招待します。オバマ大統領が来たときは、

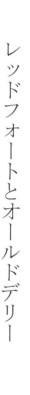

セキュリティが一番厳しく、大統領の車が進む上空を、エアフォースが護っていました。

オールドデリーは、このレッドフォートの城壁のなかに作られた街です。アグラにいてお妃を亡くしたシャー・ジャハーンが（アグラにいると、いつまでも愛妃を思ってしまい）寂しくて、こちらにレッドフォートを作って引っ越して来ました。

オールドデリーは、人が死んでいるか生きているかもわからない街だといわれます。道は狭く、小さい建物ばかりで複雑で、いろいろな人と小さな車と動物がいて、一度、入ったら、いつ出られるかわからないところです。おかしな人間も多くいて犯罪も多い街です。品物を載せた荷車を引っ張って運んでいると、後ろに見張りを付けないと、後ろから品物を取られてしまいます。地下鉄が通って、だいぶよくなりましたけれど。

オールドデリーの一角

歴史的事実と法の上の真実

オールドデリーの工芸品の店に寄った後、6時半過ぎからニューデリーのレストラン「モティ・マハル・デラックス」で夕食。その席で。

竹岡　明日で最終日ですね。今後、再びインドの旅をするとすれば、ネパールを含めて、釈尊生誕の地から入滅の地まで、順を追って巡るというのがいいかも知れません。今回の一番は、霊鷲山できちんと勤行ができたことでしょうか。

廣野 あれは、よかったですね。

五味 眺望もよかったし。

竹岡 バットさんが、朝早く行くことを勧めてくれて、本当に正解でした。あそこは、釈尊によって8年間、法華経が説かれたとされる場所であって、私たちにとって一番意義深いところでした。

バット お釈迦様は、35歳で覚りを開いてから25年間は祇園精舎が中心で、そのあと、80歳までの20年間は、竹林精舎を中心にされていたといいます。当時は、竹林精舎と祇園精舎しか、たくさんの人が集まれるところはありませんでした。

竹岡 お釈迦様の出家は、日本では、19歳という説もありますが、どうですか。

バット 今の学問では、29歳の出家で、35歳に覚られたとなっています。

竹岡 それで無量義経にある「四十余年、未顕真実（四十余年には未だ真実を顕さず）」（説法品第二・4・2）は、整合していますか。

五味 五時八教の話と、年数の足し算、引き算は、気にしても意味がありません。五時八教は、中国に様々な経典がもたらされていて、教相判釈のため、天台が分類して作った順番です。そのまま歴史上のこととすると、妙なことになります。歴史的事実ではないが、法の上の真実ということです。〔五時説では、成道後21日間を華厳時、続く12年間を阿含時、さらに16年間〔一説に8年間〕を方等時、14年間〔一説に22年間〕を般若時、最後の8年間を法華・涅槃時としている〕

廣野　大智度論などでは19歳で出家、仏教考古学では、29歳となっています。

五味　どちらも修行の年数は6年ということは変わりありませんが、この前も言いましたが、修行年数6年、成道のときの降魔、そして、火葬されたことの3つしか、釈尊の生涯の記述はパーリ語文献にはありません。

竹岡　スジャータについては、どうですか。

五味　そういう話は、一つも出てきません。

竹岡　アショーカ王が出て、柱を立てて釈尊の事跡を留めたことが大きいですね。

五味　あれがなかったら、釈尊は物語のなかの作り物といわれて終わるところでした。

廣野　たしかに、あれはすごいことです。

五味　私も今回、アショーカ王の物を実際に見て、おお、やっぱりすごいなと思いましたよ。

竹岡　サールナートの4頭の獅子の上に法輪を載せていたなんて、何という構想力かと思いましたよ。それと、先に、サールナートの全体を見たことがよかったですね。あの遺跡公園を見ていたから『獅子の像』を本来の位置を想像して見ることができました。

田渕　この目で見ることが大事です。マウリアの実物をみると、いかにすごいか、嫌でもわかります。

バット　サールナートの4頭のライオンの上に載っていた車輪のスポークは、32本ありました。これは、お釈迦様の三十二相を表しているといわれます。また、ライオンが載る台の周りに掘られた4頭の動物の間にある4つの車輪は、スポークがそれぞれ24本です。それは、初転法輪のときの教えが24章だったからだといわれています。

竹岡 今回の旅の収穫は、アショーカ王の偉大さを再認識したことが一つ、形を残すことが大事だということが、もう一つですね。

田渕 形を残すことは一人では無理です。お金も要るし、皆が心を合わせてこそ、できるものです。

吉崎 現代でいえば、政治の力も働かないと、あれだけのものはできないでしょうね。

7時半終了。8時、ホテル到着。

国立博物館　アショーカ王磨崖詔勅

12月25日（火）濃霧。9時45分、出発。国立博物館へ向かうバスの車中で。

バット 今日は深い霧で、地下鉄も遅れが出ています。道路も前が見えにくいです。今朝は、気温が3・7度まで下がりました。

今日は、クリスマスですね。キリスト教徒は、インドでは2パーセントです。南部のヨーロッパの植民地で栄えた街と、イギリス軍のキャンプがあった東部に多いです。

10時15分、国立博物館に到着。館内への入口前の庭に、アショーカ王の詔勅を刻んだ岩が置かれていた。隣に英文の説明板があって、これは、グジャラート州ギルナールにあるもののレプリカであり、アショーカ王の人物像と、岩に刻まれている14章からなる詔勅各章の内容が紹介されていた。人物像については、支配地域の内外を問わず、人と動物への奉仕に尽くした人と紹介されていた。詔勅では、不殺生、人と動物への医療の提供、ダルマ（法・規範）の遵守、すべての宗教を尊重し、批判を要する場合でも穏やかな方法でなされるべきといったこと等が謳われ、そして、即位後8年に行ったカリンガ国への武力侵攻で10万人以上の犠牲者を出したことへの深い悔悟の念を示し、今後に進めるべきは武力ではなくダルマによる征服のみと訴えていた。

アショーカ王磨崖詔勅　グジャラート州ギルナールのレプリカ　デリー国立博物館

さらに、ギリシャ系の王アンティオコス（シリア王アンティオコス二世テオス）、プトレマイオス（エジプト王プトレマイオス二世フィラデルフォス）など近隣諸国、同時代の王名の列挙があった。これがあることで、アショーカ王の在位年が判明し、釈尊の生没年が推定できたのであった。

インダス文明の器

クシャーン朝、2世紀のマトゥラー彫刻『母子像』などを見た後、インダス文明の展示室に入り、紀元前3000から2000年頃のハラッパー（パキスタン）の出土品を見る。

『母子像』クシャーン朝　2世紀

早期ハラッパーの陶器類　前3000から2800頃　ソチ（ラジャスタン州ガンガナガル地区）、ナル（パキスタン、バロチスタン州フズタール地区）およびダラワン（？）出土

ソチ（ラジャスタン州ガンガナガル地区）、ナル（バロチスタン州フズタール地区）およびダラワン（?）出土の紀元前3000から2800頃の早期ハラッパーの陶器、紀元前2700から2000年頃の盛期ハラッパーの『貯蔵甕』等を見て。

『貯蔵甕』盛期ハラッパー　前2700から2000年頃　ハラッパー（パキスタンパンジャーブ州）出土

田渕　すごい生命力です。明るさと力強さを感じます。どれもアンシンメトリーに作ってありますね。命の法則に従って作ったものでしょう。

竹岡　やきもの好きとしては、たまりません。

早期ハラッパーの陶器　前3000から2800頃（スジャータ乳粥碗のモデル）

渡辺節夫作『スジャータ乳粥碗』インダス文明の陶器より（全8碗のうち）

『獅子像の載る塔門の一部』サータヴァーハナ朝（シュンガ朝）前1世紀　サンチー出土

吉永　持って帰りたいと思うものもあります。

竹岡　気に入った1つを写真に撮って、映像を備前焼の渡辺節夫先生に送って同じ形で作ってもらいましょう。もちろん時代は違うし、確かめようもありませんが、命のぬくもりがあるという意味で、スジャータの乳粥碗もこんな感じだったのではと思います。（その後、渡辺先生にはインド研修参加者全員分の碗を作っていただいた。ここに感謝申し上げます）

サータヴァーハナ朝の彫刻

展示室を移って、マウリア朝、シュンガ朝、サータヴァーハナ朝の展示室へ。サンチー大塔の獅子像の載った『塔門の一部』(前1世紀、サータヴァーハナ朝)があった。サンチー現地の写真と見くらべると、四方にある塔門のうち、南門の一部と思われる。なお、博物館の表示ではサータヴァーハナ朝となっているが、シュンガ朝とする場合もある。

『アシタ仙人の浄飯王訪問』サータヴァーハナ朝 1から2世紀　アーンドラ・プラデーシュ州アマラヴァティ出土

『アシタ仙人の浄飯王訪問』（１から２世紀、サータヴァーハナ朝、アーンドラ・プラデーシュ州アマラヴァティ出土）も展示されていた。これは、コルカタで見た王朝寄進の仏塔の欄楯に施された浮彫に作風が似ている。

バット　これは占い師のアシタが、お釈迦様の父親を訪ねて、生まれたばかりのお釈迦様を占った場面です。周りに女性が多いから、これは出産の場面かも知れないといわれています。（いずれにせよ、これが作られた時代は釈尊は人間の姿で表現されていない）

アシタが占ったとき、そこには合計１０８人の占い師が集められました。１本指を指す人と２本指を指す人がいました。１本指を指したのはアシタだけで、「お坊さんになる」と占いました。他は２本の指を指して、「お坊さんになるか王様になるか、どちらかだ」と占いました。これは、父王が怖かったからだといわれています。息子に跡を継いで欲しい父王の願いを思うと、けっして坊さんになると断言できなかったのです。

「ヴァサンタセナ」をめぐって

クシャーン朝（ガンダーラ、マトゥラー 、イクシュヴァク）の展示室に入り、マトゥラー彫刻の代表作の一つ『ヴァサンタセナ　遊郭の場面』（ウッタル・プラデーシュ州マホリ出土）を見る。この彫刻は、古代インド文学の『ヴァサンタセナ』の物語の一場面で、その物語とは、ウッジャイニー（古代都市の一つ、現ウッジャイン）の高級娼婦ヴァサンタセナが、その美貌と歌、踊り、詩才やしぐさなど様々な芸を駆使して名声と成功を手にするというもの。

バット　これは、女性のいるところ（遊郭）に、男性が女性を捜しに行くところです。３人の女性のうち、右端からお婆さん、その次に女の子、そして若い娘（ヴァサンタセナか）となっています。遊べる子は、この若い娘だけなので、その娘を引っ張っています。

『ヴァサンタセナ　遊郭の場面』クシャーン朝
ウッタル・プラデーシュ州マホリ出土

付けられた題名からすれば、そのとおり、男が女を誘う場面という解釈になるのであろうが、そもそも、女性を誘うという意味での彫刻を作る必要は、あったのだろうか。

実物の彫刻を見ると、誘っているはずの男性

『ヴァサンタセナ　遊郭の場面』

の表情からは、下心とは違ったものを感じる。むしろ慈しみ深く、人を救おうとしているようにも見えるのである。あるいは、大乗仏教の維摩経（維摩詰所説経）をベースにした作品ではないだろうか。

維摩経は、ヴァイシャーリーの在家信者の維摩詰（ヴィマラキールティ）を主人公として、出家者のみではなく、いかなる人にも救いがあることを説いた経典で、維摩詰は自身の欲望の満足のためでなく、不幸な大衆を救うためであれば、世俗の花街や賭博場にも出入りする人物として描かれている。経文には「諸の婬舎〔娼家〕に入りては、欲〔欲情〕の過ちを示し、諸の酒肆《しゅし》〔酒場〕に入りては、よくその志を立つ」とある。勝手な推測が許されるのなら、この彫刻は、維摩詰が花街において人を救い出そうとする一場面と見ることができないだろうか。

ともかく、この彫刻は断片であり、どんなところにあって、周囲に何があって、全体がどうであったかは、わかっていない。

ナーガルジュナコンダの彫刻

同じ部屋には、龍樹（ナーガルジュナ）の出身地とされる南インド、ナーガルジュナコンダ出土の作品もあった。出土地は、ベンガル湾に注ぐクリシュナ河に点在した遺跡で、現在はダム建設により水没、残った島に移設されている。それらのうち『ストゥーパ礼拝』と『仏伝図』（どちらもイクシュヴァク朝、3世紀）を見て。

『仏伝図』（左）と『ストゥーパ礼拝』イクシュヴァク朝　3世紀　アーンドラ・プラデーシュ州ナーガルジュナコンダ出土

田渕　『ストゥーパ礼拝』は、中心に塔、周囲に菩薩や諸天が配されています。優れた作品は、洋の東西を問わず、これと同様の構図を取っています。ヴァチカンにあるミケランジェロの『最後の審判』などが、そうです。

『仏伝図』は、人物がたくさん刻まれていますが、皆、生きています。物語を感じます。ヨーロッパがたどり着けなかった表現です。表現された世界が生きています。これができる人は、現代にはいません。本当にカタルシスが得られます。浄化されます。

『マヤの夢』クシャーン朝　2から3世紀

『説法する釈尊像』クシャーン朝　2から3世紀

ガンダーラ彫刻『説法する釈尊像』『マヤの夢』（どちらも2から3世紀）を見て。

田渕　どちらも小さいけれど、離れて見てもよくわかります。どちらも生きていますね。これを、われわれが作ることができればいいのですが。

マトゥラー彫刻で、日本では四天王の毘沙門天（多聞天）になる太鼓腹が特徴的な財宝神『クベーラ』（2世紀、ウッタル・プラデーシュ州アヒッチャトラー遺跡出土）もあった。

バット　このクベーラは、金持ちの神です。日本語にある「もったいない」を実践した神です。落ちた麦の1粒1粒を、手の指先にツバを付けて拾い集め、最後は金持ちになったという神様です。

『クベーラ』クシャーン朝　2世紀　ウッタル・プラデーシュ州アヒッチャトラー遺跡出土

館内を進むと、人だかりができていた。仏舎利の展示コーナーであった。

ピプラワから発掘の仏舎利

出家前の釈尊が育ったカピラ城のインド側候補地ピプラワで発掘されたもので、展示ケースのなかに黄金の尖塔が設えられ、その中央部に据えられた透明容器に仏舎利は入れられていた。一部仏教徒にとっては信仰の対象であり、博物館としても別格の扱いをしている展示であった。

国立ガンジー博物館入口

国立ガンジー博物館「真理こそ神である」

12時15分、博物館見学を終了。インド門近くを通りオールドデリーとの境目にあるホテル・ブロードウェイ内レストランで昼食の後、午後1時半前、ラージガートとフィーローズ・シャー・コートラの間にある国立ガンジー博物館に到着。

建物の正面入口には、生誕150年の表示とともに、ガンジーの格言「真理こそ神（TRUTH IS GOD）」が掲げられていた。

この言葉の真意をわかるためには、英字週刊紙『ハリジャン』（1942年8月9日付）に発表されたガンジーの言葉「私は子どもの頃から、真理の信奉者でした。それは私にとって最も自然なことでした。私の信仰への探求は、通常いわれる『神は真理』ではなく、『真理こそ神である』との明確な格言を私にもたらしました。その格言は、私に、そのままの神に面と向きあうことを可能にしました。私は、その神を全身全霊で感じています」（ウェブサイトGandhian Institutions – Bombay Sarvodaya Mandal & Gandhi Research Foundationより和訳）が参考になるであろう。

ガンジーの信仰は、人格神よりも普遍的な法を信仰の対象とする仏法者に通じるものであったといえるのではないだろうか。ヒンズーであれイスラムであれ、共同してまとまることを当然とガンジーが考えたゆえんがそこにある。

ガンジー博物館内部

塩の行進

博物館に入り、展示室に向かうために2階への階段を上がると、われわれを迎えるように、たくさんのガンジーの肖像画や肖像写真が掲げられていた。

その場所には、黒い電話器が据えられており、受話器を取るとガンジーの肉声が聞けるようになっている。

塩の行進の展示コーナー

チャルカ（糸車）の展示

さらに、当時使われたチャルカ（糸車）の展示室、各種記念品の展示室、順にガンジーの生涯をたどる展示室等があった。ガンジーの生涯の展示には、子ども時代、母親のこと、イギリス留学、南アフリカでの弁護士活動、結婚、塩の行進等があった。

塩の行進のコーナーでは、その行程やガンジーが使った杖などが展示されていた。

１９１５年にインドに戻って以来、ガンジーは、インドの自治を求めて運動を続けていた。

そのなかで、１９１９年4月13日、シーク教の中心地として知られるパンジャブ州アムリトサールで、非武装の抗議集会に対して、イギリス軍の部隊が無差別発砲して数百人が虐殺される事件が起き、それに対して１９２２年2月5日、チョウリ・チョウラという小村で、群衆による警察署への放火で警察官22人が殺害される事件が起こる。

非暴力の原則が破られる事態にガンジーは運動の中止を宣言して、独立運動から身を引くのであった。塩の行進は、熟慮の末に再度、インド独立に立ち上がって始めた行動であった。

１９３０年3月12日、グジャラート州アーメダバードにあるガンジーの活動拠点「アシュラム」を数10人で出発し、380キロ離れたダンディー海岸を目指して歩き出した。途中の村々でイギリスの塩の専売に反対する意義を説きながら行進し、民衆を糾合しながら4月5日に海岸に到達。翌朝、海水を煮詰めて塩を作ると、数千人に膨れ上がっていた集団から大歓声が上がるのであった。

この塩の行進は、非暴力不服従運動の象徴となり、インド中に様々な反響を起こして、独立への転機となるのであった。

内外著名人との交流

進むと、初代首相ネルーとその娘インディラ・ガンジーとの交流などの展示があった。

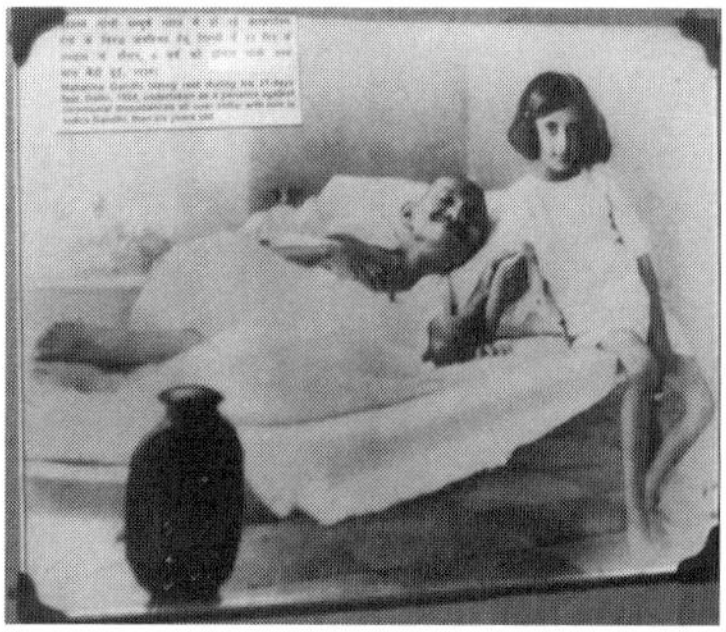

初代首相ネルーの娘インディラ・ガンジーとの交流

バット ガンジーは、ネルーの家でインディラと話をしています。ガンジーは、インディラがインドの首相になると言いました。（そのとおりになった）

ネルーは、娘インディラと同じ名前を付けた象を、日本の子どもたちのために贈りました。

ところで、インディラは、シーク教徒の護衛の2人に殺されました（1984年10月31日）。

当時、シークの指導者たちは、インドからの分離独立を企ててテロ活動を行っていました。インディラは、１９８４年6月、その指導者たちが立てこもるアムリトサールの寺院（ゴールデンテンプル）への軍の攻撃を許可します。それは、インドで一番きれいな寺院といわれた寺院でしたが、軍はそれを破壊し、指導者を殺害しました。

それで、半年後、シークの護衛に暗殺されます。インディラの暗殺の後、全インドでシークは完全にいなくなるといわれるくらい攻撃されて、２７００人ほどのシーク教の人が殺されたといいます。（今は、ゴールデンテンプルも修復され、平和が保たれている）

とにかく、インドの政治家は、いつどうなるか、わかりません。今、ネルーのひ孫でラジヴの息子、ラフル・ガンジーが48歳で、今後この人が首相になるだろうとみられています。

生きざまが私のメッセージ

さらに、ガンジーの「アシュラム」の質素な部屋の再現、タゴール、ボース、チャップリン、ロマン・ロラン、そしてインドのみならず、敵方イギリスの無名の庶民たちとなど、内外著名人との写真などがあって、その人柄が偲ばれる。

最も胸を打ったのは、１９４８年1月30日のガンジーの暗殺と翌31日のラージガートでの荼毘、そして、特別列車が仕立てられて、遺灰がインド中を巡回し、それを迎えた各地の民衆の反響の様

ガンジー暗殺の後、ラージガートでの荼毘の展示

子の展示である。ガンジーが、インドのあらゆる人々にとって、いかに大きな存在であったか、それが痛いほど伝わってきた。

壁面には、ガンジーの言葉「MY LIFE is MY MESSAGE（私の生きざまが私のメッセージです）」が掲げられていた。「行動によってバラモンになるのです」と説いた釈尊と、２５００年の時を超えて重なってくる。

インドの未来を予感

午後2時過ぎ、博物館を出て、デリーの南西に約55キロ、インド創価学会の菩提樹園のある、ハリヤナ州グルグラム（旧グルガオン）方面に向かう。グルグラムは、デリーのニュータウンとして発展しつつあり、高層ビルが林立して大企業のオフィスが多数構えられている。グーグルや日本企業のトヨタのオフィスもあるという。

以前に訪れたときは、道路も狭く荒れた印象であったが、見事に高速道路が整備され、メトロも開通している。途中の田園地帯には、黄色い絨毯を敷いたような菜の花が心地よい。

車中からであったが、旅の終わりに、われわれは、インドの未来を予感させる光景を確認できた。

グルグラム風景（2019 年）
撮影：Tarun4u　Wikimedia Commons

今後を期して

午後5時半、インディラ・ガンジー国際空港に到着。ガイドのバット氏に感謝を伝え建物の外で別れる。チェックインおよびセキュリティ・チェック等で非常に時間がかかったが、定刻の30分余り遅れの9時50分、離陸し、翌12月26日、午前8時前、成田空港に安着。今回のインドの旅が、今後のそれぞれの発展の契機となることを期して、お開きとした。

菜の花畑　デリー、グルグラム間

土の餅と白鳥

サンロータス研究所版法華経の発刊を祝して

画家・彫刻家　田渕隆三

世界の文化の旅を続けている。

心に残る二つのインドがあった。

一つは、広大なるインドを初めて統一した阿育大王のマウリア王朝である。

アレクサンドロス大王は、持てる財を全て処分して、自らは「希望」の二字だけをもって、紀元前３３４年、ギリシアの大地から、固い結び目を切って、東西融合の夢を持って東方遠征に出立した。

エジプト、ペルシアを転戦して、征服地各所に、70箇所ともいわれるアレクサンドリアを建設し、紀元前３２６年、インダスの支流を渡りインドにやって来た。

立ちはだかる軍勢を撃破し、インド中央部へ迫る勢いであったが、部下の反対に遭い、帰還を余儀なくされた。

帰るに際し、インダス支流の一つの河畔に祭壇を12基造って祈りを捧げた。

その様子を、ひそかにじっと見ていた人がいる。

後にマウリア王朝の創始者となるチャンドラグプタであった。

阿育の祖父である。阿育もまた、おそらく祖父にしたがってこの祭壇を見ていたに違いない。祭壇が、どのようなものであったかは伝えられていないが、アレクサンドロスは遠征に彫刻家を同行させていたというから、祭壇には、神々の像が設置されていたと思われる。神を見えるものとして、人間の姿で表現したのが古代ギリシア彫刻であった。この祭壇は、記録によると、以後、少なくとも7百年間ほどインドにあったといわれる。当時、釈尊の像は、造られなかった。釈尊を連想させる法輪や菩提樹、そして足の形（仏足石）で表現され、固く仏を刻むことは禁止されていた。

『獅子柱頭』水彩　F3　2007年

インドの統一を目指した阿育は、戦いで殺戮を繰り返すが、そのたびに見る凄惨な戦場の様子に、深く心に期すものがあった。仏教に深く帰依して非暴力に転じ、法（ダルマ）をもって統治する、これが、現存するマウリア朝の文治主義である。

阿育の法勅を刻み、獅子、象、牛、馬といった四聖獣のいずれかの像を載せた石柱が全土に立てられて、この阿育の王柱の見えるところは、阿育の統治が民衆に行き渡るとした。

善政は、政治や経済のほか、すべてに及び、人間のみでなく動物のための病院までが造られた。

釈尊初転法輪の地、サールナートの四面に向いた4頭の獅子の載る王柱は、獅子の下の円盤には四面に四聖獣、中央には法輪が施されている。

磨き上げられた硬い石の獅子像は、まことに圧倒されるものがある。

2千2百年余りの時を越えてそこにある厳然とした獅子は、仏法とは、生命の法といわれるが、無常な森羅万象のなかに、常住の法があることを語っている。

『惑星の女神』水彩　F3　2007 年

すべてがこの法の内で存在している。

この法則から外れるいのちはない。

そのなかで、美という花をつけたところが、永遠に繁栄する。

マウリア朝のかつての花の都、パトナの博物館に、当時の彫刻『惑星の女神像』（払子を持つヤクシー像）がある。

肉感的で健康的で、真に動き出しそうである。

そして、阿育が建立し、次の王朝によっ

『サンチー朝・東門』油彩Ｆ８ 2007年

『サンチー夕景』油彩 F10 2007年

て整えられたサンチーの大塔には、ドーム形のストゥーパを中心に４つの塔門に数千の彫刻群が刻まれている。釈尊の生涯や阿育大王と妃の姿まで刻まれて、圧巻である。

長い間、地中に埋もれていたが、19世紀にイギリス人の手によって発掘され、その後、復元されたという。

マウリア王朝を訪れたセレウコス朝ペルシアの使節メガステーネスは「マウリア朝では、彫刻家が大事にされ、仮に、彫刻家の手や目を傷つけた者は、死罪と決められている」と、本国に報告している。

これは、重大な記録である。

これほどまでに、物言わぬ文化・芸術の社会のなかでの存在が重んじられた歴史はない。

思いもよらぬ平和のための芸術である。

阿育には、前世の物語がある。

釈尊在世に、徳勝、無勝という二人の童子がいた。

釈尊に出会ったとき、二人は土の餅を供養した。

高貴なる方であると本能的に感じて、お金も地位も格式もない、何も持ち合わせないことから、まさに無償の真心をもって供養した。

これが、土の餅であった。

土の餅に応えて釈尊は、「私の滅後、百年後に、一人は大王となり、もう一人は妃となる」と、明言される。

一つの哲学が形を結ぶようになるのには、少なくとも百年を要する。

土の餅とは、芸術を象徴するものといえる。

芸術は、食べることもできない土や石や紙といった、取るに足らないものに芸術家が無償の真心を込めることで、人類の宝に変える。

「此の画木に魂魄と申す神《たましい》を入るる事は法華経の力なり」（日蓮「四条金吾釈迦仏供養事」）

真心を込めるとは、宇宙と社会の根源の法に生きることである。

まさに一つの奇跡がここに起こっている。

人間の思いは、生きた芸術を誕生させるという不可能を可能にした。

石が踊り、石が歌う。

すべては「ア」から始まる。生命誕生の歓喜の声である。

『サンチー東門のヤクシー』水彩 14.0 × 9.5cm
2007 年

アレクサンドロスと阿育、東西が融合する世界の証明があった。

ここに平和の楽土が出現した。


土の餅に意味を見出すことは、植物の世界に目を向ける行為にも通じる。

もの言わぬ植物との接触は、心を豊かにしてくれる。

生命の次元に引き戻してくれる。


地球上に生命誕生以来約40億年、ほどなく植物は、無償の行為を繰り返して、今にある。

何の見返りも求めず、慈愛のかぎりをつくして、生々世々、植物にはじまり植物に終わる。

何もしゃべらないが、そこには厳然たる法則がある。

生きているときも、死の後も、一つの同じ法則のもとにある。

法華経の哲理に、本因、本果、本国土の三妙合論がある。

仏になる本因、本果があっても、それがいずこの地でなされたものかが明かされていなければ、
昔むかし、あるところでの話で終わってしまう。

国土の成仏、草木成仏が、根幹である。

本国土、草木の成仏が明かされて、まさに実像を結ぶものとなる。

娑婆世界こそ、本国土である。娑婆即寂光の都であった。

妙法の下では、森羅万象すべてが寂光の都である。

いずれの地も、いずれの人も、尊極の存在である。


さらに一つの流れが現れ、世界に広がった。

ガンダーラである。

世界の博物館に、ひっそりと、しかも厳然たる存在感をもって光るガンダーラ美術の彫刻たち。

これが生まれたのは、インドの西北、ガンダーラ地方といわれた今のパキスタン北部とアフガニスタンの一部地域で、紀元1、2世紀のクシャーン朝の迦弐志加《かにしか》王の治世であった。

ガンダーラ美術の特徴は、ここで、それまで禁じられていた仏像が造られたことにある。

釈尊の本性譚や伝記が語られ、彫刻となった。

4度目とされる仏典結集（第四結集）がなされたのも、仏像誕生後の迦弐志加王治世のこの地方で、諸説あるが、これに前後して、今日に伝わる梵本の法華経が成立した。

第四結集の内容は不明であるが、旧来の体制側である上座部（小乗）によるものであり、法華経の編纂は、それに対して菩薩の修行を重んじる反体制側の大乗教団によって行なわれた。

第四結集と法華経の編纂は、どちらが先かは議論が分かれるようであるが、いずれにしても、法

『クシャーン朝のヤクシー三体像と供養者像』水彩　14.0 × 9.5cm　2007 年（6点組）

華経の編纂は、台頭する商工業者ら新興の民衆勢力の意識変革が背景にあったと思われる。

法華経では、如実知見として、人々万人の生命のなかに、仏性を見抜いている。

初めて民衆の生命のなかに、一念三千として、仏を見たのである。

この法華経を成立させた精神基盤が当時の人々のなかにあって、それが法華経を編纂させたと推察される。

仏像の誕生も、ギリシア、ローマの神像彫刻の影響は勿論であるが、このような法華経的な精神基盤が育っていたことを前提に、民衆の姿を借りて、仏像が造られることが良しとされたのだと考えられる。

これが、仏像の誕生である。

足跡でも架空でもない。仏が見えるものとなった。

眼の前の一人に、万人のなかに、仏を見る時代の先がけであった。

これらの彫刻とともに、仏教というインドの哲学は、カラコルムを越え、中央アジアを経て、中国、韓半島諸国、そして日本にまで電流の如く伝播していった。

ガンダーラの美術の存在は、大きい。

「キリストの復活は、ここにあった」「石が生きている」

あるガンダーラ美術展に同席した婦人の声であった。


馬鳴《めみょう》菩薩の逸話が残っている。

ある国のこと、その国王は、白馬のいななきを聞いて、色を増し力を得ていた。

その馬は、白鳥を見ていななく。

その白鳥が、どうしたことか、現れなくなった。

白馬はいななかなくなり、王は力を失った。

主権在民の時代では、民衆こそ王である。

白鳥は、美の化身であり、美しさの象徴である。

白鳥がいなくなった時代は、美がわからなくなった時代である。

何が美しいか、わからなくなった。
民衆は、力を失ってしまった。

美とは、いのちである。
いのちは、宇宙大である。
誰もが全宇宙を持っている。
誰もが永遠のいのち、仏性を持っている。
法華経こそ、生命の謎を解き、生命の全貌を表した経典である。
誰もがなし得なかった、白鳥を呼び戻す術、それこそ法華経であった。
馬鳴菩薩が語る輝かしい文化の歴史があった。

このところ富士に魅了されて、富士を描いている。
富士の麓、富士川の流れるところに岩本山実相寺がある。
鎌倉時代当時、釈尊の一切経が結集されていた。
これを閲覧して、日蓮大聖人は立正安国論を起草された。
正を立てることによって、国の繁栄と平和がある。
こんな不思議なことが、秀嶺富士の麓にあった。

『富士川より』油彩　P20　2017 年

裾野を無窮の大地に広げた勝利山富士である。
「月は西より出でて東を照し日は東より出でて西を照す仏法も又以て是くの如し」（日蓮「顕仏未来記」）と、ある。
仏教のルネサンスは、あまたの先人、諸団体や諸先輩の労苦の上に、池田大作先生のリーダーシップによるＳＧＩの出現により、ついにインドにまで還流した。

父母を失った、今は懐かしい、美作《みまさか》の天地。
何の孝養も果たせないままで終わるのか。
間もなく、私自身のいのちもなくなる。
何のために生きてきたのか。
15歳で母を亡くし、生命の謎が解けぬままで、
幸運にも23歳で妙法と出合い、最高の芸術目指して、現在がある。
またとない今生のときに、今生の役割を果たしたい。

出会いほど尊く偉大なものはない。
それは、生命を革新してくれる。
宇宙と社会の根源の法を体得して、本物の芸術の花を、世界に発信するときが来た。

２０１８年３月22日

サンロータスの道

阿育王と文化主義

画家・彫刻家　田渕隆三

外からの圧力によらず、内からの力、文化主義によって平和をもたらし
釈尊の教えを弘め永遠ならしめた阿育王《アショーカ》。サンロータスの道は、ここにある。

太陽の道

闇から光への挑戦。
歴史の歯車がまわっている。
光源をもとめて我らの旅が続いている。

「多くの民衆が日常茶飯事をこえた何ものかを意識し、
それによって急に啓蒙されることがあるものである。
仏の声が物理的、道徳的障害を乗り超えて、津々浦々にまで聞こえていったとき、

それはまさにそのような歴史上の出来事であった」（タゴール＊1）

人の世には、不思議なことがあるものである。すうーっと生命の光が入ってくる。太陽が一つであるように、あらゆる地理的、あらゆる宗教、あらゆる社会・倫理の条件を超えるものが存在する。

「死においては多は一となり　生においては一は多となる。

『神』が死んだときに宗教は一つとなるであろう」（タゴール＊2）

太陽は無軌道に動いてはいない。南回帰線から北回帰線の間に太陽がある。ここに誰もが従うべき命の法則がある。宇宙と自然と社会を動かす根源のリズム、生命をつかさどる根源の法は同じである。そして、この法輪をまわす人がいた。

この法則に従い、人類の美が生まれた。私も太陽に従って仕事を進めて来た。

今日も新しい一日がはじまった。大地を蹴って陽が昇る。

すべてが皆　太陽の子だった。皆　兄弟であったことがわかってきた。

ここから一切のものがはじまる。

〝赤い鳥がやってきた〟

『エベレスト三山』油彩　P20　2010年

人の37兆[*3]もの細胞に備わる生命の元、
染色体も太陽の働きによって生まれた。
太陽は一日一日 再生される。
太陽があって風がある。魂が動く。
太陽の昇る姿に希望を見る。
太陽は闇から生まれた。
悲しみも恨みつらみも乗り越えて、
夏も冬も太陽の道を進もう。
これが我らのサンロータスの道である。

ヒマラヤが映って

サンロータスの道は、古代エジプトからインドを経て日本まで続く、太陽と蓮の遙かなる文明の道である。

壮大なピラミッドに、生きているとしか思えない彫刻を生みだしたエジプト。

〝峻厳なる山のもとで〟　『日蓮大聖人生誕 800 年の富士』（部分） F15 2021 年2月

そして、ヒマラヤのもと、偉大なる釈尊を
生んだインド。
インドの旅は、ヒマラヤの高峰カンチェン
ジュンガ（８５８６メートル）が見えるダージ
リンから出発した。

真っ赤なシャクナゲが咲いて
深い谷間に青い山をバックに
睡蓮のように木蓮が咲いていた。
どこかで会ったように感じる街、
小鳥もサルも牛も　みんないっしょに
千尋の谷を見おろす丘で生きている。
人々の笑顔にヒマラヤが映っていた。

光は物質とともに

ルンビニで生まれた釈尊。

『ダージリンの朝』（部分）油彩　F12　2007 年

ヒマラヤが乗り移って
巨大な人格として世に現れた。

釈尊の覚りは、生命の全体性、自覚性、創造性を
開く本意をもって、成仏という形となって現れた。
この釈尊の偉大な光を受けて百年後、師子王阿育
が生まれた。

光は物質と共に現れる。

物質を通して精神はどこまでも広がっていく。


阿育の登場により、仏教は弘まった。

ヒマラヤの光は８万４千の仏塔となった。形となっ
て永続的に、組織的に世界を作っていく。

あらゆる人々がうなずく、最高の美の出現である。

外からの圧力によらず、内からの力によって、自らを開いていく。これが文化の力である。

天上の太陽が地上のロータスに変わった。


「（光に感化された人々は）不可能を可能にする決意を固めた。

すなわち、この人たちは石に口をきかせたり、歌をうたわせ、洞穴に記憶を呼び起こさせた」

（タゴール＊1）


これが、石も木も大地も同じ命であったことを証明する芸術の出現である。

世界の最高峰は、こうして出現した。

最高の美の出現

インドの中央、サンチーの大塔がある。
宇宙を表すが如き、丸いドームがある。
三重の傘蓋は五重塔の原形である。
赤いブーゲンビリアの咲く小高い丘は、
夕陽のなかに輝いていた。

『サンチー　夕景』油彩　F10　2007年

花の都パトナ、かつてのマウリア朝の都 華子城。
この街を飾る『惑星の女神』（『払子を持つヤクシー』 ビハール州立博物館）。
古代ギリシャも、西洋のルネサンスの巨人さえも、
頭をたれないではおれないであろう、跪く美しさがあった。

さらに、サールナート（鹿野苑）の初転法輪の地に『獅子の王柱』があった。

『惑星の女神』に向かう　撮影：竹岡誠治

堂々として凜と立つ。
太陽を頂いて法輪がまわる。
牛と馬と獅子と象に乗って、法輪を世界にまわしていく。
法華経の精神は余すところなく表現されて、
形となって喜びにふるえている。
イスラムとヒンズーの時代になっても、
国の象徴であることに変わりはない。

汝自身を知る

古代ギリシャの哲学者ターレスの格言「汝自身を知れ」をギ

『阿育王柱』水彩　Ｆ３　2007 年

『惑星の女神』水彩　Ｆ３　2007 年

リシャのデルフィで聞いてスタートした我らの旅はラージギルの霊鷲山《りょうじゅせん》で解答を見ることとなった。

夕闇に静まる霊鷲山には、ギリシャの祈りの場デルフィで経験した母の胎内のような安らぎがあった。

女性は太陽を生む。女性がうなずく美が生まれれば一気に平和が弘まるであろう。

汝とは生命《いのち》なり、汝とは太陽であり、宇宙である。

霊鷲山を囲む木々は夕陽に照らされて、究極の法を聞く六万恒河沙《ごうがしゃ》*4の大衆が喜び踊る姿のようであった。

「喜びと希望の声は山や砂漠を越え、
不毛の僻地や人口の多い街をわたり、
不滅のものとなった」（タゴール*1）

喜びと希望が、不滅の美を造り上げた。

新しき文明の到来

1817年、流刑の地セントヘレナ島で遙かなる琉球の話を聞いたナポレオンは「この世界に武器を持たぬ国があるとは」[*5]と、仰天した。

『スフィンクスとピラミッド』水彩　10 × 14cm 2003 年

日本の南の島に阿育の精神が生きていた。
武力は永遠の平和をもたらさない。
文化の力でほぼ全インドを統一した阿育が、
永続的に平和を作る法則を示した。
「守礼の邦《くに》」、人間本来の根本である。
古来、沖縄の床の間には、刀ではなく三線が飾られた。
武器より楽器を、軍事より芸術を。
西洋の「真・善・美」の規範は「美・仁・柔」となり、
「美」が中心となった。
そして「仁」と「柔」の人間性で人を包んでいく、
これが沖縄の心、太陽の心であった。
エジプトからインドへと繋がった太陽と蓮華の道は、
いよいよ平和の海、太平洋にたどり着いた。

『壺屋焼シーサー』水彩
14 × 10cm 2006年

共に旅したサンロータス研究所の皆さん　上段右より竹岡誠治氏、吉崎幸雄氏、五味時作氏、廣野輝夫氏、下段右より亀田潔氏、川北茂氏、吉永聖児氏、そしてガイドのバット氏

スフィンクスはインドで阿育の獅子となり
沖縄でシーサーとなった。
それは人と自然、人と人の間にあって、
生命の砦として十全に機能した。
不滅の美は、人の進むべき道しるべとなった。
太陽が毎日沈んでいくように、
芸術の太陽はいったん沈んで新しい時を待っている。
新しい「生命主義」の文明が、静かに時を待っている。

本源の法、法華経によって命が吹き込まれる。

「魂魄《こんぱく》と申す神《たましい》を入るる事は法華経の力《ちから》なり」

（日蓮「四条金吾釈迦仏供養事」）である。


実にここに急所がある。

「民の現身《げんしん》に王となると凡夫の忽《たちまち》に仏となると同じ事なるべし。一念三千の肝心と申すはこれなり」

（日蓮「日妙聖人御書」）


一切、魂を失ったような時代に、一つの急所が現れる。

宇宙と自然と社会を繋ぐ生命の法が現れないわけがない。実に不思議な時を迎えている。

太陽の芸術

わが師匠の声である。

「各国、各地、各民族等の、固有の伝統や文化への理解なくしては、人間の相互理解はない。文化への敬意は、人間への敬意となる」

「文化は一国の華である。文化運動は平和運動に通じ、人生の幸福を開花させゆく運動となる」

(『新・人間革命』第30巻下「誓願」より)


人間には偉大な力が備わっている。

「どんなに社会が大きくなっても一人の人間の大きさにはかなわないことを忘れてはならない。友情にあふれる個人が自然にしかも瞬間的に連合するとき彼は二倍、いや数倍の大きさになる」

(エマソン＊6)と。

一人の人間が根源まで掘り下げていくと、皆が友人であったことが解る。その友情は世界を走る。東で起こったことは西でも起こった。西で動いたことは東を動かした。驚くべき速さで地球は動いている。

百に一つ、千に一つ、万に一つ、咲きはじめた一輪の花は世界の春を呼ぶ。

花の里うぐいす鳴いて天下春

そんな芸術の到来を願っている。

＊1　タゴールの1926年にダッカで行なった講演『芸術と伝統』から。『タゴール著作集第9巻』三浦徳弘訳　第三文明社より。

＊2　詩集『迷える小鳥』から。宮本正清訳、『タゴール詩選2　迷える小鳥・春の先がけ』宮本正清、森本達雄訳　アポロン社より。

＊3　成人の細胞数は、従来60兆個とされてきたが、イタリアの生物学者エヴァ・ビアンコニらの最近の研究で37兆個余りと推定されるようになった。エヴァ・ビアンコニ他の論文「人体の細胞数の推定」、『Annals of Human Biology』Taylor & Francis　2013年11・12月号より。

＊4　法華経従地涌出品第十五に説かれている地涌の菩薩の数。恒河沙とはガンジス河の砂のことで、非常に多いことを表す。

＊5　1816年に沖縄を訪れ、帰途セントヘレナ島でナポレオンと会見した英国士官バジル・ホールの「航海記」にある。ラブ・オーシュリ、上原正稔編著『青い目が見た大琉球』ニライ社　参照。

＊6　「ニューイングランドにおける改革者たち」から。原島善衛訳『エマソン選集4　個人と社会』日本教文社より。

第三章　追記

東アジア文化都市２０１９豊島
「シルクロード３０００年の旅と桜」展

２０１９年（令和元年）８月10日〜13日
会場＝豊島区役所１階 としまセンタースクエア

日中韓の文化交流イベントに「東アジア文化都市」構想がある。

これは、２００７年（平成19年）よりほぼ年１回、日中韓の文化大臣会合が開かれるなか、東アジア域内の相互理解や連帯意識を高める目的で、２０１４年（平成26年）からの毎年、各国１都市ずつ「東アジア文化都市」を選定し、選定都市間で文化・芸術の交流事業を行うというものである。

「シルクロード3000年の旅と桜」展 告知チラシ

日本では文部科学省と文化庁が推進して、これまで奈良や金沢など、伝統ある都市が選ばれてきたが、２０１９年（平成31年／令和元年）は、東京都の豊島区が選出された。

これを受けて豊島区では「東アジア文化都市２０１９豊島」と銘打って、１年を通して様々な行事が行われることになり、開始にあたって、公式行事のほかに、パートナーシップ事業として区民による企画イベント開催の呼びかけがなされた。

　サンロータス研究所では、事務局をこの豊島区の大塚に置いており、行政の高野之夫区長（当時）からの勧めもあって、豊島区を盛り上げるために、研究所としてパートナーシップ事業の展覧会開催を決定、豊島区と区内にある大正大学との併催で「シルクロード３０００年の旅と桜」展を、８月10日（土）から13日（火）の４日間、東池袋の豊島区役所1階の「としまセンタースクエア」を会場に開催した。

「シルクロード3000年の旅と桜」展 オープニングテープカット
左から長橋桂一 都議会議員、王先恩 華中科技大学同済医学院教授、磯一昭 区議会議長、高野之夫 区長、大塚伸夫 大正大学学長、齊木勝好 区観光協会名誉会長、田渕隆三 田渕美術工房主宰、竹岡誠治 サンロータス研究所代表理事
（司会 中島義春　区議会議員）

　初日の午前10時からのテープカットでは、多数の来賓の出席のもと、高野区長をはじめ、磯一昭区議会議長、齊木勝好区観光協会名誉会長、併催者である大塚伸夫大正大学学長に、それぞれ祝辞をいただき、主催者からは、原環《たまき》実行委員長と竹岡誠治が挨拶をした。

　ここでは、竹岡誠治の主催者挨拶と、サンロータス研究所による仏教伝来をテーマにした展示、そして、サンロータス研究所版『法華経』の制作に用いた原資料を紹介する。

「シルクロード３０００年の旅と桜」展

主催者挨拶

サンロータス研究所代表理事　竹岡誠治

サンロータスとは

18歳のときに広島から上京して、以来、52年間、私は、この豊島区にお世話になっております。私どものサンロータス研究所というのは、名付け親は、この展覧会に絵と彫刻を出品していただいており、本日もここにおられます田渕隆三画伯であります。

今から15年ほど前のことになりますが、エジプトに田渕先生と一緒に旅行しました。カイロの博物館に、黄金のマスクで有名なツタンカーメンの墓からの出土品の展示があって、なかに『蓮華より化生するツタンカーメン』がありました。睡蓮の花をかたどった台座に若きツタンカーメン王の頭像が据えられているというものです。

聞けば、５千年前からの古代エジプトの神話に「太陽はロータスが生む」という物語があるとのことでした。それを受けて、太陽神の化身であるファラオ、エジプトの王ツタンカーメンがロータスから再生するところを願望を込めて表されたものでした。

『蓮華より化生するツタンカーメン』古代エジプト新王国時代　前13世紀　カイロ考古学博物館

古代エジプトの太陽とロータスに象徴される文明は、法華経に代表されるインドの仏教と、その生命観において共通点がありまして、その仏教は中国、韓半島諸国、そして日本に伝えられております。

そうすると、今回のテーマでありますシルクロードをも凌駕する、古代エジプトを源流とした東西に伸びる太陽とロータス、サンロータス・ロードともいうべき壮大な交流の道が想定できるのではないかと、田渕先生が提唱されたのです。

それで、この世界に光をもたらす太陽さえ生み出すロータスの力を究めようという意味から、２０１１年（平成23年）に、仏教、特に法華経の研究を目的に立ち上げた研究所の名前にサンロータスを頂戴したというわけです。

法華経を制作

昨年には、『妙法蓮華経　開結』（パイロット版）を制作いたしました。

これは、研究所の五味時作さんが中心となって、７年をかけて完成したものです。基本姿勢としては『注法華経』と称される鎌倉時代の日蓮が使用していたとされるものが残っていまして、これを現代の常用漢字に置き換えましたが、これを再現したものです。同時に、5世紀初頭に鳩摩羅什三蔵が漢訳した当初の姿を蘇らせることができました。

法華経研究は、日本のみならず世界に広がっておりますので、これも五味さんの提案により、初の試みとして、聖書のように経文に文章番号を振って、将来の世界の研究者の便宜を図りました。言語が違っても、共通の文章番号が振ってあれば、どの一節かがわかるということになります。

今回の展覧会で、本書とともに、制作にあたって使用した原資料を展示しております。どうぞ、手にとってご覧ください。

来賓紹介

ここで、本日ご出席の来賓をご紹介します。

まず、王先恩先生です。先生は、中国伝統医学と西洋医学の両方に精通された名医であります。中国では湖北省武漢にあります華中科技大学同済医学院教授として、日本では順天堂大学准教授として活躍しておられ、中国からの留学生の面倒を見る中国留日同学会の会長もされております。

続いて、中国ご出身の田偉さんです。東方文化芸術団の団長で、歌手でもあります。この方は、現中国国歌「義勇軍行進曲」の作詞家である田漢先生の姪にあたる方です。東方文化芸術団を率いて、普段は関西が中心ですが、日本や中国、さらにフランスなど、世界各地で公演しておられます。

そして、米田晃先生です。人間科学研究所所長として、人間の意識を科学的に研究されています。

それから、渡辺さちさん。劇団グスタフの主演女優で、たくさんの方に希望を与えておられます。

さらに、菅田正昭先生です。民俗学者で、離島政策文化フォーラム共同代表として、全国の離島の理論的指導者であります。

それと、江藤幸作さんです。ＮＰＯ法人日露創幸会の理事長であります。

テーマ決定の経緯

さて、何故、展覧会のテーマが「シルクロード３０００年の旅と桜」になったのか、その経緯を申し上げます。

発端は、昨年（２０１８年〔平成30年〕）のこと、区長と聖和建設株式会社の和栗弘直会長と田渕先生、そして私とで懇談をした席で、区長から「東アジア文化都市に名乗りを上げ、当選した。これを契機に豊島を元気にし、東京を元気にし、世界の平和にも寄与したいと思っている」との大宣言がありました。

続いて区長は「ついては知恵を貸してほしい」と言われながら「シルクロード３０００年」という言葉が脳裏にあると、明かされたのです。

区長からのこの提案には、豊島区と同時に「東アジア文化都市」に選ばれたのが、中国は西安市、韓国は仁川広域市であったことが背景にありました。

西安といえば、かつての長安、韓国の仁川は、海に面する港湾都市で、今はアジアを代表するハブ空港があって昔も今も交通の要衝であり、どちらもシルクロードの重要都市といえるからです。あわせて、豊島ならではといえる要素を、ということから、桜をもう一つのテーマとしました。桜の代表、ソメイヨシノの発祥地とされる染井村が、区内、現在の駒込にあって、ソメイヨシノは、日本の美の象徴であり、西安や仁川も含め世界中に移植され、春の歓びを人々にもたらす存在になっており、区を特徴付けるアピールポイントの一つになるとの観点からでありました。

それを受けて区長の思いにお応えしようと皆で相談して、「シルクロード３０００年の旅と桜」展となったというわけです。

仏教、法華経を焦点に

その中身ですが、シルクロードという点については、それによってもたらされた文物は広範囲過ぎますから、本展では仏教、なかでも法華経に焦点を絞りました。仏教は、インド発祥で、中国西域、中国、韓国と、シルクロード上の各地域を経て日本に伝来し、それぞれの文化に多大な影響を及ぼし、とりわけ日本人の精神基盤の形成に大いに関与してまいった最重要の項目であると、それが仏教を取り上げるに至った理由でありました。

『鳴沙山』F8 2006年

それを区長にお話しすると「仏教だったら、大正大学だ」となって、区長自ら、私どものスタッフを連れて大塚学長のもとに足を運んで、展覧会への参加をお願いし、実現の運びとなりました。

大正大学は、比叡山延暦寺を母体に創立された仏教系の大学です。比叡山といえば、天台宗であり、伝教大師が法華経を根本と定めた宗派でありますから、法華経研究を主眼とする私どもサンロータス研究所とは、今後とも交流を続けていただければと思っております。

展覧会の入口には、区長のご挨拶のパネルがあって、その左右に、田渕先生のシルクロードの絵（『鳴沙山』Ｆ８　２００６年）と豊島区のソメイヨシノの絵（『門と蔵のある広場』Ｆ１０　２０１９年）を飾ってありまして、この３つで展覧会のテーマ「シルクロード３０００年の旅と桜」を表しております。

また会場内では、田渕先生のシルクロードの絵が、たくさん見ていただけます。今回の提案を受けて、田渕先生には、仁川での作品がなかったことから、わざわざ桜の季節に現地に出かけて、描いて来てくださいました。

『仁川・石汀楼』F10　2019 年

『門と蔵のある広場（豊島区）』F 10　2019 年

4部で構成

展示は、4つの部門に分かれております。

1つ目は、豊島区としての展示です。本年2月以来、豊島区が中国の西安と韓国の仁川と行ってきた模様がパネルと映像で紹介されています。区の東アジア文化都市事業推進の小池課長が尽力されました。

2つ目は、サンロータス研究所による展示です。仏教伝来を順を追ってパネル展示しております。また、先ほど申し上げました、法華経（『妙法蓮華経　開結』）とその資料もここです。

3つ目が、大正大学による展示「日本における仏教文化の展開」です。大学所蔵の貴重な文献資料が見られます。

そして4つ目が、田渕先生の作品のコーナーです。

すべての民衆のために

私どもサンロータス研究所は仏教のなかでも法華経を対象に

していると申し上げましたが、法華経は、飛鳥時代の聖徳太子以来、平安時代には源氏物語にも登場し、平家が厳島神社に奉納した経典である平家納経でも中心となるなど、数ある仏教経典のなかでも特別扱いをされてまいりました。それは、何故でしょうか。

法華経では、奇想天外ともいえる時間と空間が説かれ、様々な譬喩が語られますが、一貫して、一人ひとりに仏性が備わっていて、誰もが仏の境涯を開くことができることが、教えられています。端的に言えば、「民衆こそが仏である」との教えが底流にある経典ということです。

法華経は特権階級など、特別な人のためではない、すべての民衆のための経典である。それが、広く受け入れられ、用いられてきた理由であると思うのであります。

称賛すべき国際交流イベント

今、中国とも韓国とも波風が立って、関係が揺れていますが、本来、中国と韓国は、仏教をはじめ、様々な文化を伝えてくださった、日本にとって大恩ある両国であります。

ですから、底流は揺るぎないものがあると思いますが、この時期に区長を中心に「東アジア文化都市」という三国共同のイベントが行われているというのは、称賛に値する快挙であると思います。

9月3日から中国、韓国に交流に向かわれるということですが、大変な意義があると思います。訪中団、訪韓団の皆様の大成功をお祈りして、ご挨拶といたします。

シルクロード 3000 年の旅

古代ローマ、インドと中国、韓国、日本は、何本かのシルクロードでつながっていた。そこには、**民族の交錯**と**文物の往来**と**仏教の東漸**とが重なっている。

東アジア3国の文化交流を語る今回の展示では、シルクロードを渡ってきた仏教の歴史、なかでも法華経の流伝を振り返る。そして中国に於いて法華経を翻訳した鳩摩羅什の生涯、法華経の最勝を説いた天台大師智顗の足跡、さらに中国から朝鮮半島を経由して日本に伝えられた法華経が、伝教大師最澄によって開かれた比叡山延暦寺が平安文化に果たした功績などを示し、鎌倉期に日蓮によって法華経が再発見された流れを紹介します。

1 **民族の交錯**　紀元前 2000 ～ 1000 年頃に西アジア方面からアーリア系（インド・ヨーロッパ語系）の人々がタリム盆地に流入。楼蘭の小河墓遺跡から見つかったミイラも紀元前 1800 年頃のものと見られる。彼らは南下してインドに交わり、独自の神官（バラモン）による支配構造を形成した。

一方、黄河文明を元とする中国の王朝（黄・殷・周）も紀元前 1600 ～ 1000 年頃に始まり、東夷・西戎・南蛮・北狄と呼ばれる周辺国と対峙する構造を形成した。

2 **文物の往来**　この時期には既に中国の絹織物、香料、香辛料が西側にもたらされている。中国から北上して、モンゴルやカザフスタンの草原を通り、アラル海やカスピ海の北側から黒海に至る交易路が最も古いとされる。

その後、長安を発って、今日の蘭州市のあたりで甲賀を渡り、河西回廊を経て敦煌に至り、東トルキスタンを横切り東西を結ぶ隊商路が主流になる。

3 **仏教の東漸**　インドから伝わった仏教文化は西域のクチャや敦煌で開花、北魏や六朝や隋・唐時代に中国にも弘まり、それは朝鮮半島の国々にも伝播、その中の百済の聖明王を介して 552 年に日本に公伝された。

聖徳太子は十七条憲法・三経義疏により政治の根本に仏教（＝法華経）をおいた。聖武天皇は法華滅罪の寺を全国に建立、写経を命じた。このようにして飛鳥・奈良の仏教文化が花開く。

そして平安時代には伝教大師最澄が中国の天台大師智顗の教学を受け継ぎ、法華経を流布させた。その時代に著された「源氏物語」「日本霊異記」に多数の功徳説話が記録され記録され、それは現代の日本文化の底流になっている。

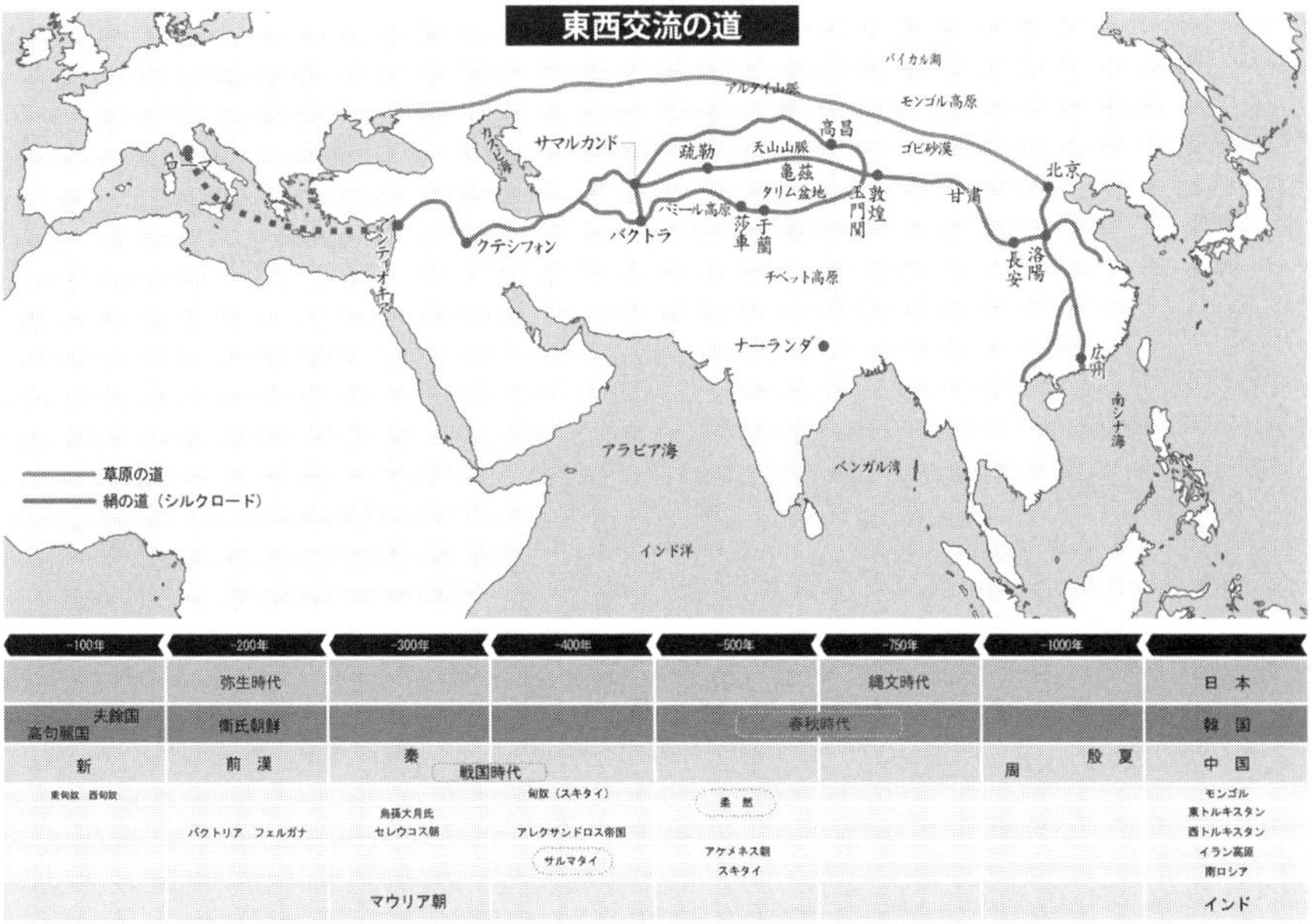
東西交流の道
バイカル湖
アルタイ山脈
モンゴル高原
カスピ海
サマルカンド
疏勒
天山山脈
高昌
亀茲
ゴビ砂漠
北京
タリム盆地
玉門関
敦煌
甘粛
パミール高原
莎車
于闐
ローマ
アンティオキア
クテシフォン
バクトラ
長安
洛陽
チベット高原
ナーランダ
広州
南シナ海
アラビア海
ベンガル湾
インド洋
草原の道
絹の道（シルクロード）
-100年
-200年
-300年
-400年
-500年
-750年
-1000年
弥生時代
縄文時代
日本
夫餘国
高句麗国
衛氏朝鮮
春秋時代
韓国
新
前漢
秦
戦国時代
周
殷 夏
中国
東匈奴 西匈奴
匈奴（スキタイ）
柔然
モンゴル
烏孫大月氏
東トルキスタン
バクトリア フェルガナ
セレウコス朝
アレクサンドロス帝国
西トルキスタン
アケメネス朝
イラン高原
サルマタイ
スキタイ
南ロシア
マウリア朝
インド

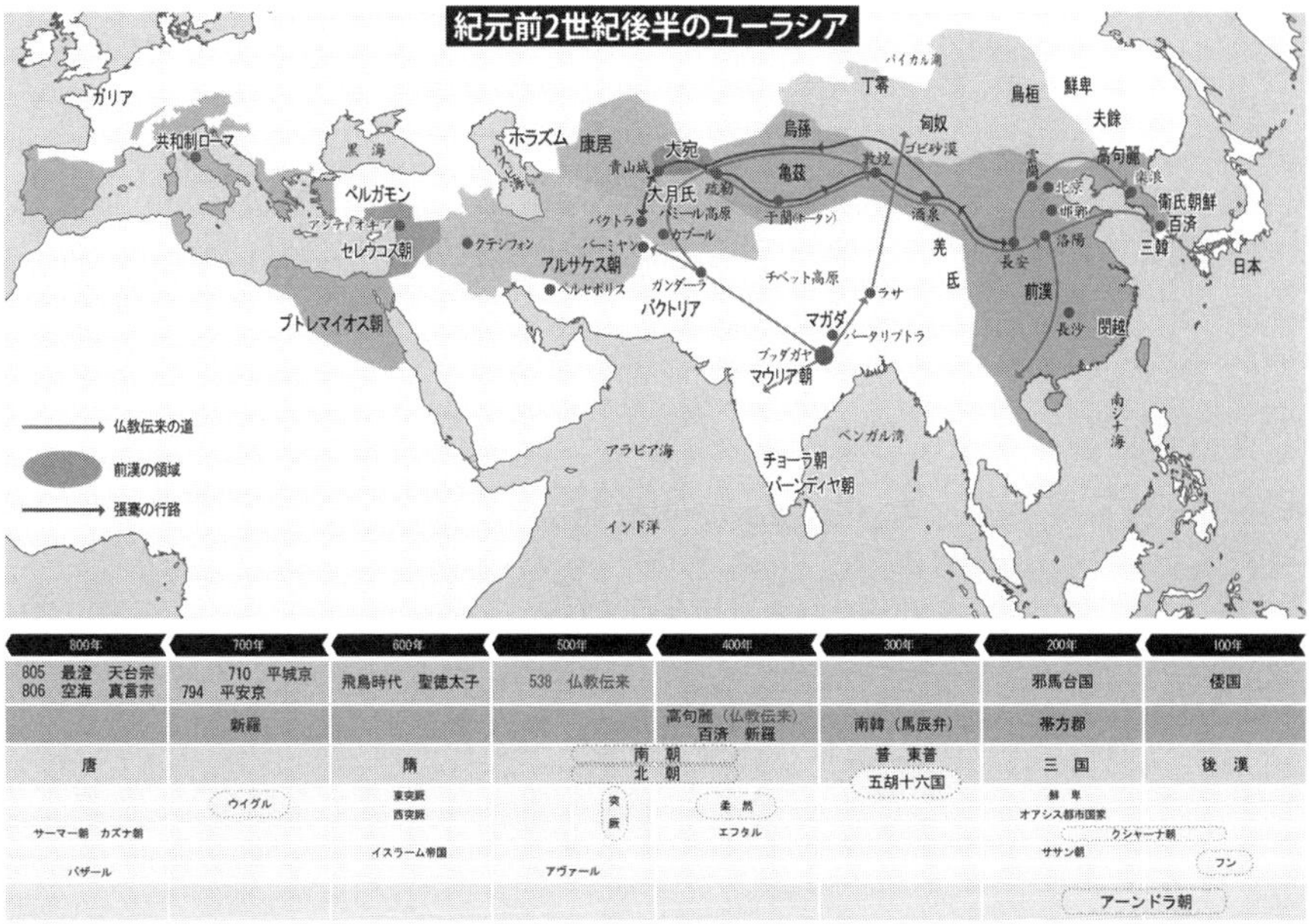
紀元前2世紀後半のユーラシア
バイカル湖
ガリア
丁零
烏桓
鮮卑
共和制ローマ
黒海
ホラズム
康居
烏孫
匈奴
夫餘
大宛
ゴビ砂漠
高句麗
カスピ海
青山城
亀茲
敦煌
楽浪
ペルガモン
大月氏
疏勒
衛氏朝鮮
パミール高原
于闐(ホータン)
酒泉
北京
邯鄲
百済
アンティオキア
バクトラ
カブール
羌
長安
洛陽
三韓
セレウコス朝
クテシフォン
バーミヤン
アルサケス朝
ペルセポリス
ガンダーラ
チベット高原
氐
日本
バクトリア
ラサ
前漢
プトレマイオス朝
マガダ
パータリプトラ
ブッダガヤ
マウリア朝
長沙
閩越
南シナ海
仏教伝来の道
前漢の領域
張騫の行路
アラビア海
チョーラ朝
パーンディヤ朝
ベンガル湾
インド洋
800年
700年
600年
500年
400年
300年
200年
100年
805 最澄 天台宗
806 空海 真言宗
710 平城京
794 平安京
飛鳥時代 聖徳太子
538 仏教伝来
邪馬台国
倭国
新羅
高句麗（仏教伝来）
百済 新羅
南韓（馬辰弁）
帯方郡
唐
隋
南朝
北朝
晋 東晋
五胡十六国
三国
後漢
ウイグル
東突厥
西突厥
突厥
柔然
鮮卑
オアシス都市国家
サーマー朝 カズナ朝
エフタル
クシャーナ朝
イスラーム帝国
ササン朝
バザール
アヴァール
フン
アーンドラ朝

現在	2000年……1400年	1300年	1200年	1100年	1000年	900年
日本	14世紀以降、元の衰退後シルクロードの諸都市はイスラム教勢力に支配され、交易は海運に移行していった。建造物や芸術は破壊されるか砂に埋もれた。そして19世紀末から20世紀にわたる大探検時代に発見されるまで眠りにつく。スウエーデン　ヘディンの楼蘭の発見、英国スタインのニヤ遺跡の発掘、ドイツ　ルコックによるカラホージャのマニ教遺跡発掘、フランス　ペリオによる敦煌・千仏洞の古文書発見、そして日本大谷探検隊によるインド霊鷲山、敦煌莫高窟等の発見などである。	1334　南北朝 1338　室町時代	道元曹洞宗／日蓮宗 親鸞 真宗／一遍 時宗	1192　鎌倉時代		
大韓民国 北朝鮮		李朝	元・モンゴル帝国			高麗
中華人民共和国				南宋 金	北宋	五代十国
モンゴル人民共和国 キルギス　タジキスタン トルコ イラン　イラク ロシア共和国		北元		西夏 ホラズム	契丹 カラハン国	ブワイフ朝 ブルガール
インド						

ユーラシアを結ぶシルクロードの誕生

「シルクロード」は19世紀にドイツの地理学者リヒトホーフェンが、著書『支那』で使用したのが始まりで、ユーラシア大陸を通る東西の交通路の総称。狭義には古くには紀元前10世紀以前に存在した中央の乾燥地帯を通るオアシスの道を指す。太古より中国からローマへは絹、香料、アルタイ山脈から中国へは金が重要な交易品となっていた。その後、インド～西域～中国の仏教伝来・求法のルートとしても重要な役割を果たし、音楽・舞踊など文化・芸術の交流にも貢献した。

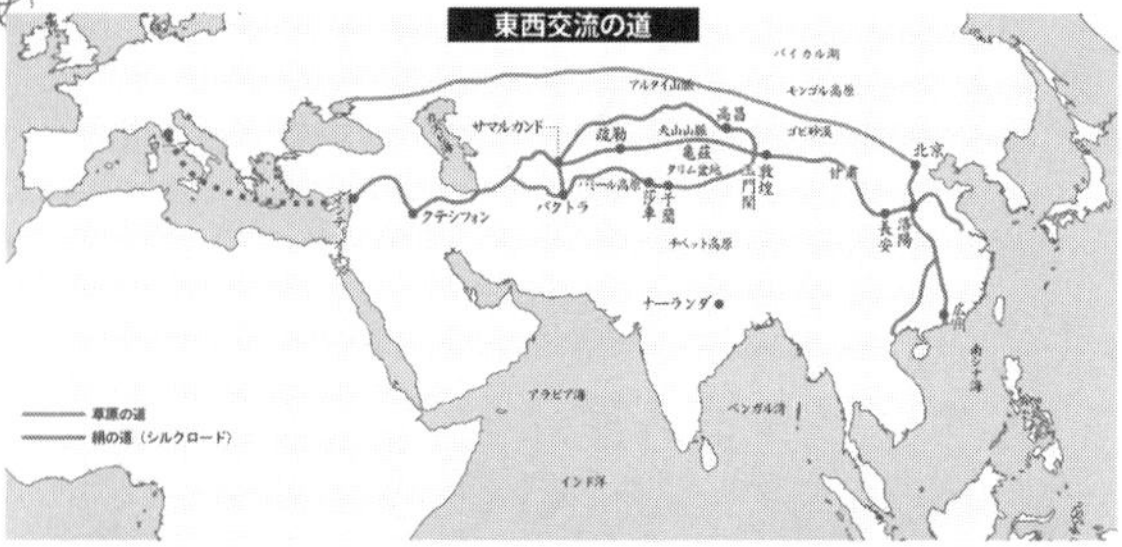

バザールに向う荷車

生糸

絹織物

バザールを描いたとみえる壁画

交易路としてのオアシスの道は、13 世紀ころから発達する航海による交易に代わられ衰退していく。2014 年、シルクロードは「シルクロード：長安―天山回廊の交易路網」として世界遺産に登録された。

中国西安の遺跡、西部の河西回廊にある石窟寺院や交通・防衛施設；キルギスやカザフスタンにある巨大な都市遺跡などが含まれる。それでも全体からみると一部でしかない。

中国からは絹織物、香料、薬、象牙、稀少植物、ヒョウなどの動物、コハクやラピスラズリなどの宝石。西方からは、織物、金、銀などがもたらされた。隊商は、絹織物に加えて、紙、武器、漆器、そして薬用植物さえも運んだ。

こうした品物は、運ばれながら中継地のバザールで売られたり他の商品と交換された。品物は場所によってラクダ、馬、去勢した雄牛、ヤクなどの背に乗せて運ばれた。

法華経はどのようにして伝わってきたか

インドで生まれた「法華経」を始めとする仏教の経典は、中国やその周辺国での翻訳・受容を経て日本に伝わってきた。それは幾多の先人が様々な困難を乗り越え護り伝えてきた伝播の歴史である。

1 釈尊：仏教の誕生

2 アショーカ王：全インドへ

3 暗唱から記録へ：経典の成立

4 仏像の誕生：ギリシャ文明との融合

5 仏典翻訳：西域から中国へ

6 玄奘ほか：インドへ求法の旅

7 天台・妙楽：仏教の体系化

8 仏教伝来：中国→朝鮮→日本

9 最澄：日本に天台法華宗を開く

仏教の誕生　釈尊

ヒマラヤ山麓の小都市、カピラヴァストゥの浄飯王の長男として誕生。人生の無常と苦を痛感し、王子の地位を捨てて29歳で出家。6年に及ぶ苦行の後、瞑想に入りついに悟達。宇宙と生命を貫く根本の法に目覚め、生涯にわたり人間の苦悩を解決する法を説いた。

仏頭（ガンダーラ）

①生誕の地ルンビニ
マヤ夫人が釈尊を出産した場所。

②難行苦行の地　前正覚山
釈尊が悟りを得る前に6年間修行した地。

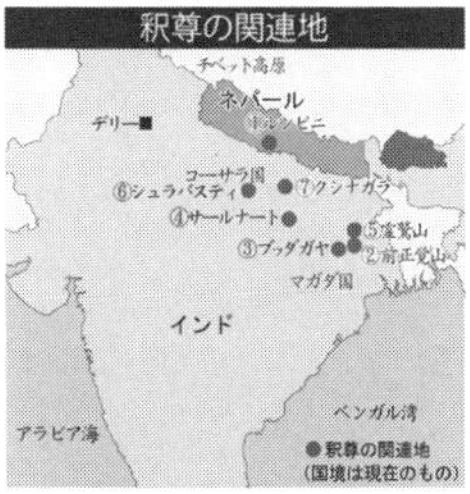

③悟りを開いた地ブッダガヤ
中央の大菩提寺は7世紀頃。

⑦入滅の地クシナガラ
横臥した釈尊の像がある。

④初転法輪の地　鹿野苑
（サールナート）中央の仏塔・ダメクストゥーパは6世紀頃のもの。

⑤法華経説法の地　霊鷲山
マガダ国の王舎城の北東にある。

⑥教団の拠点　祇園精舎
コーサラ国の首都シュラヴァスティ（舎衛城）にあった。

仏教が全インドへ　アショーカ王

マウリア朝の第三代の王だったアショーカは、戦争による凄惨な殺戮を悔いて仏教に帰依し、武力によらない「ダルマ（法）による政治」を行った。さらに各地に法勅を刻んだ仏塔（ストゥーパ）を建て、仏法の理念を広めた。現在のインドにとっても精神と行動の規範となっている。

アショーカ王のレリーフ
（パリ、ギメ美術館蔵）

サンチーの大塔
3つのストゥーパからなり、中核をなすストゥーパはアショーカ王が建立したと推定されている。東西南北に塔門がある。

インドのシンボル 法勅の獅子柱頭
4頭の獅子を載せている台座には、象、牝牛、馬、獅子がダルマチャクラと交互に浮き彫りにされている。

インド国旗：
中央の輪はダルマチャクラ（法輪）

インドの切手：
中央にアショーカ石柱の獅子柱頭

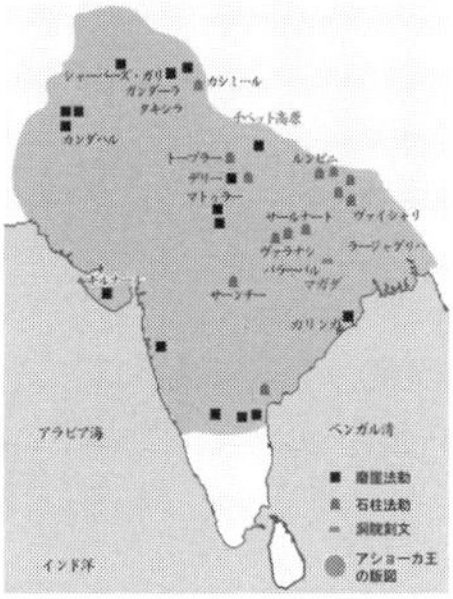

アショーカ王の碑文設置
インド各地に石柱法勅と磨崖法勅を設置して仏法の理念を広めた。また、周辺諸国に使節や王子、王女も派遣した。

ヴァイシャリの獅子頭石柱
アショカ王が建立したストゥーパで面前に石柱が立っている。石柱には碑文が刻まれている。

暗唱から記録へ　経典成立（文字化）

釈尊が活躍した当時は、出家修行者の間では重要な教えは暗唱によって伝えられた。伝承の過程で表現の変化や内容の整理、解釈の付け加えなどが行われた。仏典結集では思想的な教えは「経」、教団の規則は「律」としてまとめられた。そして紀元前後から、すべての人が成仏できると説く法華経などの「大乗経典」が生まれ、各国語で筆写されて広がった。

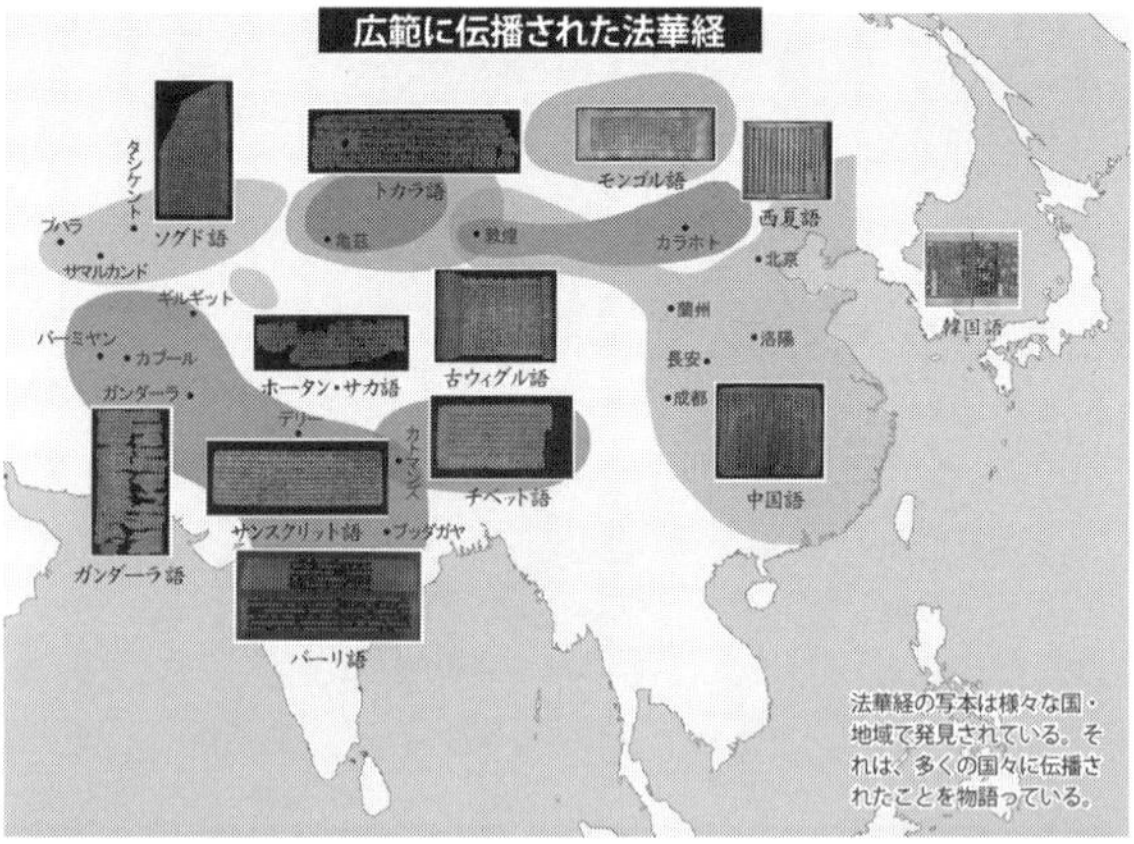

6-8 世紀頃、白樺の樹皮に書かれた法華経写本
（パキスタン・ギルギット出土）

法華経の基本思想は、すべての衆生が成仏を目指すべきという一仏乗の教えである。泥の中から生じて清らかに咲くプンダリーカ（白蓮華）は法華経の経題にも含まれる妙法の譬喩。多くの仏・菩薩が登場し、それぞれの信仰に基づく利益が説かれている。

プンダリーカ（白蓮華）

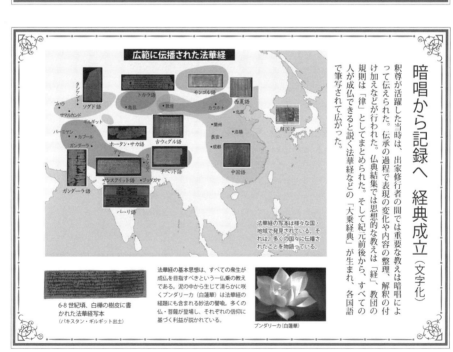

仏像の誕生　東西文明の融合

釈迦滅後しばらくの間は仏像はなく、釈尊は菩提樹・法輪・法座・足跡などによって表されていた。仏像は紀元一世紀頃、ガンダーラ等で初めて作られたといわれる。アレクサンドロス大王の遠征以降ギリシャ人が住むようになって、ギリシャ人の工人により仏教の視覚化＝信仰の対象物としての仏像が彫られた。その後、クシャン朝マトゥーラでも仏像が造られた。

アレクサンドロス大王の大遠征
紀元前４世紀に遠征軍が北インドに到達し、中央アジアにギリシャ人の国ができた。アショーカ王のマウリア朝が滅んだ後、西北インドにギリシャ勢力が進出し、東西の文明が触発しあった。

優曇華の前の台座を釈尊として礼拝

ギリシャ系王の仏教帰依
このような状況を背景として、紀元前２世紀後半、ギリシャ系の王ミリンダが仏教教団の長老ナーガセーナとの問答の結果、仏教に帰依した。

法輪を刻んだミリンダ１世コイン

仏教を保護したカニシカ王
イラン系遊牧民族のクシャーン朝の４代目の王。ペシャワールを都としてガンダーラを中心に中央アジアからインド中央部におよぶ大帝国をつくり、多民族国家を仏教で融和させた。多くの仏塔、寺院を建立、仏像もこの時代に生まれた。

カニシカ金貨
表：カニシカ１世　裏：仏陀像

ガンダーラ仏
ギリシャ系の相貌を持つ

アフガニスタン東部のハッダ遺跡
左の人物像に注目。多文化の融合の痕跡を示していたが、近年の戦乱で破壊された。

双神変像　(身下出水，身上出火)
法華経妙荘厳王本事品第 27 の具象化したもの

鳩摩羅什《くまらじゅう》（西域から中国へ）

4世紀中頃、クチャの貴族の子として生まれた鳩摩羅什は、９歳からインドに留学、上座部仏教のアビダルマを修めた後に須利耶蘇麻《スリヤソマ》と出会い大乗仏教に転向する。その後、後秦の国師となり8年間で２９４巻の仏教典籍を翻訳した。中でも大乗教典の真髄『妙法蓮華経』を漢訳し後代に大きな影響を与えた。

生誕の地・亀茲国のスバシ故城
現在のクチャにある仏教寺院遺跡。

妙法蓮華経　(写本)
羅什訳の法華経が最も広く読まれた。

涼州 (武威) の羅什寺塔
羅什は 18 年間涼州に住んだ。訳が正しければ舌が焼けないという遺言のとおり焼けなかった舌を納めた塔。

カラクリ湖とパミール高原
ここから峠を越えインドに留学し、小乗経の階位をおさめた。

カシュガルのモル仏塔
インド留学の帰途スリヤソマと出会い大乗仏教に開眼。

敦煌 白馬塔
羅什が長安に向う途中死んだ愛馬を供養した塔。後代何度も修復された。

後秦の都 西安にある草土寺
皇帝姚興が建てた訳経場「逍遥園」の一角にある寺。

文化をともなって伝わってきた

ユーラシア大陸を横断するシルクロードは、様々な民族と国家を交流させ、交易品や学問、技術などが行き交った。仏教もまた、シルクロードの様々な民族の歌や舞踊とともに伝えられた。

敦煌莫高窟の壁画に描かれた
優美な「反弾琵琶舞」による妓楽供養

６人の楽天が天衣をひるがえして舞っている。大乗仏教は、インドからシルクロードのオアシスを経て東へと流伝していく際に様々な民族の歌や舞踊、楽器とともに伝えられた。

鳩摩羅什の故郷クチャ出土の舎利容器

人面・獣面をかぶった舞人、大太鼓・箜篌・角笛などを演奏する楽人によるパレードが描かれている。

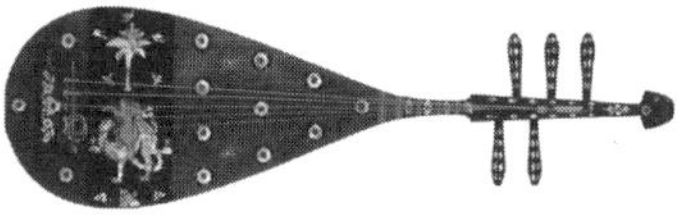

日本・正倉院に伝わる「五絃琵琶」

胴には貝殻や鼈甲による螺鈿細工でラクダに乗って琵琶を弾く人物，熱帯樹、鳥が描かれている。

大同・雲崗石窟第十二窟の立体彫刻「音楽窟」

弦・管・打楽器など 14 種類 47 点の楽器を演奏する妓楽天像が刻まれている。

敦煌莫高窟壁画に描かれた法華経

敦煌は古来、シルクロードの重要な中継地であり、様々な民族が居住する国際都市として栄えた。仏教が西域から中国に伝わる玄関口としても重要な役割を担った。この敦煌の莫高窟には、仏教、特に法華経の教えが多くの壁画として描かれている。

敦煌莫高窟 23 窟　法華経見宝塔品第十一　「虚空会」（盛唐８世紀）

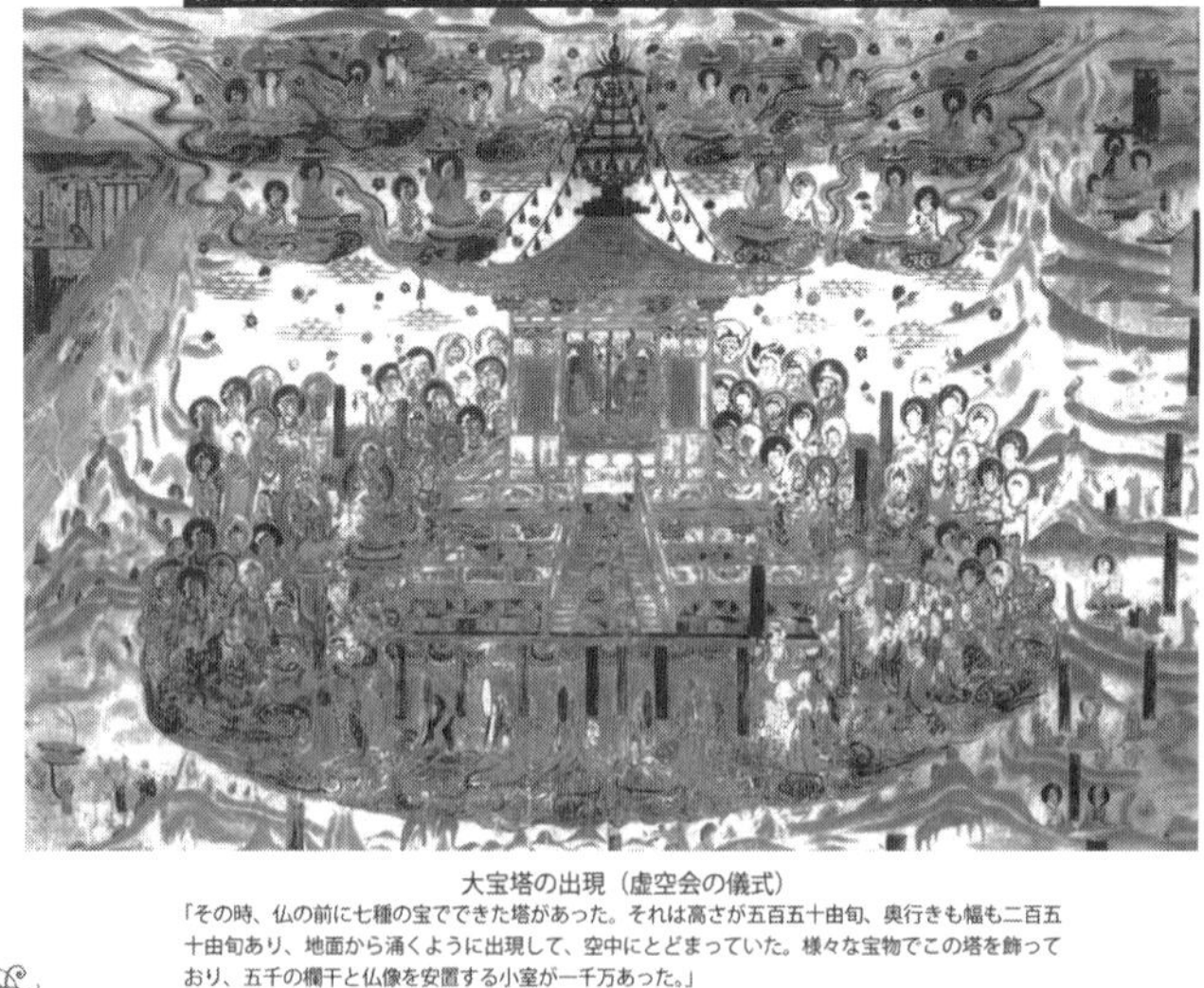

大宝塔の出現（虚空会の儀式）

「その時、仏の前に七種の宝でできた塔があった。それは高さが五百五十由旬、奥行きも幅も二百五十由旬あり、地面から涌くように出現して、空中にとどまっていた。様々な宝物でこの塔を飾っており、五千の欄干と仏像を安置する小室が一千万あった。」

中国からインドへ求法の旅

3世紀から7世紀にかけて「釈尊生誕の地・天竺」で本格的に仏教を研鑽したい、仏典を持ち帰り翻訳したい」と命がけの旅を志す中国僧が多数出た。その代表が法顕・玄奘・義浄で、3人とも多くの経典を持ち帰るとともに旅行記も残した。

法顕（339-420）
＜仏国記＞

60 歳から律の完本を求めて陸路インドに向い、タクラマカン砂漠・祁連山脈を越え、盗賊に襲われるなど艱難を極めてインドに到達。多くの仏典を収集し、15 年後スリランカを経由して海路で帰朝した。

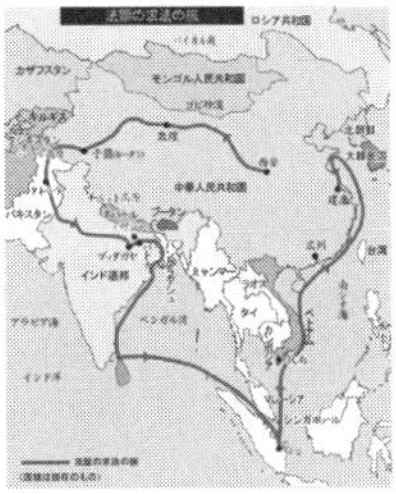

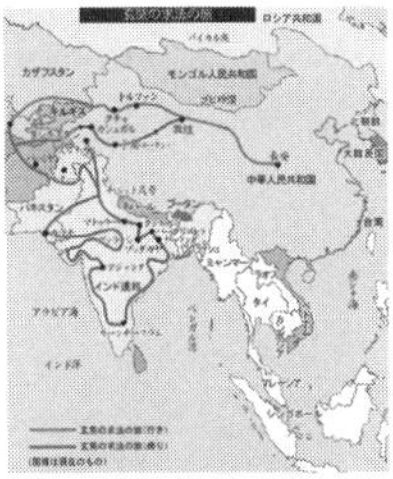

玄奘（602-664）
＜大唐西域記＞

629 年に国禁を犯して単身出国し、天山山脈、カラコルム山脈の難所を越えてインドに到達。ナーランダ寺で研鑽を積んで大量の経典を携えて 645 年に帰国。亡くなるまでの 19 年間に翻訳した経典は、1347 巻におよぶ。孫悟空の活躍で有名な「西遊記」の元本。

義浄（635-713）
＜南海寄記帰内法伝＞

671 年、仏跡参拝と「経」「律」「論」を求めて広州から海路でインドに渡る。三十余国を歴訪し再び海路で 695 年に帰国。多くの梵本を持ち帰った。帰国後は「律」を中心として多くの仏典を漢訳した。

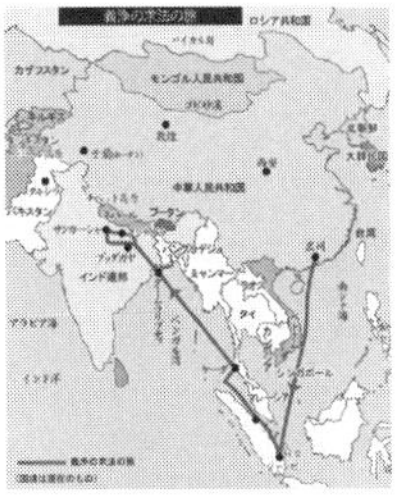

法華経を解明し体系化　天台・妙楽

2～3世紀頃、インドの仏教学者 竜樹の『大智度論』などの中観思想が中国にもたらされ、中国南北朝時代の慧文・慧思を受け継いだ智顗が法華経の教義の体系化を図った。現在の浙江省東部の天台山国清寺で思索し、独自の五時八教説を立て、理論と実践の両面から仏教思想を再整理し、法華経の真髄を一念三千であると示した。

天台大師 智顗　(538-597)

慧思がはじめて智顗と出会った時「あなたとは、仏陀が霊鷲山で『法華経』を説かれた時、共に同じ席で聞いていた」と、その〝再会〟を喜んだという逸話が残されている。智顗は天台山に拠って修行を重ね、悟りを開いたことから智者大師、天台大師と呼ばれ、そこから天台宗よばれるようになった。

智顗の法華経解釈の講義内容を門人の章安が筆録整理したものが「天台三大部」で、①法華経の奥深い意義を総論する『法華玄義』、②法華経の経文を天台独自の教義で解釈した『法華文句』、③法華経の根本義として諸法実相、一念三千を示しそれに基づく修行法を示した『摩訶止観』よりなる。

天台三大部
それぞれ６冊ある

妙楽大師 湛然　(711-782)

荊渓湛然は生家は儒教を奉ずる家柄だったが、早くから仏教を志向し、17 歳の時に仏教、とりわけ天台教義を修学。20 歳の時に左渓玄朗に入門し、出家前にその奥義を受けた。38 歳で出家、以後、更に研鑽に勤め、天宝 13 年（754 年）に玄朗が没すると、その継嗣として、天台宗門の再興に尽力した。当時の華厳宗・法相宗・禅宗など、勢いの盛んな宗派を論破し、智顗の天台三大部の注釈書「法華文句記」「法華玄義釈籤」「止観輔行伝弘決」を著した。天台中興の祖と称せられる。

天台山 国清寺
中央奥が随塔（経蔵）

中国から朝鮮半島へ

見宝塔品第十一に説かれる釈迦如来と多宝如来が並んで坐る「二仏並坐」。釈迦如来が人々に向って法華経を説いていると、巨大で豪華な宝塔が大地から涌現して空中に浮かび、その中にいた多宝如来が法華経の説法は真実であることを証明。釈迦如来を宝塔に招き入れ半坐を与える。釈迦如来は結跏趺坐して並んで坐る。この「二仏並坐」は、各地で造像されてきた。

敦煌莫高窟の二仏並坐

259 窟、北魏時代（465-500）に制作

洛陽の龍門石窟や日本の飛鳥時代へと連なる仏教様式である。

韓国慶州の仏国寺の二仏並坐

新羅全盛時代の 751 年に、理想的な仏国土を再現するべく創建。本殿（大雄殿）前に釈迦塔と多宝塔が向き合って建っている。

釈迦塔

多宝塔

中国、朝鮮半島から日本へ

仏教の日本への公伝は、538年百済からとされるが、それ以前から渡来人とともに海を渡ってきていた。仏教は推古天皇の時代から聖徳太子、蘇我氏らによって摂取され、その後の日本の文化・政治・社会に絶大な影響を与えた。奈良時代には出家制度確立のため授戒できる僧（鑑真）を招請。東大寺に戒壇が設けられた。

鑑真　航路図

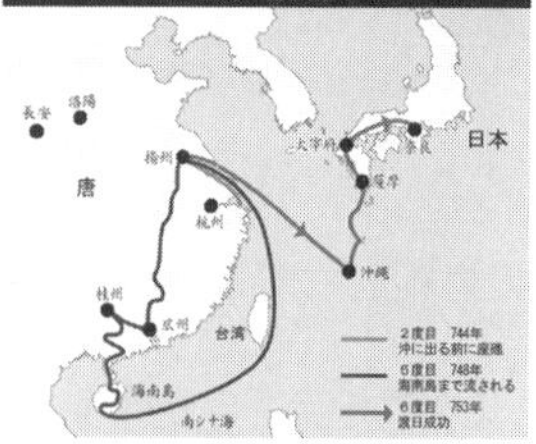

鑑真は６度渡航を試みたが、３度は密告により、２度は沈没等で失敗。

朝鮮半島から日本への仏教伝来

朝鮮半島の三国時代に、百済の聖明王が欽明天皇にあてて仏像一体と経典を送った（552 年）。

鑑真和上坐像

正式な戒壇制度を伝えるとともに、天台（智顗）の三大部も携えてきた。

菩薩半跏像（７世紀）

朝鮮・三国時代

弥勒菩薩半跏像（７世紀）

日本・飛鳥時代または奈良時代

日本の天台法華宗を開く 最澄（伝教大師）

最澄は、七六七年近江国に生まれ、七八五年に東大寺で具足戒を受け僧となった。比叡山で修行を始め、鑑真がもたらした天台三大部を学び天台の思想に傾倒。八〇四年に遣唐使船で中国に留学。天台山に赴き、妙楽大師湛然の弟子道邃と行満から多くの天台宗文献を得て、帰国。その後、大乗戒壇の建立を切願し生涯朝廷に働きかけた。

遣唐使船で中国に渡り、中国天台宗の教えを日本に持ち帰った。
当時帆船での中国渡航は命がけで、4艘で出発したうち2艘しかたどり着かなかった。

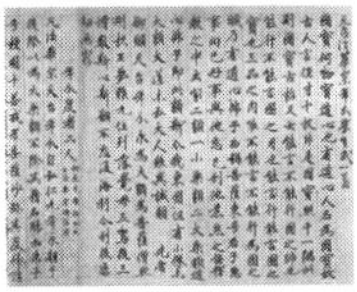

最澄直筆 「山家学生式」
修行者の規則。「道心ある人を名付けて国宝となす」とある。

法相宗の徳一との5～6年におよぶ「三一権実論争」で、法華一乗の立場から、すべての人が成仏できると主張した。また、『法華秀句』を著し、法華経が歴劫修行の経ではなく、即身成仏の経であり、最も優れた経典であると主張した。

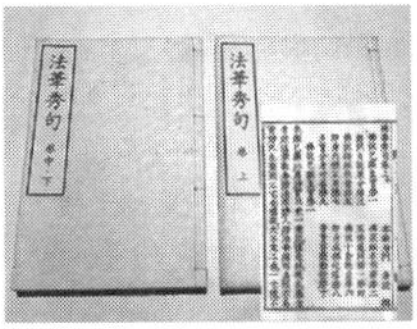

伝教大師 最澄（767-822）

比叡山延暦寺
最澄の開創以来、高野山金剛峯寺とならんで平安仏教の中心で、天台法華の教えのほか、密教、禅（止観）、念仏も行なわれ仏教の総合大学の様相を呈し、平安時代には皇室や貴族の尊崇を得て大きな力を持った。特に密教による加持祈祷は平安貴族の支持を集め、真言宗の東寺の密教（東密）に対して延暦寺の密教は「台密」と呼ばれ覇を競った。

法華経文化の華開く 平安時代

仏教伝来の時から法華経は現世と来世の両方の利益を謳う経典として広く信仰を集めたが、平安時代には天台宗を中心に思想・文化・芸術・建築などに大きな影響を与え、善美を尽くした装飾経や和歌、今様、説話などにも取り上げられた。

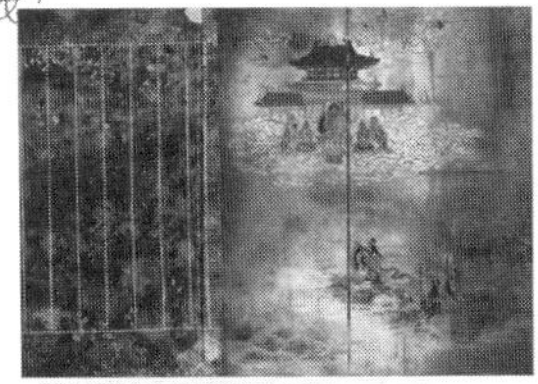

「平家納経」提婆達多品第十二
竜女の成仏が描かれている

平清盛が 1164 年に法華経・無量義経・観普賢経・阿弥陀経・般若心経計 32 巻を自筆の願文とともに平家一門の繁栄を願って厳島神社に奉納した装飾経が「平家納経」。女人成仏をはじめ万人成仏を説く「法華経」が平安時代の人々の信仰を集めた。

百人一首画帖 紫式部

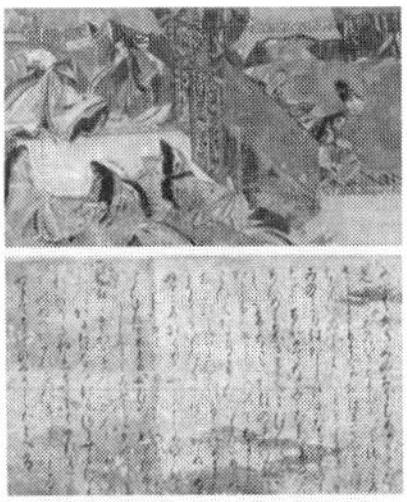

源氏物語絵巻 49 帖「宿木」と詞書

平安時代には法華八講などの行事が貴族社会で盛んに行われ、紫式部の「源氏物語」も天台教学が底流にあるという説がある。
扇面古写経にも法華経が書写され、その下絵は万葉集の判じ絵で経文の一部と関連づけられているという説もある。

「一字蓮台法華経」信解品第四
法華経の一文字一文字を仏と見立てて、文字の下に一つずつ「群青」「丹」「緑青」「銀泥」「金泥」などで彩色された蓮台を置いた装飾経。当時の人々が法華経の文言句句を深く尊崇したことがうかがえる。

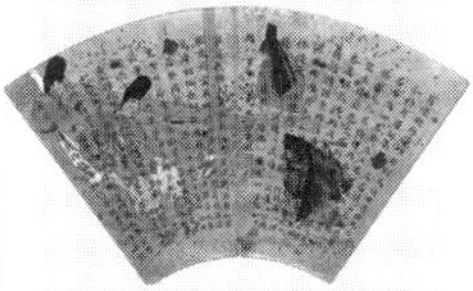

「扇面法華経冊子」陀羅尼品第二十六

「南無妙法蓮華経」を顕わした　日蓮

日蓮は、１２２２年安房国に生まれ、12歳頃から清澄寺に入り、道善房を師として16歳で出家。その後、鎌倉、京都、奈良などでの修行を経て、釈尊の教説で「法華経」が最高であると位置づけ、１２５３年に故郷で「南無妙法蓮華経」の唱題を信仰の根本として立宗を宣言。生涯に4度の大難（2度は流罪）を受けるも国家諫暁を続け、法華経を身読し、「法華経の行者」と称した。晩年身延に住し、多くの弟子を育成。１２８２年に池上で入滅。

日蓮（1222-1282）

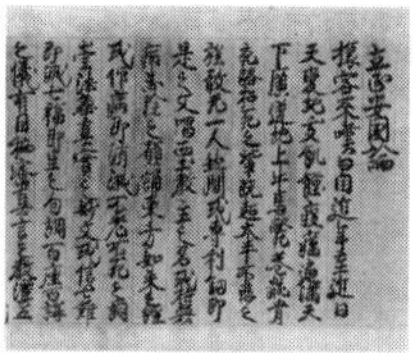

「立正安国論」
1260年、大震災・飢饉・疫病を契機に著述し北条時頼に提出。

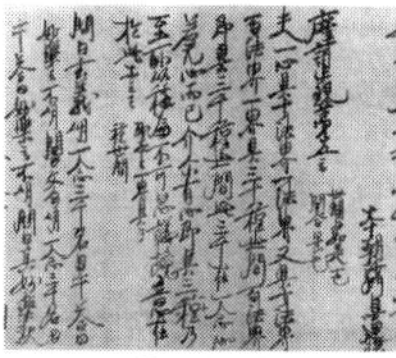

「観心本尊抄」
佐渡流罪中の1273年に著され、富木常忍に与えられた。

「大飢饉、疫病」に苦しむ民衆のありさまをを描いた挿絵。

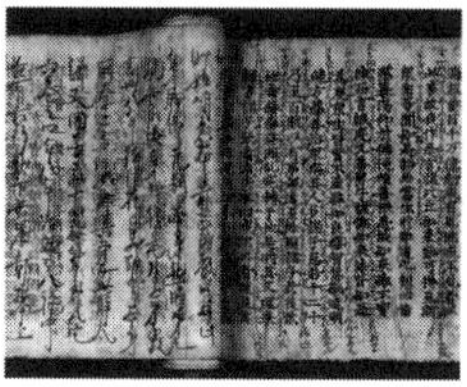

行間紙背に書き込んだ「注法華経」
春日本法華三部経に経典の要文や天台や妙楽などの注釈を書き込んだもの。著述や消息を書くときに用いたと推測される。

「竜の口法難」の際に松葉ケ谷の草庵を襲っているありさまをを描いた挿絵。

「シルクロード3000年の旅」パネル作成で参考にした資料本〝ガイドブック「法華経展」〟（公益財団法人東洋哲学研究所発行）

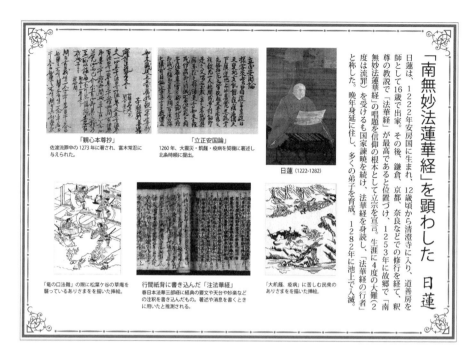

サンロータス版法華経『妙法蓮華経 開結』

制作参照文献

①底本『注法華経（開結共）日蓮自注十巻』

＊春日本「無量義経」「妙法蓮華経 八巻」「普賢経」の法華経全十巻が揃っている。その行間、天地、紙背に日蓮大聖人が自筆で約二七〇種の経典や論書からの文章を書き入れている。
＊欠行一行、「妙法蓮華経」序品第一2・26の冒頭「四衆欣仰 瞻仁及我世尊何故 放斯光明」は、②唐招提寺蔵『春日版定本法華経』、③延暦寺蔵『山家本法華経』を参照し補った

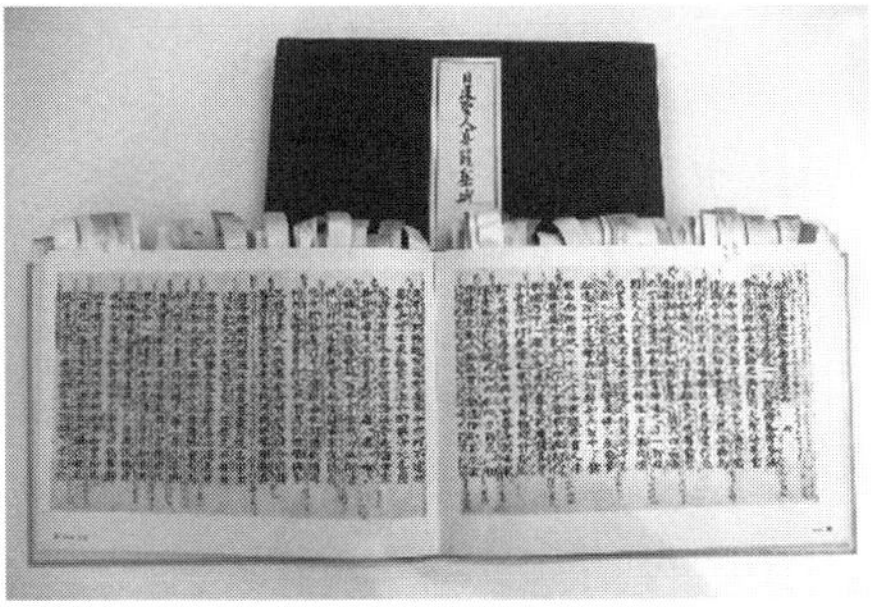

『日蓮聖人真蹟集成 第七巻』法蔵館 昭和五十二年（一九七七）六月二十五日発行

②唐招提寺蔵『春日版定本法華経』

＊春日本として知られる最古のものは、嘉禄元年（一二二五）の弘睿版だが、唐招提寺蔵は、第十五版まで刊行されたという「心性版」のうち、弘長三年（一二六三）心性第四度版「妙法蓮華経 八巻」。

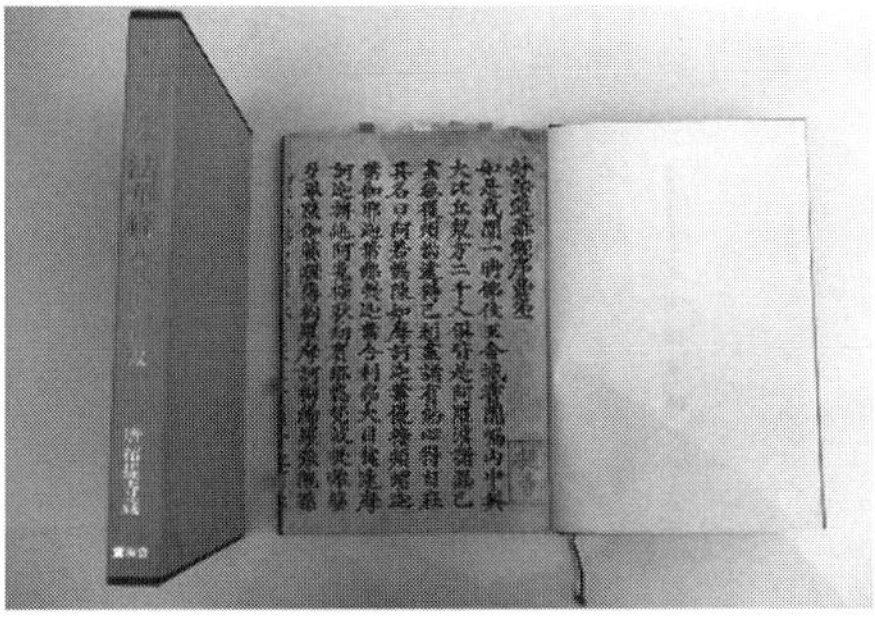

『敦煌目録対照 定本法華経八巻 春日版 唐招提寺蔵』霊友会 昭和五十三年（一九七八）十一月一日発行

③延暦寺蔵『山家本妙法蓮華経』

＊京都・芝金声堂発行の『漢和対照法華三部経』を底本とする、漢訳部分が明瞭な文献。「妙法蓮華経」二十八品全品の読誦を収録したDVD付き。

『実修 妙法蓮華経』わたしの家の宗教シリーズ 学習研究社 平成二十年（二〇〇八）八月十二日発行

④法隆寺伝来『細字法華経』

＊「妙法蓮華経」の中国長安で書写された七巻本。長行は一行三十二字、偈頌は一行八句で記されている。巻末奥書に「長寿三年六月一日抄訖写経人雍州長安県人李元恵於楊州敬告此経」とある。長寿三年は西暦六九四年に当たる。漢訳「妙法蓮華経」の全体を伝える最古の文献といえる。

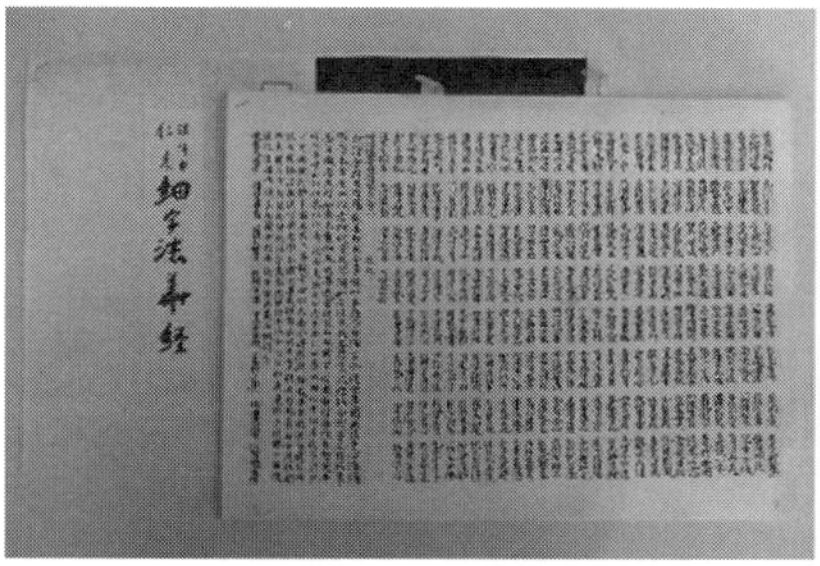

『国宝 法隆寺伝来 細字法華経』第一書房 昭和五十二年（一九七七）四月八日発行

⑤『平家納経』

＊平家納経は平清盛が、長寛二年（一一六四）九月一日の願文を添えて、厳島神社に奉納したもの。「妙法蓮華経」二十八品、開結の「無量義経」「普賢経」、さらに具経として「阿弥陀経」「般若心経」が納められている。

＊如来寿量品第十六の自我偈4・3の最後の一行「我復於彼中 為説無上法 汝等不聞此 但謂我滅度」の「彼中」が「海中」と書写されている。訓読すると「我復海の中に於て 為に無上の法を説く。汝等此れを聞かずして 但我滅度すと謂えり。」という不可解な点もある。

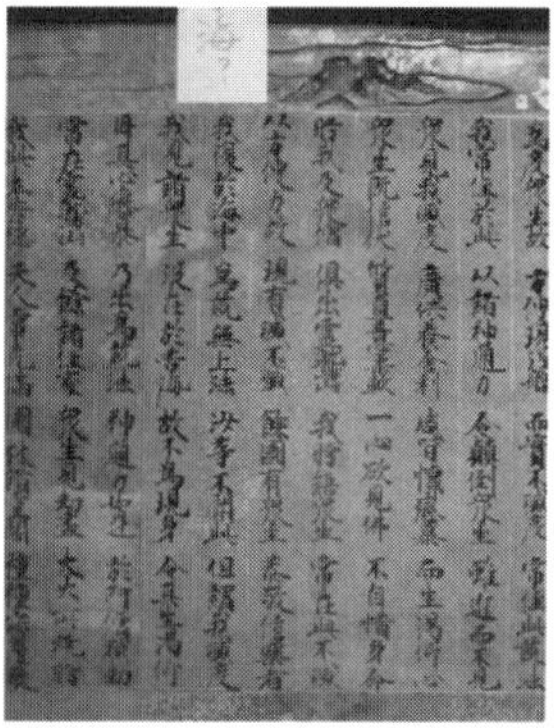

小松茂美著『平家納経の研究 図録編』講談社 昭和五十一年（一九七六）七月二十五日発行

⑥『法華経単字』

＊巻末に「保延二年三月十八日書寫了源實俊」とある。保延二年は西暦一一三六年。

＊「妙法蓮華経」に使われている漢字を品順に抽出し、片仮名で訓を加え、音をも片仮名で表記しているものが多い。法華経を資料とする音訓字書といえる。「一千七百五十六字」と記されている。

原装影印版古辭書叢刊 別巻『法華經單字』古辭書叢刊 昭和四十八年（一九七三）一月二十五日発行

⑦冠科本『妙法蓮華経』全七巻

＊中国・明代の「妙法蓮華経」七巻本。長行は一行二十字、偈頌は四字偈は一行四句、五字偈は一行三句に組まれている。漢文が中国語としてはどう区切られるかを参照した。偈頌にも句点が添えられている。

⑧『日相板法華経』

＊江戸元禄期の日相板法華経（「妙法蓮華経」）は全文仮名付きになっている。殊に「為」の字には添え字が付され、読み方が示されている。『法華經讀誦音義寶典』の巻末「五法華経の単字音について」には、一七四〇字が挙げられている。

河村孝照編著『法華經 讀誦音義 寶典』国書刊行会
昭和五十二年（一九七七）十二月二十日発行

⑨『妙法蓮華経講義』全八巻

＊「妙法蓮華経」八巻の講義を各巻一冊に纏められている。明治期になって初めての本格的な法華経講義といえる。第一巻には講義前に大部の「妙法蓮華経二十八品節目」「法華経講義索引」「要文」の目次が付されている。

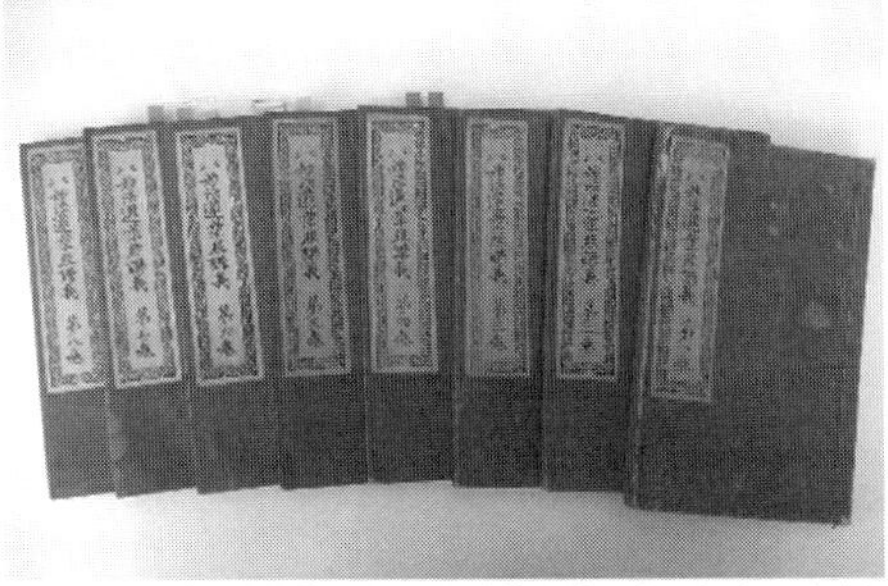

織田得能著『妙法蓮華経講義』光融館 明治三十二年（一八九九）十一月三十日初版発行（序文等の日付は「明治三十二年三月」）

⑩『和譯法華経』

＊訓読ではなく本格的に「和訳」を試みたもの。著者の巻頭の文に「本經の譯文、及び脚註「語義」解釋の第一稿は（中略）青年作家として夙に令聞ある岡本霊華君の助筆に成る」とある。なお、大部になるこの版から一六〇頁を超える「法華経大意」や、「本文索引」「脚註索引」「文学索引」「法華経和歌百首」を省いた新潮文庫版が昭和十二年（一九三七）十二月二十日に発刊されている。

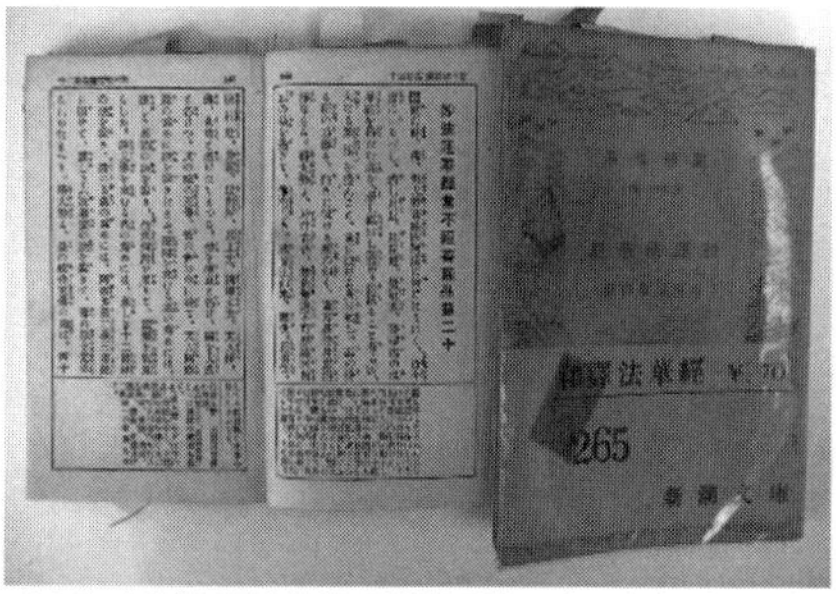

山川智應著『和譯法華経』新潮社 明治四十五年（一九一二）一月六日初版発行

⑪『國譯大蔵経 経部第一巻』

＊大正、昭和初期に一番読まれた法華経といわれる。法華経三部と浄土三部経が収録されている。詳しい「解題」の後に「科段」を載せ、訓読の本文中に「語釈」を組み入れ、巻末に「漢訳原文」を収録している。

⑫『大正新脩大蔵経 第九巻 法華部全華厳部上』

国民文庫刊行会編『國譯大蔵経 経部第一巻』大正六年（一九一七）六月二十日発行（昭和四十九年（一九七四）六月二十五日復刻版発行）

大正新脩大蔵経刊行會 大正十四年（一九二五）七月十五日発行

⑬『法華経一字索引 付開結二経』

＊既存の、法華経要語索引、章句索引と異なり、初めての一字索引。熟語索引も兼ねる、法華経研鑽に必携といえる。

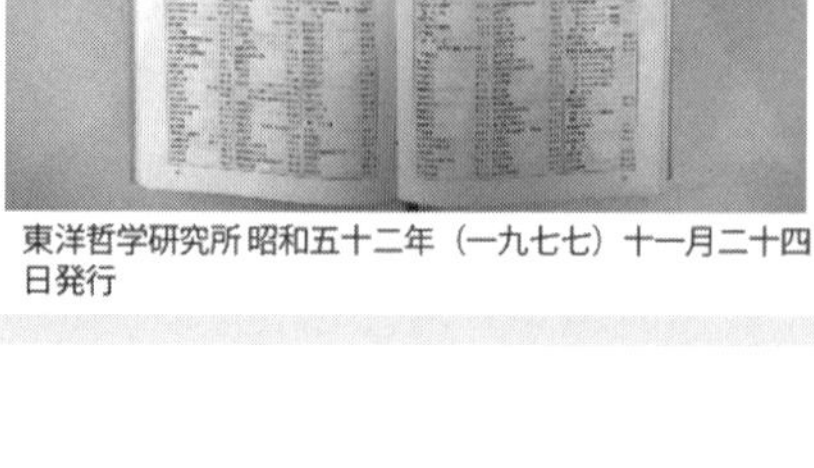

東洋哲学研究所 昭和五十二年（一九七七）十一月二十四日発行

対談　法華経と呼吸法

日蓮法華宗　蓮華寺無心庵　住職　松本　修明
声楽家・芸術プロデューサー・「一《いっ》の会」主催　大野　一道

2023年（令和5年）8月22日　於：蓮華寺無心庵（滋賀県大津市）

対談内容は、多岐に渡りましたが、ここではテーマに沿う部分を抜粋して掲載しました。なお、対談当日は、車両による送迎を東海医療グループ会長の西畑　靖《おさむ》氏にしていただきました。ここに厚く御礼申し上げます。

『口伝文書』を蘇らせる

竹岡　まず、松本修明《しゅうみょう》先生をご紹介します。

前提として申し上げますと、私どもサンロータス研究所の制作した『法華経（妙法蓮華経　開結）』は、日蓮大聖人が用いられたものを現代に蘇らせようとするものでした。

日蓮大聖人は、『法華経』を中心に世の中を変えようとされ、生涯にわたって『法華経』を講義

対談風景　蓮華寺無心庵（滋賀県大津市）　右から松本先生、大野先生、竹岡

されました。日蓮大聖人は晩年、山梨県の身延にこもって後世のために弟子を育てられ、その生涯の最後の段階で、15人程度の弟子に『法華経』のエキスを講義されます。『法華経』をどう見るか、また、天台宗とわれわれではどう違うのか、弘めようとしている本来の『法華経』とはどういうものなのか、実に柔軟に、実にきめ細かく、しかも本質を突いて、これ以上の本質はないという短い言葉を使って講義されるのですが、それを直弟子である日興《にっこう》上人が『御義口伝』としてまとめられます。

残念なことにそれらは完全には残っておらず、弟子のそれぞれが残したものが、いくつかの系統に分かれて断片的に伝えられるなか、原本は残っていないのですが、代々受け継がれて最終段階と思われるものが、静岡県富士宮市の今の西山本門寺に伝わっていることがわかってきました。日興上人が晩年を過ごされたのは重須《おもす》談所、今の北山本門寺ですが、西山は日興上人の弟子、日代《にちだい》上人の創建です。

この西山本門寺に、様々な経緯ののちたどり着かれ、時の貫首から認められて、その『御義口伝』を相伝されて、これを世に現す作業を進めておられるのが、松本修明先生です。

松本　今、言われた『御義口伝』ですが、これは正しくは『口伝文書』と言います。興尊（日興上人）がまとめられたのが『口伝文書』で、それを興尊が北山で講義されたのを弟子の一人であった要法寺（京都）の日尊《にちぞん》上人が筆録した受講メモを原本にしたのが『御義口伝』です。それに後代、一部加筆等がなされて今日に至っています。

『口伝文書』と『御義口伝』では、教師の講義用教本と生徒の受講メモほどの違いがあります。

竹岡　なるほど。先生は、西山に伝わるその『口伝文書』をもとに、昨年（2022年〈令和4年〉）、『法華玄義口決』全5巻（国書刊行会）を、今年には『法華文句口決』全6巻（同前）をまとめられました。何が素晴らしいかといえば、日蓮大聖人が魂を込めて伝えられ、弟子の日興上人が耳で聞いたものを残されて、それを見事に蘇らせたということです。

松本　『口決文書』がどういう構造で出来ているかを申しますと、最初に経文が載っています。それから、その経文を天台大師が解釈し、次に妙楽大師が補足し、続いて伝教大師が解釈し、語注や注記がいろいろあった後、最後に日蓮聖人の解釈が載っています。

つまり、先哲の見解を載せて、最終的に、これが結論ですと、なっています。

大事なのは、時代性です。天台大師の時代は、像法時代です。日蓮聖人の時代は、末法の時代です。そうすると対告衆、相手になる衆生が違います。時代が違って衆生が違うから、解釈が違ってきます。解釈を変えず、天台大師の時代のままではダメなのです。釈尊が予言しています。自分が亡くなった後、末法という時代が来て、その時は、こうしなさいと仰《おっしゃ》っている。それを復元しています。

法華経の修行論は、天台大師の『摩訶止観《まかしかん》』という文献に説いてあります。止観を基にした座禅は、臨済宗、曹洞宗もやっていますが、それは自分自身のための修行であるのに対して、仏教の本質は衆生救済がテーマですから、覚りがテーマでなくて救済がテーマですから、それを考えると、自分だけの修行をしていては十分ではないのです。自分と他と、同時に救済されないと意味がない。そうすると、修行論が変わってきます。難しいことでなくていい。お題目を唱えることです。

実は、お題目を唱えるのはインドの釈尊以前からあったことで、それを修行として繰り返し唱えるようにしたのが日蓮聖人です。

叡山代替わり慶祝行事で歌曲を披露

竹岡　一方、大野一道《かずみち》先生は、音楽家であり、プロデューサーでもあります。兵庫県生まれで、大阪音楽大学大学院で歌劇専攻と歌曲専攻を修了され、日本の声楽界、草分けの大家、木下保《たもつ》氏の最後のお弟子でもあります。自作自演の一人芝居、モノオペラやテーマリサイタルなど、常に音楽創造の先端を担い、日本の深き本質を踏まえた演奏表現や創作活動を国内外に発信して来られました。１９９６年（平成8年）には、ドイツ、トロフォン社より日本語による日本歌曲を発信されました。

このように大野先生は、日本の魂を日本語で世界に発信しようと活動されている芸術家ですが、加えて、日本古来の絵画から書からお茶から、自ら体験をしながら日本の良さを発信しようとされておられます。

２００９年（平成21年）秋には、私が呼びかけて、三浦雄一郎さんのご子息の三浦豪太さんをリーダーに、12名でアンチエイジング（抗加齢）をテーマにネパールのエベレスト街道のトレッキング・ツアーを行ないました。その旅には、芸術（美術・音楽）、ＩＴ（情報技術）、医学、サプリメント等、多彩な専門家が参加されたのですが、そのお一人が大野先生でした。

先生には、旅の中で二度、日本の歌のリサイタルをしていただきました。日本人の宮原巍《たかし》さんが造られた標高３８８０メートルにあるエベレスト・ビュー・ホテル近くにあって、エベレスト初登頂のエドモンド・ヒラリー卿の寄付によって創立されたクムジュン村のヒラリー・スクールと、カトマンズの、これも宮原さんが造られたホテル・ヒマラヤにおいてでした。ネパールで聞かせていただいた日本の歌は格別のもので、私もそうですが、聴衆に深い感動を呼び起こしました。

そして、昨年5月のことですが、天台宗の総本山である比叡山延暦寺の座主が代替わりの際に、公式の慶祝行事においてお歌を披露されました。大変に新猊下（大樹孝啓《おおきこうけい》第二五八世座主）がお喜びになったと伺っています。

松本　それは、どういう経緯でされたものですか。

大野　大樹座主は、播磨（兵庫県）の書寫山圓教寺《しょしゃざんえんぎょうじ》の長吏《ちょうり》（座主）だった方で、私と同郷です。第二五三世の山田恵諦《えたい》天台座主も播磨ご出身で、やはりご縁がありました。播磨は聖徳太子以来の仏縁の地ですので、歴史的に有名な宗教者を多く輩出しています。松本先生との今日の対談もそうですが、私は仏教と縁がことさら深いように感じています。

松本　そうですか、そういったご縁があったのですね。

大野　大樹座主に初めてお会いしたのは二十年近く前のことです。播磨の財界を代表する友人の自宅で毎月、日本の美と精神を学ぶ講座を十年以上続けました。

その友人から「姫路のＦＭラジオで、中身のある番組を制作してほしい」という依頼があり、姫路市長と同市商工会議所会頭と当時、書寫山の長吏でいらした大樹孝啓師との対談、三回シリーズを企画したのです。その後、何度も書寫山に伺い、私のリサイタルを聴きに来てくださったこともありました。長らくのご無沙汰でしたが、十数年ぶりに突然お電話をいただき、「以前にお聴きしたあなたの歌が心に残っていて、他は考えられないので、ぜひ歌って頂きたいのです」と仰ってくださり、伝統相承の祝賀会で歌わせていただいたのです。

祝賀会ではアインシュタインの言葉を引用して「科学の及ばぬところを満たすものは仏教以外にないのではないでしょうか、調和の未来に向けて仏教の果たす役割はとても大きい……」と述べ、歌唱を読経と同次元に捉えていることを伝えて、座主のお好きな日本の歌とシューベルトの「菩提樹」をドイツ語で歌い、大変喜んでいただきました。（＊「現代科学が必要としているものに応える宗教があるとすれば、それは仏教だろう」等とある（林一《はじめ》訳、ヘレン・デュカス、バネシュ・ホフマン編著『素顔のアインシュタイン』東京図書　１９９１年）参照）

松本　座主は、モダンな方なんですね。

大野　そうです、繊細な感性と、おおらかなお心を併せ持つ大人《たいじん》です。その後、書寫山と坂本（滋賀県大津市）の恵日院《えにちいん》でもお会いしたのですが、本当に音楽がお好きで「気がついたら歌を口ずさんでいる」と仰っていました。

竹岡　私は、そのお話をお聞きしたので「私どもの法華経を一冊、猊下に届けてください」とお願いして、実際に届けていただきました。

大野　ええ、直接手渡しました。「この本はとても良くできていますね。いつも座右に置いているんですよ」と大変喜んでおられました。

呼吸法について

松本　大野先生が資料としてお送りくださった文章を読ませていただいて、大変、感じるところがありました。そのなかで、真言の呼吸法に触れておられますが、「阿字観《あじかん》」「阿息観《あそくかん》」といいますが、あれは、天台の教えからの転用です。

大野　ああ、そうなんですね。『聲字実相義《しょうじじっそうぎ》』（弘法大師の著作　音声と文字が宇宙の真理を示現すると論じる）のことは仁和寺の大僧正で書家の周藤苔仙師から聴きました。声楽家の私は、自然な声とは何かを考え続け、声は自分自身の「在りよう」をそのままに映すと捉えていましたので、納得がいきました（「在りよう」を心と体と意識の関係性と定義）。

私は声楽家ですから、イタリアのベルカントやドイツの近代発声を学んだわけですが、西洋の発声法は日本語の表現に適しているとは言えません。西洋の言語と日本語が本質的に異なるので、西洋の言語の表現に適した発声法は日本語の表現に合わないのです。西洋の文章は常に「私」から始まりますが、日本語は「私」を言わなくても成立します。それは、西洋の言語が個人の感情や考えを説明する言葉であるのに対して、日本語が心を伝える言葉だからです。

正しく発せられた日本語は心と心を結ぶ役割を果たします。発する言葉が心をそのままに映して現れれば、聴き手に心が届きます。心と声が一つに繋がるためには、子供の頃のように心と体が解放されていなければなりません。そう考えて、心と体と意識が自在になって調和する「在《あ》りよう」自然体に返る為の修練法を求め続け、「内観共振法」「母音空間法」に到りました。

松本　自然呼吸が最も大切ということですか。人間の自然の呼吸法というのは、鼻から吸って、口から出すということです。しかも、単なるガス交換ではありません。それが釈尊の結論です。釈尊は、呼吸法を何種類も研究しています。

釈尊は出家後の６年間、あらゆる難行苦行をされましたが、それでは覚りを得られない、体をいじめる修行では真実は得られないとわかって、苦行をやめて菩提樹の下に座禅を組み、あるいは樹の回りを巡り歩きます。それで、何をやったかというと、呼吸法の研究です。

大野　なるほど、納得がいきます。二つの修練法に加えて私は、歴史も文化も宗教も違う日本人が、何百年も前に作られた西洋音楽を学び、演奏する意味がどこにあるのかという命題を、音楽大学に入った当初からずっと考え続けました。

松本　それぞれの民族性がありますからね。例えば、キーの問題。中国人はキーが高いじゃないですか。そのキーのままを仏教の声明《しょうみょう》に転用しても日本人には合わないので、日本人用にアレンジしなくてはなりません。つまり、自然であるために、地勢学的に異なっている各民族に合った音域や発声法があって然るべきなのです。そのことに気がついている人は少ないと思います。ですから大野先生の疑問は、卓見でしょう。

大野　誰もが、西洋音楽を表現するには西洋に学ぶしかないと思い込んで疑わない中で、私は日本人の立場からの演奏表現を確立すべく求め続けました。その結果、東西の本質世界の相違が明らかになり、心と体が自由に働く本来の自然体に戻り到れば、日本の言葉も西洋の言葉も、どちらも自在に表現できるというに解に行き着いたのです。

竹岡　今、両先生から呼吸法に関するお話がされましたが、ここで、紹介したい本があります。
　私は以前から、ベトナム生まれの仏教僧ティク・ナット・ハンの著作『沈黙　雑音まみれの世界のなかの静寂のちから』（春秋社　２０２１年）と『イエスとブッダ　いのちに帰る』（同前　２０１６

年）の2冊を愛読しています。ともに翻訳は池田久代さんという方です。

そのうちの1冊『沈黙』に、「呼吸と体が一体となると、失念（フォゲットフルネス）ではなく、正念（マインドフルネス）の生活が実現できるのです」と、ありました。

さらに本の中では、「呼吸」という古代タイの詩集の最終連から、次の一節が引用されています。

「息を吸い　果てしない空間になる／目論見も　荷物もおろして／息を吐き　虚空をわたる／月となり　自由になる」

併せてティク・ナット・ハンの詩の中に、非常に興味深い一節があります。一部を紹介しますと、

「息を吸いながら、吸う息に気づく／息を吐きながら、吐く息に気づく／息を吸いながら、私は花／息を吐きながら、私は爽やか／息を吸いながら、私は山／息を吸いながら、私はゆるぎない／息を吸いながら、私は静かな水面《みなも》／息を吐きながら、あるがままに映しだす／息を吸いながら、私は空間／息を吐きながら、私は自由」と、あります。

これらは、呼吸を大変に深い境地から捉えていると思いましたので、ここで紹介いたしました。

（対談後のこと、批評家若松英輔氏の『日経』のコラム「言葉のちから」、２０２３年〔令和5年〕9月2日付、「マインドフルネスを生きる」と題する文章で、この『沈黙』を取り上げた上で、「伝統的な宗教はどれも呼吸を重んじる。呼吸を深く感じ直すことは、そのまま聖なるものとの出会いにつながると説く。キリスト教における聖霊を意味するギリシア語「プネウマ」は風、そして息という意味を合わせ持つ」と、注目すべき言説がありました）

仏教の呼吸法

松本　釈尊が呼吸法に気付かれ、その呼吸法の相伝が代々受け継がれてきたのを天台大師が数息観《すそくかん》として整理したものを、われわれは使っています。その数息観が、真言では阿息観とされました。ですから、一つの見方から言えば、数息観こそが釈尊の覚りであることになります。仏道修行の究極は呼吸法とそれに付随した智慧の働きだと言えます。

仏教呼吸法というのは最も自然な呼吸法で、ちょっと息を長くするために意識するくらいで、吐ききるときに丹田《たんでん》をへこませますから、それを意識する。それ以外は自然のままです。

それで、お経を読むとか、お題目を唱えたりするときに、その呼吸法を実践することが重要となります。それが仏を讃嘆する形になって、声明という形になって、仏教音楽が生まれ、それから世間の歌舞音曲になっていきました。いわゆる謡曲や長唄は長行（散文形式）の読み方、端唄や小唄は偈文（韻文形式）の読み方を、それぞれ依用しています。

自然な声とは

大野　よくわかりました。方法論から入っても「在りよう」（心と体と意識の関係性）が自然の理に叶えば、方法論を超えて自然呼吸が身につくということですね。

私のところに杵屋《きねや》（長唄）の家元が学びに来ています。西洋音楽を歌う声楽家の私に、なぜ日本伝統の長唄の指導ができるのか不思議に思われるでしょうが、特別なことをやっているわけではありません。向かい合うと、その人の意識の所在と「氣」の流れが観えますし、声は「在りよう」をそのままに映して響きます。自然の摂理に叶う観点と視座が定まれば声や表現の偏りの状態が観えるので、不自然を自然に返すことはそう難しいことではありません。

私の考案した「内観共振法」を用いれば、心を解放して、心と体が調和する自然な「在りよう」に整い、その人本来の自然な声が出るようになります。原点は「聲《こえ》は出すものではなく、出るもの」という発想、「生きているのではなく生かされて在る」という存在の真理です。

松本　外から来たという捉え方と、自分から出すという捉え方、その違いはありますが、本質は同じです。先生は、仏教の本質をモダンに表現されているのだと思います。

大野　あらかじめお送りいただいたご著書（『日本仏教』東京ライフデザインアカデミー発行２００６年）によると、松本先生は、東邦大学医学部の統合生理学の先生（有田秀穂《ひでほ》教授〔当時〕）と、いろんな宗派の方々の呼吸法の違いを明らかにされたようですね。

松本　そのほかに、スポーツ選手、洋楽、邦楽の専門家の呼吸法も研究しました。

大野　存在の真理に照らせば、声は出すものではなく、自然に出るものであると云うこと。自然な声は心に全身が反応して現れます、子供や自然界の動物たちを観ればそれが解ります。赤ちゃんは内面に感じて全身反応で声を発するので、心と声が一体に響きます。鶯の声が森中に響き渡り、蟬の声が心に深く染み入るのは体全体が共振しているからです。私たち、人間の身体はこんなに大きいのですから、限りなく響く声が出るはずですが、なかなかそうはいきません。私は、その理由を自然と人為、即ち「一《いっ》」と二元の関係性で捉え「内観共振法」と「母音空間法」を考案したのです。端的に言えば人為は二元、自然は「一」です。

人為とは人が為すこと、意識が心に先行する行為のことです。人と為を合わせると「偽」です。何千年の昔、漢字を発明した中国では、人為、人が為すことは自然に叶わぬと知っていたのです。人為には限界がありますが、自然は宇宙に通じて無限です。小鳥や虫たちのように「在りよう」が宇宙の法に叶えば、声に限らず総てのことが無限の可能性に満ちるということでしょう。

自然とは「本有無作」

松本　仏教では、今言われている、自然なことを「本有無作」といいます。もともと存在するものということで、そのことに気が付くのが仏だということになります。

全部、人間がやったことは「有作」で、作為的にやったことに対して、そうでないのが「無作」です。

大野　二元は人為「一」は自然と述べましたが、「有作」、即ち人為は二元、個の視点から始めると元が二つに分かれ、何処まで行っても「一」に到りません。今の世界がそうですが、人間中心に展開する二元の営みは自他を分かち、力関係が生じて対立を生み、どこまでもエスカレートします。

対して、「在りよう」が本来の自然に整い、行為行動が自然の摂理、宇宙の法に叶えば「一」、自然と人間の調和する平和な世界が実現します。

松本 その二元の話は、仏法では「二諦《たい》論」といいます。諦は、「あきらめる」ということではなくて、「明確にする」という意味です。二諦論は、四諦論、三諦論、一諦論、無諦論へと昇果し、自然皆帰します。

大野 私は自然界と人間の営みの関係性を二重構造で捉えています。人間は自然界の内に、人類社会を営んでいるという意味です。本来、自然と人間は一体のものですが、人為的に諸事が展開すると自然と分かたれて人類社会が独走し、混乱が生じます。二重構造の営みが正しく機能するためには、自然の摂理に叶う「在りよう」が不可欠です。前述の両法によって「在りよう」が整います。

三諦即一

松本 自分たちの世界として認識しているのは、可視的な世界です。これを「仮諦《けたい》」といいます。それに対して自然の真理のことを「空《くう》」といいます。「空諦」です。それに、「仮諦」と「空諦」を繋ぐ智慧の働き、これを「中諦」といいます。

釈尊の経典『法華経』には、その三つが一つになって世界が成り立っているとあり、それを体系立てて説明した人が天台大師です。その中で「空」を中心にして「三即一」と言ったのが天台大師です。日蓮聖人の仏教観ではちょっと違っていて、言葉は同じ「三諦即一」ですが、「空」と「仮」を繋ぐ智慧の働き、つまり「中諦」が大事で、それで「三即一」の「中諦」が日蓮主義です。

大野 日蓮と天台は、よく似ているといえますね。

松本 底辺は同じです。三つが融合してはじめて成り立っている。例えば、見合いをするとき、経歴書が来ますね。相手の経歴が全部書いてある、それが「空諦」です。その後、相手と逢います。これが「仮諦」です。どっちで判断するか。両方を含めて判断するのが「中諦」です。

大野 「中庸」と「中諦」の違いは……。

松本 「中庸」は、中国の儒教の考え方です。それは折衷案です。「中諦」ではありません。言葉は似てはいますが、違います。

大野 ともかく「在りよう」が自然であれば、心と体と意識がそれぞれ自立し、調和して自在な声が出ると云うことです。このことは「三諦即一」に通じますね。

松本 声が出るということは、本質的にはまったく仏教の空仮中の三諦論と一緒です。声が「中諦」です。天台大師は「声、仏事をなす」（『法華玄義』）と言っています。声は特別に意識して作為的に出すのではなくて、「一切衆生の言語音声を経と云うなり」（同前）とあって、大野先生は現代的な表現をされていますが、「三即一如」という仏教の本質を言われていると思います。つまり、「一心三観」は天台学の急所ですが、それを体験されているということです。

空と無

大野　私は「空」「無」といった仏教用語をよく使うのですが、「内観共振法」の修練により内面が意識の束縛を放たれると、内面を抱く無限空間、自然界、宇宙との一体感が訪れます。それを「空間把握」と呼んでいるのですが、この感覚が正に「空」です。

「無」は「空」に於ける内面の状態です。

松本　それは「無」と「空」を混同しておられるように思います。「無」とは、本当に何も無いことです。「空」というのは、さっきから言われている作為を超えた世界です。「無」は有無相対観の一部、「空」は有無越趣の概念です。

大野　仏教では「無は何もないこと」ということになるのでしょうか。無いことは有ることとの裏返しですから二元です。

「内観共振法」で意識の束縛から内面を放てば、内面は内面を抱く外界（宇宙）と一体化し、氣に満ちています。この時、氣は出た分だけ入り、入った分だけ出るという自然循環を完結し、常に一定に満ちています。この状態が「一」です。「一」なれば宇宙の法に叶い、心と体は調和的に連動し、意識もまた自在に働きます。

「無」は宇宙の命の循環を完結した内面の状態であり、二元（人為）を包含して「一」を体現し得る「在りよう」ということです。

松本　それは、むしろ「中」というべきです。「中諦」です。「空」というのは普遍の真理で、それは観念です。

意識について

大野　松本先生のご著書には「意識」という言葉がたくさん出てきますね。「意識の束縛を放つとは内面を解放すること」と述べましたが、仏教で言う意識と私の言う意識の違いがわかりました。

松本　仏教には唯識という学問があって、心の有様を学びます。唯識学では心の奥にあるのが「意」で、もっと奥にあるのが「識」と説きます。

大野　「意」は心の奥にあるという唯識学の表現は体感に基づくものでしょう。納得が行きます。「母音空間法」の体感に基づくと「意」の音、「い」は指向性のある響きであり、額中央の空間（第六チャクラ＝第三の目）に共振して天地の氣軸に重なります。「意」が指向性を持ち、何ものかに交わると「意識」、意識が脳に記憶されると「認識」となり形態性を得ると文字の意味を解いています。

私は脳の認識を形態性の把握ないしは「形態把握」と呼んでいます。先ほどの空間性の把握「空間把握」に対する言葉です。「形態把握」は目に見える世界、「空間把握」は目に見えない世界に通じます。空間、形態に形を付けたのは、～～のようなものという意味です。「形」を付けることによって現象としての空間、形態を超えて無限性に通じ、量子論に叶います。今や、「目に見えるものは存在すると云えば存在するが、存在しないと言えば存在しない」というのが最先端の科学の解ですから。

松本 それは「八識」という考え方で説明されます。眼、耳、鼻、舌、身（触覚）、意（認識・推論）で六識、その内側に七識（無意識）、八識（深層意識）とあって、様々な行動を生じさせています。

大野 今、私が述べたことは考えではなく、体感したことの言語化です。

松本 それは、フィードバックしたらということで、それは「唯識論」です。「唯識論」の研究者が聞いたらびっくりしますよ。

大野 ああ、そうなんですね。

松本 実際にその専門家の方に会ったら「私も一心三観です」と、言ったらいいですよ。一つの心に「空」、「仮」、「中」の三つを観じるということです。

大野 なるほど、さすがに仏教は奥深いですね。

修行について

大野 ヨガや仏教では大変な修行をするようですが、特別な場所で特別なことをして何かを覚ったとしても、修行や修練が即、現実と繋がらなくては意味がないと思うのですが。

竹岡 仏教でも、特別な修行がなければ覚りが開けないというのは間違っていると言っています。

大野　西田幾多郎は若いころから、朝夕に座禅を欠かさなかったそうですが、結局は悟りに到らなかったと言っています。それは、哲学的思考に於いて、悟りとは何かをイメージしていたからではないでしょうか。悟りが真理、すなわち「一」の体感であるならば、本源である自然と人間の関係性をそのままに体感し、「空間把握」が成立する「在りよう」に整わねば「一」に到りません。心と体が意識の束縛を放たれてこそ、本来の自分が生きて自然と一体の「在りよう」、「一」に到る道理です。「一」なれば心と体と意識はそれぞれに自立し、調和的に連動します。二元は意識が先行して心と体が孤立し自由を失った状態です。

松本　仏教の修行を「戒・定・慧」といいますが、「戒」は戒律と呼ばれる仏数的軌範・仏数的秩序・仏教倫理の実践・遵守です。これが、近代の法律の基になっています。「定」は禅定のことで、心と体を安定させる修行です。そして「慧」は智慧を働かせること。それで何かを覚る、それで終わりではなくて、だからどうするかが問われるんです。

大野　「悟り」から真実の生への指向が始まるということですね。二元、人為は普遍性を欠くがゆえに分裂し、混乱し、崩壊する。だから仏教的規範に則り、心身の調和を図らねばならぬということですね。

松本　それを「解脱知見」といいます。「解脱」だけじゃダメなんです。「解脱知見」を持って行動せよという、それが仏教の「五成就観」といって、それが『法華経』の『開経（無量義経）』と『結経（佛説観普賢菩薩行法経）』に説かれています。その『開経』の解説をしたのが日本の伝教大師で、それは誰から習ったかというと、中国の天台宗の六代目妙楽大師の直弟道邃《どうずい》和尚で、その妙楽の教えを踏襲しているのが日蓮聖人です。

大野　内面が解放されて定まると「氣」を体感できるようになります。私は「二の会」で相国寺、清水寺や法隆寺、永観堂等で「遊美の集い」を企画しました。縄文以来の色々な時代の美術品で場創りをし、伝統の美と触れ合うことによって日本の本質を体感すべく、「二」の学びの場を提供して来たのですが、「場に身を置くだけで声が変わる」「ストレスが解消して心身が楽になる」と仰る方が多くいらっしゃいます。場の波動に同調して内面が自ずと解放して「聲」や姿に現れると云うことですが、それは極自然なことです。

松本　そういったこだわりからの解放は、仏教では成仏ということになりますが、それには、先ほど言った「戒・定・慧」の三つの働きをどうやって高めるかです。

大野　そのために、呼吸法を考えられたわけですね。

松本　自分で考えるといったって、時間がありませんから、追体験の合計が今の体系になっていますから、その質を高めるために教義学の勉強をさせるんです。それによって価値観がだんだん付いてきて、二元論ではダメだよ、煎じ詰めれば一つであると分かってくるわけです。

二元論について

大野　先ほども述べましたが、二元は人為、分けるということですが、自然界は全体と部分の関係性で一つに繋がっていて、不可分の「一」ですから、本来、分けられないものを分けるということになります。自然（全体）と人間（部分）の調和を実現するためには、二元と「一」の関係性を明らかにせねばなりません。

松本　区別と差別を混同しているんです。男女の区別は当然ある。それを差別するから問題になる。二元論で片付けようとするのは無理があります。

大野　差別は人為、即ち二元、区別は自然に叶った人為、「一」という事でしょう。人間は自然界の内に人類社会を営み、人間が人間を教育するわけですから、営みの現実が人間を中心に展開するのは当然のことと云えましょう。しかし、人間中心に営みが展開すると自然と乖離し、自他の対立が起こるので、お釈迦様は「一」を求め、自然と調和する「在りよう」を極められたのでしょう。

人間中心の営みの展開は自他を分かち、自然破壊に繋がりますが、「在りよう」が自然の摂理に叶えば、二元世界は全体（自然界）と部分（人類社会、或いは人間）の関係性を満たして正しく機能します。人為が自然の摂理に叶い、「一」が成るという道理です。

松本　それぞれの役割が集合してという考え方は、総別論といいます。「総は別を総し、別は総を別する」、妙楽大師が言った言葉です。総別論が、全体像と部分真理を理解する大事なキーワードです。

大野　部分だけでは成立しないと云うことですね。全体があってこその部分ですから。

松本　二元論だと部分論になってしまうんです。だから「三即一」に統合していくと、ここの究極にたどり着くはずで、それを、天台は「一心三観」という言葉で表現されたわけです。

私は、学校は元々、工学部なんですが、ある時期、洋哲を勉強しました。慶応の文学部で哲学、心理学を勉強したのです。そのときに、つくづく思いました。洋哲をいくらやったって二元論だと。

そもそも人間中心の二元論ですが、人間主義はキリスト教の言葉です。神を絶対に人間は越えられないから、その下で人間がナンバーワンだと。天台と比べたら全然問題になりません。でも、洋哲をやったことで、より仏教の深さがわかりましたから、やってよかったと思っています。

大野　私は西洋音楽を演奏する、その一方で古美術に没頭しました。何百年の煤けた梁の下で過ごした幼少期、まるで仙人のような血縁の文人画家の描く墨絵に魅了され、二十歳代から骨董屋通が絶えずして今に到るわけですが、縄文から今日に到る美の姿形《かたち》と向き合う内に、「一」に向かう日本の深さが観え、西洋の二元性が明らかになったのです。

東西の本質は次元的に異なります。一神教の西洋は、絶対神のもとに人それぞれが成立する世界であり二元ですから神は人間と一体には無く、詰まるところ人間が神を決めたことになります。一方、神道や仏教は自然そのものを神とし、人間は神である自然の懐に抱かれて「一」。本来的に神仏と一体であるわけですから、成仏できるということですね。伝統的な様々な修行は神仏と一体化を目指し、「一」の自然に還る為の手段ということでしょう。

東洋哲学は東西の本質を見極めるべく生まれたのでしょうが、哲学は知の領域、二元ですから

「一」に到り得ぬことになります。このことは重要です。科学と同様に、哲学も学術としての二元の立場を弁えて、目に見えぬ世界に向かわねばなりません。目に見えない世界は体感的に把握するより他ないわけですから、西田は座禅を続けたのでしょう。「在りよう」を極めることが重要です。感と知が自立し、調和的に連動してこその「一」ですから。

心と体と意識の関係性、「在りよう」を体感的に把握できれば、二元と「一」の関係性を踏まえて、目に見える世界と目に見えない世界を論じることが可能です。私はそれを「在りようの哲学」と呼んでいます。

松本　東洋哲学といっても、儒教の哲学と仏教の哲学があって、違います。洋哲をやっている人たちは「仏教哲学なんて無い」という言い方をしています。なぜかというと「哲学とは観念論である」と言っているからです。仏教は、哲学性とともに実践論たる修行論が付いていますから。

大野　私は、仏教の経典に表されている内容は、体感の言語化と捉えています。

松本　なるほど。現代的な言い方ですね。

大野　東洋の真理は修行の末に行き着いた究極の境地に開けた世界ですから、頭だけで考えても本質に届かぬことになります。学術のみでは限界があり、内面を解放すべく行じねば悟りに到らぬということですね。

内観共振法と母音空間法

大野　もちろん、知的に理解することも大切ですが、知の領域は目に見える世界の分析に終始するわけですから、目に見えない世界に踏み込むことはできません。目に見えない世界は体感的に把握するより他ありません。体感に到る手法として「内観共振法」と「母音空間法」が有効です。ヨガや仏教の修行とは違って、両法は日常生活の延長線上で行える極自然な修練法です。椅子に座って行うので、年齢を問わず誰にでも簡単にできます。

「内観共振法」は、ハミングと骨盤中心の全身運動を合わせて行います。ハミングは身体の内側、心の宿る内面に共振します。ハミングの共振する内面を把握できるようになると、心の動きを感じ取ることができるのです。

「母音空間法」は「内観共振法」で解放した内面と、内面を抱く外界を、自ら発する母音によって一つに結び、無限世界、宇宙との一体感を得るに到る修練法です。ハミングを母音に繋なげ、それぞれの母音の指向性に委ねて内面を放ち、横隔膜の水平を定めて普遍と相対を同時に満たす「在りよう」、「不動」に入《い》り「一」の体現に到ります。

ここでいう横隔膜の水平とは物理的な水平ではなく、感覚的な水平です（横隔膜は不随意筋であり知覚できません）。横隔膜の水平が会得できると、一瞬も止まることなく動き続ける現実と内面が連動する体感を得ることができます。

「内観共振法」の修練により内面が解放されて、自らを抱く無限の全体性、宇宙と一体に在れば、対峙する現実の動きに呼応して内面が常に躍動しています。「母音空間法」で横隔膜の水平が成立すると、内面の躍動に反応する横隔膜と現実の今が連動し、行為行動に際して内面は自然界、宇宙の波動と共振し続ける、と云うことです。

「内観共振法」の実践に際して大切なことは、自分から始めるのではなく、部分である自分を全体に合わせる感覚を失わぬことです。総ての始まりは人間ではなく、宇宙にあるのですから。

松本　それ、仏教（説一切有部）では「無我」と言います。しかし、かえって「無我」ということにとらわれてしまって、「空」と言いながら「空」に囚われてしまうことになります。

大野　よくわかります。座禅も方法論に陥っているように見えるのですが……。方法論は二元であり、二元的手法で「一」に到ることは不可能です。私の考案した両法のキーワードは自然、方法論に陥らぬことが大前提です。方法論は人間の決め事ですから。自然界に摂理はあれど決め事はありません。

「漫茶羅」について

松本　私たちは「漫茶羅《まんだら》」に向かってお題目を唱えることで、そういう境地を会得しています。「漫茶羅」が大切なのは、何もないところでできるようになるのが理想ですが、なかなかそうはいかないから、対境があった方がいいということです。

また、対境が仏像あるいは絵では、感情移入します。感情移入が起きると、とらわれてしまいますから。とらわれ感、こだわり感を持たないで済むのは文字です。文字ならそこまでいかないから「文字漫荼羅」となりました。それが日蓮聖人の卓見なんです。

大野　個人的な感情は二元、囚われですね。

松本　「漫荼羅」というのは、集合概念です。いろんな仏菩薩等が集まっている集合概念なんです。本尊というのは固有概念です。一つです。本尊は、「南無妙法蓮華経」で、「漫荼羅」はそれに集まっている仏菩薩が構成する世界です。その世界と自分とが感応する、そのための対境です。「漫荼羅」は仏菩薩の意識の「在りよう」ですから、その中に自分が入っていくというか、同化するというか、「漫荼羅の体内に流入し」、自分と法界が同体化するわけです。そしてお題目が終わって、またそこから現実に戻ってくるんです。行ったり来たりするのです。それを「霊山往詣《りょうぜんおうけい》」という言い方をします。霊山浄土と娑婆と一つになります。だから、覚ったらノーリターンではないんです。

大野　内面が解放されてそのままの「在りよう」に整ってこそ、自分と法界の同化が実現するということですね。

「在りよう」を極める

大野　経典に表し、体系化することによって価値を共有することが、一つにまとまる為に必要なのはわかりますが、個人に戻って考えれば「在りよう」を極めることによってこそ本質の理解に届き、現実の行動に繋がるということではないでしょうか。全ての学びは「在りよう」によってこそ、現実に活かせると云うことです。

松本　仰る通りだと思います。仏道修行の現代的な手法の一つだと思います。呼吸法に着眼しているのが、そうです。それこそ意識的な呼吸ではなくて、そうかと言って単なるガス交換でもなくて、そこがミソだなと思います。

大野　自然呼吸はあくまでも自然であり、方法論ではありません。学びや体験によって一人ひとり、皆、「在りよう」が異なっているので、「在りよう」を整え、自然体を得ねば本当の自然呼吸に到らないのです。自然呼吸は腹式呼吸ですが、方法論として身に付けた腹式呼吸は自然呼吸ではありません。方法論から入っても方法論を越えるところまで「在りよう」を極めねば、人為、即ち二元を超えず、「二」には到らぬ道理です。

松本　それは、先ほども言った「無作」ということです。「本有の無作」を引き出すということです。ところが、そのことに執着すると「有作」になってしまう。

その辺、微妙なもので、繰り返しの中でしか身に付かないものです。最初は「有作」で、繰り返すうちにだんだん肩の力が抜けて「無作」になっていきます。

大野　要するに境地が極まれば、自ずと自然呼吸ができて声も極まるということですが、方法論に陥ればパターン化し、固定化してしまいます。前にも述べたように、自然呼吸を会得するには方法論に陥らぬことが前提です。

松本 それも「無作」の範囲です。形にとらわれない。だけど、形から入らないと手順がわからない。だけどそれにとらわれているうちは、まだ「有作」ということですね。

大野 そういうことですね。字を書くにも、墨を磨ることから始まって筆の持ち方、基本の点画の筆法等、必要最小限の基本はしっかり身に付けねばなりませんし、先人の書に学ぶことも重要です。しかし「有作」、方法論に陥ってしまうと人為（二元）を超えることはできません。

「無作」と「有作」は、感と知の関係性で説明できます。感が知に先行すれば「無作」、知が感に先行すれば「有作」です。子供は、まず対峙するものに感じてから行動を起こしますが、大人になり経験を重ねると、知（意識）が先行して感と知が乖離してしまいます。「内観共振法」は子供の頃のように感と知が調和する「在りよう」、自然体に戻り到ることを目指します。聲に心と体と意識の関係性がそのまま現れるので、自分の聲を指針に「在りよう」を見極めることができるのです。

松本 先生が、ここまで「三諦論」に迫っているとは、知りませんでした。

大野 私は、仏教を深く学んだわけではないので、経典の内案については不明ですが、先生が詳しく説明してくださるので、仏教の本質が観えてきます。

松本 仏教用語は知らなくても、中身がわかってさえいればいいのですから。

自ずと身に付く

大野　友人から、左官職人の達人の話を聞いて、その人と話してみたいとその友人に言うと、すぐにご本人に電話を掛けてくれました。その人は、なんとハワイで仕事をされていました。電話を代わると、耳元で響くその人の声が常人の声とは違って、体から離れて深く澄みきっていたのです。

知に偏重した現代人の声は体に着いて響きます（スピーカーの原理）。声が体から離れているのは、内面が解放されて、内面と全身が調和した「在りよう」、本来の自然体だからです。しかし、そのような声が偶然出るわけではありません。

電話の声からその仕事ぶりが目に浮かびました。腰を落として丹田に集中し、やわらかな内面と体の動きが一体でなければ壁は斑《むら》なく平らに塗り上がらないでしょう。その人の声から日本の道に通ずる達人の技が観えたのです。お父さんも左官だそうですから、お父さんの背中を見て育ったので、達人の技が自ずと身に付いたのでしょう。体から離れて響く素晴らしい声は左官仕事の結果なのでしょう。

ともかく、声を聞いたらその人の心と身体のバランス「在りよう」が観えるので、不自然な状態を見極めて、自然に返すことはそんなに難しいことではありません。スポーツ選手なども、内面を解放すれば心と体が自在に働き、筋肉のバランスが整って、40代、50代、60代と、寧ろ年を重ねるほど熟達することは間違いないのですが……。

松本　「兵法剣形の大事も此の妙法より出でたり」（『四条金吾殿御返事』〈法華経兵法事〉）、これは日蓮聖人の言葉ですが、それは何かと言えば、それは呼吸法を指すものといえます。

呼吸法を身に付ければ、自在に動けるようになって、武道の強化になるということです。

大野　それは、呼吸によって心を解放し、心身が自在に反応する自然体を保ち続けることができるということです。「内観共振法」「母音空間法」の修練を重ねれば、時と場に合った自然呼吸が体得できます。「内観共振法」のハミングによって内面の動きを体感できるようになると、循環する「氣」（無限性のエネルギー）の流れを感じ取れるようになります。

先ほども述べましたが、自然な「在りよう」に到れば、「氣」は、入れば同時に同じだけ出るので、内面の状態はいつも一定です。このことは、宇宙の収縮と膨張の原理と同じです。人間に限らず自然界、宇宙の総てのものが、出れば入る、入ると出るという「氣」の循環を実現しているのです。内面と内面を抱く外界（自然界）が量子論にいう波動で繋がり、宇宙の命の循環を実現しているということ、即ち「一」です。

「縄文のやわらぎ」を世界へ

大野　波動といえば私は、縄文土器に宇宙的な高次の波動を感じます。限りなくやわらかなその波動を「縄文のやわらぎ」と名付けました。

今、世界で一番古い土器が1万6500年前の縄文土器ですから、日本の縄文時代が世界で一番古い文明ということになります。（＊青森県大平山元《おおだいらやまもと》遺跡出土の土器が付着炭化物の年代測定で約1万6500年前とされている）しかも、縄文は1万数千年、自然と循環する調和の営みを実現したのです。このことは人類史的に視て驚異的なことであり、我が縄文が自然循環の営みを完結していたことを物語っています。

世界の他の文明の土器と比べて、縄文土器は破格の造形美を誇っています。また、縄文を受け継ぐアイヌ人の着物の文様は中国、殷周の青銅器の文様と類似しています。殷周が縄文に影響を与えたのであれば青銅器が入ってきているはずですが、縄文には権威を象徴する青銅器も、武器に使用する鉄器も一切ありません。このことは、縄文が長老を中心とする平等社会を形成し、争いの無い平和な社会を営んでいたことを物語っています。縄文中期の土器と殷の青銅器の「尊」（盛酒器）にはよく似た形状のものがあります。どちらが古いのかと云うと、縄文の方が数百年は古いわけですから、縄文が殷周に影響を与えたとしても何ら不思議ではありません。教科書で学んだ縄文人の姿は、縄文土器の波動の高次性と一致していません。

文化は大地自然と、そこに暮らす人々の命の波動の共振と循環によって育まれます。地球上で他にないほどに調和がとれた大地の波動と、そこに暮らした人々の心の波動が造形に現れるということです。

縄文以来の日本の歴史を辿ると「縄文のやわらぎ」が随所に現れています。飛鳥時代、聖徳太子は大陸から仏教を受け入れて国家体制を整えようとしたのでしょうが、仏教を神道に置き換えたわけではなく、神道と仏教の統合を意図したと視ることができます。更に、聖徳太子の母君、穴穂部間人皇女《あなほべのはしひとのひめみこ》は、その名前の音からペルシャ人であったとする言語学者の説もあり、馬宿の皇子という呼称にキリスト教との関係が匂います。これらのことを素直に捉えれば、聖徳太子が世界の宗教を統合した理想郷を実現しようとし、それに答えて世界中の色々な国から大勢の人々が大和の地に集まって、天皇家を中軸に聖徳太子をリーダーとする理想郷の実現を目指したとの仮説が成り立ちます。絶えることのない争いに辟易した人々が平和を渇望して、世界中から自然の恵みに満ちた仙境のような日本にやって来たのではないでしょうか。

人類は、未だに民族や宗教間の争いから抜け出せず、地球社会は混迷を極めています。今、人類が求め到るべきは、社会の真の平和を導く自然と人間の調和の世界の実現です。「和を以て貴しとなす」聖徳太子の理想に学び、一刻も早く、地球社会に大調和を取り戻さねばなりません。「縄文のやわらぎ」をＤＮＡに受け継ぐ私たち日本人にこそ、その責任と役割があると確信しています。

日本の仏教と母音空間法

大野　飛鳥以来、仏教が礎となり、一大文化体系が成ったわけですが、インド、中国、日本と仏教の系譜を辿れば、日本の仏教はある意味、始原を越えて完成されているのではないでしょうか。日本と世界を美の観点で比較したときに、そう感じるのです。東洋、ないしは日本の美は仏教観の反映と云えますから。

松本　その通り、基本的に、中国よりも思想的に完成されてきています。

言われる通り、大地の波動のせいかもしれません。波動というのは、軽く見てはいけません。お経の発する波動が伝わって共感するわけですから、動物にだって伝わります。飼い猫をお経をあげるそばに置いていると本当にゆったりしてきますから。

大野　それで思い出しました。先日、レッスンに来た女性から聞いたのですが、「母音空間法」を始めたら、猫が急に置き上がって膝に飛び乗って来るというのです。猫は高次の波動を受信できるのでしょう。

松本　母音が大事というのは、お経と同じです。お経では、ルビに濁音と破裂音が少ないんです。

大野　日本語は子音や破裂音が少なく、世界で一番抑揚の少ない言葉です。

松本　人間の心身に及ぼす影響で、プラス面が大きいのが母音です。

大野　そうですね。母音は内面の空間と共振し、全身に共振しますから。ただし、内面が解放されて体幹に氣が通っていればの話ですが。

「母音空間法」は「内観共振法」のハミングに母音を重ねて行うのですが、そんなに難しくなく、誰でも簡単にできます。色々な手順はあるのですが、初歩の簡単なことを毎日続けるだけでも十分に効果があります。

松本　人類救済の手立てになれば、いいですね。

大野　私もそう思っています。人間の声が自然界の鳥や虫たちのように気持ちよく響けば世情がやわらかな波動に満ち、それだけで世の中は整うでしょう。声は人間の「在りよう」をそのままに映すわけですから。

あまり方法論として用いたくはないのですが、知的偏重による現代人のストレスの解消には、脳にハミングを共振させるのが有効です。ただこれは対処療法のようなものですから、全身反応の「内観共振法」と合わせて「在りよう」を整えることが重要です。

椅子に座って行う

竹岡　今、大野先生の教え方は、どんな感じですか。

大野　私の考案した「内観共振法」「母音空間法」は、従来の床座《ゆかざ》と違って倚座《いざ》、椅子に座って交脚で行います。

現代科学が発達したおかげで、私たち現代人は地球が球体を成し、無限の宇宙に抱かれて在ることを知っています。この事実を踏まえれば、床座の瞑想、座禅が不完全に視えてきます。床座が天動説によると考えられるからです。天動説では大地が平らかと云うことですから、床座は大地と一体化し易く、自らが宇宙の中心に定まる体感を得やすいでしょう。しかし、このときの天空、即ち宇宙は半球で、太陽や月、星々は暗黒の迷宮に沈むことになります。曼荼羅の仏が円の中に描かれているように、当時の人も自らの氣を球体に捉えていたのでしょうが、床に座すと天地は分かれることになります。二元世界は天動説に始まると云うことになります。

大地が平らかなれば、天地の基軸は天頂と下丹田を結ぶ氣の道と重なりますが、地球は球体ですから、天頂と地球の中心線が本来の天地の基軸ということです。「地球は一つであり、人間も地球の一部だった」という宇宙飛行士の宇宙からのメッセージが深く印象に残っています。宇宙の一部として地球が在り、私たち人間は地球の一部として存在するという自然界、宇宙の構造は明らかです。（＊宇宙飛行士の古川聡《さとし》氏は「地球を宇宙から生で見ると、圧倒的な存在感がある。それは、絶妙なバランスの上に成り立っていて、我々人間も、その一部であるということを直感した」等と述べている。〔「朝日地球環境フォーラム２０１３」での講演「宇宙からの発見　美しい地球」から〕）宇宙と地球の関係を全体と部分の観点に照らせば、営みの真実が解ります。部分である人間が全体である地球と一体化するためには、天頂と地球の中心を結ぶ天地の基軸に体幹の基軸を合わせねばなりません。床座では下半身が固定され、天地の氣が下丹田に留まって地球の中心にまで届かず、存在の中心から宇宙が始まることになるので二元です。椅子に座し、足指の接点で円い地球と繋がらねば「一」に到らぬと云うことです。

竹岡　なるほど。床座と倚座の違いの意味が理解できました。

松本　今言われている倚座は、仏教でいう結跏趺坐《けっかふざ》です。インドの釈尊の菩提樹下での座り方です。

なんであの座り方になるかというと、インド人が足が長いからです。

大野 体躯のことも影響しているのかもしれませんね。

松本 われわれは足が短いから、結跏趺坐は無理です。あぐらです。

大野 「内観共振法」では足の長さに合わせて椅子の高さを調整します。

松本 もともと仏教の座り方は、あぐらです。正座になったのは、茶道が流行ってからで、あぐらでなければ立て膝でした。正座は、昔は地獄座りといいました。長時間では耐えられない座り方ですから。主君の前でそういう座り方をさせて、服従の意味を表させたということです。手錠をかけられたのと一緒です。逆らいませんという表現です。だから、地獄絵は、全部、正座です。

ともかく、本来は、あぐらが基本で、今だったら椅子に座って、脚の裏を地に着けます。

大野 私の両法では「倚座交脚」で足を手前に引き、骨盤を前傾させるのですが、交叉した足の指に重心を預けて胸を起こすと背筋が伸び、上体が床座禅と同じ姿勢になります。

松本 椅子に座る座禅ということですね。

大野 そうです。そして、その姿勢で内面を観、ハミングで外界と内面を結びます。両者を結ぶポイントは額中央のチャクラ「第三の目」です。額中央のチャクラ（額中央・頭蓋骨の空洞）が内面と外界を結ぶ接点となり、宇宙と内面の氣の循環が実現していると考えられます。

「内観共振法」でハミングの共振する内面を捉え、内面と骨盤運動を合わせて心身の調和を促し、額中央の空洞に母音の響きを感じると、内と外の空間がひとつに繋がる体感が知覚できます。この体感を「空間把握」と呼んでいます。意識するのではなく感じることが重要です。（意識するは「形態把握」・感じるは「空間把握」）

「内観共振法」で「空間把握」を会得し、更に「母音空間法」を合わせると、発する母音を通じて内面に宿る心の動きと現実の今が連動します。声を発するという最も原初的な行為によって「空間把握」を会得し、知の領域、二元世界を重ねれば「在りよう」が整い、「二」を体現して、営みの現実は自然と人間の調和が実現する道理です。二元と「一」は対局を為すのではなく、「一」は二元世界を包含して正しく機能させる全肯定の世界です。

題目と呼吸法

松本　今のチャクラの話ですが、実は、お題目がチャクラなんです。「南」は頭頂、「無」は眉間《みけん》、「妙」は喉《のど》、「法」は鳩尾《みぞおち》、「蓮」は臍《へそ》、「華」は丹田、「経」は尾骶骨《びていこつ》あたりです。

お題目は、日蓮聖人が勝手に唱えだしたのではなくて、天台大師も伝教大師も唱えていました。もっと言えば、以前から古代インドにあった呼吸法で、宇宙と一体化する一種の呪文だったんですね。それを釈尊が取り入れて、その内容を『法華経』という経典で説いて、それが漢訳されたものです。要は、呼吸法で、その間は普通は、半眼半口ですよね。半眼半口というのは、見ても見ていない、肉眼では。どこで認識しているのかといえばここ（額の真ん中）、「第三の眼」です。

大野　私の住む唯々庵《いいあん》に「半醒」と書いた軸があります。利休時代の大徳寺第百十一世春屋宗園《しゅんおくそうえん》の書です。半眼であれば「第三の目」が働くのでしょう。仰るように、目を見開けば見える世界だけを見てしまいますが、半眼にすれば内側の世界（内面）と外の世界（外界）が繋がって、目に見える世界を目に見えない世界と一つになる感覚を得られますね。

松本　私たちは、実際に人の臨終に立ち会っていますから知っているのですが、人は亡くなる一週間ほど前になると、額の真ん中が黒くなります。そうなったら「更賜寿命」（「更に寿命を賜え」、『法華経』如来寿量品第十六〔3・2〕にある）の祈りは効きません。その前だったら、寿命を延ばす方法があるので、それをしますが、黒くなっていたら「臨終の準備をしなさい」と、言います。

この額の真ん中を、東邦大の呼吸法の先生方と研究したときに調べましたが、脳幹に繋がっているんです。だから非常に大事なところで、うつ病の人なんかには、わざと意識させるんです。そうすると脳波の状態が変わってくるということで、治療でやっているそうです。

大野　今、波動治療の器具があって、京都で一番初めにできた社会福祉法人の理事長が、その器具を持っておられます。娘さんが施術しているとのことです。以前、よくそこに伺っていたのですが、ある時、理事長に風邪の症状が見えたので「内観共振法」を一緒にやりました。その直後に娘さんが波動調整器で調整したら、それまではどうしても反応しなかった脳のある部分が反応して正常に戻ったと云うのです。それで「内観共振法はすごい」と驚かれたのですが、その後、二ヶ月くらい効果が続いて、元に戻ったそうです。

体を構成するすべての臓器にそれぞれ一定の波動があり、異常な状態になると波動が狂うそうです。治療器にはそれぞれの臓器の波動があらかじめ設定されていて、臓器に当てると同調して波動が整い、正常に働くようになるということですが、機械を使って整えても原因は解決していませんから、しばらくするとまた、元に戻ってしまいます。

人間の声の波動も体内の臓器の波動と同調すると考えられます。先ほどの例は、ハミングの波動と共振して、脳の波動が整い、正常な動きを回復したということでしょう。「内観共振法」はハミングで細胞をマッサージしているようなものですから、機械よりもずっと自然です。前に「内観共振法」の概要を述べましたが、実際にやってみましょう。

胸に手を当てて、ハミングを共振させてみてください。ハミングが良く響けば内面の解放度が高いということですが、響き難ければ解放度が低いということです。ハミングの響は内面の解放度と同調します。何度も繰り返して共振がよく感じ取れるようになったら、上腹（鳩尾《みぞおち》と臍《へそ》の間）、下腹（臍から下）へと手を降ろして、ハミングが内面全体に共振するように調整します。目に見えない世界を観る第三の目で内面を観、ハミングの共振を感じる要領です。

次に、解放された内面と、骨盤中心の全身運動を合わせます。ハミングが共振する内面を感じながら、骨盤を前後に揺り、左右に回転させます。内面が閉じて固まっていると骨盤は動きにくく、解放されると骨盤は自在に動きます。骨盤の動きは内面の解放度の指針となります。ハミングの共振する内面の動きに合わせて腕を前に伸ばし、広げたり閉じたりすると、内氣と外氣が循環します。

氣が出る、入るという言い方をするなら、出た分だけ同時に入り、入った分だけ同時に出るということ、内面の氣は常に一定の状態「一」に保たれています。

やっている内に、内面がよく響くようになりましたか。内面の響きが逃げないようにハミングが母音に移行すると、内面の共振を持続したまま母音を発することができて、内面に宿る心の動きと母音が繋がるので、深い響きの母音が発せられるのです。「ム〜〜イ〜」「ム〜〜エ〜」という具合にです。これが「母音空間法」の基本です。読経にも通じていませんか。

松本　お題目は、一息一唱と捉えます。それが今の先生のやり方と同じです。「なぁ」「むぅ」「みょう」と、1字ずつ発しては息を吸うのと、「なーむーみょーほーれんーげーきょー」と、7字一息に唱えて息を吸うという、二つの呼吸法があります。おそらくそれはインドのヨガの呼吸法が伝承されてきていると思います。

お題目というのは、基本は1回唱えることから始まるわけで、たくさん唱えるにしても、正確に唱えることが大事です。それでは、どのくらいの時間、唱えたらいいか、調べた時に、脳波のデータで見ると、一度に30分から40分がいいようです。その後はα波《アルファ》が落ちます。α波は、脳波のうち周波数が8ヘルツ以上13ヘルツ未満をいい、記憶力や集中力、免疫力などの向上が期待されています。またα波が出現している間は、脳内で働く神経伝達物質セロトニンが出ることから、頭がすっきりして、爽快感が得られます。

また、お題目の唱え方も、7字一息で唱えるか、1文字1回（一字一息）の呼吸で唱えるか、状況に応じて、自在にそれを自分で使い分けるようになることが必要です。

それと、お経の構造を見てみたら、仏教の漢訳経典は、どれでも「長行」と「偈頌《げじゅ》」と「陀羅尼《だらに》」の三つの要素からできています。「長行」と「偈頌」で、読み方を変えています。転調しています。それによって呼吸法を変えているわけです。それでα波の出を落とさないようにしています。機械も何もないのに、昔の人はそういうことまで体験的に会得して整理して、正確にインド語から中国語に翻訳していたのです。

「長行」は散文で1行17文字、普通は句読点が付いていて、そこが息継ぎのしるしになっています。韻文である「偈頌」は、句間に空きがあるだけです。読むときは、その空白のところで息を吸うようになっています。

お経を読むときの意識は、拍があって、そのあと節、声は最後です。声の質は、極端に言えば、どうでもいいんです。

それと、「陀羅尼」ですが、梵語、古代インド語を漢文に音訳したものですが、これは普通に静かに言葉を話すように読みます。以上が読経の構造です。

大野　今の話を聞いて、なるほどと思うところがあります。「なぁ」「むぅ」と母音を重ねるところです。二元と「一」の関係性でいうと、始めの「な」は二元、意識が先行して発せられますが、「な」に「あ」が重なり「なぁ〜」となると「あ」の母音が内面に共振します。母音が内面に共振して腹に落ちると「一」、内面と外界がひとつに繋がります。二元の方法論から入っても「一」に到るように工夫されていると云うことですね。

量子論的に見る

大野　目に見える世界と目に見えない世界に境が無いことを量子論が見極めたわけですが、分析の視点が限界点に達すると物の形は消滅します。目に見える世界は目に見えない無限世界、宇宙と繋がっていることが明かされたのです。どちらが先かというと、目に見えない無限の世界が先で、そこに現象として目に見える世界が現れ、また消えて宇宙の懐に巡り戻る。宇宙は命の循環によって成り立っていることを、「内観共振法」「母音空間法」によって体感できるのです。

松本　目に見える世界は、全体に対して１００分の５だといいます。５パーセントしかわれわれは見ていないのです。残りの95パーセントは目に見えない世界ということです。

大野　量子論は、目に見える世界と目に見えない世界が不可分の「一」であることを見極めたわけですが、「氣」は人間が体感として把握できても機械で測定できないわけですから、三次元的なエネルギーを越えた無限性のエネルギーということになります。「氣」の存在は科学一辺倒の世界では否定されたり、曖昧にされたりしてきたわけですが、量子論の発達により肯定せざるを得ぬところに到ったのです。

両者が不可分のものであることを見極めても、三次元、即ち目に見える世界の分析に終始する現代科学は、目に見えない無限世界に踏み入ることが不可能です。ですから、湯川秀樹博士らノーベル賞受賞者を輩出した数学者園正造《そのまさぞう》の門下で京都大学名誉教授の岸根卓郎氏は近現代の科学の危機を強調し、最先端の文化論を展開して「量子論と仏教は同じである」と主張しておられるのです。

さて、現代の科学は危機を乗り越えることができるのでしょうか。いや、別に乗り越える必要はないのです。科学は本来二元、人為であり、目に見える世界を分かつことによって成立します。何《いずれ》にしろ、科学は目に見えない世界に踏み込めぬわけですから、目に見える世界、すなわち無限世界の三次元的側面を満たす立場を弁えて、後の部分は（人間本来の感性に基づく）体感に委ねればいいのです。そこで目に見えない世界に真実を観んとする仏教の役割が浮上するわけですが、今日の仏教は本来の役割を機能しているようには思えません。

日本は仏教の精神を根底に、「一」の文化体系「日本の道」を確立した人類史上唯一の国です。日本がリーダーとなって自然と人間の調和の波動を世界に発信せねば、持続可能な未来が開けぬわけですから、仏教の役割が重要ということです。

竹岡　ごくちょっと前までは、量子論では観測者が出す波動が物体の流れを変えるというところまででした。最近は、もっと進んで、全ての記憶がビックバンの奥に波動として留められていて、波動として消えないから、過去の波動がずっと続いて全部あるとなって、過去にこういうところにいたといった体験も、全部、波動として蓄積されているのではないかという説まで出てきました。

大野　要は総てが波動。現象として三次元的に現れるものも、目に見えない無限性のエネルギーも総てが波動であり、時空を越えて共振し、一つに繋がっているということです。

仏教では「輪廻転生」を言い、「私は何々の生まれ変わりだ」という人がいますが、それは脳の仮想、所謂《いわゆる》スピリチュアルの世界ではないでしょうか。量子論的に視れば総てが波動ですから、人間も波動の集合体ということです。ある人の波動と古人の波動が同調し、「氣」で繋がれば時空を超えて歴史上の人、弘法大師や伝教大師に、聖徳太子やお釈迦さまにも通じるということになります。

何時だったか、唯々庵を訪れたある超能力者が、私のことを弘法大師の生まれ変わりだと、友人に話したと聴きましたが、今生の私は私であり弘法大師ではありません。ただ、経典を繙《ひもと》いたり、史実から人となりを知る時、何かしら深い縁を感じることはあります。（苦労して「聲字実相義」を読解すべく、原文に挑戦しましたが数ページでお手上げでした。訳本より原文が響きました。原文には訳者の二元的解釈が無く、漢字が本来の波動を伝えているということでしょう。）

竹岡　現代までに書写されている経典の数は、圧倒的に『法華経』が多いといいます。平清盛が厳島神社に納めた『平家納経』なども9割以上が『法華経』です。他の世の中に残っている写経の経巻も、7、8割が『法華経』です。

中でも「寿量品（如来寿量品第十六）」で、久遠の命を表しているわけですから、何億年前であろうと、その波動が在って、しかもこれからも在り続けると言っていて、実に壮大な物語です。今は、それぞれの宗派が自分のところだけをよしとするが故に、『法華経』が隠されていますが、量子論が深まるにつれて『法華経』が見直される時代になってくるのではないでしょうか。

松本　三世の連続性を、量子論は証明してきています。地元の老人会でも言うんですが「死んでもおしまいではないですよ。肉体はなくなるといっても、質量保存の法則ですから、形を変えてバラバラになって煙みたいになっているだけの話で、なくなってはいませんよ。それである条件が整うと、それが凝縮されて、生まれてくるんです」と。肉体がなくなっても、奥の意識はなくなっていないわけです。それを霊魂だとか魂だとかいいますが、凝縮されて託胎するんです。託胎のことまで仏教文献の『倶舎論』（5世紀のインド僧世親《せしん》（ヴァスバンドゥ）著、漢訳は玄奘）に出ています。男女が縁があって夫婦になって、霊魂のような目に見えない状態の時に、男性は母親になる女性に恋をして、父親になる男性には嫉妬して、それで女性の方に託胎する。それで意識はどこから来るかといえば、薬指の先から入るというんです。

大野　歌唱時に声の響きを確認するために、頰骨に指を軽く当てることがあるのですが、薬指が一番よく感じます。「内観共振法」のレッスンに見えた医者に聞いたのですが、薬指は交感神経と繫がっているそうです。特別な指なのですね。

松本　女の子の場合は父親になる人に恋をして、母親に嫉妬する。だから女の子は母親に冷たい、男の子は母親に甘いんです。それは過去世の因縁だから。それが現代の心理学では、阿闍世《あじゃせ》コンプレックスとかエディプスコンプレックスなどという。そんなことは二千数百年前に仏教者が説いているんです。量子力学など最先端の現代科学が仏教に近づいてきているとも言えます。

大野　量子論と仏教、見える世界を分析する立場と、見えない世界を体感的に把握する立場のどちらから入っても「在りよう」（心と体と意識の関係性）が自然の摂理に叶えば「一」、真理に届くということですね。

仏教各派と法華経

松本　それにしても今の仏教者は怠慢だと思います。既成仏教は宗派仏教で、文部科学省が分割管理して、その中で自分たちの宗派を中心にして物を見たり考えたり生活しているからです。そうではなく、釈尊が一切衆生を救おうとした経典の意味を研究していけば、宗派には捉われなくなるはずです。このことは、この経典に、あのことは、あの経典に書いてあるとわかれば、時によってそれを使い分ければ良いのであって、そうして見ていくと、究極的には『法華経』なんです。『法華経』というのはダイジェストなんです。概論的なんです。何故、どうしてと、細かい話になっていったときに、他の経典にそれぞれ説明があるんです。お経というのは、立体的に全部繋がっています。そういうことを宗派仏教が遮っています。浄土教の人は『浄土三部経』（『無量寿経』『観無量寿経』『阿弥陀経』）しかやらない。その宗派の坊さんの養成所が今の仏教系大学です。元々は、仏教はそうじゃありません。

それで、本質論は何だと見ていくと、呼吸法だとなります。天台大師が数息観と言い、弘法大師は転用だけど阿息観と言っているではないですか。そういう呼吸法を会得すればいいのであって、それに基づいて、自分たちのお経を読み、あるいは他のお経とどこが違うのか、そういうことをきちんとすれば、仏教本来の救済力が発現するはずなのに、それをやらないんです。

竹岡　その点で、松本先生のご著書『日本仏教』（前出）の第1章にある「宗教の定義と分類」の項（本対談末尾に転載）は、素晴らしいですね。仏教を俯瞰して体系付けられておられます。

松本　それは、新しい分類なんです。誰もこの観点での分類はしていません。

竹岡　装丁も簡単な何気ない本ですが、大野先生が仰る「一《いっ》」の本だと思います。

各宗派は、自分のところはこうだという話ばかりしている。ここまで冷静にしっかりと非常に素直に、内感にあるものをそのまま披露して、なおかつ普遍的な内容の本だと思います。

大野　経典を繙いたわけではありませんが、仏教の本質は自然と人間の関係性を見極めることにあり、経典は真理の体感の言語化であると捉えていましたので、こうしてお会いしてお話しできることを楽しみにしていました。実際にお会いして素晴らしいお話を伺えて感謝しています。

竹岡　社会学者の小室直樹さんの『日本人のための宗教原論』（徳間書店　２０００年）も有名ですが、松本先生の『日本仏教』は、それにも触れられていない独特の視点のご著書だと思います。

加えて、仏教各派も含めて『法華経』のベースに呼吸法があると言ったのは、私が知る限り松本先生だけです。そういう角度で『法華経』を言った人は、かつてなかった。だから、今日の出会いを設けさせていただきました。

松本　私たちは、気が付いたことを伝えるのが大事で、大勢の人に拡大するのは別の人の手によるかも知れませんが、稲を育てる人と刈り取る人が違うこともあるわけで、変に欲張ったりしないで、できることをすればいいと思います。

大野　「法華経のベースに呼吸法がある」ということですが、裏返せば、呼吸法によって仏教の本質を体感し、体現することができると云うことでしょうか。仏教に限らず総てのことが呼吸から始まると云えますね。本来の自然呼吸ができれば「在りよう」（心と体と意識の関係性）が整い、自然の摂理に叶った行動に繋がって「一」が成る道理です。

「伝える人と行動する人は違う」と云うのも解りますが、このままいけば人類の未来が危ういと云う危機感があるので、一日も早く行動しなければと心が逸《はや》ります。

末法の時代と言われますが、自然との不調和がある限界点に達すると、人類社会は崩壊し、あっという間に消滅するでしょう。そうなる前に今できることを、即、実践すべきです。まずは呼吸を整えることから。

久遠下種の南無妙法蓮華経について

竹岡　最後にもう一つ、私からお話しさせていただきます。

先ほど日蓮大聖人は『法華経』の講義を晩年にされて、それが『口伝文書』として残されているとのことでしたが、大聖人の最後の講義の一つに『産湯相承事』というのがあります。

大聖人が東京の池上で、最後に『立正安国論』の講義をされて亡くなられるのですが、その直前に日興上人に対して、自分はどういう本地で、どうして自分が生まれてきたのか、自分の父母は何だったのかといったことを明かされます。それが『産湯相承事』でした。

その中で、天照太神に触れて「久遠下種の南無妙法蓮華経の守護神は我国に天下り始めし国は出雲なり、出雲に日の御崎と云う所あり、天照太神始めて天下り給う故に日の御崎と申すなり。」とあって、「久遠下種の南無妙法蓮華経」を護るために天照太神は降臨したのだと言われ、それは釈尊も、私もそうなのだと仰るんです。

だから、このところはものすごく大事で、言う方も言う方だし聞く方も聞く方で、これが大事だと書き留めたことが、また大事です。松本先生がやっておられる『口伝文書』の作業は、そういった残されてきたエキスの言葉を、ちゃんと世に出していくという重要な作業でもあると思います。

松本　その通り、一般的にはほとんど偽書だといわれていますが、内容的には重要です。西山の『産湯相承書』は、偽書だという説もありますが。

『口決』にも「久遠下種の題目」「久遠下種の南無妙法蓮華経」といった記述はあります。

言われている天照太神は「本地垂迹《ほんじすいじゃく》」なんです。釈尊が本地であって、天照太神が垂迹したという捉え方です。それは、日本の天台宗以来の伝統的考え方です。

竹岡　その記述が、今のところに続いてあります。

「我が釈尊・法華経を説き顕し給いしより已来十羅刹女と号す、十羅刹と天照太神と釈尊と日蓮とは一体の異名・本地垂迹の利益広大なり」と。

私が何故、これを持ち出すかというと、いろいろな宗教、宗派があって、神とかゴッドとか、天とか、サムシンググレート等と、言い方はいろいろだけれども、同じことを指しているのであって、全ての根源の存在というものがあって、『立正安国論』は、その元に帰れと、そうすれば国は安まると教えておられるからです。それをどう伝え、どうそこに合わすか、これこそが『法華経』のいう「衆生の遊楽する所なり。」(寿量品第十六・4・5)、そのままの世界を実現する道だと信じます。

大野　仰るところの「全ての根源の存在」というのは、大いなる自然、大宇宙のことでしょうか。真理は一つ「一」に通ず。今を生きる私たち、人間は皆、同じ地球に生まれたのですから始まりも行き着くところも同じ、巡り巡る永遠の命を受け継いでいます。掛け替え無く尊く、美しい地球と共に何時までも、何処までも命を繋ぐべく、今日の一歩を進めたいものです。

竹岡　今日は先生方、ありがとうございました。

松本　私の方こそ、わざわざ、お越しいただいて、ありがとうございました。

大野　こちらこそありがとうございました。今日は大切なことを学ばせて頂きました。一番の収穫は、私の求め続けて来た自然の追求が、仏教の真髄に違《たが》っていないことを確認できたことです。この対談が、持続可能な未来を開く新たな一歩となると直感しています。これからも宜しくお願いいたします。

松本　私も大変に参考になりました。これからも大切にお付き合いしていければと思います。

松本修明『日本仏教』（東京ライフデザインアカデミー）から転載

第一章禅定　一、宗教の定義と分類より

（1）宗教の定義

世界にはさまざまな宗教が存在する。それらの整理分類の方法もさまざまだが概括的に地域的分類を用いると、西洋宗教と東洋宗教に分けられる。宗教の宗とは、尊の意であり、宗教とは、最も尊宗する教えの意味である。したがって、宗教の一部に仏教が含まれるのである。

仏教とは、仏に成る教えであり、仏の説いた教えの全ての意味である。

仏教とは、仏道（仏道修行・実践論）と仏法（仏教教理・教義教判）を総合した概念である。つまり、法とは不可視的真理であり、道とは行法である。したがって、仏教とは、仏法と仏道を可視的に表現した経典に内在するすべてである。この概念は仏教共通である。

（2）宗教の分類

世界の宗教と日本の仏教を要約して概括的に図示すると、左のごとくに分類整理できる。

日本の仏教の分類も宗派別の分類や依用《えよう》経典による分類、成立年代別の分類などさまざまだ

世界宗教・日本仏教の分類

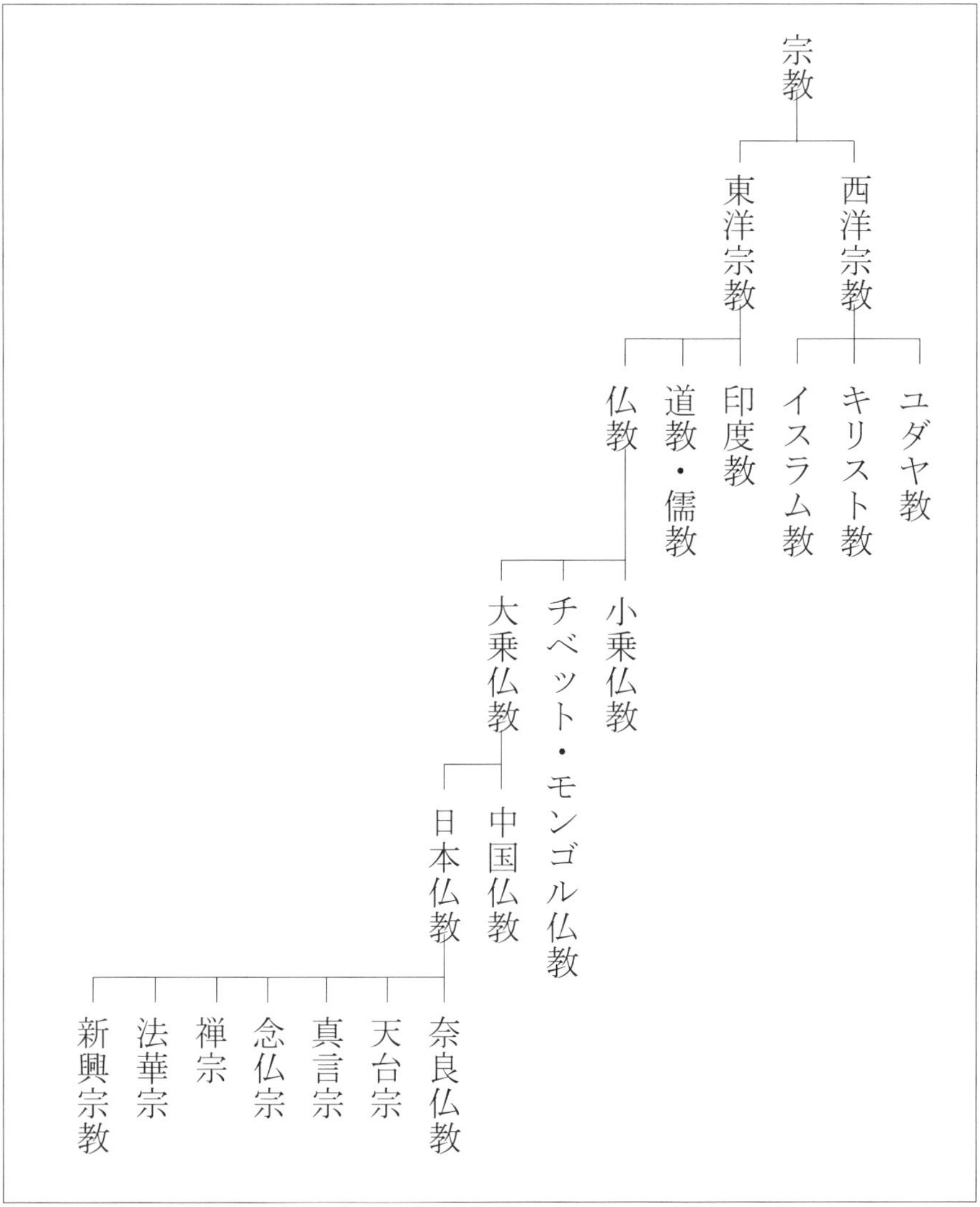

が、信者の心情による平易な分類の一つを示すと次のごとくである。

自力仏教……死んでも仏・生きても仏、即身是仏《そくしんぜぶつ》を主張する仏教。曹洞宗・臨済宗・黄檗宗など禅宗各派。

他力仏教……今世を達観し、来世の西方浄土への往生・成仏を標榜する仏教。浄土宗・浄土真宗各派。

通力仏教……超存在による願望成就を願う仏教。天台密教・真言密教・修験道など密教各派。

経力仏教……法華経の経力を顕現し、現実肯定・克服を標榜する仏教。日蓮法華宗各派。

混合力仏教…前四種のうちの幾つかを混合した仏教。禅宗の祈祷は、自力・通力混合形であり、日蓮宗の祈祷は、通力・経力混合形である。天台宗は、四種混合形である。

(3) 西洋宗教と仏教の相違

通俗的には、西洋宗教を一神教、東洋宗教を多神教と分類するのが通例となっている。しかし仏教のなかにも、真言宗のごとく大日如来を絶対仏、浄土真宗のごとく阿弥陀仏を完全仏と主張し、日蓮正宗のごとく日蓮絶対完全唯一仏を主張する宗派がある。これらは、自宗の仏を唯一・絶対・完全・全知・全能の仏と規定し、他宗の仏を一切救済主とは認めない宗派である。これでは、まさに一神教の東洋版である。

この一例からも推知できるごとく、一神教・多神教の分類は、東西宗教の宗教分類の様式としては、不完全で妥当性がないことが判断できる。今まで西洋宗教と仏教を弁別する方法は、何種類か分類が試みられたが、その東西の相違の特徴的な部分を幾つか列挙すると、次のごとくである。

〔信仰の姿勢〕 西洋宗教は、信仰・畏敬を基本とし、絶対神を畏れる宗教である。仏教は、信心・恭敬を基本とし、仏と衆生がともに敬う宗教である。

〔中心者〕 西洋宗教の中心者は、唯一・絶対・完全・全智・全能の神である。仏教の中心者は、仏でも菩薩でも神でもない、仏と衆生である。

〔到達点〕 西洋宗教では、人間は完全・唯一・絶対の神にはなれないが、仏教では誰でも仏になれる。仏も目的意識を喪失すると俗人に逆戻りとなる。

〔救済原理〕 西洋宗教では、神を信じない者は、悪魔か悪魔の下僕《しもべ》である。したがって、不信者、異教徒は、悪魔であり、悪魔は排除・壊滅・殲滅の対象となる。仏教では不信者・異教徒は、救済の対象であり、一往は悪知識だが再往は善知識である。

〔典書の相違〕 西洋宗教では、開祖が神からの預言・啓示を表現した聖典をよりどころにし、仏教では、仏祖説示の教えをあらわした経典をよりどころにする。

〔時代観〕 西洋宗教には、終末思想・ハルマゲドンとその後の時代を説くが、終末の解決や回避の思想はない。仏教には終末思想・末法観（白法隠没）があるが、その解決方法をあかしている。

以上、西洋宗教と仏教の相違を知ることは、仏教理解には極めて重要である。つまり、神と仏を同義異語のごとき軽々な理解は、東西宗教の混同の要因であり、宗教・仏教理解の妨げとなるからである。

【資料】『サンロータスの旅人』（２０２０年刊）寄稿文より

発刊に寄せて

元内閣官房長官　野中　広務

竹岡誠治氏に初めてお会いしたのは、山梨だった。私が自由民主党の総務局長在任中であった。仲介者は佐々木ベジ氏。当時、若手の新進気鋭の経営者で、東京都青ケ島出身。財団法人日本人形美術協会の会長も兼務しておられた。

総務局というのは、党本部で選挙を仕切る部門で、ちょうどそのころ山梨では、金丸信氏のスキャンダルで、知事選で金丸系が落選し、次いで参議院の選挙区も厳しい状況であった。

そのころ佐々木ベジ氏と竹岡氏は大変懇意で、竹岡氏の要請でいつも佐々木氏は日本人形美術協会の組織を公明党の支援に振り向けているころだったと記憶している。

山梨の現状を佐々木氏に伝えたところ、「山梨は公明党は立候補しておらないから、竹岡氏に聞いてみましょう」との返事であった。それで、山梨でお会いすることになったのである。

「私の政治の師匠は金丸信です。その金丸が苦境に立っています。知事選と今回の参院選と、続けて負ける訳にはまいりません。どうか、みなさんの力を貸していただけませんか」

と、私は有り体に現状をお話しし、頭を下げた。

竹岡氏は、すでに現地と話し合いをされていた様で、現地の県会議員の方も同席されていた。また、東京の豊島区で建設業を営む和栗弘直氏も同席されていた。

「わかりました。私の人生の師匠は池田大作先生です。できる限りの応援をさせていただきますので、どうか野中先生、生涯、創価学会と池田先生をお守りください」

テンポのいい、率直な、何のてらいもない返答であった。おかげで選挙は、勝利することができた。


しばらくして、自民党は野党に落ちた。私は衆議院予算委員会の理事として、当時の連立与党を激しく攻撃した。

一連の攻防の中で、予算委員会で、反創価学会の質問を行なうことになり、越智通雄氏が質問に立つことになった。

質問主意書を見て、「これは困った。こんなに露骨に創価学会を攻撃しては、私が質問しないまでも、予算委員会の理事をしている以上、責任を取らざるを得ない」と思った。

そして悩んだ末に、「俺がやる」と、越智氏から一任を取り付け、代わって私が質問に立ったのである。

すると、予算委員会が終わるやいなや、竹岡氏が飛び込んできた。

「野中先生、あなたは何という人ですか。自分の師匠である金丸先生が窮地に立っておるから助けてほしいと応援を頼んでおきながら、『宗教団体が、そもそも政治に関与するとはけしからん』とは、どの面下げて発言されたのですか」

私は、一言も反論しなかった。

彼は、「こんな三流の政治家に会ったのは、人生の恥辱だ。二度と顔も見たくない」と、机をひっくり返して帰っていった。

しばらくして、再度、竹岡氏は現れた。

「いや、野中先生、申し訳ないことをいたしました。帰って予算委員会の与党の理事・草川昭三氏に、かくかくしかじかと、話をしたところ、『いやいや竹岡さん、それでわかった。予算委員会の質問主意書を見て、私は肝がつぶれた。こんな質問をテレビの映る時間帯に1時間もやられたら、私ら辞表を書こうと思っていたところですよ。それを、野中先生が横からひっさらって、換骨奪胎して、テレビの映らない時間に変更して15分で終わらせてくれたんですよ。今、やれやれと胸をなで下ろしているところなんですよ。竹岡さん、もう一度、野中先生のところに引き返して、御礼を言ってきてくれませんか』と。

こういうことで、再び参りました。先程は、誠に申し訳ない暴言をいたしました。お許し下さい」

いや、怒る時も一直線だが、謝る時もすっきり、あっけらかんとしていて、好青年だなと思った。

私は、「今も京都の知事や市長から、『野中さん、何をやってはるんですか。ご承知のように、京都は公明党さんの応援なしでは共産党に選挙で勝てしまへんで。何をとち狂っておられるんですか』と、お叱りを受けたところです。

男が一たん口から出したら、それは取り消しがきかんのです。だから、竹岡さん、あなたの言うことが正しいのですよ。でも、三流の政治家と言われたのは、この野中広務、初めてですよ」と、答えた。

以来、親子程の年の違いはあるが、急速に友誼を深めていった。

ある時、竹岡氏が、

「野中先生、今、公明党は新進党として、自民党と対立していますが、私は公明党は自民党と組むべきだと思っているのです。戦後50数年、外国からも侵略されず、国内の内戦がなかった日本は、希有の国です。それは、保守たる自由民主党のおかげです。

でも現在、自民党は制度疲労をおこしています。

公明党というより、支援母体の創価学会には、池田先生が手塩にかけて育てた青年部がおります。また、何よりも平和を願う健全な婦人部がおります。この創価学会の青年部・婦人部と手を組んで、政局を安定させ、難局を乗り越えようではありませんか」と、やって来た。

自公連携を、私に呼びかけたのであった。

当時、竹岡氏は創価学会内では役職もなく、聞くところによると、まったくの手弁当で私とも付合い、行動をしているとのことであった。もちろん、創価学会上層部の指示ではなかった。

竹岡氏は、まず手始めに、先の草川昭三氏との面談をセットした。草川氏は、もともと石川島播磨重工の労組の支部委員長であったが、さる縁で、公明党・国民会議に所属していた。

歴戦の闘士である草川氏は、さすがに分析力にすぐれ、先を見る目もしっかりしていた。この会談が一つのきっかけとなって、潮目が変わっていったように思う。

その後、多くの方々にお引き合わせいただいた。実に勘どころのいい人選であった。

以来、紆余曲折はあったものの、自自連立を経て、自自公連立へ、そして近年までの自公連立へと進んで行ったことは、公知の事実である。

自公連立を見届けるかのように竹岡氏は、具体的な交渉の場から引いていったが、ことあるごとに持論を述べに私のところにやって来た。

今、私も政治の現職を離れ、自由な立場でものを言っているが、保守中道の自公連立の果たした功績は、日本の将来にとって大なるものがあったと確信している。

この度、『サンロータスの旅人』との本を上梓されるにあたって一文を寄せたが、旅人とは、言い得て妙であり、竹岡氏はいったいいつ自分の席におられるのかと不思議に思っていた。

ある時はカンボジア、ある時はエジプト、ある時はネパールと、とどまるところを知らない挑戦に、敬意を表するものであります。
これからも、お互いいかなる立場にあれ、大所高所の意見が忌憚なく言い合える忘年の友でありたいと念じております。

２０１０年10月21日

結　び

私ごとですが、本書の出版作業大詰めの本年4月、膵臓にがんが見つかり、緊急手術を受けました。私にとって、4度目のがんです。

幸いにも、銀座慈秀会クリニック（中田秀二《なかだしゅうじ》理事長、山本立真《たつま》院長）のネットワークと、がん研（公益財団法人がん研究会）有明病院の皆様のおかげで無事乗り越えることができ、術後の経過も良好との診断を受けています。治療にあたりお世話になった皆様には、心から御礼申し上げます。

いずれにせよ「今少し生きなさい」と、天に生かされた命、師匠 池田大作先生への報恩と皆様の健康長寿、そして平和な世界実現のために、微力ながらさらに力を尽くしてまいります。

さて、わがサンロータス研究所の念願は、鳩摩羅什漢訳の『法華経（妙法蓮華経）』の本来の姿の再現でした。

それはサンロータス研究所版の『法華経　妙法蓮華経　開結』の刊行をもって実現できたわけですが、この作業を進める私たちの、心の支えとなり、原動力となったものは、パイロット版の刊行にさいして、池田大作先生より頂いた励ましの和歌でありました。

師子王の
心で勝ちたる
我らかな
仏の命脈《いのち》は
創価の城に

先生は実に世界54ヶ国に足跡を刻み、192ヶ国・地域に地涌《じゆ》の菩薩を呼び出《い》だされたのみならず、世界になだたる大学での講演をかさね、現代に生きる法華経の思想を語ってこられました。まさに、法華経の広宣流布一筋のご生涯であったと言うほかありません。

作業が進み、そのゲラ刷りを前にして、私たちは、鳩摩羅什の特に偈文に対する恐ろしいまでの拘《こだわ》りと透徹した美意識に圧倒され、思わず息を呑みました。今まで見たこともない漢字の列なりに、羅什の「舌、焦爛《しょうらん》せざらん」との自負と、次に記す師・須利耶蘇摩《すりやそま》三蔵から託された使命を果たし終えた歓びを垣間見ることとなったのです。

鳩摩羅什の「法華翻経後記《ほっけほんぎょうごき》」（僧肇《そうじょう》記）には以下のような一節があります。「慇懃《おんごん》に梵本を付属して言く、佛日《ぶつじつ》西に入り、遺耀《いよう》将に東北に及ばんとす、茲《こ》の典、東北に縁《えにし》あり、汝、慎んで伝弘せよ。昔、婆薮槃豆《ばすばんどう》［世親］論師、優婆提舎《うばだいしゃ》を製作す、是れ其の正本なり。其の句偈を取捨すること莫《なか》れ」

多くの法華経刊本が「春日本」を底本としていると謳いながら、判型が大きくなることを嫌って、その文字数、偈文の配列を変えてしまい、この美を消し去っていたのです。

また多くの刊本が、訓読による儀式・法要を念頭に置き、『大正新脩大蔵経』版に統一する流れがあるなか、本書では、できる限りシンプルな読み方に徹しました。2回の伊豆合宿で、全員で声を合わせて読み合わせを行い、分かりやすい素直な読み方を心掛けました。まだまだ工夫の余地があるかもしれませんが、後賢に託すことにしたいと思います。


ともかく、作業を通じて、法華経に説かれた思想が、現今の全地球上の人類救済に必須のものであるとの思いを強くしております。

法華経の救済力は、それが創作された時代・地域に限られるものではなく、むしろ後世に、より広い地域に伝えられ弘められ、人びとを利益するものであることは、先に挙げた鳩摩羅什の師・須利耶蘇摩三蔵の命にも明らかですが、妙法蓮華経の文を探ってみることで、より明確になります。

『薬王菩薩本事品第二十三』には「我が滅度の後、後の五百歳の中に、閻浮提に広宣流布して、……断絶せしむること無かれ」(5・5)とあります。この「後の五百歳」とは、『大方等大集経』に仏教の衰退を仏の滅後から5百年ごとに予見したもので、第5の5百年、即ち仏滅後2千年を過ぎた後の5百年は、「烈しい論争や暴力、戦争などがうち続き、白法隠没、即ち正しい仏教は滅びてしまう」時代とされる。そのような乱世に、大白法たる法華経の肝心を全世界に弘めて人びとを救済する運動を絶やしてはならない、との意が込められています。

さらに『如来神力品第二十一』には「要を以て之を言わば、如来の一切の所有の法、如来の一切の自在の神力、如来の一切の秘要の蔵、如来の一切の甚深の事、皆此の経に於いて宣示顕説す」（1・9）とあります。これは中国の天台大師智顗《ちぎ》が「結要付属《けっちょうふぞく》」と名付けた一節で、『従地涌出品第十五』で「是の諸の菩薩、釈迦牟尼佛の所説の音声を聞いて、下より発来せり」（1・3）とある地涌の菩薩の上首・上行菩薩に対して、末法という五濁悪世に広宣流布する法華経の要法を付属したとされる部分です。

以上は、仏滅後に法華経を弘めるための準備、所謂「付属」にあたる文であります。

その弘めるべき法華経とは、一体どのような経典なのか、簡単に素描を述べて結びといたします。

1つは、『方便品第二』の「一大事因縁」（3・5）と「四佛知見」（3・6）に、仏が世に出現した目的は、一切衆生に内在する、仏という境涯を発現させ救済する事にあります。万人が等しく尊厳な存在であるとする、人倫の極みの経典であるということです。

2つには、『如来寿量品第十六』の「自我偈」（4・1）に、仏が入滅する目的は、怠慢な衆生に仏への渇仰、恋慕の心を起こさせて仏道修行に励ませ救済する事にある。しかし実は、仏の寿命は無始の久遠から無終の未来まで永遠のものであると説かれます。此の娑婆世界に於いて永遠の救済を説く経典であるということです。天台・智顗は此の事を、「本因妙、本果妙、本国土妙」としました。
３つには、法華経には、開会《かいえ》という思想があり、仏教以外の宗教文化と対立することが無く融和的であるということです。換言すれば、世界宗教たりうる経典であるということです。

本書は、このサンロータス研究所版『法華経』の上梓を受けて、その作業中および完成をもって行った、法華経にまつわる私の講演を主に、私と研究所の諸活動をまとめさせていただきました。最後になりましたが、この『法華経の旅』作成にあたっては、研究所の皆様とその関係者の方々に大変お世話になりました。特に、編集全般では川北茂さん、デザインと版下データ作りで吉永聖児さん、校閲・校正等で五味時作さん、廣野輝夫さん、印刷・配本手配で亀田潔さん、鵜飼隆さんには、本当にお世話になりました。
また、全般にわたって作品の掲載を心良くお許しいただいた田渕隆三画伯、対談を引き受けていただいた松本修明さん、大野一道さんに深く感謝申し上げます。

２０２４年5月3日（東京・有明にて）

サンロータス研究所 代表理事　竹岡 誠治

【著者プロフィール】竹岡 誠治（たけおか・せいじ）

1948年、広島県生まれ。私立修道高等学校卒業。中央大学法学部卒業。創価学会本部、聖教新聞社勤務を経て、2005年、盟友の故・山中孝市氏と共に会員制クリニックを設立。現在、T＆Y㈱代表取締役社長、一般社団法人ALCO(アンチエイジングリーダー養成機構)常務理事、一般社団法人サンロータス研究所代表理事、NPO法人神戸平和研究所 理事、公益財団法人 国策研究会 幹事、医療ビッグデータ活用協議会事務局長、医療法人社団　和風会顧問、一般財団法人 中斎塾 東京フォーラム 幹事、沖縄レインボークラブ会長、一般財団法人阿波ヤマト財団 評議員

【著書】『サンロータスの旅人』天櫻社　2010年、以下サンロータス研究所刊、『法華経の源流を訪ねて』2016年、『法華経と釈尊と現代インド』2019年、『健康長寿の秘訣』2021年、『抹茶碗遍歴とエベレストお茶会』2022年、『ヒロシマの宿命を使命に変えて』（編）2010年、『ゴルフこそわが人生』別冊『力んで悩んでさらに力め！ ゴルフ読本』（編）2021年

【共著書等】『牧口常三郎とその時代』2015年、『法華経 妙法蓮華経 開結』2022年ほか

竹岡誠治公式ウェブサイト　http://sun-lotus.com/

表紙カバー
●画　田渕隆三『ロータスから再生するツタンカーメン王』水彩　2004年
裏表紙カバー
●太陽を生み出すロータス　デンデラのハトホル神殿遺構のレリーフ

法華経《ほけきょう》の旅《たび》　サンロータスの旅人《たびびと》Ⅱ

2024年7月17日　第1版発行

著者　竹岡誠治《たけおかせいじ》
発行　一般社団法人 サンロータス研究所
〒170-0004　東京都豊島区北大塚3-31-3-305
TEL/FAX 03-5974-2160
印刷・製本　シナノ

ISBN978-4-910874-10-4 C0095